一目でわかる

七訂版

防火対象物用途別

消防査察実務

消防実務研究会 編著

近 代 消 防 社 刊

は　じ　め　に

毎年、全国各地で多くの火災が発生し、尊い命が犠牲になっています。

これらの火災事例を見ますと、住宅はもちろん、共同住宅、百貨店や物品販売店舗、旅館やホテル、飲食店、病院、工場や作業場、社会福祉施設、複合用途などの防火対象物の用途や規模を問わず、そこに居住する人々、そこで働く人々、そこに出入りする人々、そこを利用する人々のちょっとした不注意、油断から火災が発生しています。

燃え広がった炎で直接に身を焼かれたり、火災による高熱でやけどを負ったり、煙で逃げ道を失ったりして犠牲となっているのです。

火災による悲惨な犠牲者を無くすためには、まず、①火災を起こさないこと、②万が一にも火災が発生した場合は、早く発見して消防（局番なしの119番）へ通報（建物内の他の人々へも知らせ）し、同時に素早く消火して炎と煙を大きくさせないことと、③建物内の人々を早く、安全に避難させる、という一連の防火・防災管理が適正に行われることが大切です。

昭和47年５月の大阪市の千日デパート火災では死者118人、同48年11月の熊本市の大洋デパート火災では死者103人、同57年２月の東京・千代田区のホテル・ニュージャパン火災では死者33人、また、平成になっては、平成13年９月１日未明、東京・新宿歌舞伎町の地上５階、地下２階、延べ面積516㎡の複合用途ビル火災での死者44人、平成18年１月８日の長崎県大村市の認知症高齢者グループホーム火災での死者７人、同20年10月の大阪市の個室ビデオ店火災では死者15人、東京・杉並区の雑居ビル内飲食店の火災では死者４人など、近年増加した用途の対象物からの火災が増加、最近では、平成24年５月の福山市のホテルプリンス火災では死者７人、平成25年10月の福岡市の安部整形外科火災では死者10人など、その防火管理体制の問題点が大きく取り上げられています。

安全で安心できる防火対象物は、管理権原者や防火管理者はもちろん、従業員など一人ひとりが常に安全についての意識を持ち、常に安全に使用し、管理しなければならないのは当然ですが、火災を予防し、警戒をする立場である消防機関も、常にその防火対象物の火災予防上の安全体制について査察や防火対象物の点検報告、消防用設備等の点検報告などを通して把握し、必要がある場合には、時機を失せずに適切に指導していかなければなりません。

この書は、防火対象物の用途別に、消防法に定められているとおりの出火危険、延焼拡大危険、人命危険の排除について、一目で、かつ、チェック方式を加え、早く確実にその適否が判定できるようにまとめてありますので、査察指導などの際にご活用していただければ幸いです。

令和３年６月

消防実務研究会

■　この七訂版は、令和３年（2021年）８月現在の法令に準拠しています。

【凡　例】

1．本書の内容は、令和３年８月１日現在施行の法令に準拠しています。
2．本書では、次のように法令などの名称を略記しています。

〔消法〕又は消法……消防法（昭和23年法律第186号）
〔消令〕又は消令……消防法施行令（昭和36年政令第37号）
〔消則〕又は消則……消防法施行規則（昭和36年自治省令第６号）
〔危令〕又は危令……危険物の規制に関する政令（昭和34年政令第306号）
〔危則〕又は危則……危険物の規制に関する規則（昭和34年総理府令第55号）
〔条例〕又は条例……火災予防条例（例）（昭和36年自消甲予発第73号）
〔省令〕又は省令……総務省令又は自治省令
〔特定共同住宅等省令〕……特定共同住宅等における必要とされる防火安全性能を有する消防の用に供する設備等に関する省令
〔消告〕又は消告……総務省消防庁告示
〔点検要領〕……消防用設備等の点検要領（平成14年６月11日消防予第172号）
〔消防(署)長〕又は消防(署)長……消防長（消防本部を置かない市町村においては、市町村長）又は消防署長
〔災対法〕……災害対策法（昭和36年法律第223号）
〔建基法〕……建築基準法（昭和25年第201号）
〔建基令〕……建築基準法施行令（昭和25年政令第338号）
〔風営法〕……風俗営業等の規制及び業務の適正化等に関する法律（昭和23年法律第122号）
〔大規模地震特措法〕……大規模地震対策特別措置法（昭和52年法律第73号）
〔南海トラフ地震特措法〕……南海トラフ地震に係る地震防災対策の推進に関する特別措置法（平成14年法律第92号）
〔日本海溝・千島海溝型地震特措法〕……日本海溝・千島海溝周辺海溝型地震に係る地震防災対策の推進に関する特別措置法（平成16年法律第27号）
〔労安衛法〕……労働安全衛生法（昭和47年法律第57号）
〔労安衛令〕……労働安全衛生法施行令（昭和47年政令第318号）
〔配管の摩擦損失計算の基準〕……平成20年消防庁告示第32号
〔加圧送水装置の基準〕……平成９年消防庁告示第８号
〔合成樹脂製の管及び管継手の基準〕……平成13年消防庁告示第19号
〔放水口の基準〕……屋内消火栓設備の屋内消火栓等の基準（平成13年消防庁告示第36号）
ＪＩＳ……日本産業規格

目　次

第１章　防火・防災管理の査察

第２章　防火・防災対象物の点検及び報告の査察

第３章　防炎対象物品の査察

第４章　火を使用する設備・器具等の査察

第5章　少量危険物等の査察

第６章　避難上必要な施設等の査察

第７章　消防用設備等の設置及び維持の査察

第8章　立入検査・違反処理

第１章　防火・防災管理の査察

第１　防火対象物の査察項目

第２　火災予防のための措置の査察

第３　防火管理の査察

第４　統括防火管理者の査察

第５　自衛消防組織の査察

第６　防災管理の査察

第７　統括防災管理者の査察

第１　防火対象物の査察項目

防火対象物については、次の項目により査察します。

査察項目	査　察　事　項	参　照　項　目	結　果
火災予防に危険な行為等の査察	屋外及び防火対象物において、火災の予防に危険であると認める行為者、又は物件若しくは消火、避難その他の消防の活動に支障になると認める物件が放置、存置されていないこと。（消法３条及び５条の３）	P20「第２　火災予防のための措置の査察」	適・否
使用開始届出の査察	①　令別表第１に掲げる防火対象物（同表⒆項及び⒇項に掲げるものを除く。）にあっては、使用の開始の日の７日前までに防火対象物使用開始届け出がされていること。（条例43条） ②　使用開始届け出がされた後、届出者の変更、用途変更、増改築等が行われたときは、届出がされていること。		適・否 適・否
用途及び項別の確認	その防火対象物は、令別表第１のいずれの項に該当するものであるか、を確認します。（消令別表第１）	P13「１　令別表第１に掲げる防火対象物」	（　）項
収容人員の査察	その防火対象物の収容人員について算定します。（消則１条の３）	P18「３　防火対象物の収容人員の算定」	（　　）人
防火管理の査察	防火管理者による防火管理を要する防火対象物（以下「防火管理者選任対象物」という。）にあっては、防火管理者による防火管理業務が適正に行われていること。（消法８条１項）	P23「第３　防火管理の査察」	適・否
統括防火管理の査察	統括防火管理者の選任を要する防火対象物（以下「統括防火管理者選任対象物」という。）にあっては、統括防火管理者を定め、当該建物全体の防火管理業務が適正に行われていること。（消法８条の２）	P30「第４　統括防火管理の査察」	適・否
自衛消防組織の査察	自衛消防組織の設置を要する防火対象物（以下「自衛消防組織設置対象物」という。）にあっては、自衛消防組織が適正に設置されていること。（消法８条の２の５）	P34「第５　自衛消防組織の査察」	適・否
防災管理の査察	防災管理者による防災管理を要する防火対象物（以下「防災管理者選任対象物」という。）にあっては、防災管理者による防災管理業務が適正に行われていること。（消法36条、８条準用）	P37「第６　防災管理の査察」	適・否
統括防災管理の査察	統括防災管理者の選任を要する防火対象物（以下「統括防災管理者選任対象物」という。）にあっては、統括防災管理者を定め、当該建物全体の防災管理業務が適正に行われていること。（消法36条１項、８条の２準用）	P41「第７　統括防災管理の査察」	適・否
防火対象物の点	防火対象物点検資格者による防火対象物の点検及び報告を要する防火対象物（以下「防火対象物点検・報告対	P46「第１　防火対象物の点検及び報告の査	適・否

検及び報告の査察	象物」という。）にあっては、防火対象物点検資格者による点検及び報告が適正に行われていること。（消法８条の２の２）	察」	
防災管理の点検及び報告の査察	防災管理点検資格者による防火対象物の点検及び報告を要する防火対象物（以下「防災管理点検・報告対象物」という。）にあっては、防災管理点検資格者による点検及び報告が適正に行われていること。（消法36条１項、８条の２の２準用）	P55「第２　防災管理の点検及び報告の査察」	**適・否**
防炎対象物品の防炎性能の査察	防炎物品を使用しなければならない防火対象物にあっては、使用している防炎対象物品は防炎物品であり、かつ、その旨の表示が適正になされていること。（消法８条の３）	P64「第１　防炎防火対象物における防炎対象物品の査察」	**適・否**
火気使用設備・器具等の査察	火を使用する設備の位置、構造及び管理並びに火を使用する器具の取り扱いは、火災予防上適正であること。（消法９条）	P68「第１　火を使用する設備等の査察」 P89「第２　火を使用する器具の位置・使用方法の査察」	**適・否**
禁止行為場所の査察	防火対象物のうち、消防（署）長が指定する禁止行為場所においては、喫煙し、若しくは裸火を使用し、又は当該場所に火災予防上危険な物品を持ち込んでいないこと。ただし、特に必要な場合において消防（署）長が火災予防上支障がないと認めたときは、この限りでないこと。（消法９条、条例23条）	P93「１　禁止行為の場所」	**適・否**
がん具用煙火の査察	がん具用煙火を消費し、又はがん具用煙火を貯蔵し、若しくは取り扱っている場合にあっては、当該がん具用煙火は火災予防上安全に消費され、又は貯蔵若しくは取り扱われていること。（消法９条、条例26条）	P95「２　がん具用煙火」	**適・否**
化学実験室等の査察	化学実験室、薬局等において危険物その他これに類する物品を貯蔵し、又は取り扱っている防火対象物にあっては、当該危険物等は火災予防上安全に貯蔵され、又は取り扱われていること。（消法９条、条例27条）	P95「３　化学実験室等」	**適・否**
容接作業等の査察	ガス若しくは電気による溶接作業、自動車の解体等の溶断作業、グラインダー等による火花を発する作業、トーチランプ等による加熱作業、アスファルト等の溶解作業又は鋲《びょう》打作業を行っているものについては、火災予防上安全な場所で、火災予防上必要な措置を講じて行われていること。（消法９条、条例28条１項～３項、５項）	P96「４　溶接作業等中」	**適・否**
作業中の防火管理の査察	令別表第１に掲げる防火対象物（同表⒅項から⒇項までに掲げるものを除く。）及びこれらの防火対象物の用途に供するため工事中の建築物その他の工作物において、可燃性の蒸気若しくはガスを著しく発生する物品を使用する作業又は爆発性若しくは可燃性の粉じんを著しく発生する作業を行っているものについては、換気又は除じん、火気の制限、消火用具の準備、作業後の点検その他火災予防上必要な措置を講じていること。（消法９	P96「５　作業中の建築物等」	**適・否**

	条、条例28条４項）		
住宅用防災機器の査察	住宅用防災機器の設置を要する部分を有する防火対象物にあっては、当該部分に住宅用防災機器が適正に設置されていること。（消法９条の２、条例第３章の２）	P97「第４　住宅用防災機器の査察」	適・否
圧縮アセチレンガス等の査察	圧縮アセチレンガス、液化石油ガスその他の火災予防又は消火活動に重大な支障を生じるおそれのある物質を貯蔵し、又は取り扱っている防火対象物にあっては、その旨の届け出がなされ、かつ、火災予防又は消火活動に支障を生じないように貯蔵し、取り扱われていること。（消法９条の３）	P102「第１　消防活動阻害物質等の査察」	適・否
危険物の査察	指定数量未満の危険物を貯蔵し、又は取り扱っている防火対象物にあっては、当該危険物を貯蔵し、又は取り扱う場所の位置、構造及び設備は火災予防上安全なものであること。（消法９条の４、条例第４章第１節）	P105「第２　指定数量未満の危険物・少量危険物の査察」	適・否
指定可燃物の査察	指定可燃物を貯蔵し、又は取り扱っている防火対象物にあっては、当該指定可燃物を貯蔵し、又は取り扱う場所の位置、構造及び設備は火災予防上安全なものであること。（消法９条の４、条例第４章第２節）	P117「第３　指定可燃物の査察」	適・否
避難上必要な施設の査察	防火対象物（消令別表第１⒅項から⒇項までに掲げるものを除く。）の廊下、階段、避難口その他の避難上必要な施設について避難の支障になる物件が放置され、又はみだりに存置されないように管理し、かつ、防火戸についてその閉鎖の支障になる物件が放置され、又はみだりに存置されないように管理されていること。（消法８条の２の４）	P124「第１　避難上必要な施設等の査察」	適・否
屋外催しの防火管理の査察	祭礼、縁日、花火大会その他の多数の者の集合する屋外での催しに際して、大規模なものとして消防長が定める要件に該当するもので、火気器具等（対火気器具を使用する場合に限る。）を使用とするものは、あらかじめ、消防（署）長に届出がされていること。（条例45条６号）	P129「第２　屋外催しに係る防火管理の査察」	適・否
用途別消防用設備等の査察	防火対象物に設置を要する消防設備等が技術上の基準に従って設置されていること。（消法17条）	P145「第２　項別用途の消防用設備等の設置対象の査察」	適・否
消防用設備等の維持の査察	防火対象物に設置し、及び維持しなければならない消防用設備等が技術上の基準に従って設置され、適正に維持されていること。（消法17条）	P194「第５　消防用設備等の維持及び維持の査察」	適・否
指定消防水利の査察	指定消防水利を有する防火対象物にあっては、当該指定消防水利は常時使用可能な状態に置かれていること。（消法21条）	P271「18.　2　指定消防水利」	適・否
緊急離着陸場の査察	緊急離着陸場が設置されている防火対象物にあっては、当該緊急離着陸場は、離着陸に支障がないように維持管理されていること。	P138「８　緊急離着陸場」	適・否

1　令別表第１に掲げる防火対象物

防火対象物は、その用途により次のとおりとされています。(⇒〔消令〕別表第１）

(項)		防　火　対　象　物　の　種　類
(1)項	イ	劇場、映画館、演芸場又は観覧場
	ロ	公会堂又は集会場
(2)項	イ	キャバレー、カフェー、ナイトクラブその他これらに類するもの
	ロ	遊技場又はダンスホール
	ハ	〔風営法〕２条５項に規定する性風俗関連特殊営業を営む店舗（ニ並びに(1)項イ、(4)項、(5)項イ及び(9)項イに掲げる防火対象物の用途に供されているものを除く。）その他これに類するものとして次に掲げるもの ①　もっぱら、面識のない異性との一時の性的好奇心を満たすための交際を希望する者に対し、異性を紹介する営業を営む店舗で、その一方の者からの情報通信に関連する機器による交際の申込みを電気通信設備を用いて当該店舗内に立ち入らせた他の一方の者に取り次ぐことによって営むもの（その一方が当該営業に従事する者である場合におけるものを含み、風営法２条９項に規定する営業を営むものを除く。）（消則５条１項１号） ②　個室を設け、当該個室において客の性的好奇心に応じてその客に接触する役務を提供する営業を営む店舗（風営法２条６項２号に規定する営業を営むものを除く。）（消則５条１項２号）
	ニ	カラオケボックスその他遊興のための設備又は物品を個室（これに類する施設を含む。）において客に利用させる役務を提供する業務を営む店舗で次に掲げるもの ①　個室（これに類する施設を含む。）において、インターネットを利用させ、又は漫画を閲覧させる役務を提供する業務を営む店舗（消則５条２項１号） ②〔風営法〕２条９項に規定する店舗型電話異性紹介営業を営む店舗（⇒消則５条２項２号） ③〔風営令〕２条１号に規定する興行場（客の性的好奇心をそそるため衣服を脱いだ人の映像を見せる興行の用に供するものに限る。）（消則５条２項３号）
(3)項	イ	待合、料理店その他これらに類するもの
	ロ	飲食店
(4)項		百貨店、マーケットその他の物品販売業を営む店舗又は展示場
(5)項	イ	旅館、ホテル、宿泊所その他これらに類するもの
	ロ	寄宿舎、下宿又は共同住宅
	イ	次に掲げる防火対象物 (1)　次のいずれにも該当する病院（火災発生時の延焼を抑制するための消火活動を適切に実施することができる体制を有するものとして総務省令で定める（⇒消則５条３項）ものを除く。） (i)　診療科名中に特定診療科名（内科、整形外科、リハビリテーション科その他の総務省令で定める（消則５条４項）診療科名をいう。(2)(i)において同じ。）を有すること。 (ii)　医療法（昭和23年法律第205号）第７条第２項第４号に規定する療養病床又は同項第５号に規定する一般病床を有すること。 (2)　次のいずれにも該当する診療所 (i)　診療科目名中に特定診療科名を有すること。 (ii)　４人以上の患者を入院させるための施設を有すること。 (3)　病院（(1)に掲げるものを除く。）、患者を入院させるための施設を有する診療所（(2)に掲げるものを除く。）又は入所施設を有する助産所 (4)　患者を入院させるための施設を有しない診療所又は入所施設を有しない助産所

⑹項	ロ	次に掲げる防火対象物 ⑴　老人短期入所施設、養護老人ホーム、特別養護老人ホーム、軽費老人ホーム（介護保険法（平成９年法律第123号）第７条第１項に規定する要介護状態区分が避難が困難な状態を示すものとして総務省令で定める区分に該当する者（以下「避難が困難な要介護者」という。）を主として入居させるものに限る。）、有料老人ホーム（避難が困難な要介護者を主として入居させるものに限る。）、介護老人保健施設、老人福祉法（昭和38年法律第133号）第５条の２第４項に規定する老人短期入所事業を行う施設、同条第５項に規定する小規模多機能型居宅介護事業を行う施設（避難が困難な要介護者を主として宿泊させるものに限る。）、同条第６項に規定する認知症対応型老人共同生活援助事業を行う施設その他これらに類するものとして総務省令で定めるもの（消則５条５項、６項） ⑵　救護施設 ⑶　乳児院 ⑷　障害児入所施設 ⑸　障害者支援施設（障害者の日常生活及び社会生活を総合的に支援するための法律（平成17年法律第123号）第４条第１項に規定する障害者又は同条第２項に規定する障害児であつて、同条第４項に規定する障害支援区分が避難が困難な状態を示すものとして総務省令で定める（消則５条７項）区分に該当する者（以下「避難が困難な障害者等」という。）を主として入所させるものに限る。）又は同法第５条第８項に規定する短期入所若しくは同条第17項に規定する共同生活援助を行う施設（避難が困難な障害者等を主として入所させるものに限る。ハにおいて「短期入所等施設」という。）
	ハ	次に掲げる防火対象物 ⑴　老人デイサービスセンター、軽費老人ホーム（ロ⑴に掲げるものを除く。）、老人福祉センター、老人介護支援センター、有料老人ホーム（ロ⑴に掲げるものを除く。）、老人福祉法第５条の２第３項に規定する老人デイサービス事業を行う施設、同条第５項に規定する小規模多機能型居宅介護事業を行う施設（ロ⑴に掲げるものを除く。）その他これらに類するものとして総務省令で定める（消則５条８項）もの ⑵　更生施設 ⑶　助産施設、保育所、幼保連携型認定こども園、児童養護施設、児童自立支援施設、児童家庭支援センター、児童福祉法（昭和22年法律第164号）第６条の３第７項に規定する一時預かり事業又は同条第９項に規定する家庭的保育事業を行う施設その他これらに類するものとして総務省令で定める（消則５条９項）もの ⑷　児童発達支援センター、児童心理治療施設又は児童福祉法第６条の２第２項に規定する児童発達支援若しくは同条第４項に規定する放課後等デイサービスを行う施設（児童発達支援センターを除く。） ⑸　身体障害者福祉センター、障害者支援施設（ロ⑸に掲げるものを除く。）、地域活動支援センター、福祉ホーム又は障害者の日常生活及び社会生活を総合的に支援するための法律第５条第７項に規定する生活介護、同条第８項に規定する短期入所、同条第12項に規定する自立訓練、同条第13項に規定する就労移行支援、同条第14項に規定する就労継続支援若しくは同条第15項に規定する共同生活援助を行う施設（短期入所等施設を除く。）
	ニ	幼稚園又は特別支援学校
⑺項		小学校、中学校、義務教育学校、高等学校、中等教育学校、高等専門学校、大学、専修学校、各種学校その他これらに類するもの
⑻項		図書館、博物館、美術館その他これらに類するもの
⑼項	イ	公衆浴場のうち、蒸気浴場、熱気浴場その他これらに類するもの
	ロ	イに掲げる公衆浴場以外の公衆浴場

⑽項		車両の停車場又は船舶若しくは航空機の発着場（旅客の乗降又は待合いの用に供する建築物に限る。）
⑾項		神社、寺院、教会その他これらに類するもの
⑿項	イ	工場又は作業場
	ロ	映画スタジオ又はテレビスタジオ
⒀項	イ	自動車車庫又は駐車場
	ロ	飛行機又は回転翼航空機の格納庫
⒁項		倉庫
⒂項		前各項に該当しない事業場
⒃項	イ	複合用途防火対象物のうち、その一部が⑴項から⑷項まで、⑸項イ、⑹項又は⑼項イに掲げる防火対象物の用途に供されているもの
	ロ	イに掲げる複合用途防火対象物以外の複合用途防火対象物
（16の２）項		地下街
（16の３）項		建築物の地階（（16の２）項に掲げるものの各階を除く。）で連続して地下道に面して設けられたものと当該地下道とを合わせたもの（⑴項から⑷項まで、⑸項イ、⑹項又は⑼項イに掲げる防火対象物の用途に供される部分が存するものに限る。）
⒄項		〔文化財保護法〕の規定によって重要文化財、重要有形民俗文化財、史跡若しくは重要な文化財として指定され、又は〔旧重要美術品等の保存に関する法律〕の規定によって重要美術品として認定された建造物
⒅項		延長50m以上のアーケード
⒆項		市町村長の指定する山林
⒇項		次に掲げる舟車 ①　総トン数５ｔ以上の舟で、推進機関を有するもの（消則５条10項１号） ②　〔鉄道営業法〕、〔軌道法〕若しくは〔道路運送車両法〕又はこれらに基づく命令の規定により消火器具を設置することとされる車両（消則５条10項２号）

備考

1　２以上の用途に供される防火対象物で〔消令〕第１条の２第２項後段の規定の適用により複合用途防火対象物以外の防火対象物となるものの主たる用途が⑴項から⒂項までの各項に掲げる防火対象物の用途であるときは、当該防火対象物は、当該各項に掲げる防火対象物とする。

2　⑴項から⒃項までに掲げる用途に供される建築物が（16の２）項に掲げる防火対象物内に存するときは、これらの建築物は、同項に掲げる防火対象物の部分とみなす。

3　⑴項から⒃項までに掲げる用途に供される建築物又はその部分が（16の３）項に掲げる防火対象物の部分に該当するものであるときは、これらの建築物又はその部分は、同項に掲げる防火対象物の部分であるほか、⑴項から⒃項に掲げる防火対象物又はその部分でもあるものとみなす。

4　⑴項から⒃項までに掲げる用途に供される建築物その他の工作物又はその部分が⒄項に掲げる防火対象物に該当するものであるときは、これらの建築物その他の工作物又はその部分は、同項に掲げる防火対象物であるほか、⑴項から⒃項までに掲げる防火対象物又はその部分でもあるものとみなす。

２　令別表第１に掲げる防火対象物の取扱い

〔消令〕別表第１に掲げる防火対象物の取扱いについては、次のとおりとされています。（⇒昭和50年４月15日消防予第41号・消防安第41号、最終改正平成27年２月27日消防予第81号）

<table>
<tr><th>査察項目</th><th colspan="4">査　察　及　び　確　認　事　項</th></tr>
<tr><td rowspan="3">１　「管理についての権原、利用形態その他の状況により他の用途に供される防火対象物の部分の従属的な部分を構成すると認められる」部分についての査察</td><td colspan="4">「管理についての権原、利用形態その他の状況により他の用途に供される防火対象物の部分の従属的な部分を構成すると認められる」部分とは、次の表の①又は②に該当するものであること。</td></tr>
<tr><td>①</td><td colspan="2">〔消令〕別表第１の区分に応じ、別表（イ）欄に掲げる当該防火対象物の主たる用途に供される部分（これらに類するものを含む。）に機能的従属していると認められる同表（ロ）欄に掲げる用途に供される部分（これらに類するものを含む。）で、次の(1)から(3)までに該当するもの
(1)　当該従属的な部分についての管理権原を有する者が主たる用途に供される部分の管理権原を有する者と同一であること。
(2)　当該従属的な部分の利用者が主たる用途に供される部分の利用者と同一であるか又は密接な関係を有すること。
(3)　当該従属的な部分の利用時間が主たる用途に供される部分の利用時間とほぼ同一であること。</td><td>有・無</td></tr>
<tr><td>②</td><td colspan="2">主たる用途に供される部分の床面積の合計（他の用途と共用される廊下、階段、通路、便所、管理室、倉庫、機械室等の部分の床面積は、主たる用途に供される部分及び他の独立した用途に供される部分のそれぞれの床面積に応じ按分する。以下ここでは同じ。）が当該防火対象物の延べ面積の90％以上であり、かつ、当該主たる用途以外の独立した用途に供される部分の床面積の合計が300㎡未満である場合における当該独立した用途に供される部分（令別表第１(2)項ニ、(5)項イ若しくは(6)項イ(1)から(3)まで若しくはロに掲げる防火対象物又は同表(6)項ハに掲げる防火対象物（同表(6)項イ又はハにあっては、利用者を入居させ、又は宿泊させるものに限る。）の用途に供される部分を除く。）</td><td>有・無</td></tr>
<tr><td rowspan="5">２　一般住宅の用途に供される部分が存する防火対象物についての査察</td><td colspan="4">一般住宅（個人の住居の用に供されるもので寄宿舎、下宿及び共同住宅以外のものをいう。以下ここでは同じ。）の用途に供される部分が存する防火対象物については、１によるほか、次により取り扱うものであること。</td></tr>
<tr><td>①</td><td>〔消令〕別表対象物の用途に供される部分の床面積が一般住宅の用途に供される部分の床面積の合計よりも小さく、かつ、当該〔消令〕別表対象物の用途に供される部分の床面積の合計が50㎡以下のもの</td><td>一般住宅に該当する。</td><td>有・無</td></tr>
<tr><td>②</td><td>〔消令〕別表対象物の用途に供される部分の床面積の合計が一般住宅の用途に供される部分の床面積の合計よりも大きいもの</td><td>〔消令〕別表対象物に該当する。</td><td>有・無</td></tr>
<tr><td>③</td><td>〔消令〕別表対象物の用途に供される部分の床面積の合計が一般住宅の用途に供される部分の床面積の合計よりも小さく、かつ、当該〔消令〕別表対象物の用途に供される部分の床面積の合計が50㎡を超えるもの</td><td>複合用途防火対象物に該当する。</td><td>有・無</td></tr>
<tr><td>④</td><td>〔消令〕別表対象物の用途に供される部分の床面積の合計が一般住宅の用途に供される部分の床面積の合計とおおむね等しいもの</td><td>複合用途防火対象物に該当する。</td><td>有・無</td></tr>
</table>

別　表

区　分		（イ）	（ロ）
(1)項	イ	舞台部、客席、映写室、ロビー、切符売場、出演者控室、大道具・小道具室、衣裳部屋、練習場	専用駐車場、売場、食堂、喫茶室
	ロ	集会室、会議室、ホール、宴会場	食堂、喫茶室、専用駐車場、図書室、展示室
(2)項	イ	客席、ダンスフロア、舞台部、調理室、更衣室	託児所、専用駐車場
	ロ	遊技室、遊技機械室、作業室、更衣室、待合室、景品場、ゲームコーナー、ダンスフロア、舞台部、客席	売店、食堂、喫茶室、専用駐車場
	ハ	客室、通信機械室、リネン室、物品庫、更衣室、待合室、舞台部、休憩室、事務所	託児所、専用駐車場、売店
(3)項	イ	客席、客室、厨房	結婚式場、専用駐車場
	ロ	客席、客室、厨房	結婚式場、専用駐車場
(4)項		売場、荷さばき室、商品倉庫、食堂、事務所	催物場、写真室、遊技場、結婚式場、専用駐車場、美・理容室、診療室、集会室
(5)項	イ	宿泊室、フロント、ロビー、厨房、食堂、浴室、談話室、洗濯室、配膳室、リネン室	娯楽室、宴会場、結婚式場、バー、会議室、ビアガーデン、両替所、旅行代理店、専用駐車場、美・理容室
	ロ	居室、寝室、厨房、食堂、教養室、休憩室、浴室、共同炊事場、洗濯室、リネン室	売店、専用駐車場
(6)項	イ	診療室、病室、産室、手術室、検査室、薬局、事務室、機能訓練室、面会室、談話室、研究室、厨房、付添人控室、洗濯室、リネン室、医師等当直室	食堂、売店、専用駐車場
	ロ	居室、集会室、機能訓練室、面会室、食堂、厨房	売店
	ハ	教室、職員室、遊技室、休養室、講堂、厨房、体育館	食堂
(7)項		教室、職員室、体育館、講堂、図書室、会議室、厨房、研究室、クラブ室、保健室	食堂、売店
(8)項		閲覧室、展示室、書庫、ロッカー室、ロビー、工作室、保管収納庫、資料室、研究室、会議室、休憩室	食堂、売店
(9)項	イ	脱衣場、浴室、休憩室、体育室、待合室、マッサージ室、ロッカー室、クリーニング室	食堂、売店、専用駐車場
	ロ	脱衣所、浴室、休憩室、クリーニング室	専用駐車場
(10)項		乗降場、待合室、運転指令所、電力指令所、手荷物取扱所、一時預り所、ロッカー室、仮眠室	売店、食堂、旅行案内所
(11)項		本堂、拝殿、客殿、礼拝堂、社務所、集会室	宴会室、厨房、結婚式場、専用駐車場
(12)項	イ	作業所、設計室、研究室、事務所、更衣室、物品庫	売店、食堂、専用駐車場、託児室
	ロ	撮影室、舞台部、録音室、道具室、衣裳室、休憩室	売店、食堂、専用駐車場
(13)項	イ	車庫、車路、修理場、洗車場、運転手控室	売店、食堂
	ロ	格納庫、修理場、休憩室、更衣室	専用駐車場
(14)項		物品庫、荷さばき室、事務室、休憩室	売店、食堂、専用駐車場
(15)項		事務室、休憩室、会議室	売店、食堂、専用駐車場、診療室

３　防火対象物の収容人員の算定

収容人員は防火対象物の区分により、次により算定します。(〔消令〕１条の２第４項、〔消則〕第１条の３)

防火対象物の区分		算定方法
(1)項		次の各号に掲げる数を合算して算定する。 ①　従業者の数 ②　客席の部分ごとに次のイからハまでに算定した数の合計数 イ　固定式いす席を設ける部分は、当該部分にあるいす席の数に対応する数。長いす式のいす席は、当該いす席の正面幅を0.4mで除して得た数（１未満の端数は切り捨てる。） ロ　立ち見席を設ける部分は、当該部分の床面積を0.2㎡で除して得た数 ハ　その他の部分は、当該部分の床面積を0.5㎡で除して得た数
(2)項及び(3)項	遊技場	次の各号に掲げる数を合算して算定する。 ①　従業者の数 ②　遊技のための機械器具を使用して遊技を行うことができる者の数 ③　観覧、飲食又は休憩の用に供する固定式のいす席が設けられている場合は、当該いす席の数に対応する数。長いす式のいす席は、当該いす席の正面幅を0.5mで除して得た数（１未満の端数は切り捨てる。）
	その他のもの	次の各号に掲げる数を合算して算定する。 ①　従業者の数 ②　客席の部分ごとに次のイ及びロにより算定した数の合計数 イ　固定式いす席を設ける部分は、当該部分にあるいす席の数に対応する数。長いす式のいす席は、当該いす席の正面幅を0.5mで除して得た数（１未満の端数は切り捨てる。） ロ　その他の部分は、当該部分の床面積を３㎡で除して得た数
(4)項		次の各号に掲げる数を合算して算定する。 ①　従業者の数 ②　主として従業者以外の者の使用に供する部分は、次のイ及びロにより算定した数の合計数 イ　飲食又は休憩の用に供する部分は、当該部分の床面積を３㎡で除して得た数 ロ　その他の部分は、当該部分の床面積を４㎡で除して得た数
(5)項	イ	次の各号に掲げる数を合算して算定する。 ①　従業者の数 ②　宿泊室ごとに次のイ及びロによって算定した数の合計数 イ　洋式の宿泊室は、当該宿泊室にあるベッドの数に対応する数 ロ　和式の宿泊室は、当該宿泊室の床面積を６㎡（簡易宿泊所及び主として団体客を宿泊させるものは、３㎡）で除して得た数 ③　集会、飲食又は休憩の用に供する部分は、次のイ及びロにより算定した数の合計数 イ　固定式いす席を設ける部分は、当該部分にあるいす席の数に対応する数。長いす式のいす席は、当該いす席の正面幅を0.5mで除して得た数（１未満の端数は切り捨てる。） ロ　その他の部分は、当該部分の床面積を３㎡で除して得た数
	ロ	居住者の数により算定する。
(6)項	イ	次の各号に掲げる数を合算して算定する。 ①　医師、歯科医師、助産師、薬剤師、看護師その他の従業者の数 ②　病室内にある病床の数 ③　待合室の床面積の合計を３㎡で除して得た数

	ロ及びハ	従業者の数と、老人、乳児、幼児、身体障害者、知的障害者その他の要保護者の数とを合算して算定する。
	ニ	教職員の数と、幼児、児童又は生徒の数とを合算して算定する。
(7)項		教職員の数と、児童、生徒又は学生の数とを合算して算定する。
(8)項		従業者の数と、閲覧室、展示室、展覧室、会議室又は休憩室の床面積の合計を３㎡で除して得た数とを合算して算定する。
(9)項		従業者の数と、浴室、脱衣場、マッサージ室及び休憩の用に供する部分の床面積の合計を３㎡で除して得た数とを合算して算定する。
(11)項		神職、僧侶、牧師その他従業員の数と、礼拝、集会又は休憩の用に供する部分の床面積の合計を３㎡で除して得た数とを合算して算定する。
(10)項及び(12)項から(14)項		従業者の数により算定する。
(15)項		従業者の数と、主として従業者以外の者の使用に供する部分の床面積の合計を３㎡で除して得た数を合算して算定する。
(16)項及び（16の２）項		この表の、同一用途に供される当該防火対象物の部分をそれぞれ一つの防火対象物とみなして算定して合算する。
(17)項		床面積を５㎡で除して得た数により算定する。
新築工事中の防火対象物（仮使用の承認を受けたもの）		次の各号に掲げる数を合算して算定す。 ①　仮使用の認定を受けた部分は、当該仮使用の認定を受けた部分の用途をこの表の、同一用途に供される防火対象物とみなし算定して得た数 ②　その他の部分は、従業員の数
新築工事中の防火対象物（上記に掲げるものを除く。）及び建造中の旅客船		従業者の数により算定します。

第２　火災予防のための措置の査察

１　防火対象物の屋外における火災予防措置等

屋外において、火災の予防に危険であると認める行為等については、次により査察します。（⇒〔消法〕第３条）

確認項目	査　察　及　び　確　認　事　項	結　果
対象となる行為	火災の予防に危険であると認める行為は、次のとおりであること。 ①　火遊び、喫煙、たき火、火を使用する設備若しくは器具（物件に限る。） ②　使用に際し火災の発生のおそれのある設備若しくは器具（物件に限る。）の使用その他これらに類する行為 ③　残火、取灰又は火粉の不始末	 適・否 適・否 適・否
支障となる物件	①　火災の予防に危険であると認める物件は、次のとおりであること。 (1)　危険物 (2)　放置され又はみだりに存置された燃焼のおそれのある物件 ②　消火、避難その他の消防活動に支障になると認められる物件	適・否 適・否
命　令　者	消防(署)長、その他の消防吏員（消法３条１項）	有・無
命令の相手	命令の相手は、次の者とすること。（消法３条１項） ①　屋外で火災の予防に危険であると認める行為者 ②　屋外で火災の危険であると認める物件の所有者、管理者又は占有者で権原を有する者 ③　屋外において消火、避難その他の消防の活動に支障となると認める物件の所有者、管理者又は占有者で権原を有する者	有・無
命令事項	命令できる事項は、次のとおりであること。（消法３条１項） ①　火遊び、喫煙、たき火、火を使用する設備若しくは器具（物件に限る。）又はその使用に際し火災の発生のおそれのある設備若しくは器具（物件に限る。）の使用その他これらに類する行為、溶接その他これらに類する行為の禁止、若しくは制限又はこれらの行為を行う場合の消火準備 ②　残火、取灰又は火粉の始末 ③　危険物又は放置され若しくはみだりに存置された燃焼のおそれのある物件の除去その他の処理 ④　放置され又はみだりに存置された燃焼のおそれのある物件（③の物件を除く。）の整理又は除去	有・無
命令の相手の氏名・住所が不明の場合の消防(署)長等の措置	消防(署)長は、火災の予防に危険であると認める物件又は消火、避難その他の消防の活動に支障となると認められる物件の所有者、管理者又は占有者で権原を有する者の氏名及び住所を知ることができないため、これらの者に対し、それらの者の負担において、必要な措置をとるべきことを命じることができないときは、消防職員に、その物件について、上欄の命令事項の③又は④の措置を取らせることができること。（消法３条２項） □　この場合には、消防(署)長は、その物件を保管しなければなりません。	有・無

災対法の準用	〔災対法〕64条３項から６項までの規定は、消防(署)長が物件を保管した場合に準用すること。(消法３条３項) □　この場合には、〔災対法〕の規定中「市町村長」とあるのを「消防(署)長」と、「工作物等」とあるのを「物件」と、「統括する」とあるのを「属する」と読み替えます。	
代執行	消防(署)長は、〔消法〕第３条第１項の規定により必要な措置を命じた場合において、その措置を命ぜられた者がその措置を履行しないとき、履行しても十分でないとき、又はその措置の履行について期限が付されている場合にあっては履行しても当該期限までに完了の見込みがなたときは、〔行政代執行法〕の定めるところに従い、当該消防職員又は第三者にその措置をとらせることができること。(消法３条４項)	
罰則	命令に従わない者は、30万円以下の罰金又は拘留（消法44条１号）	

（１）　たき火の措置

たき火の火災予防上必要な措置については、次により査察します。(⇒〔条例〕第25条)

<table>
<tr><th>確認項目</th><th>確認及び確認事項</th><th>結果</th></tr>
<tr><td>たき火場所</td><td>たき火は、可燃性の物品その他の可燃物の近くにおいて、行っていないこと。(条例25条１項)
□「可燃物」とは、引火性の物品や爆発性の物品を含み、すべての燃えやすいものをいいます。
□「引火性の物品」とは、点火源により燃焼を起こす蒸気を発生するもの(例、危険物の第４類に属する物品）をいい、「爆発性の物品」とは、燃焼速度がきわめて速く、瞬時に燃焼するもの(例、火薬類、ニトロ化合物など)をいいます。</td><td>適・否</td></tr>
<tr><td>消火準備と火災予防措置</td><td>たき火をする場合は、消火準備その他の火災予防上の措置をして行っていること。(条例25条１項)
<table>
<tr><td>消火準備</td><td>消火準備としては、水バケツや消火器等の準備をしたり、また、たき火の規模、可燃物の種類・量、気象状態、周囲の状況その他から判断して、より消火能力の大きいものを準備する必要があります。</td></tr>
<tr><td>火災予防上必要な措置</td><td>火災予防上必要な措置としては、次のようなことを行います。
①　たき火の火の粉の飛散防止のため、地面に穴を掘り、その中で行うとか、または金属製の缶などの不燃性の容器の中で行う。
②　気象状況、燃焼状態に対応できるよう責任ある監視人を終了するまでつけて置く。
③　たき火の後始末は完全に行われていること。</td></tr>
</table></td><td>適・否</td></tr>
<tr><td>届出</td><td>火災と紛らわしい煙又は火炎が発生するおそれがある場合は、届け出ていること。(条例第45条１号)</td><td>適・否</td></tr>
<tr><td>その他</td><td>たき火が、火災の予防に危険であると認める場合の必要な措置については、☞P20「１　防火対象物の屋外における火災予防措置等」を見てください。</td><td></td></tr>
</table>

２　防火対象物の屋内における火災予防措置

防火対象物において、火災の予防上危険であると認める行為、物件若しくは消火、避難その他消防の活動に支障になると認める場合は、次により査察します。（⇒〔消法〕第５条の３、第３条第１項準用）

確認項目	査　察　及　び　確　認　事　項	結　果
危険となる行為	火災の予防に危険であると認める行為は、次のとおりです。（消法５条の３第１項、３条１項各号準用） ①　火遊び、喫煙、たき火、火を使用する設備若しくは器具（物件に限る。） ②　使用に際し火災の発生のおそれのある設備若しくは器具、（物件に限る。）の使用その他これらに類する行為 ③　残火、取灰又は火粉の不始末	適・否
危険となる物件	火災の予防に危険であると認める物件は、次のとおりです。（消法５条の３第１項、３条１項各号準用） ①　危険物（例　少量危険物の無届け貯蔵、基準に適合せずに貯蔵） ②　階段室、廊下、通路等避難施設内を倉庫代わりに使用し、可燃物、携帯コンロ等の物件が存置されているもの	適・否
消火、避難その他消防活動の支障になると認める場合	消火、避難その他消防活動の支障になると認める場合は、次のとおりです。（消法５条の３第１項、３条１項各号準用） ①　防火設備が設置されていないもの又は構造不適又は機能不良となっているもの （例　防火戸、防火シャッター、防火ダンパー等の撤去、機能不全、木製の扉に変更、戸を固定し閉鎖） ②　配管貫通部分の埋め戻しが不完全なもの ③　避難施設が設置されていないもの又は構造不適若しくは機能不良となっているもので、避難に重大な支障をきたしているもの （例　階段室を他の目的のために改装、その他構造等を変更、階段、出入口、廊下、通路等に工作物の設置、排煙設備である窓等の開口部の封鎖、階段の変形、破損又は腐食による体力が保持されていない）	適・否
命　令　者	消防（署）長、その他の消防吏員	有・無
処　理	上記により措置命令を行う場合は、☞P299「第２－３　消防吏員による火災予防又は消防活動の障害除去のための措置命令」により処理します。	命令の要・否

第３　防火管理の査察

防火管理者による防火管理については、次により査察します。（⇒〔消法〕第８条）

査察項目	査　察　事　項	参　照　事　項	結　果
防火管理者を要する防火対象物の査察	その防火対象物は、防火管理者による防火管理を要する防火対象物であるか、どうかを確認すること。（消法８条第１項）	次頁「１　防火管理者選任対象物」	**該当の有・無**
防火管理者の選任・届出の査察	防火管理者選任対象物にあっては、資格を有する防火管理者が定められ、消防（署）長に「防火管理者選任（解任）届出書」が提出されていること。（消法８条１項及び２項、消則３条の２）	P25「２　防火管理者の資格」	**適・否**
	罰則　防火管理者選任（解任）届け出を怠った者は、30万円以下の罰金又は勾留（⇒消法44条８号）		
消防計画の作成・届出の査察	防火管理者選任対象物にあっては、防火管理に係る消防計画が作成（変更を含む。）され、消防（署）長に「（防火管理に係る）消防計画作成（変更）届出書」が提出されていること。（消法８条１項、消令３条の２、消則３条の２）	P25「３　防火管理に係る消防計画」	**適・否**
防火管理者による防火管理業務の査察	防火管理者選任対象物にあっては、防火管理者による防火上必要な業務が適正に行われていること。（消法８条１項、消令３条の２）	P28「５　防火管理業務の執行」	**適・否**
消防訓練の査察	消防訓練は、消防計画に基づき定期的に実施されていること。	P29「６　消防訓練」	**適・否**
防火管理者選任命令	消防（署）長は、防火管理者選任防火対象物に、資格を有する防火管理者が定められていないと認める場合には、当該防火対象物の管理について権原を有する者に対し、防火管理者を定めるべきことを命じることができる。（消法８条３項）	P297「第２　違反処理」	**命令の要・否**
	罰則　消防（署）長の命令に違反して防火管理者を定めなかった者は、６月以下の懲役又は50万円以下の罰金（⇒消法42条１項１号）、情状により懲役及び罰金の併科（消法42条２項）。		
防火管理業務適正執行命令	消防（署）長は、防火管理者選任防火対象物について防火管理者のおこなうべき防火管理上必要な業務が法令の規定又は消防計画に従って行われていないと認める場合には、当該防火対象物の管理について権原を有する者に対し、当該防火管理業務が当該法令の規定又は消防計画に従って行われるように必要な措置を講ずべきことを命じることができる。（消法８条４項）	P297「第２　違反処理」	**命令の要・否**
	罰則　消防（署）長の防火管理業務適正執行命令に違反した者は、１年以下の懲役又は100万円以下の罰金（消法41条１項２号）、情状により懲役及び罰金の併科（消法41条２項）。		

<table>
<tr><td rowspan="2">命令の公示</td><td colspan="2">消防（署）長は、防火管理者選任命令又は防火管理業務適正執行命令をした場合においては、標識の設置、公報への掲載その他市町村長が定める方法により、その旨を公示しなければならない。（消法８条５項、消法５条３項準用、消則１条）</td><td>Ｐ297「第２　違反処理」</td><td rowspan="2">適・否</td></tr>
<tr><td>解説</td><td colspan="2">公示の標識は、命令に係る防火対象物又は当該防火対象物のある場所に設置することができること。この場合においては、命令に係る防火対象物又は当該防火対象物のある場所の所有者、管理者又は占有者は、当該標識の設置を拒み、又は妨げてはならない。（消法５条４項準用）</td></tr>
</table>

1　防火管理者選任対象物

防火管理者選任対象物については、次により査察します。（⇒〔消法〕第８条第１項、〔消令〕第１条の２第３項、〔消令〕第２条）

<table>
<tr><th>査察項目</th><th>査　　察　　事　　項</th><th>結　果</th></tr>
<tr><td>〔消令〕別表第１に掲げる防火対象物</td><td>令別表第１に掲げる防火対象物（同表(16の３)項及び⒅項から⒇項までに掲げるものを除く。）は、次に掲げるものであること。（消令１条の２・３項１号）
<table>
<tr><td>①</td><td>〔消令〕別表第１⑹項ロ、⒃項イ及び(16の２)項に掲げる防火対象物（同表⒃項イ及び(16の２)項は、同表⑹項ロに掲げる防火対象物の用途に供される部分が存するものに限る。）（同１号イ）</td><td>収容人員が10人以上</td></tr>
<tr><td>②</td><td>〔消令〕別表第１⑴項から⑷項まで、⑸項イ、⑹項イ、ハ及びニ、⑼項イ、⒃項イ並びに(16の２)項に掲げる防火対象物（同表⒃項イ及び(16の２)項は、同表⑹項ロに掲げる防火対象物の用途に供される部分が存するものを除く。）（同１号ロ）</td><td>収容人員が30人以上</td></tr>
<tr><td>③</td><td>〔消令〕別表第１⑸項ロ、⑺項、⑻項、⑼項ロ、⑽項から⒂項まで、⒃項ロ及び⒄項に掲げる防火対象物（同１号ハ）</td><td>収容人員が50人以上</td></tr>
</table>
【解説】同一敷地内に管理について権原を有する者が同一の者である〔消令〕別表第１に掲げる防火対象物が２以上あるときは、それらの防火対象物は、一の防火対象物とみなすこと。（消令２条）</td><td>該当の有・無</td></tr>
<tr><td>新築工事中の建築物</td><td>新築工事中の建築物は、収容人員が50人以上のもののうち、外壁及び床又は屋根を有する部分が次に掲げるいずれかの規模以上であり、電気工事等の工事中のものであること。（消令１条の２・３項２号、消則１条の２・１項）
<table>
<tr><td>①</td><td>地階を除く階数が11以上で、延べ面積が１万㎡以上である建築物（同消令２号イ）</td></tr>
<tr><td>②</td><td>延べ面積が５万㎡以上である建築物（同消令２号ロ）</td></tr>
<tr><td>③</td><td>地階の床面積の合計が５千㎡以上である建築物（同消令２号ハ）</td></tr>
</table></td><td>該当の有・無</td></tr>
<tr><td>建造中の旅客船</td><td>建造中の旅客船は、収容人員が50人以上で、甲板数が11以上のもののうち、進水後のぎ装中のものであること。（消令１条の２・３項３号、消則１条の２・２項）</td><td>該当の有・無</td></tr>
</table>

２　防火管理者の資格

防火管理者の資格については、次により査察します。(⇒〔消法〕第８条第１項、〔消令〕第３条)

<table>
<tr><th>査察項目</th><th>査　察　事　項</th><th>結　果</th></tr>
<tr><td>防火管理者の選任の確認</td><td>①　防火管理者選任対象物は､防火管理者が選任されていること。(消法８条１項)
②　選任された防火管理者は、防火管理者の資格（☞下欄）を有していること。(同法８条１項、消令３条)
③　次のイ又はロの防火管理者は、定められた期間内に「甲種防火管理者再講習」を修了していること。
イ　令別表第１⑴項から⑷項、⑸項イ、⑹項、⑼項イ、⒃項イ及び(16の２)項の防火対象物で、収容人員300人以上のもの
ロ　令別表第１⑴項から⑷項、⑸項イ、⑹項又は⑼項イの防火対象物用途に供される部分が避難階以外の階で、特定１階段のもの
④　選任された防火管理者が、異動、退職等で現職場から離れていないか確認する。</td><td>適・否
適・否

適・否

適・否</td></tr>
<tr><td>防火管理者の資格についての査察</td><td>①　防火管理者は、当該防火対象物において防火管理上必要な業務を適切に遂行することができる管理的又は監督的な地位にあること。(消令３条１項柱書)
②　選任された防火管理者は、①に掲げるほか防火対象物の用途及び延べ面積に応じた資格を有していること。
<table>
<tr><th>区　分</th><th>防火対象物の用途</th><th>延べ面積</th></tr>
<tr><td rowspan="3">甲種防火対象物</td><td>令別表第１⑹項ロ、⒃項イ及び(16の２)項（同表⒃項イ及び(16の２)項は、⑹項ロの用途に供される部分が存するものに限る。）</td><td></td></tr>
<tr><td>令別表第１⑴項から⑷項まで、⑸項イ、⑹項イ、ハ及びニ、⑼項イ、⒃項イ並びに(16の２)項</td><td>300㎡以上</td></tr>
<tr><td>令別表第１⑸項ロ、⑺項、⑻項、⑼項ロ、⑽項から⒂項、⒃項ロ及び⒄項</td><td>500㎡以上</td></tr>
<tr><td rowspan="2">乙種防火対象物</td><td>令別表第１⑴項から⑷項まで、⑸項イ、⑹項イ、ハ及びニ、⑼項イ、⒃項イ並びに(16の２)項</td><td>300㎡未満</td></tr>
<tr><td>令別表第１⑸項ロ、⑺項、⑻項、⑼項ロ、⑽項から⒂項、⒃項ロ及び⒄項</td><td>500㎡未満</td></tr>
</table></td><td>適・否

適・否</td></tr>
</table>

３　防火管理に係る消防計画

消防計画については、次により査察します。(⇒〔消法〕第８条第１項、〔消令〕第３条の２第１項、〔消則〕第３条第１項柱書)

<table>
<tr><th colspan="2">査察項目</th><th>査　察　事　項</th><th>結　果</th></tr>
<tr><td rowspan="2">消防計画作成の有無の確認</td><td>確認</td><td>防火管理者選任対象物では、消防計画が作成（変更を含む。）されているかを確認する。(消法８条１項、消令３条の２第１項、消則３条１項柱書)</td><td rowspan="2">適・否</td></tr>
<tr><td>指導</td><td>消防計画が作成されていない場合は、速やかに作成し、届け出るよう指導する。</td></tr>
</table>

届出の有無の確認	**確認**	消防計画（変更されたものも含む。）は消防(署)長に届け出がされているかどうか確認する。（消則３条１項柱書）	**適・否**
	指導	届出がされていない場合は、速やかに消防(署)長に届け出るよう指導する。	
内容の確認	**確認**	①　消防計画の内容は、次により適正なものであるか確認する。（消則３条１項、２項及び３項） イ「３．１　消防計画の内容」 ロ「３．２　新築工事中の防火対象物の消防計画の内容」 ハ「３．３　消防計画の追加事項について」 ②　自衛消防の組織について、異動、退職等で欠員等が生じていないか確認する。	**適・否**
	指導	内容が、適切でない場合は、適切な内容とするよう指導する。	
地震特措法の強化地域		大規模地震特措法等の強化地域内の防火対象物の消防計画に追加して定める事項が定められているか確認する。（消則３条４項から８項）	**適・否**

３．１　消防計画の内容

消防計画の内容については、次により査察します。（⇒〔消則〕第３条第１項１号イからヲまで）

【解説】「一般的な防火対象物」とは、新築工事中の防火対象物及び建造中の旅客船を除いたものをいいます。

査察項目	査　察　事　項	結　果
一般的な防火対象物の消防計画に定める内容	①　自衛消防の組織に関することが定められている。（消則３条１項１号イ）	**適・否**
	②　防火対象物についての火災予防上の自主検査に関することが定められている。（同１号ロ）	**適・否**
	③　消防用設備等又は特殊消防用設備等の点検及び整備に関することが定められている。（同１号ハ）	**適・否**
	④　避難通路、避難口、安全区画、防煙区画その他の避難施設の維持管理及びその案内に関することが定められている。（同１号ニ）	**適・否**
	⑤　防火壁、内装その他の防火上の構造の維持管理に関すること。（同１号ホ）	**適・否**
	⑥　定員の遵守その他収容人員の適正化に関することが定められている。（同１号ヘ）	**適・否**
	⑦　防火管理上必要な教育に関すること。（同１号ト）	**適・否**
	⑧　消火、通報及び避難の訓練その他防火管理上必要な訓練の実施に関することが定められている。（同１号チ）	**適・否**
	⑨　火災、地震その他の災害が発生した場合における消火活動、通報連絡及び避難誘導に関することが定められている。（同１号リ）	**適・否**
	⑩　防火管理についての消防機関との連絡に関することが定められている。（同１号ヌ）	**適・否**
	⑪　増築、改築、移転、修繕又は模様替えの工事中の防火対象物における防火管理者又はその補助者の立会いその他火気の使用又は取り扱いの監督に関することが定められている。（同１号ル）	**適・否**
	⑫　①から⑪までに掲げるもののほか、防火対象物における防火管理に関し必要な事項について定められている。（同１号ヲ）	**適・否**

３．２　新築工事中の防火対象物の消防計画の内容

新築工事中の防火対象物の消防計画に定める内容については、次により査察します。(⇒〔消令〕第４条第３項、〔消則〕第３条第１項第２号)

査察項目	査　察　及　び　確　認　事　項	結　果
新築工事中の防火対象物の消防計画に定める内容	①　自衛消防の組織に関することが定められている。(消則３条１項２号ホ、消則３条１項１号イ準用)	適・否
	②　消火器等の点検及び整備に関することが定められている。(同２号イ)	適・否
	③　避難経路の維持管理及びその案内に関することが定められている。(同２号ロ)	適・否
	④　火気の使用又は取扱いの監督に関することが定められている。(同２号ハ)	適・否
	⑤　工事中に使用する危険物等の管理に関することが定められている。(同２号ニ)	適・否
	⑥　防火上必要な教育に関することが定められている。(同２号ホ、同１号ト準用)	適・否
	⑦　消火、通報及び避難訓練の実施に関することが定められている。(同２号ホ、同１号チ準用)	適・否
	⑧　火災、地震その他災害が発生した場合における消火活動、通報連絡及び避難誘導に関することが定められている。(同２号ホ、同１号リ準用)	適・否
	⑨　防火管理について消防機関との連絡に関することが定められている。(同２号ホ、同１号ヌ準用)	適・否
	⑩　①から⑨までに掲げるもののほか、防火対象物における防火管理に関し必要な事項(同２号へ)	適・否

３．３　消防計画の追加事項について

消防計画に追加する事項については、次により査察します。(⇒〔消則〕第３条第２項)

査察項目	査　察　事　項	結　果
防火管理業務の一部を委託している防火対象物の消防計画に追加する事項	①　受託者の氏名及び住所(法人は、名称及び所在地)を定めていること。(消令４条３項、消則３条２項)	適・否
	②　受託者の行う防火管理上必要な業務の範囲及び方法を定めていること。	適・否
管理権原が分かれている防火対象物の消防計画に追加する事項	その管理について権原が分かれている防火対象物は、「３　防火管理に係る消防計画」に、当該防火対象物の当該権原の範囲を定めていること。(消則３条３項)	適・否

４　大規模地震特措法等強化地域内の防火対象物の消防計画に追加する事項

大規模地震対策強化地域、南海トラフ地震防災対策推進地域及び日本海溝・千島海溝周辺海溝型地震防災対策推進地域内に所在する防火対象物の消防計画に追加する事項については、次により査察します。（⇒〔消令〕第４条第３項、〔消則〕第３条第４項から第８項）

査察項目	査　察　事　項	結　果
大規模地震対策強化地域内に所在する防火対象物の消防計画に追加する事項の査察	①　警戒宣言が発せられた場合における自衛消防の組織に関することを定めている。（消則３条４項１号）	適・否
	②　地震予知情報及び警戒宣言の伝達に関することを定めている。（同２号）	適・否
	③　警戒宣言が発せられた場合における避難誘導に関することを定めている。（同３号）	適・否
	④　警戒宣言が発せられた場合における施設及び設備の点検及び整備その他地震による被害の発生の防止又は軽減を図るための応急対策に関することを定めている。（同４号）	適・否
	⑤　大規模な地震に係る防災訓練の実施に関することを定めている。（同５号）	適・否
	⑥　大規模な地震による被害の発生の防止又は軽減を図るために必要な教育及び広報に関することを定めている。（同６号）	適・否
南海トラフ地震防災対策推進地域内に所在する防火対象物の消防計画に追加する事項の査察	①　南海トラフ地震に伴い発生する津波からの円滑な避難の確保に関することを定めている。（消則３条６項１号）	適・否
	②　南海トラフ地震に係る防災訓練の実施に関することを定めている。（同２号）	適・否
	③　南海トラフ地震による被害の発生の防止又は軽減を図るために必要な教育及び広報に関することを定めていること。（同３号）	適・否
日本海溝・千島海溝周辺海溝型地震防災対策推進地域内に所在する防火対象物の消防計画に追加する事項の査察	①　日本海溝・千島海溝周辺海溝型地震に伴い発生する津波からの円滑な避難の確保に関することを定めていること。（消則３条８項１号）	適・否
	②　日本海溝・千島海溝周辺海溝型地震に係る防災訓練の実施に関することを定められている。（同２号）	適・否
	③　日本海溝・千島海溝周辺海溝型地震による被害の発生の防止又は軽減を図るために必要な教育及び広報に関することを定めていること。（同３号）	適・否

５　防火管理業務の執行

防火管理業務の執行については、次により査察します。（⇒消法８号１項）

	防火管理者は、次に掲げる防火管理業務を適正に執行していること。（消法８条１項、消令３条の２、消則３条）	適・否

消防計画の作成	防火対象物の位置、構造及び設備の状況並びにその使用状況に応じ、当該防火対象物の管理について権原を有する者の指示を受けて消防計画（☞Ｐ26）を作成していること。消防計画を変更するときも、同様とします。
消防計画の届出	消防計画を作成したときは、消防機関の適切な指導を受けるため、消防（署）長に届け出されていること。消防計画を変更したときも同様に届け出されていること。

防火管理者の業務	避難訓練	消防計画に基づいて消火、通報及び避難の訓練（☞次の「６　消防訓練の査察」）を定期的に実施されていること。	
	消防用設備等の点検・整備	消防の用に供する設備、消防用水又は消火活動上必要な施設及び特殊消防用設備等の点検及び整備を行っていること。	
	火気の使用の取扱いの監督	防火管理者は、火気の使用又は取扱いに関する監督を行っていること。 □　「火気」とは、火を使用する設備・器具等のほか、たき火、喫煙などすべての火気をいいます。 □　「火気の使用又は取扱いに関する監督」に当たっては、火元責任者等に必要な指示を与えて行います。（昭和36年５月10日、自消甲予発第28号）	
	避難又は防火上必要な構造及び設備の維持管理	防火管理者は、避難又は防火上必要な構造及び設備の維持管理を行っていること。 □「避難又は防火上必要な構造」とは、建築物の内装、防火区画、防火戸、廊下及び階段をいい、「避難又は防火上必要な設備」とは、エレベーター、煙突等をいい、それぞれ、主として〔建基法・令〕に規制されていますが、例えば内装や防火戸に違法な変更を加えたり、廊下や階段に荷物を積み上げ防火シャッターの下に可燃物をおくなどで、これらの構造及び設備が完全に機能を果たさず、火災の拡大や人命の損傷を招いていることから、これらの維持管理が法律上防火管理者の業務とされています。（昭和43年６月25日消防総第180号） □「維持管理」とは、避難又は防火上必要な構造及び設備が、いつでもその機能を発揮するように保守などすることをいいます。	
	収容人員管理	防火管理者は、収容人員の管理をしていること。 □「収容人員の管理」とは、いわゆる「定員」管理のことをいい、その防火対象物に過剰な人員が収容されることのないように管理することをいいます。これは避難時のパニックを防止することが最大のねらいです、避難の際にパニックが生じないように収容人員を管理します。「収容人員」は、一応の目安として考えることもできると、されています。（昭和43年６月25日消防総第180号） ◇「劇場等の定員管理」については、☞P127を見てください。	
	その他の業務	その他防火管理上必要な業務を行っていること。 □　その他防火管理上必要な業務として、火災についてだけでなく、水災、地震、崖くずれなどの災害にも関する業務も含まれます。	
防火管理者の職務遂行の確認	確認	防火管理者の行うべき防火管理上必要な業務が適切に遂行されているか確認します。適切に遂行されないと認める場合は、次により指導します。（消法８条１項、消令３条の２）	適・否
	指導	①　防火管理者に対し、防火管理上必要な業務が適切に遂行するよう指導します。 ②　管理権限を有する者に対して、防火管理者に防火管理上必要な業務を適切に遂行させるよう指導します。	

６　消防訓練

消防訓練については、次により査察します。（⇒〔消法〕第８条第１項、〔消令〕第４条第３項）

査察項目	査　察　事　項	結　果
消防訓練についての査察	①　消防訓練は、防火管理に係る消防計画に基づき定期的に実施していること。（消令３条の２第２項）	適・否
	②　令別表第１⑴項から⑷項まで、⑸項イ、⑹項、⑼項イ、⒃項イ又は(16の２)項に掲げる防火対象物は、消火訓練及び避難訓練を年２回以上実施している。（消則３条10項）	適・否
	③　令別表第１⑴項から⑷項まで、⑸項イ、⑹項、⑼項イ、⒃項イ又は(16の２)項に掲げる防火対象物は、消火訓練及び避難訓練を実施する場合には、あらかじめそのことを消防機関に通報している。（消則３条11項）	適・否

第４　統括防火管理の査察

統括防火管理者については、次により査察します。（⇒〔消法〕第８条の２）

査察項目	査　察　事　項	参　照　事　項	結　果
統括防火管理者選任対象物の査察	その防火対象物は、統括防火管理者による統括防火管理を要する対象物であるか、ないかを確認すること。（消法８条の２・１項）	次頁「１　統括防火管理者選任対象物」	**該当の有・無**
統括防火管理者の選任・届出の査察	統括防火管理者選任対象物は、資格を有する統括防火管理者が定められ、消防（署）長に「統括防火管理者選任（解任）届出」が提出されていること。（消則４条の２）	次頁「２　統括防火管理の資格」	**適・否**
防火対象物全体の消防計画の査察	統括防災管理者選任対象物は、防火対象物の全体についての消防計画が作成（変更を含む。）され、消防（署）長に「全体についての消防計画作成（変更）届出」が提出されていること。（消法８条の２・１項、消令４条の２）	P 32「３　防火対象物全体の消防計画」	**適・否**
統括防火管理者の責務の査察	防火対象物の全体の防火管理に係る消防計画に基づく、消火、通報及び避難の訓練の実施、当該防火対象物の廊下、階段、避難口その他の避難上必要な施設の管理その他当該防火対象物の全体についての防火管理上必要な業務が適正に行われていること。（消法８条の２・１項、消令４条の２）	P 33「４　統括防火管理者の責務」	**適・否**
統括防火管理者選任命令	消防（署）長は、統括防火管理者選任対象物について、統括防火管理者が定められていないと認める場合には、当該防火対象物の管理について権原を有する者に対し、統括防火管理者を定めるべきことを命じることができる。（消法８条の２・５項）	P 297「第２　違反処理」	**命令の要・否**
統括防火管理業務適正執行命令	消防（署）長は、統括防火管理者選任対象物について、統括防火管理者の行うべき防火管理上必要な業務が法令の規定又は建物全体の消防計画に従って行われていないと認める場合は、当該防火対象物の管理について権限を有する者に対し、当該業務が法令の規定又は定められた消防計画に従って行われるように必要な措置を講ずべきことを命ずることができる。（消法８条の２・６項）	P 297「第２　違反処理」	**命令の要・否**

1　統括防火管理者選任対象物

総括防火管理者選任対象物については、次により査察します。(⇒〔消法〕第８条の２第１項、〔消令〕第３条の３)

査察項目	査　察　事　項	結　果
統括防火管理者選任対象物有無の確認	統括防火管理者選任対象物は、次に掲げるものでその管理について権限が分かれているものです。(消法８条の２・１項) ①　高層建築物（同法１項） ②　地下街(16の２項)で消防(署)長が指定するもの（同法１項） ③　令別表第１⑹項ロ及び⒃項イ（⑹項ロの用途に供される部分が存するもの）のうち地階を除く階数が３以上で、かつ、収容人員が10人以上のもの（消令３条の３・１項１号） ④　令別表第１⑴項から⑷項まで、⑸項イ、⑹項イ、ハ及びニ、⑼項イ並びに⒃項イ（⑹項ロの用途に供される部分が存するものを除く。）のうち、地階を除く階数が３以上で、収容人員が30人以上のもの（同令２号） ⑤　令別表第１⒃項ロに掲げる防火対象物のうち、地階を除く階数が５階以上で、収容人員50人以上のもの（同令３号） ⑥　令別表第１(16の３)項に掲げる防火対象物（同令４号）	該当の 有・無 有・無 有・無 有・無 有・無 有・無

2　統括防火管理者の資格

統括防火管理者の資格については、次により査察します。(⇒〔消法〕第８条の２第１項、〔消令〕第４条、〔消則〕第３条の３)

<table>
<tr><th>査察項目</th><th colspan="2">査　察　事　項</th><th>結　果</th></tr>
<tr><td rowspan="2">統括防火管理者の資格</td><td colspan="2">統括防火管理者は、次の防火管理者の資格を有し、かつ、統括防火管理者としての要件を満たしている者であること。(消令４条)</td><td rowspan="2">適・否</td></tr>
<tr><td>防火管理者の資格</td><td>①　甲種防火対象物の防火管理者に選任できる資格を有する者は、統括防火管理者を定めるすべての防火対象物（消令４条１号）
②　乙種防火管理講習の課程を修了した者は、次に掲げる防火対象物（消令４条２号）
イ　高層建築物で、令別表第１⑸項ロ、⑺項、⑻項、⑼項ロ、⑽項から⒂項まで、⒃項ロ及び⒄項に掲げる防火対象物で、延べ面積が500㎡未満のもの
ロ　令別表第１⑴項から⑷項まで、⑸項イ、⑹項イ、ハ及びニ、⑼項イ並びに⒃項イに掲げる防火対象物（同表⒃項イに掲げる防火対象物は、同表⑹項ロに掲げる防火対象物の用途に供される部分が存するものを除く。）で、延べ面積が300㎡未満のもの
ハ　令別表第１⒃項ロに掲げる防火対象物で、延べ面積が500㎡未満のもの
ニ　令別表第１⒃項ロに掲げる防火対象物で、延べ面積が500㎡未満のもの
ホ　令別表第１（16の3）項に掲げる防火対象物（同表⑹項ロに掲げる防火対象物の用途に供される部分が存するものを除く。）で延べ面積が300㎡未満のもの</td></tr>
</table>

		へ　令別表第１（16の2）項に掲げる防火対象物（同表(6)項ロに掲げる防火対象物の用途に供される部分が存するものを除く。）で延べ面積が300㎡未満のもの	
	統括防火管理者としての要件	統括防火管理者選任対象物の各管理権原者から、当該建物全体の防火管理上必要な業務を適切に遂行するために必要な、次に掲げる権限及び知識を有するものであること。（消則３条の３） ①　それぞれが有する権限のうち、当該防火対象物の全体の防火管理上必要な業務を適切に遂行するために必要な権限が付与されていること。（同１号） ②　当該防火対象物の全体の防火管理上必要な業務の内容について説明を受けており、かつ、当該内容について十分な知識を有していること。（同２号） ③　当該防火対象物の位置、構造及び設備の状況その他当該防火対象の全体の防火管理上必要な事項について説明を受けており、かつ、当該事項について十分な知識を有していること。（同３号）	

３　防火対象物全体の消防計画

統括防火管理者選任対象物の建物全体の防火管理に係る消防計画については、次により査察します。（⇒〔消法〕第８条の２・１項、〔消令〕第４条の２・１項、〔消則〕第４条、第３条４項～９項準用）

査察項目等		査　察　事　項	結　果
消防計画作成の有無の確認	確認	防火対象物の位置、構造及び設備の状況並びにその使用状況に応じ、当該防火対象物の全体の防火管理に係る消防計画を作成し、当該防火対象物の管理について権原を有する者の確認を受けて、「全体の消防計画作成（変更）」されているか確認します。（消則４条１項）	適・否
	指導	建物全体の消防計画が作成されていない場合は、速やかに作成し、届け出るように指導します。	
届出の有無の確認	確認	建物全体の消防計画作成（変更されたものも含む。）が、消防（署）長に届け出がされているか確認します。（消則４条１項）	適・否
	指導	届出がされていない場合は、速やかに消防（署）長に届け出るよう指導します。	
建物全体の消防計画に定める内容		防火対象物の位置、構造及び設備の状況並びにその使用状況に応じ、次の各号に掲げる事項が定められていること。（消則４条１項） ①　管理について権原を有する者の当該権原の範囲に関すること。 ②　全体の防火管理上必要な業務の一部が当該防火対象物の関係者（所有者、管理者又は占有者をいう。）及び関係者に雇用されている者（当該防火対象物で勤務している者に限り、当該防火対象物の部分の関係者及び関係者に雇用されている者を含む。）以外の者に委託されている防火対象物は、当該防火対象物の全体の防火管理上必要な業務の受託者の氏名及び住所（法人は、名称及び主たる事務所の所在地。）並びに当該受託者の行う防火対象物の全体の防火管理上必要な業務の範囲及び方法に関すること。 ③　全体消防計画に基づく消火、通報及び避難の訓練その他防火対象物全体の防火管理上必要な訓練の定期的な実施に関すること。 ④　廊下、階段、避難口、安全区画、防煙区画その他の避難施設の維持管理及びその案内に関すること。	適・否

	⑤　火災、地震その他の災害が発生した場合における消火活動、通報連絡及び避難誘導に関すること。 ⑥　火災の際の消防隊に対する当該防火対象物の構造その他必要な情報の提供及び消防隊の誘導に関すること。 ⑦　前各号に掲げるもののほか、統括防火管理対象物の全体の防火管理に関し必要な事項	
地震強化地域に所在する建物の消防計画に追加する事項	大規模地震対策強化地域、南海トラフ地震防災対策推進地域及び日本海溝・千島海溝周辺海溝型地震防災対策推進地域の区域内に所在する統括防火管理対象物の全体の消防計画に追加して定める事項は、P28「４　大規模地震特措法等強化地域内の防火対象物の消防計画に追加する事項」により査察します。（消則４条２項及び３項、消則３条４項及び５項準用）	**適・否**

４　統括防火管理者の責務

統括防火管理者の責務については、次により査察します。（⇒〔消法〕８条の２・１項、消令４条の２）

査察項目	査　察　事　項	結　果
統括防火管理者の責務	①　統括防火管理者は、当該防火対象物全体の防火管理に係る消防計画を作成（変更を含む。）し、消防（署）長に「建物全体の（防火管理に係る）消防計画作成（変更）届出書」を届け出ていること。（消令４条の２・１項）	**適・否**
	②　統括防火管理者は、防火対象物全体の防火管理に係る消防計画に基づいて、消火、通報及び避難の訓練の実施、当該防火対象物の廊下、階段、避難口その他の避難上必要な施設の管理その他当該防火対象物の全体の防火管理上必要な業務を行っていること。（同令２項）	**適・否**
	③　統括防火管理者は、防火対象物全体の防火管理上必要な業務を行うときは、必要に応じて当該防火対象物の管理について権原を有する者の指示を求め、誠実にその職務を遂行していること。（同令３項）	**適・否**

【解説】

□「共同防火管理協議会の代表者」とは、防火対象物の所有者その他の当該防火対象物の管理について権原を有するもののうち主要な者で、共同防火管理協議会を代表する者をいいます。（⇒旧消則４条の２・１項２号）

□「統括防火管理者」とは、当該防火対象物の防火管理者となるべき資格を有する者のうち、当該防火対象物全体にわたる防火管理上必要な業務を統括する者をいいます。（⇒旧消則４条の２・１項３号）

第５　自衛消防組織の査察

防火対象物の自衛消防組織については、次により査察します。(⇒〔消法〕第８条の２の５)

査察項目	査　察　事　項	参　照　事　項	結　果
設置を要する防火対象物の査察	その防火対象物は、自衛消防組織の設置を要する防火対象物であるか、ないかを確認すること。(消法８条の２の５・１項、消令４条の２の４)	次頁「１　自衛消防組織設置対象物」	**設　置 要・否**
設置（変更）届出の査察	自衛消防組織設置対象物にあっては、当該防火対象物の管理について権原を有する者から「自衛消防組織設置（変更）届出書」が提出されていること。(消法８条の２の５・２項、消則４条の２の15)		**適・否**
消防計画に定める自衛消防組織の業務に関する事項の査察	自衛消防組織対象物にあっては、当該防火対象物の防火管理に係る消防計画に自衛消防組織の業務に関する事項が適切に定められていること。(消令４条の２の６)	次頁「２　消防計画に定める自衛消防組織の業務に関する事項」	**適・否**
自衛消防組織の要員等の査察	自衛消防組織の設置を要する防火対象物にあっては、当該防火対象物に自衛消防組織要員が置かれていること。(消法８条の２の５・１項、消令４条の２の５)	Ｐ36「３　自衛消防組織の要員等」	**適・否**
自衛消防組織の設置命令	消防（署）長は、自衛消防組織の設置を要する防火対象物に、自衛消防組織が置かれていないと認める場合には、当該防火対象物の管理について権原を有する者に対し、自衛消防組織を置くべきことを命じることができる。(消法８条の２の５・３項)	Ｐ297「第２　違反処理」	**命令の 要・否**

１　自衛消防組織設置対象物

自衛消防組織設置防火対象物については、次により査察します。（⇒〔消法〕第８条の２の５、〔消令〕第４条の２の４）

査察項目	査　察　事　項	結　果
自衛消防組織設置防火対象物	令別表第１(1)項から(4)項まで、(5)項イ、(6)項から(12)項まで、(13)項イ、(15)項及び(17)項に掲げる防火対象物で、次のいずれかに該当するもの（消令４条の２の４・１号） ※防災管理を要する防火対象物は、(5)項ロ、(13)項及び(14)項も対象 ①　地階を除く階数が11以上の防火対象物で、延べ面積が１万㎡以上（同１号イ） ②　地階を除く階数が５以上10以下の防火対象物で、延べ面積が２万㎡以上（同１号ロ） ③　地階を除く階数が４以下の防火対象物で、延べ面積が５万㎡以上（同１号ハ）	該当の 有・無 有・無 有・無
別表第１(16)項の防火対象物	令別表第１(16)項に掲げる防火対象物（自衛消防組織設置対象物の用途に供される部分が存するものに限る。）で、次のいずれかに該当するもの（消令４条の２の４・２号） ①　地階を除く階数が11以上の防火対象物で、次に掲げるもの（同２号イ） イ　自衛消防組織設置対象物の用途に供される部分の全部又は一部が11階以上の階に存する防火対象物で、当該部分の床面積の合計が１万㎡以上（同２号イ(1)） ロ　自衛消防組織設置対象物の用途に供される部分の全部が10階以下の階に存し、かつ、当該部分の全部又は一部が５階以上10階以下の階に存する防火対象物で、当該部分の床面積の合計が２万㎡以上（同２号イ(2)） ハ　自衛消防組織設置対象物の用途に供される部分の全部が４階以下の階に存する防火対象物で、当該部分の床面積の合計が５万㎡以上（同２号イ(3)） ②　地階を除く階数が５以上10階以下の防火対象物で、次に掲げるもの（同２号ロ） イ　自衛消防組織設置対象物の用途に供される部分の全部又は一部が５階以上の階に存する防火対象物で、当該部分の床面積の合計が２万㎡以上（同２号ロ(1)） ロ　自衛消防組織設置対象物の用途に供される部分が４階以下の階に存する防火対象物で、当該部分の床面積の合計が５万㎡以上（同２号ロ(2)） ③　地階を除く階数が４以下の防火対象物で、自衛消防組織設置対象物の用途に供される部分の床面積の合計が５万㎡以上（同２号ハ）	該当の 有・無 有・無 有・無
地　下　街	令別表第１（16の２）項に掲げる防火対象物で、延べ面積が１千㎡以上のもの（消令４条の２の４・３号）	該当の 有・無

２　消防計画に定める自衛消防組織の業務に関する事項

自衛消防組織設置対象物の防火管理に係る消防計画に定められている自衛消防組織に関する事項については、次により査察します。（⇒〔消法〕第８条の２の５、〔消令〕第４条の２の６、〔消則〕第４条の２の10）

査察項目	査　察　事　項	結　果
防火管理に係る消防計画に定められてい	自衛消防組織の業務については、防火管理に係る消防計画に、おおむね次に掲げる事項が定められていること。（消則４条の２の10・１項） ①　火災の初期の段階における消火活動、消防機関への通報、在館者が避難する際の誘導その他の火災の被害の軽減のために必要な業務として自衛消防組織が行う業務	適・否

る自衛消防組織の業務に関する事項	に係る活動要領に関すること。（同１号） ②　自衛消防組織の要員に対する教育及び訓練に関すること。（同２号） ③　その他自衛消防組織の業務に関し必要な事項（同３号）	 適・否 適・否
共同して自衛消防組織を置くものに定められている事項	管理について権原を有する者が複数あり、共同して自衛消防組織を置く防火対象物にあっては、おおむね次に掲げる事項が定められていること。（消則４条の２の10・２項） ①　自衛消防組織に関する協議会の設置及び運営に関すること。（同１号） ②　自衛消防組織の統括管理者の選任に関すること。（同２号） ③　自衛消防組織が業務を行う防火対象物の範囲に関すること。（同３号） ④　その他自衛消防組織の運営に関し必要な事項（同４号）	 適・否 適・否 適・否 適・否
内部組織を編成する場合の事項	自衛消防組織にその業務を分掌する内部組織を編成する場合は、当該内部の業務の内容及び活動の範囲を明確に区分していること。（消則４条の２の10・３項）	適・否

３　自衛消防組織の要員等

自衛消防組織の要員等については、次により査察します。（⇒〔消法〕第８条の２の５、〔消令〕第４条の２の６、〔消則〕第４条の２の11）

査察項目	査　察　事　項	結　果
自衛消防の設置者	自衛消防組織は、自衛消防組織設置対象物の管理についての権原を有する者（⒃項に掲げる防火対象物は、自衛消防組織設置対象物の用途に供される部分の管理についての権原を有する者に限る。）が置いているものであること。（消令４条の２の５・１項） 〔解説〕自衛消防組織設置対象物に管理についての権原を有する者が複数あるときは、共同して自衛消防組織を置いていること。	適・否
自衛消防組織の業務の査察	自衛消防組織は、防火管理に係る消防計画に定められた自衛消防組織の業務に関する事項に従い、火災の初期の段階における消火活動、消防機関への通報、在館者が避難する際の誘導その他の火災の被害の軽減のために必要な業務が適切に行えるものであること。（消令４条の２の７）	適・否
自衛消防組織の要員の査察	自衛消防組織には、次に掲げる自衛消防要員が置かれていること。（消令４条の２の８、消則４条の２の11） ①　統括管理者が置かれていること。（消令４条の２の８） ②　次に定める業務ごとに、それぞれおおむね２人以上の自衛消防要員が置かれていること。（消令４条の２の８、消則４条の２の11） (1)　火災の初期の段階における消火活動に関する業務（同則１号） (2)　情報の収集及び伝達並びに消防用設備等その他の設備の監視に関する業務（同則２号） (3)　在館者が避難する際の誘導に関する業務（同則３号） (4)　在館者の救出及び救護に関する業務（同則４号） ③　自衛消防組織にその業務を分掌する内部組織が編成されている場合は、当該内部組織の業務の内容及び活動の範囲が明確に区分され、当該内部組織にその業務の実施に必要な要員が配置されているとともに、当該内部組織を統括する者が置かれていること。（消則４条の２の10・３項）	 適・否 適・否 適・否

第６　防災管理の査察

防災管理については、次により査察します。（⇒〔消法〕第36条第１項、〔消法〕第８条準用）

査察項目	査　察　事　項	参　照　事　項	結　果
防災管理者選任対象物の査察	その防火対象物は、防災管理者による防災管理を要する防火対象物であるか、ないかを確認すること。（消法８条１項準用）	Ｐ35「第５－１　自衛消防組織設置対象物」	**該当の有・無**
防災管理者の選任・届出の査察	防災管理者選任対象物にあっては、資格を有する防災管理者が定められ、かつ、消防（署）長に「防災管理者選任（解任）届出書」が提出されていること。（消法８条１項及び２項準用、消則51条の９、消則別記様式第15号）	次頁「１　防災管理者の資格」	**適・否**
防災管理者の業務の査察	防災管理者選任対象物にあっては、防災管理者による防災管理上必要な業務が適正に行われていること。（消法８条１項準用）	次頁「２　防災管理者の業務」	**適・否**
防災管理に係る消防計画の査察	防災管理者選任対象物にあっては、防災管理に係る消防計画が作成（変更を含む。）され、「（防災管理に係る）消防計画（変更）届出」が提出されていること。（消令48条、消則51条の８）。	Ｐ39「３　防災管理に係る消防計画」	**適・否**
防災管理者選任命令	消防（署）長は、防災管理者選任対象物に防災管理者が定められていないと認める場合には、当該防火対象物の管理について権原を有する者に対し、防災管理者を定めるべきことを命じることができる。（消法８条３項準用）	Ｐ297「第２　違反処理」	**発令の有・無**
防災管理業務適正執行命令	消防（署）長は、防災管理者選任防火対象物について防災管理者の行うべき防災管理上必要な業務が法令の規定又は消防計画に従って行われていないと認める場合には、当該防火対象物の管理について権原を有する者に対し、当該防災管理業務が当該法令の規定又は消防計画に従って行われるように必要な措置を講ずべきことを命じることができる。（消法８条４項準用）	Ｐ297「第２　違反処理」	**発令の有・無**

１　防災管理者の資格

防災管理者の資格については、次により査察します。(⇒〔消法〕第36条第１項、〔消法〕第８条第１項準用、〔消令〕第47条)

査察項目	査　察　事　項	結　果
防災管理者の資格の査察	防災管理者は、次のいずれかに掲げる者で、防災管理対象物において防災管理上必要な業務を適切に遂行することができる管理的又は監督的な地位にあるものであること。(消法36条１項において読み替えて準用する消法8条1項、消令47条１項) ①　都道府県知事、消防本部及び消防署を置く市町村の消防長又は総務大臣の登録を受けた者が行う防災管理対象物の防災管理に関する講習の課程を修了したもの（同令１号） ②　〔学校教育法〕による大学又は高等専門学校において総務大臣の指定する防災に関する学科又は課程を修めて卒業した者で、１年以上防災管理の実務経験を有するもの（同令２号） ③　市町村の消防職員で、管理的又は監督的な職に１年以上あった者（同令３号） ④　①から③までに掲げる者に準ずる者で、総務省令（消則51条の５）で定めるところにより、防災管理者として必要な学識経験を有すると認められるもの（同令４号）	①適・否 ②適・否 ③適・否 ④適・否

２　防災管理の業務

防災管理者による防災管理業務については、次により査察します。(⇒〔消法〕第８条第１項、〔消令〕第48条、〔消則〕第３条第１項柱書)

査察項目	査　察　事　項	結　果
管理権限者の防災管理業務の査察	防災管理者選任対象物の管理について権原を有する者は、資格を有する者のうちから防災管理者を定め、当該防火対象物について防災管理に係る消防計画の作成、当該消防計画に基づく避難訓練の実施その他防災管理上必要な業務を行わせていること。(消法８条１項、消令４条)	適・否
防災管理者による防火管理業務	①　防災管理者は、防災管理上必要な業務を行うときは、必要に応じて当該防災管理対象物の管理について権原を有する者の指示を求め、誠実にその職務を遂行していること。(消令48条３項) ②　防災管理者は、防災管理に係る消防計画を作成し、これに基づいて避難の訓練を定期的に年１回以上実施していること。(消令48条２項、消則51条の８・３項) ③　防災管理者は、避難訓練を実施する場合には、あらかじめその旨を消防機関に通報していること。(消則51条の８・４項、消則３条11項準用)	①適・否 ②適・否 ③適・否
	査察　防災管理に係る消防計画は、☞次頁「３　防災管理に係る消防計画」により査察します。	適・否

３　防災管理に係る消防計画

防災管理に係る消防計画については、次により査察します。（⇒〔消法〕第36条第１項、〔消令〕第48条第２項、〔消則〕第51条の８第１項）

査察項目	査　察　事　項	結　果
防災管理に係る消防計画に定めてある内容の査察	防災管理者選任対象物の防災管理に係る消防計画には、次に掲げる防災管理について必要な事項が適正に定められていること。（消則51条の８）	
	①　防災管理に係る消防計画は、建築物その他の工作物の位置、構造及び設備の状況並びにその使用状況等に応じ、防災管理に必要な事項が適正に定められていること。（同１項）	適・否
	②　防災管理上必要な業務の一部が当該防火対象物の関係者（所有者、管理者又は占有者をいう。以下同じ。）及び関係者に雇用されている者（当該防火対象物で勤務している者に限る。）以外の者に委託されている防火対象物は、当該防災管理上必要な業務の受託者の氏名及び住所（法人は、名称及び主たる事務所の所在地）並びに当該受託者の行う防災管理上必要な業務の範囲及び方法が定められていること。（同２項、消則３条２項準用）	適・否
	③　その管理について権原が分かれている防火対象物は、当該防火対象物の当該分かれている権原の範囲が定めてあること。（同２項、消則３条３項準用）	適・否
	④　大規模地震防災対策強化地域に所在する施設は、大規模地震防災対策に関する事項が定めてあること。（同２項、消則３条４項及び５項準用）	適・否
	⑤　東南海・南海地震防災対策推進地域に所在する施設は、東南海・南海地震防災対策に関する事項が定めてあること。（同２項、消則３条６項及び７準用）	適・否
	⑥　日本海溝・千島海溝周辺海溝型地震防災対策推進地域に所在する施設は、日本海溝・千島海溝周辺海溝型地震防災対策に関する事項が定めてあること。（同２項、消則３条８項及び９項準用）	適・否
	査察 ①　防災管理に係る消防計画の内容は、☞次頁「３．１　防災管理に係る消防計画の内容」により査察します。 ②　大規模地震防災対策強化地域等は、☞Ｐ28「４　大規模地震特措法等強化地域内の防火対象物の消防計画に追加する事項」を準用して査察します。	
自衛消防組織に係るもの	自衛消防組織設置対象物は、防災管理に係る消防計画に自衛消防組織の業務に関する事項が定められていること。（⇒消令４条の２の６）	適・否

３．１　防災管理に係る消防計画の内容

防災管理に係る消防計画の内容については、次により査察します。（⇒〔消令〕第48条第２項、〔消則〕第51条の８第１項及び第２項）

査察項目	査　察　事　項	結　果
防災管理に関する基本的な事項	防災管理に関する基本的な事項として、次に掲げる事項が定められていること。（消則51条の８・１項１号）	
	①　自衛消防の組織に関すること。（同１号イ）	適・否
	②　避難通路、避難口その他の避難施設の維持管理及びその案内に関すること。（同１号ロ）	適・否
	③　定員の遵守その他収容人員の適正化に関すること。（同１号ハ）	適・否
	④　防災管理上必要な教育に関すること。（同１号ニ）	適・否
	⑤　避難の訓練その他防災管理上必要な訓練の実施に関すること。（同１号ホ）	適・否
	⑥　防災管理についての関係機関との連絡に関すること。（同１号ヘ）	適・否
	⑦　⑤に掲げる訓練の結果を踏まえた防災管理に係る消防計画の内容の検証及び当該検証の結果に基づく当該消防計画の見直しに関すること。（同１号ト）	適・否
	⑧　①から⑦までに掲げるもののほか、建築物その他の工作物における防災管理に関し必要な事項（同１号チ）	適・否
地震による被害の軽減に関する事項	地震による被害の軽減に関する事項として、次に掲げる事項が定められていること。（消則51条の８・１項２号）	
	①　地震発生時における建築物その他の工作物及び建築物その他の工作物に存する者等の被害の想定並びに当該想定される被害に対する対策に関すること。（同２号イ）	適・否
	②　建築物その他の工作物の地震による被害の軽減のための自主検査に関すること。（同２号ロ）	適・否
	③　地震による被害のために必要な設備及び資機材の点検並びに整備に関すること。（同２号ハ）	適・否
	④　地震発生時における家具、じゅう器その他の建築物その他の工作物に備え付けられた物品の落下、転倒及び移動の防止のための措置に関すること。（同２号ニ）	適・否
	⑤　地震発生時における通報連絡、避難誘導、救出、救護その他の地震による被害の軽減に関し必要な事項（同２号ホ）	適・否
	⑥　①から⑤までに掲げるもののほか、建築物その他の工作物における地震による被害の軽減に関し必要な事項（同２号ヘ）	適・否
毒性物質等の発散等による災害による被害の軽減に関する事項	毒性物質等の発散等による災害による被害の軽減に関する事項として、次に掲げる事項が定められていること。（消則51条の８・１項３号）	
	①　毒性物質の発散その他災害発生時における通報連絡及び避難誘導に関すること。（同３号イ）	適・否
	②　①に掲げるもののほか、建築物その他の工作物における毒性物の発散その他の原因により生ずる特殊な災害による被害の軽減に関し必要な事項（同３号ロ）	適・否

第７　統括防災管理の査察

統括防災管理については、次により査察します。(⇒〔消法〕36条１項、〔消法〕８条の２・１項準用)

査察項目	査　察　事　項	参　照　事　項	結　果
統括防災管理者選任対象物の査察	その防火対象物は、統括防災管理者による統括防災管理を要する防火対象物であるか、ないかを確認すること。(消法36条１項、消法８条の２・１項準用)	Ｐ35「１　自衛消防組織設置対象物」	**該当の有・無**
統括防災管理者の選任・届出の査察	統括防災管理者選任対象物は、資格を有する統括防災管理者が定められ、「統括防火管理者の選任（解任）届出」が提出されていること。(消則51条の11の３、消則４条の２準用)	次頁「１　統括防災管理者の資格」	**適・否**
防火対象物全体の防災管理に係る消防計画の査察	統括防災管理者選任対象物は、当該防火対象物全体の防災管理に係る消防計画が作成（変更を含む。）され、消防（署）長に「全体についての消防計画作成（変更）届出書」が提出されていること。(消法８条の２・１項及び２項準用)	次頁「２　防火対象物全体の防災管理に係る消防計画の内容」	**適・否**
統括防災管理者による防災管理業務の査察	防火対象物全体の防災管理に係る消防計画に基づく、避難訓練の実施など、当該防火対象物の全体について防災管理上必要な業務が適性に行われていること。(消令48条の３)	Ｐ42「３　統括防災管理者の責務」	**適・否**
統括防災管理者選任命令	統括防災管理者選任対象物について、統括防災管理者が定められていないと認めるときは、当該防火対象物の管理について権原を有する者に対し、統括防災管理者を定めることを命ずることができる。(消法36条、８条の２・５項準用)	Ｐ297「第２　違反処理」	**命令の要・否**
統括防災管理適正執行命令	消防（署）長は、統括防災管理者選任対象物において、統括防災管理者の行うべき防災管理上必要な業務が法令の規定又は建物全体の防災管理に係る消防計画に従って行われていないと認める場合には、当該防火対象物の管理について権原を有する者に対し、当該業務が法令の規定又定められた防災管理に係る消防計画に従って行われるように必要な措置を講ずるべきことを命じることができる。(消法36条、８条の２・６項準用)	Ｐ297「第２　違反処理」	**命令の要・否**

1　統括防災管理者の資格

統括防災管理者の資格については、次により査察します。（⇒〔消令〕48条の２、〔消則〕51条の11、３条の３準用）

<table>
<tr><th>査察項目</th><th>査　察　事　項</th><th>結　果</th></tr>
<tr><td>統括防災管理者の資格</td><td>統括防災管理者は、次に掲げる資格及び当該防災管理者選任対象物の全体の防災管理上必要な業務を適切に遂行するために必要な権限及び知識の要件を有する者であること。（消令48条の２）
<table>
<tr><td>防災管理者の資格</td><td>防災管理者の資格を有していること。防災管理者の資格は、☞Ｐ38「１　防災管理者の資格」により確認します。（⇒消令47条）</td></tr>
<tr><td>統括防災管理者の要件</td><td>建築物その他の工作物の全体の防災管理上必要な業務を行う建築物その他の工作物の管理について権原を有する者から、次に掲げる権限及び知識を有するものであること。（消則51条の11、３条の３準用）
①　それぞれが有する権限のうち、当該建築物その他の工作物の全体の防災管理上必要な業務を適切に遂行するために必要な権限が付与されていること。（消則３条の３・１号準用）
②　当該建築物その他の工作物の全体の防災管理上必要な業務の内容について説明を受けており、かつ、当該内容について十分な知識を有していること。（同条２号準用）
③　当該建築物その他の工作物の位置、構造及び設備の状況その他当該建築物その他の工作物の全体の防災管理上必要な事項について説明を受けており、かつ、当該事項について十分な知識を有していること。（同条３号準用）</td></tr>
</table></td><td>適・否</td></tr>
</table>

2　防火対象物全体の防災管理に係る消防計画

統括防災管理者選任対象物の全体についての防災管理に係る消防計画については、次により査察します。（⇒〔消令〕46条の３・１項、〔消則〕51条の11の２、４条準用）

査察項目	査　察　事　項	結　果
建物全体の防災管理に係る消防計画の査察	統括防災管理者は、防火対象物の位置、構造及び設備の状況並びにその使用状況に応じ、次に各号に掲げる事項について、定められていること。（消則４条１項準用） ①　防火対象物の管理について権原を有する者の当該権原の範囲に関すること。（消則４条１項１号準用） ②　全体の防災管理上必要な業務の一部が当該対象物の関係者（所有者、管理者又は占有者をいう。）及び関係者に雇用されている者（当該対象物で勤務している者に限り、当該対象物の部分の関係者及び関係者に雇用されている者を含む。）以外の者に委託されているものは、当該対象物の全体の防災管理上必要な業務の受託者の氏名及び住所（法人は、名称及び主たる事務所の所在地。）並びに当該受託者の行う当該対象物の全体についての防災管理上必要な業務の範囲及び方法に関すること。（同２号準用） ③　建物全体の防災管理に係る消防計画に基づく、避難の訓練その他当該対象物全体についての防災管理上必要な訓練の定期的な実施に関すること。（同３号準用）	適・否

	④　廊下、階段、避難口その他の避難施設の維持管理及びその案内に関すること。（同４号準用） ⑤　消令45条に掲げる災害が発生した場合における通報連絡及び避難誘導に関すること。（同５号準用） ⑥　消令45条に掲げる災害が発生した場合における消防隊に対する当該建築物その他の工作物の構造その他必要な情報の提供及び消防隊の誘導に関すること。（同６号準用） ⑦　前各号に掲げるもののほか、建築物その他の工作物の全体の防災管理に関し必要な事項（同７号準用）	
地震強化地域に存在する建物の防災管理に係る消防計画に追加する事項	大規模地震対策強化地域、南海トラフ地震防災対策推進地域及び日本海溝・千島海溝周辺海溝型地震防災対策推進地域に所在する統括防災管理対象物の建物全体の防災管理に係る消防計画に追加して定める事項は、 Ｐ28「４　大規模地震特措法等強化地域内の防火対象物の消防計画に追加する事項」により査察します。（消則51条の11の２、消則３条４項及び５項準用）	**適・否**

３　統括防災管理者の責務

統括防災管理者の責務については、次により査察します。（⇒〔消法〕36条１項、〔消令〕48条の３）

査察項目	査　察　事　項	結　果
統括防災管理者の査察	①　当該防災管理対象物の全体の防災管理に係る消防計画を作成（変更を含む。）し、消防（署）長に届け出をしていること。（消令48条の３・１項） ②　防災管理対象物の全体の防災管理に係る消防計画に基づいて、避難の訓練の実施、当該建物の廊下、階段、避難口その他の避難上必要な施設の管理その他当該建物全体の防災管理上必要な業務を行っていること。（同令２項） ③　防災管理対象物の全体の防災管理上必要な業務を行うときは、必要に応じて当該防災管理対象物の管理について権原を有する者の指示を求め、誠実にその職を遂行していること。（同令３項）	**適・否**

第２章　防火・防災対象物の点検及び報告の査察

第１　防火対象物の点検及び報告の査察

第２　防災管理の点検及び報告の査察

第１　防火対象物の点検及び報告の査察

防火対象物の点検及び報告については、次により査察します。（⇒〔消法〕第８条の２の２）

査察項目	査　察　事　項	参　照　項　目	結　果
点検及び報告を要する防火対象物の査察	その防火対象物は、防火対象物点検資格者による防火対象物の点検及び報告を要する防火対象物であるか、ないかを確認すること。（消法８条の２の２・１項）	次頁「１　防火対象物の点検・報告対象物」	該当の有・無
防火対象物の点検及び報告の査察	防火対象物点検・報告対象物は、防火対象物点検資格者に点検対象事項について点検させ、その結果が消防（署）長に報告されていること。ただし、消防用設備等の点検及び報告の対象となる事項については、この限りでない。（消法８条の２の２・１項）	P48「２　防火対象物の点検・報告」	適・否
防火対象物の点検・報告の特例認定の査察	防火対象物点検・報告対象物のうち、消防機関に申請し、消防機関の検査により適合しているとして特例認定を受けていること。その後の状況の変更により特例認定の効力を失っていないこと。（消法８条の２の３）	P52「４　防火対象物の点検・報告の特例認定」	適・否
防火基準点検済証の表示	防火基準点検済証については、次のとおりであること。（消法８条の２の２・２項及び３項） ①　防火対象物点検・報告対象物のうち、防火対象物点検資格者による点検（その管理について権原が分かれている防火対象物にあっては、当該防火対象物全体（点検及び報告の特例認定を受けた部分を除く。）についての点検）の結果、点検対象事項が点検基準に適合していると認められた防火対象物には、防火基準点検済証を付することができる。（同法２項） ②　防火基準点検済証は、①による場合を除くほか防火基準点検済証を付してはならず、又はこれと紛らわしい表示を付していない。（同法３項）	P52「５　防火基準点検済証」	 適・否 適・否
防火優良認定証の表示	防火優良認定証については、次のとおりであること。（消法８条の２の３・７項及び８項） ①　特例認定を受けた防火対象物（当該防火対象物の管理について権原が分かれている防火対象物にあっては、当該防火対象物全体が点検及び報告の特例の認定を受けたものに限る。）には、防火優良認定証を付すことができる。（同法７項） ②　防火優良認定証は、①による場合を除くほか防火優良認定証を付してはならず、又はこれと紛らわしい表示を付していないこと。（同法８項、８条の２の２・３項準用）	P53「６　防火優良認定証」	 適・否 適・否

１　防火対象物の点検・報告対象物

防火対象物点検・報告対象物については、次により査察します。（⇒〔消法〕第８条の２の２第１項、〔消令〕第４条の２の２）

査察項目	査察事項	結果
防火対象物の点検・報告を要する防火対象物の査察	防火対象物の点検・報告対象物は、防火管理者選任対象物のうち、次に掲げるものであること。（消法８条の２の２・１項、消令４条の２の２） ①　令別表第１⑴項から⑷項まで、⑸項イ、⑹項、⑼項イ、⒃項イ及び（16の２）項に掲げる防火対象物で、収容人員が300人以上のもの（同令１号） ②　①に掲げるもののほか、令別表第１⑴項から⑷項まで、⑸項イ、⑹項又は⑼項イに掲げる防火対象物の用途に供される部分が避難階以外の階（１階及び２階を除くものとし、避難上有効な開口部を有しない壁で区画されている部分が存する場合は、その区画された部分とする。以下「避難階以外の階」という。）に存する防火対象物で、当該避難階以外の階から避難階又は地上に直通する階段（傾斜路を含む。）が２（当該階段が屋外に設けられ、又は避難階段（屋内に設けるもので消防庁長官が定める屋内避難階段等の部分を有するものに限る。）若しくは特別避難階段を有する場合は、１）以上設けられていないもの（同令２号）	対象の 有・無 有・無
	査察　①　避難上有効な開口部は、☞次の「１．１　避難上有効な開口部」により査察します。 ②　消防庁長官が定める屋内避難階段等の部分は、☞下の「１．２　消防庁長官が定める屋内避難階段等の部分」により査察します。	

１．１　避難上有効な開口部

避難上有効な開口部については、次により査察します。（⇒〔消令〕第４条の２の２第２号及び〔消令〕第25条第１項第５号、〔消則〕第４条の２の２）

査察項目	査察事項	結果
避難上有効な開口部の査察	避難上有効な開口部は、次に適合するものであること。（消則４条の２の２） ①　開口部は、直径１m以上の円が内接することができる開口部又はその幅及び高さが、75cm以上及び1.2m以上の開口部。（同１項） ②　開口部は、床面から開口部の下端までの高さは、15cm以内。（同２項１号） ③　開口部は、格子その他の容易に避難することを妨げる構造を有しないもの。（同２項２号） ④　開口部は、開口のため常時良好な状態に維持されているもの。（同２項３号）	適・否

１．２　消防庁長官が定める屋内避難階段等の部分

消防庁長官が定める屋内避難階段等の部分については、次により査察します。（⇒〔消則〕第４条の２の３並びに第26条第２項、第５項第３号ハ及び第６項第３号、〔平成14年消防庁告示第７号〕）

査察項目	査察事項	結果
	消防庁長官が定める屋内避難階段等の部分は、階段の各階又は各階の中間の部分ご	該当の

消防庁長官が定める屋内避難階段等の部分の査察	とに設ける直接外気に開放された排煙上有効な開口部で、次の①及び②に該当するものであること。 ①　開口部の開口面積は、２㎡以上。 ②　開口部の上端は、当該階段の部分の天井の高さの位置にあること。ただし、階段の部分の最上部における当該階段の天井の高さの位置に500㎠以上の外気に開放された排煙上有効な換気口がある場合は、この限りでない。	可・否

２　防火対象物の点検・報告

防火対象物の点検・報告については、次により査察します（⇒〔消法〕第８条の２の２）

査察項目	査　察　及　び　確　認　事　項	結　果
特例認定の有・無	消防(署)長から、点検及び報告の特例認定を受けている場合は、☞P52「４　防火対象物の点検・報告の特例認定」により査察します。 □　特例の認定を受けた防火対象物については、定期点検報告義務が免除されます。	有・無
点検期間	点検は、１年に１回行われていること。（消則４条の２の４）	適・否
点検資格者	防火対象物点検資格者は、登録講習機関が発行する証する書類（免状）の交付を受けていること。（消則４条の２の２・４項）	適・否
点検基準	防火対象物の点検基準は、次に掲げるものであること。（消則４条の２の６・１項）	適・否
	①　消防計画の作成（変更）届出がされていること。	適・否
	②　防火管理者の選任（解任）届出がされていること。	適・否
	③　消防計画に基づき、消防庁長官が定める事項（平成14年消告第12号）が適切に行われていること。 ◇「消防庁長官が定める事項」は、☞次頁「(1)　消防計画に基づき適正に行われていることとされる事項」を見てください。	適・否
	④　その管理について権原が分かれている防火対象物は、次に掲げる事項が適切に行われていること。 (1)　統括防火管理者が選任され届出がされていること。（平成14年消告第12号第２） (2)　防火対象物全体の消防計画が作成され届出がされていること。（平成14年消告第12号第２）	適・否
	⑤　避難上必要な施設及び防火戸について、適切に管理されていること。	適・否
	⑥　防炎防火対象物は、使用する防炎対象物品に、防炎表示が付されていること。	適・否
	⑦　圧縮アセチレンガス、液化石油ガスその他の火災予防又は消火活動に重大な支障を生ずるおそれのある物質を貯蔵し、又は取り扱っている場合（届け出を要しない場合を除く。）には、届出がされていること。	適・否
	⑧　消防用設備等又は特殊消防用設備等が、消防庁長官の定めるところにより、〔消法〕第17条第１項、〔消法〕第17条の２の５及び〔消法〕第17条の３並びにこれらに基づく命令の規定に従って設置されていること。 ◇「消防庁長官が定める事項」は、☞P50「(2)　消防用設備等の設置に係る事項」を見てください。	適・否
	⑨　〔消法〕第17条の３の２の規定に基づき、届出を行い、検査を受けていること。	適・否
	⑩　前各号に定めるもののほか、〔消法〕又は〔消法〕に基づく命令に規定する事項に関し市町村長が定める基準を満たしていること。	適・否

点検項目の減免	防火対象物の点検・報告対象物であって、次に掲げる防火対象物又はその部分は、上欄の項目のうち①から④までの項目以外の項目は適用しないものとされています。（消則４条の２の６・２項） ①　一の防火対象物とみなされるそれぞれの防火対象物のうち、令別表第１(1)項から(4)項まで(5)項イ、(6)項又は(9)項イに掲げる防火対象物の用途に供されている部分が存しないもの ②　開口部のない耐火構造の床又は壁で区画されている場合に、その区画された部分が令別表第１(1)項から(4)項まで、(5)項イ、(6)項又は(9)項イに掲げる防火対象物の用途に供されていない場合における当該区画された部分	**減免の可否**
点　検　結　果	防火対象物の管理について権限を有するものは、点検を行った結果を防火管理維持台帳に記録し、これを保存していること。（消則４条の２の４・２項） ◇「防火管理維持台帳」は、☞Ｐ51「３　防火管理維持台帳」を見てください。	**適・否**
点　検　報　告	点検結果について、消防(署)長に報告されていること。（消法８条の２の２・１項） □　報告書の書式は、平成14年消告第８号（⇒消則４条の２の４・３項）	**適・否**

（１）　消防計画に基づき適切に行われていることとされる事項

消防計画に基づき適切に行われていることとされる事項は、次のとおりとされています。（平成14年消告第12号第１）

査　察　及　び　確　認　項　目	結　果
①　自衛消防の組織の編制、任務の分担及び指揮命令系統に関する事項	**適・否**
②　防火対象物の火災予防上の自主検査及び当該自主検査の結果に基づく措置に関する事項	**適・否**
③　消防用設備等の点検及び整備並びに当該点検の結果に基づく措置に関する事項	**適・否**
④　避難施設の点検及び維持管理並び避難経路図の掲示その他避難施設の案内に関する事項	**適・否**
⑤　防火上の構造の点検及び維持管理に関する事項	**適・否**
⑥　定員の遵守その他収容人員の適正化に関する事項	**適・否**
⑦　防火上必要な教育に関する事項	**適・否**
⑧　消火、通報及び避難の訓練の実施に関する事項	**適・否**
⑨　火災、地震その他の災害が発生した場合における消火活動、通報連絡及び避難誘導に関する事項	**適・否**
⑩　防火管理について消防機関との連絡に関する事項	**適・否**
⑪　増築、改築、移転、修繕又は模様替えの工事中の防火対象物における防火管理者又はその補助者の立会いその他火気の使用又は取扱いの監督に関する事項	**適・否**
⑫　前各号に掲げるもののほか、防火管理に関し必要な事項	**適・否**
⑬　防火管理上必要な業務の一部が防火対象物の関係者及び関係者に雇用されている者（当該防火対象物で勤務している者に限る。）以外の者に委託されている防火対象物は、防火管理上必要な業務の委託者の氏名及び住所（法人は、名称及び主たる事務所の所在地）並びに当該受託者の行う防火管理上必要な業務の範囲及び方法に関する事項	**適・否**
⑭　その管理について権原が分かれている防火対象物は、当該防火対象物の当該権原の範囲に関する事項	**適・否**
⑮　強化地域に所在する防火対象物は、次に掲げる事項 イ　警戒宣言が発せられた場合における自衛消防の組織の編成、任務の分担及び指揮命令系統に関する事項 ロ　地震予知情報及び警戒宣言の伝達方法に関する事項 ハ　警戒宣言が発せられた場合における避難誘導に関する事項 ニ　警戒宣言が発せられた場合における施設及び設備の点検及び整備その他地震による被害の発生	**適・否**

の防止又は軽減を図るための応急対策に関する事項 ホ　大規模な地震に係る防災訓練の実施に関する事項 へ　大規模な地震による被害の発生の防止又は軽減を図るために必要な教育及び広報に関する事項	
⑯　(1)項から(4)項まで、(5)項イ、(6)項、(9)項イ、⒃項イ又は(16の２)項に掲げる防火対象物は、消火及び避難の訓練の実施回数に関する事項（当該消火及び避難の訓練を実施する場合におけるその旨の消防機関への通報に関する事項を含む。）	適・否

（２）　消防用設備等の設置に係る事項

消防用設備等の設置に係る事項は、消防用設備等が、次のとおり設置されていなければならないとされています。（平成14年消告第12号第３）

査　察　及　び　確　認　事　項	結　果
①　消火器又は簡易消火用具は、〔消令〕第10条第１項及び第３項の規定に従って設置されていること。	適・否
②　屋内消火栓設備は、〔消令〕第11条第１項、第２項及び第４項の規定に従って設置されていること。	適・否
③　スプリンクラー設備は、〔消令〕第12条第１項、第３項及び第４項の規定に従って設置されていること。	適・否
④　水噴霧消火設備、泡消火設備、不活性ガス消火設備、ハロゲン化物消火設備又は粉末消火設備は〔消令〕第13条の規定に従って設置されていること。	適・否
⑤　屋外消火栓設備は、〔消令〕第19条第１項、第２項及び第４項の規定に従って設置されていること。	適・否
⑥　動力消防ポンプ設備は、〔消令〕第20条第１項、第２項及び第５項の規定に従って設置されていること。	適・否
⑦　自動火災報知設備は、〔消令〕第21条第１項及び第３項の規定に従って設置されていること。	適・否
⑧　ガス漏れ火災警報設備は、〔消令〕第21条の２第１項の規定に従って設置されていること。	適・否
⑨　漏電火災警報器は、〔消令〕第22条第１項の規定に従って設置されていること。	適・否
⑩　消防機関へ通報する火災報知設備は、〔消令〕第23条第１項及び第３項の規定に従って設置されていること。	適・否
⑪　非常警報器具又は非常警報設備は、〔消令〕第24条第１項から第３項まで及び第５項の規定に従って設置されていること。	適・否
⑫　避難器具は、〔消令〕第25条第１項及び第２項第１号の規定に従って設置されていること。	適・否
⑬　誘導灯及び誘導標識は、〔消令〕第26条第１項及び第３項の規定に従って設置されていること	適・否
⑭　消防用水は、〔消令〕第27条第１項及び第２項の規定に従って設置されていること。	適・否
⑮　排煙設備は、〔消令〕第28条第１項及び第３項の規定に従って設置されていること。	適・否
⑯　連結散水設備は、〔消令〕第28条の２第１項、第３項及び第４項の規定に従って設置されていること。	適・否
⑰　連結送水管は、〔消令〕第29条第１項の規定に従って設置されていること。	適・否
⑱　非常コンセント設備は、〔消令〕第29条の２第１項の規定に従って設置されていること。	適・否
⑲　無線通信補助設備は、〔消令〕第29条の３第１項の規定に従って設置されていること。	適・否
⑳　前各号の規定にかかわらず、現に〔消令〕第32条の規定が適用されている消防用設備等は引き続き、消防(署)長が、同条の規定の適用を認めた状況で設置されていること。	適・否
㉑　前各号の規定にかかわらず、〔消法〕第17条の２第１項の規定が適用される消防用設備等は、当該消防用設備設置に係る技術上の基準に関する従前の規定に従って設置されていること。	適・否
㉒　前号に掲げるもののほか、〔消法〕第17条の３第１項の規定が適用される消防用設備等は、用途	適・否

が変更される前の防火対象物における消防用設備等の設置に係る技術上の基準に関する規定に従って設置されていること。	

３　防火管理維持台帳

防火管理維持台帳については、次により査察します。（⇒〔消則〕第４条の２の４第２項）

査察項目	査　察　及　び　確　認　事　項	結　果
点検記録の有・無	定期点検及び報告が義務づけられた管理権原者は、点検の結果を防火管理維持台帳に記録し、かつ、保存していること。（消則４条の２の４・２項）	適・否
編冊書類の査察	防火管理維持台帳には、次のものが編冊されていること。（消則４条の２の４・２項）	
	①　甲種防火管理再講習の修了証の写し（同１号）	適・否
	②　消防計画作成（変更）届出、防火管理者の選任（解任）届出、防火対象物全体の消防計画作成（変更）届出、統括防火管理者の選任（解任）届出及び自衛消防組織の設置（変更）届出に係る書類の写し（同１号の２）	適・否
	③　防火対象物の定期点検結果の報告書の写し（同２号）	適・否
	④　防火対象物の定期点検報告に関する特例認定に係る申請書の写し（同３号）	適・否
	⑤　防火対象物の定期点検報告に関する特例認定に係る認定決定の通知又は不認定決定の通知（同４号）	適・否
	⑥　消防用設備等（特殊消防用設備等）の設置の届出に係る書類の写し（同５号）	適・否
	⑦　消防用設備等（特殊消防用設備等）の検査済証（同６号）	適・否
	⑧　消防用設備等（特殊消防用設備等）の定期点検結果の報告書の写し（同７号）	適・否
	⑨　消防計画に基づき実施される次のイからリまでに掲げる状況を記載した書類（同８号） イ　防火対象物についての火災予防上の自主検査の状況（同８号イ） ロ　消防用設備等（特殊消防用設備等）の点検及び整備の状況（同８号ロ） ハ　避難施設の維持管理の状況（同８号ハ） ニ　防火上の構造の維持管の状況（同８号ニ） ホ　定員の遵守その他収容人員の適正化の状況（同８号ホ） ヘ　防火上必要な教育の状況（同８号ヘ） ト　消火、通報及び避難の訓練の状況（同８号ト） チ　増築、改築、移転、修繕又は模様替えの工事中の防火対象物における防火管理者又はその補助者の立会いその他火気の使用又は取扱いの監督の状況（同８号チ） リ　大規模な地震に係る防災訓練並びに教育及び広報の状況（強化地域に所在する防火対象物のうち、消防計画に追加事項を定める施設であるものに限る。）（同８号リ）	適・否
	⑩　消防用設備等（特殊消防用設備等）の工事、整備等の経過一覧表（同９号）	適・否
	⑪　①から⑩に掲げるもののほか、防火管理上必要な書類（同10号）	適・否

4　防火対象物の点検・報告の特例認定

防火対象物の点検及び報告の特例については、次により査察します。(消法第8条の2の3、消則第4条の2の２、第4の2の9)

査察項目	査　察　事　項	結　果
特例認定の確認	消防機関に申請し、消防機関の検査により基準に適合しているとして認定を受けていること。(消法８条の２の３・１項、同３項)	認定の 有・無
認定の失効	次のいずれかに該当するときは、その認定は、その効力を失うものであること。(消法８条の２の３・４項) ①　当該認定を受けてから３年が経過したとき、失効前に再認定の申請をしたときは認定の可・否が通知されたとき。(同１号) ②　防火対象物の管理権原者に変更のあったとき。(同２号)	該当の 有・無
認定の取り消し	消防(署)長は、認定を受けた防火対象物が、次のいずれかに該当するときは、当該認定を取り消さなければならないこと。(消法８条の２の３・６項) ①　偽りその他不正な手段により当該認定を受けたことが判明したとき。(同１号) ②　次に掲げる命令（当該防火対象物の位置、構造、設備又は管理の状況が〔消法〕若しくは〔消法〕に基づく命令又はその他の法令に違反している場合に限る。）がされたとき。(同２号) イ　防火対象物の火災予防措置命令 ロ　防火対象物の使用の禁止、停止又は制限の命令 ハ　防火対象物における火災の予防又は消防活動の障害除去のための措置命令 ニ　防火管理者選任命令 ホ　防火管理業務適正執行命令 ヘ　自衛消防組織設置命令 ト　消防用設備等の設置維持命令 チ　特殊消防用設備等の設置維持命令 ③　次に該当することとなったとき。(同３号) イ　防火対象物の点検基準に該当しなくなったとき。 ◇「防火対象物の点検基準」については、P48「２　防火対象物の点検・報告」を見てください。 ロ　消防用設備等又は特殊消防用設備等が設備等技術基準又は設備等設置維持計画に従って設置され、又は維持されていないとき。 ハ　消防用設備等の点検及び報告が遵守されていないとき。 ニ　イからハに掲げるもののほか、〔消法〕又は〔消法〕に基づく命令に規定する事項に関し市町村長が定める基準に適合しなくなったとき。	該当の 有・無 有・無 有・無 有・無

5　防火基準点検済証

防火基準点検済証については、次により査察します。(⇒〔消法〕第８条の２の２第２項、〔消則〕第４条の２の７)

査察項目	査　察　及　び　確　認　事　項	結　果
防火基準点検	防火対象物の点検の結果、防火対象物点検資格者により点検対象事項が点検基準に	適・否

済証表示防火対象物	適合していると認められる防火対象物に防火基準点検済証（別表第１）を付すことができること。（消法８条２の２・２号）	
表示の査察	①　防火基準点検済証は、防火対象物の見やすい箇所に附されていること。（消則４条の２の７・２項） ②　防火基準点検済証には、次の事項が記載されていること。（消則４条の２の７・３項） イ　点検を行った日から起算して１年後の年月日（同１号） ロ　権原を有する者の氏名（その管理について権原が分かれている防火対象物は、当該防火対象物の共同防火管理協議会の代表者の氏名）（同２号） ハ　点検を行った防火対象物点検資格者の氏名その他消防庁長官が定める事項（同３号）	適・否 適・否
表示の除去命令	①　何人も、点検基準に適合しているとして認められた防火対象物を除くほか、防火対象物点検の表示を付してはならず、又この表示と紛らわしい表示を付していないこと。（消法８条の２の３・８項、第８条の２の２・３項準用） ②　消防(署)長は、防火対象物で点検基準に適合していると認められていない防火対象物又は、防火基準点検済証と紛らわしい表示が附されているものは、当該防火対象物の関係者で権原を有する者に対し、当該表示を除去し、又はこれに消印を付するべきことを命ずることができること。（消法８条の２の３・８項、第８条の２の２・４項準用）	適・否 命令の要・否

6　防火優良認定証

防火優良認定証については、次により査察します（⇒〔消法〕第８条の２の３第７項、〔消則〕第４条の２の９）

査察項目	査　察　及　び　確　認　事　項	結　果
防火優良認定証表示防火対象物	特例認定を受けた防火対象物（当該防火対象物の管理権原が分かれているものは、その防火対象物全体が認定を受けているものに限る。）に防火優良認定証（別表第１の２）を付すことができること。（消法８条２の３・7項）	適・否
表示の査察	①　防火優良認定証は、防火対象物の見やすい箇所に附されていること。（消則４条の２の９・１項） ②　防火優良認定証には、次の事項が記載されていること。（消則４条の２の９・２項） イ　認定の効力が失われる日（同１号） ロ　権原を有する者の氏名（その管理について権原が分かれている防火対象物にあっては、当該防火対象物の共同防火管理協議会の代表者の氏名）（同２号） ハ　認定を行った消防(署)長の属する消防本部又は消防署の名称（同３号）	適・否 適・否
表示等の禁止	①　何人も、認定を受けた防火対象物を除くほか、防火対象物点検の表示付してはならず、又この表示と紛らわしい表示を付すことはできないこと。（消法８条の２の２・８項） ②　消防(署)長は、特例認定が認められていない防火対象物又は、防火優良認定証と紛らわしい表示が附されているものは、当該防火対象物の関係者で権原を有する者に対し、当該表示を除去し、又はこれに消印を付するべきことを命ずることができること。（第８条の２の２・８項）	適・否 適・否

別表第１（第４条の２の７関係）

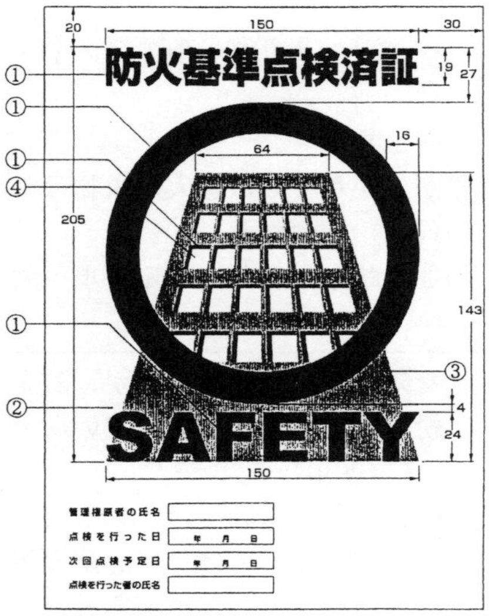

別表第１の２（第４条の２の９関係）

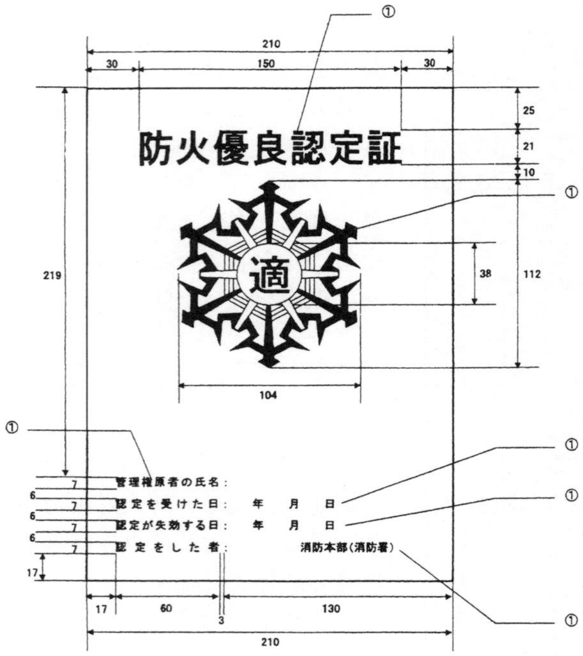

第2　防災管理の点検及び報告の査察

防火対象物の点検及び報告については、次により査察します。（⇒〔消法〕第36条第１項、〔消法〕第８条の２の２第１項準用）

査察項目	査　察　事　項	参　照　事　項	結　果
防災管理の点検及び報告対象物の査察	その防火対象物は、防災管理点検資格者による防火対象物の点検及び報告を要する防火対象物であるか、ないかを確認すること。（消法８条の２の２・１項準用）	次頁「１　防災管理の点検・報告対象物」	該当の有・無
防災管理の点検及び報告の査察	防災管理点検・報告対象物にあっては、防災管理点検資格者に点検事項について点検させ、その結果を消防（署）長に報告をしていること。ただし、消防用設備等の点検及び報告の対象となる事項については、この限りでないこと。（消法８条の２の２・１項準用）	次頁「２　防災管理の点検・報告」	適・否
防災管理の点検・報告の特例認定の査察	防災管理点検・報告対象物のうち、消防機関に申請し、消防機関の検査により基準に適合しているとして特例認定を受けていること。その後の変更により効力が失われていないこと。	P60「４　防災管理の点検・報告の特例認定」	適・否
防災基準点検済証の表示	防火基準点検済証については、次のとおりであること。（消則51条の15、消法８条の２の２・２項及び３項準用） ①　防災管理点検・報告対象物のうち、防災管理点検資格者による点検（その管理について権原が分かれている防火対象物にあっては、当該防火対象物全体（点検及び報告の特例認定を受けた部分を除く。）についての点検）の結果、点検対象事項が点検基準に適合していると認められたものには、防災基準点検済証を付することができる。（同法２項準用） ②　防災基準点検済証は、①による場合のほか防災基準点検済証を付してはならず、又はこれと紛らわしい表示を付していない。（同法３項準用）	P61「５　防災基準点検済証」	①適・否 ②適・否
防災優良認定証の表示	防災優良認定証については、次のとおりであること。（消則51条の17、消法８条の２の３・７項及び８項準用） ①　特例認定を受けた防火対象物（当該防火対象物の管理について権原が分かれている防火対象物にあっては、当該防火対象物全体が点検及び報告の特例の認定を受けたものに限る。）には、防災優良認定証を付することができる。（同法７項準用） ②　防災優良認定証は、①による場合のほか防災優良認定証を付してはならず、又はこれと紛らわしい表示を付していない。（同法８項準用、消法８条の２の２・４項準用）	P61「６　防災優良認定証」	①適・否 ②適・否

1　防災管理の点検・報告対象物

防災管理点検・報告対象物については、次により確認します。(⇒〔消法〕第８条の２の２第１項準用、〔消令〕第４条の２の２)

査察項目	査　　察　　事　　項	結　果
防災管理の点検・報告を要する防火対象物の査察	防災管理の点検・報告対象物は、防災管理者選任対象物のうち次に掲げるものであること。(消法８条の２の２・１項、消令４条の２の２) ①　令別表第１⑴項から⑷項まで、⑸項イ、⑹項、⑼項イ、⒃項イ及び(16の２)項に掲げる防火対象物で、収容人員が300人以上のもの（同消令１号） ②　①に掲げるもののほか、令別表第１⑴項から⑷項まで、⑸項イ、⑹項、⑼項イ、⒃項イ及び(16の２)項に掲げる防火対象物の用途に供される部分が避難階以外の階に存する防火対象物で、当該避難階以外の階から避難階又は地上に直通する階段（傾斜路を含む。）が２（当該階段が屋外に設けられ、又は避難上有効な構造を有する場合は、１）以上設けられていないもの（同消令２号）	該当の 有・無 有・無
	査察　防災管理者選任対象物は、☞Ｐ35「１　自衛消防組織設置対象物」を準用して査察します。	

2　防災管理の点検・報告

防災管理の点検及び報告については、次により査察します。(⇒〔消法〕第36条第1項（〔消法〕第８条の２の２第１項準用)、〔消則〕第51条の14)

査察項目	査　　察　　事　　項	結　果
特例認定の有・無	消防(署)長から、点検及び報告の特例認定を受けている場合は、Ｐ60「４　防災管理の点検・報告の特例認定」により査察します。 □　特例認定を受けた防火対象物は、定期点検報告義務が免除されます。	有・無
点検期間	火災以外の災害で政令で定めるものによる被害の軽減のために必要な事項の点検が、１年に１回行われていること。(消則51条の12・２項、消則４条の２の４・１項準用)	適・否
点検資格者	防災管理点検資格者は、登録講習機関が発行する証する書類（免状）の交付を受けていること。(消則51条の12・３項)	適・否
防災管理の点検基準の査察	防災管理の点検基準は、次に適合するものであること。(消則51条の14) ①　防災管理に係る消防計画の届け出及び防災管理者の選任（解任）の届け出がされていること。(同１号) ②　自衛消防組織の設置を要する防火対象物（⒃項に掲げる防火対象物は、自衛消防組織設置防火対象物の用途に供される部分に限る。）は、自衛消防組織設置の届け出がされていること。(同２号) ③　防災管理に係る消防計画に基づき、消防庁長官が定める事項（平成20年消防庁告示第22号）が適切に行われていること。(同３号) ◇「消防庁長官が定める事項」は、☞次の「⑴　防災管理に係る消防計画に基づき適正に行われているとされる事項」を見てください。	適・否

	④　防災管理を要する防火対象物で、その管理について権原が分かれているものは、消防庁長官が定める事項（平成20年消防庁告示第22号）が適切に行われていること。（消則51条の14・４号） ◇「消防庁長官が定める事項」については、☞次の「(1)　防災管理に係る消防計画に基づき適正に行われているとされる事項」を見てください。 ⑤　避難上必要な施設及び防火戸について、適切に管理されていること。（消則51条の14・５号） ◇　避難上必要な施設及び防火戸は、☞Ｐ128「３　避難上必要な施設の管理」により査察します。	
点　検　結　果	防災管理について権限を有する者は、点検を行った結果を防災管理維持台帳に記録し、これを保存していること。（消則51条の12・１項） ◇防災管理維持台帳については、☞Ｐ59「３　防災管理維持台帳」を見てください。	適・否
点　検　報　告	点検結果について、消防(署)長に報告されていること。（消法８条の２の２・１準用） □　報告書の書式は、平成20年消告第19号（消則51条の12・２項）	適・否

(1)　防災管理に係る消防計画に基づき適正に行われていることとされる事項

防災管理に係る消防計画に基づき適正に行われている事項については、次のとおりとされています。（⇒平成20年消告第22号）

査察項目	査　察　事　項	結　果
防災管理に関する基本的事項	防災管理に関する基本的な事項として次に掲げる事項	適・否
	①　自衛消防の組織の編成、任務の分担及び指揮命令系統に関する事項	適・否
	②　避難施設の点検及び維持管理並びに避難経路図の掲示その他の避難施設の案内に関する事項	適・否
	③　定員の遵守その他収容人員の適正化に関する事項	適・否
	④　防災管理上必要な教育に関する事項	適・否
	⑤　避難の訓練その他防災管理上必要な訓練の実施に関する事項	適・否
	⑥　防災管理について関係機関との連絡に関する事項	適・否
	⑦　⑤に掲げる訓練の結果を踏まえた防災管理に係る消防計画の内容の検証及び当該検証の結果に基づく当該消防計画の見直しに関する事項	適・否
	⑧　①から⑦までに掲げるもののほか、建築物その他の工作物における防災管理に関し必要な事項	適・否
地震による被害の軽減に関する事項	地震による被害の軽減に関する事項として次に掲げる事項	適・否
	①　地震発生時における建築物その他の工作物及び建築物その他の工作物に存する者等の被害の想定及び当該想定される被害に対する対策に関する事項	適・否
	②　建築物その他の工作物の地震による被害の軽減のための自主検査及び当該自主検査の結果に基づく措置に関する事項	適・否
	③　地震による被害の軽減のために必要な設備及び資機材の点検並びに整備並びに当該点検の結果に基づく措置に関する事項	適・否
	④　地震発生時における家具、じゅう器その他の建築物その他の工作物に備え付けられた物品の落下、転倒及び移動の防止のための措置に関する事項	適・否
	⑤　地震発生時における通報連絡、避難誘導、救出、救護その他の地震による被害の	適・否

	軽減のための応急措置に関する事項 ⑥　①から⑤までに掲げるもののほか、建築物その他の工作物における地震による被害の軽減に関し必要な事項	適・否
毒物性の発散等の被害の軽減に関する事項	毒物性の発散その他の特殊な災害による被害の軽減に関する事項として次に掲げる事項 ①　毒物性の発散その他の特殊な災害発生時における通報連絡及び避難誘導に関する事項 ②　①に掲げるもののほか、建築物その他の工作物における毒物性の発散その他の特殊な災害による被害の軽減に関し必要な事項	 適・否 適・否
自衛消防組織設置防火対象物に関する事項	自衛消防組織を設置の防火対象物（令別表第１⒃に掲げる防火対象物は、自衛消防組織設置防火対象物の用途に供される部分に限る。次号において同じ。）にあっては、次に掲げる事項 ①　関係機関への通報、在館者が避難する際の誘導その他の火災以外の災害による被害の軽減のために必要な業務として自衛消防組織が行う業務に係る活動要領に関する事項 ②　自衛消防組織の要員に対する教育及び訓練に関する事項 ③　その他自衛消防組織の業務に関し必要な事項 ④　管理についての権原を有する者が共同して自衛消防組織を置く場合は、次に掲げる事項 イ　自衛消防組織に関する協議会の設置及び運営に関する事項 ロ　自衛消防組織の統括管理者の選任に関する事項 ハ　自衛消防組織が業務を行う防火対象物の範囲に関する事項 ニ　その他自衛消防組織の運営に関し必要な事項	 適・否 適・否 適・否 適・否
防災管理業務の一部が関係者以外の者に委託されているものに関する事項	防災管理上必要な業務の一部が建築物その他の工作物の関係者（所有者、管理者又は占有者をいう。以下同じ。）及び関係者に雇用されている者（当該建築物その他の工作物で勤務している者に限る。）以外の者に委託されている建築物その他の工作物は次の事項 ①　防災管理上必要な業務の受託者の氏名及び住所（法人は、名称及び主たる事務所の所在地） ②　受託者の行う防災管理上必要な業務の範囲及び方法に関する事項	 適・否 適・否
管理権原が分かれているものに関する事項	その管理について権原が分かれている建築物その他の工作物は、当該建築物その他の工作物の当該権原の範囲に関する事項	適・否
強化地域内の防火対象物に関する事項	大規模地震対策特別措置法に規定する強化地域に所在する防火対象物は、次に掲げる事項 ①　大規模地震対策特別措置法第２条第13号に規定する警戒宣言（以下「警戒宣言」という。）が発せられた場合における自衛消防の組織の編成、任務の分担及び指揮命令系統に関する事項 ②　大規模地震対策特別措置法第２条第３号に規定する地震予知情報及び警戒宣言の伝達方法に関する事項 ③　警戒宣言が発せられた場合における避難誘導に関する事項 ④　警戒宣言が発せられた場合における施設及び設備の点検及び整備その他地震による被害の発生の防止又は軽減を図るための応急対策に関する事項 ⑤　大規模な地震に係る防災訓練の実施に関する事項	 適・否 適・否 適・否 適・否 適・否

	⑥　大規模な地震による被害の発生の防止又は軽減を図るために必要な教育及び広報に関する事項	適・否
避難訓練に関する事項	避難訓練の実施回数に関する事項（当該避難訓練を実施する場合におけるその旨の消防機関への通報に関する事項を含む。）	適・否

３　防災管理維持台帳

防災管理維持台帳については、次により査察します。（⇒〔消則〕第51条の12第１項）

査察項目	査　察　事　項	結　果
防災管理維持台帳の査察	①　防災管理を要する防火対象物には、防災管理維持台帳が作成され、かつ、保存されていること。（消則51条の12・１項） ②　防災管理維持台帳には、防火対象物の点検結果が記録されていること。（消則51条の12・１項） ③　防災管理維持台帳には、次の欄「防火管理維持台帳の編冊書類」に掲げるものが編冊されていること。（消則51条の12・１項）	適・否 適・否 適・否
防災管理維持台帳の編冊書類	防災管理維持台帳には、次に掲げる書類が編冊されていること。（消則51条の12・１項） ①　防災管理再講習の修了証の写し（同１号） ②　防災管理に係る消防計画作成（変更）届出、防災管理者の選任（解任）届出、防火対象物全体の防災管理に係る消防計画作成（変更）届出、統括防災管理者の選任（解任）届出及び自衛消防組織の設置（変更）届出に係る書類の写し（同２号） ③　防災定期点検結果報告書の写し（同３号） ④　防火対象物の定期点検報告に関する特例認定に係る申請書の写し（同４号） ⑤　防火対象物の定期点検報告に関する特例認定に係る認定決定の通知又は不認定決定の通知（同５号） ⑥　防災管理に係る消防計画に基づき実施される次のイからチまでに掲げる状況を記載した書類（同６号） イ　避難施設の維持管理の状況 ロ　定員の遵守その他収容人員の適正化の状況 ハ　防災管理上必要な教育の状況 ニ　避難の訓練その他防災管理上必要な訓練の状況 ホ　建築物その他の工作物の地震による被害の軽減のための自主検査の状況 ヘ　地震による被害の軽減のために必要な設備及び資機材の点検並びに整備の状況 ト　地震発生時における家具、じゅう器その他の建築物その他の工作物に備え付けられた物品の落下、転倒及び移動の防止のための措置の実施の状況 チ　大規模な地震に係る防災訓練並びに教育及び広報の状況（大規模地震対策強化地域に所在する防災管理を要する防火対象物のうち、〔大規模地震対策特措令〕第４条第１号、第２号、第13号、第14号及び第23号に規定する施設（〔大規模地震対策特措法〕第6条第1項に規定する者が管理するものを除く。）に限る。） ⑦　前各号に掲げるもののほか、防災管理上必要な書類（同７号）	適・否 適・否 適・否 適・否 適・否 適・否 適・否

4　防災管理の点検・報告の特例認定

防災管理の点検及び報告の特例認定については、次により査察します。（⇒〔消法〕第36条第１項、〔消法〕第８条の２の３準用、〔消令〕第）

査察項目	査　察　事　項	結　果
特例認定の確認	消防機関に申請し、消防機関の検査により基準に適合しているとして認定受けていること。（消法第８条の２の３・１項準用）	認定の 有・無
認定の失効	次のいずれかに該当するときは、特例認定は、その効力を失うものであること。 ①　当該認定を受けてから３年が経過したとき、失効前に再認定の申請をしたときは認可の可・否が通知されたとき。（消法８条の２の３・４項１号準用） ②　防火対象物の管理権原者に変更があったとき。（消法８条の２の３・４項２号）	失効の 有・無 有・無
管理権原者の変更の査察	特例の認定を受けた防火対象物は、当該防火対象物の管理について権原を有する者に変更があったときは、当該変更前の権原を有する者から、その旨が消防（署）長に届け出がされていること。（消法第８条の２の３・５項準用、消則第51条の16）	変更の 有・無
特例認定の取り消し要件の査察	消防（署）長は、認定を受けた防火対象物が、次のいずれかに該当するときは、当該認定を取り消さなければならないこと。（消法８条の２の２・６項準用） ①　偽りその他不正な手段により、当該認定を受けたことが判明したとき。（同１号準用） ②　次に掲げる命令（当該防火対象物の位置、構造、設備又は管理の状況が〔消法〕若しくは〔消法〕に基づく命令又はその他の法令に違反している場合に限る。）がされたとき。（同２号準用） イ　防火対象物の火災予防措置命令（消法５条１項） ロ　防火対象物の使用の禁止、停止又は制限の命令（消法５条の２・１項） ハ　防火対象物における火災の予防又は消防活動の障害除去のための措置命令（消法５条の３・１項） ニ　防災管理者選任命令（消法８条３項） ホ　防災管理業務適正執行命令（消法８条４項） ヘ　自衛消防組織設置命令（消法８条の２の５・３項） ト　消防用設備等の設置維持命令（消法17条の４・１項） チ　特殊消防用設備等の設置維持命令（消法17条の４・２項） ③　次に該当することとなったとき。（消法８条の２の３・６項３号準用、消則４条の２の８・１項） イ　防火対象物の点検基準に該当しなくなったとき。（同則１項１号） ロ　消防用設備等又は特殊消防用設備等が設備等技術基準又は設備等設置維持計画に従って設置され、又は維持されていないとき。（同則１項２号） ハ　消防用設備等の点検報告が遵守されていないとき。（同則１項３号） ニ　イからハに掲げるもののほか、〔消法〕又は〔消法〕に基づく命令に市町村長が定める基準に適合していること。（同則１項４号）	該当の 有・無 有・無 有・無

５　防災基準点検済証

防災基準点検済証については、次により査察します。(⇒〔消法〕第36条第１項、〔消則〕第51条の15。〔消法〕第８条の２の２第２項準用、〔消則〕第４条の２の７第１項及び第２項準用)

査察項目	査　察　事　項	結　果
防災基準点検済証表示防災火対象物	防火対象物の防災管理の点検の結果、防災対象物点検資格者により点検対象事項が点検基準に適合していると認められる防火対象物に防災基準点検済証（別表第５）を付すことができること。(消法８条の２の２・２項準用、消則４条の２の７準用)	適・否
表示の査察	①　防災基準点検済証は、防火対象物の見やすい箇所に附されていること。(消則４条の２の７・２項) ②　防災基準点検済証には、次の事項が記載されていること。(消則４条の２の７・３項) イ　点検を行った日から起算して１年後の年月日（同１号） ロ　権原を有する者の氏名（その管理について権原が分かれている防火対象物にあっては、当該防火対象物の共同防災管理協議会の代表者の氏名）(同２号) ハ　点検を行った防災対象物点検資格者の氏名その他消防庁長官が定める事項（同３号）	適・否 適・否
表示の除去命令	①　何人も、防災基準点検に適合していると認められた防火対象物を除くほか、表示を附してはならず、又は紛らわしい表示を附していないこと。(消法８条の２の３・３項、８条の２の２・３項準用) ②　消防(署)長は、防火対象物で点検基準に適合していると認められない防火対象物又は、防災点検基準済証と紛らわしい表示を附されているものは、当該防火対象物の関係者で権原を有する者に対し、当該表示を除去し、又はこれに消印を付するべきことを命じることができること。(消法８条の２の３・８項、８条の２の２３・４項準用)	適・否 命令の要・否

６　防災優良認定証

防災優良認定証については、次により査察します。(⇒〔消法〕第36条第１項、〔消法〕第８条の２の３第７項準用、〔消則〕第51条の17)

査察項目	査　察　事　項	結　果
特例認定表示ができる防火対象物	防災管理の特例認定を受けた防火対象物（当該防火対象物の管理について権原が分かれているものは、当該防火対象物全体が特例の認定を受けたものに限る。）防災優良認定証（別表第６）を付すことができること。(消法８条の２の３・７項準用)	適・否
防災優良認定証の査察	①　防災優良認定証は、特例の認定を受けた防火対象物の見やすい箇所に付されていること。(消則４条の２の９・１項) ②　防災優良認定証には、次の事項が記載されていること。(消則４条の２の９・２項準用) イ　認定の効力が失われる日（同１号準用） ロ　権原を有する者の氏名（その管理について権原が分かれている防火対象物にあっては、当該防火対象物の共同防災管理共同協議会の代表者の氏名）(同２号準用)	適・否 適・否

	ハ　認定を行った消防(署)長の属する消防本部又は消防署の名称（同３号準用）	
表示の除去命令	①　何人も、認定を受けた防火対象物を除くほか、防災対象物点検の表示を附してはならず、又はこの表示と紛らわしい表示を附すことはできないこと。（消法８条の２の３・８項及び８条の２の２・３項準用） ②　消防(署)長は、防火対象物で、防災管理点検の特例認定を受けないで防災優良認定証が付されているもの又はこれと紛らわしい表示が付されているものは、当該防火対象物の関係者で権原を有する者に対し、当該表示を除去し、又はこれに消印を付するべきことを命じることができること。（消法８条の２の３・８項及び８条の２の２・４項準用）	**命令の要・否** **要・否**

別表第５（第51条の15関係）

別表第６（第51条の17関係）

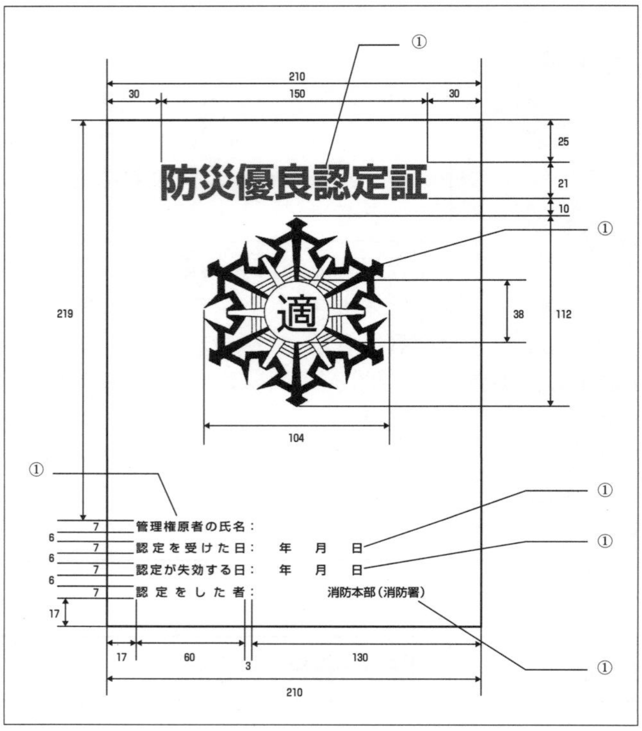

第３章　防炎対象物品の査察

第１　防炎防火対象物における防炎対象物品の査察

第１　防炎防火対象物における防炎対象物品の査察

防炎防火対象物における防炎対象物品については、次により査察します。（⇒〔消法〕第８条の３）

査察項目	査　察　事　項	参　照　事　項	結　果
防炎防火対象物の査察	その防火対象物は、当該防火対象物において使用するカーテン、どん帳、展示用合板、布製のブラインド、じゅうたん等などの防炎対象物品については、防炎性能を有するもの（以下「防炎物品」という。）を使用しなければならない防火対象物（以下「防炎防火対象物」という。）であるか、ないかを確認します。（消法８条の３・１項）	次の「１　防炎防火対象物等」	該当の有・無
防炎対象物品の査察	防炎防火対象物に該当する防火対象物においては、防炎対象物品を使用しているか、いないかを査察します。（消令４条の３・３項）	次頁「２　防炎対象物品等」	適・否
防炎表示の査察	防炎防火対象物において使用している防炎物品には、防炎表示が適正にされていること。（消法８条の３・２項）	P66「３　防炎表示」	適・否
防炎物品として販売又は陳列品の査察	①　防炎物品として販売し、又は販売のために陳列されている防炎対象物品又はその材料は、防炎表示又は指定表示が附されているものでなければならない。（消法８条の３・４項） ②　紛らわしい表示が附されていないこと。（消法８条の３・３項）		適・否 適・否

１　防炎防火対象物等

防炎防火対象物等については、次により査察します。（⇒〔消法〕第８条の３第１項、〔消令〕第４条の３第１項及び第２項）

査察項目	査　察　事　項	結　果
防炎防火対象物の査察	防炎防火対象物等には、次に掲げるものが該当するものであること。（消法８条の３・１項、消令４条の３・１項及び２項） ①　高層建築物（同法１項） ②　令別表第１に掲げる防火対象物は、次に掲げるものであること。 イ　令別表第１⑴項から⑷項まで、⑸項イ、⑹項、⑼項イ、⑿項ロ、(16の２)項及び(16の３)項に掲げる防火対象物（同令１項） ロ　令別表第１⒃項に掲げる防火対象物の部分で、同表⑴項から⑷項まで、⑸項イ、⑹項、⑼項イ及び⑿項ロの用途のいずれかに該当する用途に供されるもの（同令２項） ③　工事中の建築物その他の工作物で、次に掲げるものであること。（同令１項、消則４条の３・１項）	該　当 有・無 有・無 有・無

	イ　建築物（都市計画区域外のもっぱら住居の用に供するもの及びこれに附属するものを除く。）（同則１項１号） ロ　プラットホームの上屋（同則１項２号） ハ　貯蔵槽（同則１項３号） ニ　化学工業製品製造装置（同則１項４号） ホ　ハ及びニに掲げるものに類する工作物（同則１項５号）	

２　防炎対象物品

防炎防火対象物等で使用する防炎対象物品については、次により査察します。（⇒〔消法〕第８条の３第１項）

<table>
<tr><th>査察項目</th><th>査　察　及　び　確　認　事　項</th><th>結　果</th></tr>
<tr><td>防炎防火対象物等で使用する防炎対象物品の査察</td><td>①　防炎防火対象物等において使用する防炎対象物品は、防炎物品であること。（消法８条の３・１項）
②　防炎防火対象物等において使用する防炎物品には、防炎表示がなされていること。（消法８条の３・２項）</td><td>適・否</td></tr>
<tr><td>防炎対象物品の確認</td><td>①　カーテン（消令４条の３・３項）
②　布製のブラインド（同項）
③　暗幕（同項）
④　工事用シート（同項）
⑤　展示用の合板（同項）
⑥　どん帳その他舞台において使用する幕（同項）
⑦　舞台において使用する大道具用の合板（同項）
⑧　じゅうたん等（消令第４条の３第３項、消則４条の３・２項）
<table>
<tr><th></th><th>確　認　事　項</th><th>該　当</th></tr>
<tr><td>じゅうたん等</td><td>①　じゅうたん（織りカーペット（だん通を除く。）をいう。）（同１号）
②　毛せん（フェルトカーペットをいう。）（同２項２号）
③　タフテッドカーペット、ニッテッドカーペット、フックドラッグ、接着カーペット及びニードルパンチカーペット（同３号）
④　ござ（同４号）
⑤　人工芝（同５号）
⑥　合成樹脂製床シート（同６号）
⑦　前各号に掲げるもののほか、床敷物のうち毛皮製床敷物、毛製だん通及びこれらに類するもの以外のもの（同７号）</td><td>有・無</td></tr>
</table>
</td><td>使用の
有・無
有・無
有・無
有・無
有・無
有・無
有・無
有・無</td></tr>
</table>

３　防炎表示

防炎表示については、次により査察します。(⇒〔消則〕第４条の４、別表第１の２の２)

<table>
<tr><th></th><th colspan="3">防 炎 物 品 の 種 類</th><th>防 炎 表 示 の 様 式</th><th>結 果</th></tr>
<tr><td>①</td><td colspan="3">布製のブラインド、展示用の合板、どん帳その他これに類する舞台において使用する幕、舞台において使用する大道具用の合板及び工事用シート並びにこれらの材料</td><td>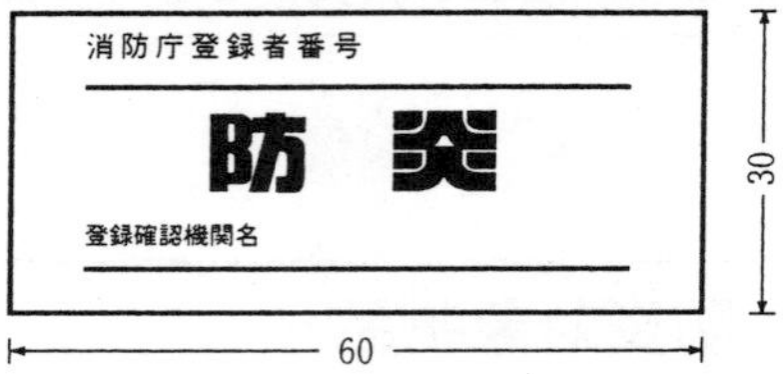
</td><td>適・否</td></tr>
<tr><td>②</td><td colspan="3">じゅうたん等及びその材料</td><td>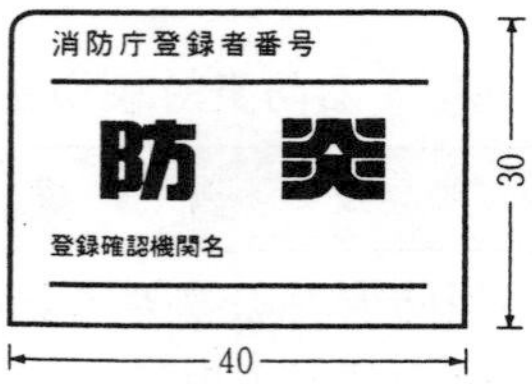
</td><td>適・否</td></tr>
<tr><td rowspan="4">③</td><td rowspan="4">①及び②に掲げる防炎物品以外の防炎物品</td><td rowspan="3">(1) 消防庁長官が定める防炎性能に係る耐洗濯性能の基準に適合するもの</td><td>水洗い洗濯及びドライクリーニングについて基準に適合するもの</td><td>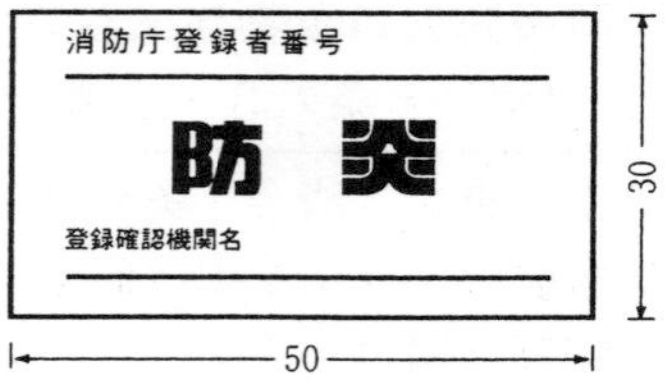
</td><td>適・否</td></tr>
<tr><td>水洗い洗濯について基準に適合するもの</td><td>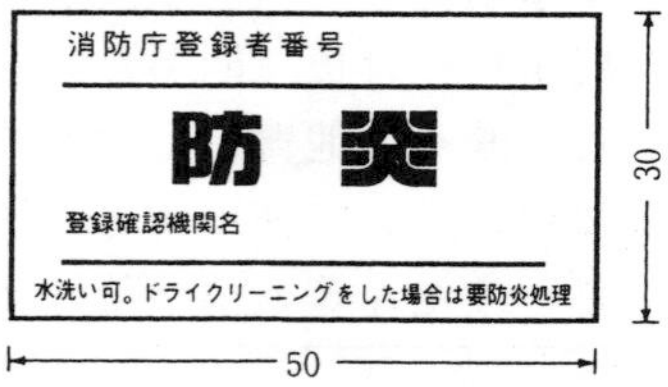
</td><td>適・否</td></tr>
<tr><td>ドライクリーニングについて基準に適合するもの</td><td>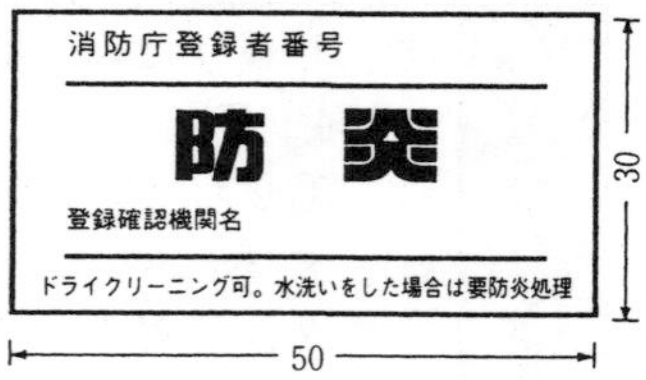
</td><td>適・否</td></tr>
<tr><td colspan="2">(2) (1)に掲げるもの以外のもの</td><td>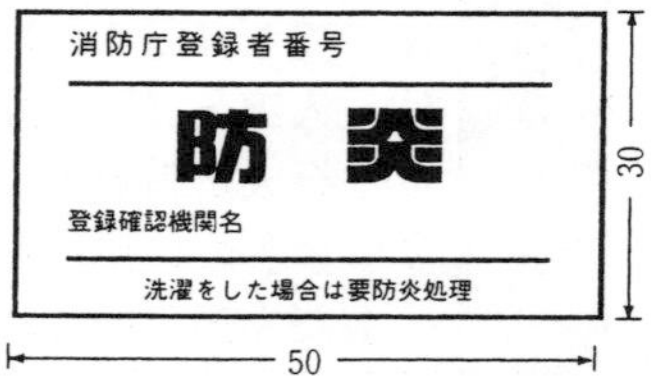
</td><td>適・否</td></tr>
</table>

備考

1　防炎表示の様式の欄の数字の単位は、㎜とする。

2　様式の色彩は、地を白色、文字のうち「防炎」にあっては赤色、「消防庁登録者番号」及び「登録確認機関名」にあっては黒色、その他のものにあっては緑色、横線を黒色とする。

3　登録確認機関の確認を受けていない場合又は登録確認機関の確認は受けたが当該登録確認機関の名称を記載しない場合は、「登録確認機関名」に代えて「防炎性能について自己確認した者の名称」とする。

第４章　火を使用する設備・器具等の査察

第１　火を使用する設備等の査察

第２　火を使用する器具の位置・使用方法の査察

第３　火の使用に関する制限の査察

第４　住宅用防災機器の査察

第１　火を使用する設備等の査察

火を使用する設備等については、次により査察します。（⇒〔消法〕第９条、〔消令〕第５条、〔条例〕第３章第１節）

査察項目	査　察　事　項	参　照　事　項	結　果
火を使用する設備等の設置の有無及び設置届の査察	①　その防火対象物には、火を使用する設備及びその使用に際し、火災の発生のおそれのある設備（以下「火を使用する設備等」という。）が設置されているか、いないかを確認する。 ②　設置されている火を使用する設備等のうち、設置の届出が必要なものは、届出がされていること。（条例44条柱書）	次頁「１　火を使用する設備等の設置届出」	**設置の有・無** **適・否**
火を使用する設備等の位置、構造及び管理の査察	設置されている火を使用する設備等の位置、構造及び管理は基準に従って設置及び管理されているかを確認する。	P70「２　火を使用する設備」 P77「５　火花を生じる設備」 P77「６　放電加工機」 P78「７　燃料電池発電設備」 P80「８　変電設備」 P82「９　急速充電設備」 P84「10　内燃機関を原動力とする発電設備」 P85「11　屋外に設けるピストン式内燃機関を原動力とする発電設備」 P86「12　蓄電池設備」 P87「13　舞台装置等の電気設備」	**適・否** **適・否**
火を使用する設備等の使用中止命令等	消防（署）長は、火を使用する設備等の位置、構造及び管理の状況について、火災の予防に危険であると認める場合その他火災予防上必要があると認める場合には、権原を有する関係者（特に緊急の必要があると認める場合は、関係者及び工事の請負人又は現場管理者）に対し、当該設備の使用の中止その他の必要な措置をなすべきことを命ずることができる。（消法５条、５条の２及び５条の３）	P297「第２　違反処理」	**命令の要・否**

１　火を使用する設備等の設置及び届出

火を使用する設備等の設置の届け出を要するものについては、次により査察します。（⇒〔消法〕第９条、〔条例〕第44条）

査察項目	査　察　項　目		設置の有無	届出有無
設置及び届出の査察	火を使用する設備又はその使用に際し、火災の発生のおそれのある設備のうち、次に掲げるものは、あらかじめ、消防(署)長に届け出がされていること。(条例44条柱書)			
	①	熱風炉（同１号）	有・無	適・否
	②	多量の可燃性ガス又は蒸気を発生する炉（同２号）	有・無	適・否
	③	②に掲げるもののほか、据付面積２㎡以上の炉（個人の住居に設けるものを除く。）（同３号）	有・無	適・否
	④	当該厨房設備の入力と同一厨房室内に設ける他の厨房設備の入力の合計が350kW以上の厨房設備（同３号の２）	有・無	適・否
	⑤	入力70kW以上の温風暖房機（風道を使用しないものにあっては、劇場等及びキャバレー等に設けるものに限る。）（同４号）	有・無	適・否
	⑥	ボイラー又は入力70kW以上の給湯湯沸設備（個人の住居に設けるもの又は労安衛令第１条第３号に定めるものを除く。）（同５号）	有・無	適・否
	⑦	乾燥設備（個人の住居に設けるものを除く。）（同６号）	有・無	適・否
	⑧	サウナ設備（個人の住居に設けるものを除く。）（同７号）	有・無	適・否
	⑨	入力70kW以上の内燃機関によるヒートポンプ冷暖房機（同７号の２）	有・無	適・否
	⑩	火花を生ずる設備（同８号）	有・無	適・否
	⑪	放電加工機（同８号の２）	有・無	適・否
	⑫	高圧又は特別高圧の変電設備（全出力50kW以下のものを除く。）（同９号）	有・無	適・否
	⑬	急速充電設備（全出力50kW以下のものを除く。）（同10号）	有・無	適・否
	⑭	燃料電池発電設備（次の⑴又⑵に定めるものを除く。）（同11号） ⑴　屋内に設ける燃料電池発電設備（固体高分子型燃料電池又は固体酸化物型燃料電池による発電設備で火を使用するものに限る。）で出力10kW未満のもののうち、改質器の温度が過度に上昇した場合若しくは過度に低下した場合又は外箱の換気装置に異常が生じた場合に自動的に燃料電池発電設備を停止できる装置を設けたもの（８条の３・２項） ⑵　屋外に設ける燃料電池発電設備で出力10kW未満のもののうち、改質器の温度が過度に上昇した場合若しくは過度に低下した場合又は外箱の換気装置に異常が生じた場合に自動的に燃料電池発電設備を停止できる装置を設けたもの（８条の３・４項）	有・無	適・否
	⑮	内燃機関を原動力とする発電設備のうち、固定して用いるもの（条例第12条第４項に定めるものを除く。）（同12号）	有・無	適・否
	⑯	蓄電池設備（同13号）	有・無	適・否
	⑰	設備容量２kVA以上のネオン管灯設備（同14号）	有・無	適・否
	⑱	水素ガスを充てんする気球（同15号）	有・無	適・否

２　火を使用する設備

炉、ふろがま、温風暖房機、厨房設備、ボイラー、ストーブ、乾燥機、サウナ設備、簡易湯沸設備、給湯湯沸設備、ヒートポンプ冷暖房機については、次により査察します。（⇒〔条例〕第３条から第８条の２及び第９条の２）

査察項目	査　察　及　び　確　認　事　項	結　果
設備の位置	①　火災予防上安全な距離を保つことを要しない場合（☞P72）を除き、建築物等及び可燃性の物品から別表に掲げる距離のうち、火災予防上安全な距離として消防（署）長が認める距離以上の距離を保っている。（３条１項１号）	適・否
	②　可燃物が落下し、又は接触するおそれのない位置に設けてある。（同２号）	適・否
	③　可燃性のガス又は蒸気が発生し、又は滞留するおそれのない位置に設けてある。（同３号）	適・否
	④　階段、避難口等の附近で避難の支障となる位置に設けられていない。（同４号）	適・否
	⑤　燃焼に必要な空気を取り入れることができ、有効な換気を行うことができる位置に設けられている。（同５号）	適・否
	⑥　屋内に設ける場合は、土間又は不燃材料のうち金属以外のもので造った床上に設けられていること。ただし、金属で造った床上又は台上に設ける場合において防火上有効な措置を講じたときは、この限りでない。（同６号）	適・否
入力350kW以上の設備	不燃区画室内（☞P72）に設けた室内に設けられていること。ただし、設備の周囲に有効な空間を保有する等防火上支障のない措置を講じた場合は、この限りでない。（３条３項）	適・否
設備に共通の構造	①　使用に際し火災の発生のおそれのある部分を不燃材料で造っている。（３条１項７号）	適・否
	②　地震その他の振動又は衝撃により容易に転倒し、亀裂し、又は破損しない構造である。（同８号）	適・否
	③　表面温度が過度に上昇しない構造である。（同９号）	適・否
	④　屋外に設ける場合は、風雨等により口火及びバーナーの火が消えないような措置を講じていること。ただし、火が消えた場合において安全を確保できる装置を設けたものは、この限りでない。（同10号）	適・否
設備ごとの構造の査察　炉	①　開放炉又は常時油類その他これらに類する可燃物を煮沸する炉は、次のものとされていること。（３条１項11号） イ　その上部に不燃性の天蓋及び排気筒を屋外に通ずるように設けている。 ロ　火粉の飛散又は火炎の伸長により火災の発生のおそれのあるものは、防火上有効な遮へいを設けている。	適・否
	②　溶融物があふれるおそれのある構造の炉は、あふれた溶融物を安全に誘導する装置を設けている。（同12号）	適・否
ふろがま	①　かま内にすすが付着しにくく、目詰まりしにくい構造である。（３条の２・１項１号）	適・否
	②　気体燃料又は液体燃料を使用するふろがまが、空だきした場合に自動的に燃料を停止できる装置が設けられている。（同２号）	適・否
温風暖房機	加熱された空気に、火粉、煙、ガス等が混入しない構造とし、熱交換部分を耐熱性の金属材料等で造られている。（３条の３・１項１号）	適・否
	①　蒸気管は、可燃性の壁、床、天井等を貫通する部分及びこれらに接触する部分を、けい藻土その他の遮熱材料で有効に被覆されている。（⇒４条１項１号）	適・否

<table>
<tr><td rowspan="4"></td><td>ボイラー</td><td>②　蒸気の圧力が異常に上昇した場合に自動的に作動する安全弁その他の安全装置が設けられている。（⇒同２号）</td><td>適・否</td></tr>
<tr><td>乾燥設備</td><td>①　乾燥物品が直接熱源と接触しない構造である。（７条１項１号）
②　室内の温度が過度に上昇するおそれのある設備は、非常警報装置又は熱源の自動停止装置が設けられている。（同２号）
③　火粉が混入するおそれのある燃焼排気により直接可燃性物品を乾燥するものは、乾燥室内に火粉を飛散しない構造とされている。（同３号）</td><td>適・否
適・否
適・否</td></tr>
<tr><td>サウナ設備</td><td>①　設備の温度が異常に上昇した場合に直ちにその熱源を遮断することができる手動及び自動の装置が設けられている。（７条の２・１項２号）</td><td>適・否</td></tr>
<tr><td>ヒートポンプ冷暖房機</td><td>①　容易に点検できる位置に設けられている。（９条の２・１項１号）
②　防振のための措置が講じられている。（同２号）
③　排気筒を設ける場合は、防火上有効な構造とされている。（同３号）</td><td>適・否
適・否
適・否</td></tr>
<tr><td colspan="2">附属設備の構造等の査察</td><td>①　各設備に附属する設備の構造は、次のものとされています。
イ　風道は、P72「３．１　風道」を見てください。
ロ　煙突は、P74「３．３　附属する煙突」を見てください。
②　温風暖房機に附属する風道は、次の通りであること。（３条の３・１項２号）
不燃材料以外の材料による仕上げ又はこれに類する仕上げをした建築物等の部分及び可燃性物品との間に、次の表に掲げる式により算定した数値（入力70kW以上のものに附属する風道は、算定数値が15以下の場合は、15）以上の距離を保つこと。ただし、厚さ２cm以上（入力70kW以上のものに属する風道は、10cm以上）の金属以外の不燃材料で被覆する部分については、この限りでない。
<table>
<tr><th>風道からの方向</th><th>距離（単位　cm）</th></tr>
<tr><td>上　方</td><td>L×0.70</td></tr>
<tr><td>側　方</td><td>L×0.55</td></tr>
<tr><td>下　方</td><td>L×0.45</td></tr>
<tr><td colspan="2">この表において、Lは、風道の断面が円形の場合は、直径、短径の場合は長辺の長さとする。</td></tr>
</table>
③　厨房設備（レンジ、フライヤー、かまど等）に附属する排気ダクト及び天蓋は、P73「３．２　排気ダクト及び天蓋」を見てください。</td><td>適・否
適・否
適・否</td></tr>
<tr><td colspan="2">燃料別の設備の構造等の査察</td><td>燃料別による構造等は、次によるものとされています。
①　薪、石炭その他の固形燃料を使用するものは、P74「（１）　固形燃料等を使用する設備の構造等」を見てください。
②　灯油、重油その他の液体燃料を使用するものは、P74「（２）　液体燃料を使用する設備の構造等」を見てください。
③　プロパンガス、石炭ガスその他の気体燃料を使用するものは、P76「（３）　気体燃料を使用する設備の構造等」を見てください。
④　電気を熱源とするものは、P77「（４）　電気を熱源とする設備の構造等」を見てください。</td><td>適・否</td></tr>
<tr><td colspan="2"></td><td>①　設備の周囲は、常に、整理及び清掃に努めるとともに、燃料その他の可燃物をみだりに放置していない。（３条２項１号）
②　設備及びその附属設備は、必要な点検及び整備を行い、火災予防上有効に保持されている。（同２号）
③　液体燃料を使用する設備及び電気を熱源とする設備は、②の点検及び整備を必要な知識及び技能を有する者として消防長が指定するものに行わせている。（同</td><td>適・否
適・否
適・否</td></tr>
</table>

設備の管理の査察	３号） ④　本来の使用燃料以外の燃料を使用しない。（同４号） ⑤　燃料の性質等により異常燃焼を生ずるおそれのある設備は、使用中監視人を置いていること。ただし、異常燃焼を防止するために必要な措置を講じたときは、この限りでない。（同５号） ⑤　燃料タンクは、燃料の性質等に応じ、遮光し又は転倒若しくは衝撃を防止するために必要な措置を講じられている。（同６号）	適・否 適・否 適・否
準　　用	液体燃料を使用するものは、Ｐ105「第２　指定数量未満の危険物・少量危険物の査察」を準用して査察します。（３条４項）	適・否

（注１）　火災予防上安全な距離を保つことを要しない場合

不燃材料（建基法第２条第９項に規定する不燃材料をいう。）で有効に仕上げた建築物等（消令第５条第１項第１号に規定する建築物等）の部分の構造が耐火構造（建基法第２条第７項に規定する耐火構造をいう。）であって、間柱、下地その他主要な部分を準不燃材料（建基令第１条第５号に規定する準不燃材料をいう。）で造ったものである場合又は当該建築物等の部分の構造が耐火構造以外の構造であって、間柱、下地その他主要な部分を不燃材料で造ったもの（有効に遮熱ができるものに限る。）である場合をいう。

（注２）　不燃区画室

不燃材料で造った壁、壁、柱、床及び天井（天井のない場合にあっては、はり又は屋根）で区画され、かつ、窓及び出入口等に防火戸（建基法第２条第９項の２ロに規定する防火設備であるものに限る。）を設けた室

３　附属設備

火を使用設備に附属する設備等は、次により査察します。

３．１　風道

火を使用する設備に附属する風道については、次により査察します。（⇒〔条例〕第３条第１項第14号）

査察項目	査　察　及　び　確　認　事　項	結　果
風道等の材質	風道並びにその被覆及び支わくは、不燃材料で造られていること。（３条１項14号イ）	適・否
防火ダンパー	風道の燃焼装置に近接する部分に防火ダンパーを設けていること。（同14号イ）	適・否
離隔距離	燃焼装置から防火ダンパーまでの部分及び当該防火ダンパーから２ｍ以内の部分は、建築物等の可燃性の部分及び可燃性の物品との間に15cm以上の距離を保たれていること。ただし、厚さ10cm以上の金属以外の不燃材料で被覆する部分については、この限りでない。（同14号ロ）	適・否
給気口	給気口は、じんあいの混入を防止する構造となっていること。（同14号ハ）	適・否

３．２　排気ダクト及び天蓋

調理を目的として使用するレンジ、フライヤー、かまど等の設備（以下「厨房設備」）に附随する排気ダクト及び天蓋は、次により査察します。（⇒〔条例〕３条の４第１項）

査察項目	査　察　及　び　確　認　事　項	結　果
排気ダクト等の構造	厨房設備に附随する排気ダクト及び天蓋（以下「排気ダクト等」）は、次によること。（３条の４第１項１号） イ　排気ダクト等は、耐食性を有する鋼板又はこれと同等以上の耐食性及び強度を有する不燃材料で造られていること。ただし、当該厨房設備の入力及び使用状況から判断して火災予防上支障がないと認められるものは、この限りでない。 ロ　排気ダクト等の接続は、フランジ接続、溶接等とし、気密性のある接続であること。 ハ　排気ダクト等は、建築物等の可燃性の部分及び可燃性の物品との間に10cm以上の距離が保たれていること。ただし、金属以外の不燃材料で有効に被覆する部分は、この限りでない。 ニ　排気ダクト等は、十分に排気を行うことができるものであること。 ホ　排気ダクト等は、直接屋外に通じ、他の用途のダクト等と接続されていないこと。 ヘ　排気ダクト等は、曲がり及び立下がり箇所が極力少なく、内面が滑らかに仕上げられていること。	適・否 適・否 適・否 適・否 適・否 適・否
天蓋の構造	①　油脂を含む蒸気を発生させるおそれのある厨房設備の天蓋は、次によること。（同条１項２号） イ　排気中に含まれる油脂等の付着成分を有効に除去することができるグリスフィルター、グリスエクストラクター等の装置（以下「グリス除去装置」）を設けること。ただし、排気ダクトを用いず天蓋から屋外へ直接排気を行う構造のものは、この限りでない。 ロ　グリス除去装置は、耐久性を有する鋼板又はこれと同等以上の耐食性及び強度を有する不燃材料で造られていること。ただし、当該厨房設備の入力及び使用状況から判断して火災予防上支障がないと認められるものは、この限りでない。 ハ　排気ダクトへの火災の伝送を防止する装置（以下「火災伝送装置」）を設けていること。ただし、排気ダクトを用いず天蓋から屋外へ直接排気を行う構造のもの又は排気ダクトの長さ若しくは当該厨房設備の入力及び使用状況から判断して火災予防上支障がないと認められるものは、この限りでない。 ニ　次に掲げる厨房設備に設ける火災伝送防止装置は、自動消火装置とすること。 (1)　令別表第１(1)項から(4)項、(5)項イ、(6)項、(9)項イ、(16)項イ、(16の２)項及び(16の３)項の地階に設ける厨房設備で当該厨房設備の入力と同一厨房室内に設ける厨房設備の入力の合計が350kW以上のもの (2)　(1)に掲げるもののほか、高さ31mを超える建築物に設ける厨房設備で当該厨房設備の入力と同一厨房室内に設ける厨房設備の入力の合計が350kW以上のもの ②　天蓋、グリス除去装置及び火災伝送装置は、容易に清掃ができる構造とすること。	適・否 適・否 適・否 適・否 適・否
維持管理	天蓋及び天蓋と接続する排気ダクト内の油脂等の清掃を行い、火災予防上支障がないように維持管理されていること。	適・否

３．３　附属する煙突

火を使用する設備に附属する煙突については、次により査察します。(⇒〔条例〕第17条の２)

査察項目	査　察　及　び　確　認　事　項	結　果
設置位置	①　煙突の屋上突出部は、屋根面からの垂直距離を60cm以上であること。(17条の２・５号、建基令115条１項１号準用)	適・否
	②　煙突の高さは、その先端からの水平距離１m以内に建築物がある場合で、その建築物に軒がある場合においては、その建築物の軒から60cm以上高くしていること。(同５号、建基令115条１項２号準用)	適・否
煙突の構造の査察	①　構造又は材質に応じ、支わく、支線、腕金具等で固定されていること。(17条の１号)	適・否
	②　煙突は、建築基準法施行令に規定される基準に適合するものであること。(同５号、建基令115条１項３号準用)	適・否
	③　可燃性の壁、床、天井等を貫通する部分、小屋裏、天井裏、床裏等において接続している場合は、容易に離脱せず、かつ、燃焼排気が漏れない構造であること。(同２号)	適・否
	④　容易に清掃ができる構造であること。(同３号)	適・否
	⑤　火粉を飛散するおそれのある設備に附属するものにあっては、火粉の飛散を防止するための装置が設けられていること。(同４号)	適・否

【解説】　設置位置及び煙突の構造②については、廃ガスその他の生成物の温度が低いことその他の理由により防火上支障がないものとして国土交通大臣が定める基準（昭和56年建設省告示第1098号）に適合する場合においては、適用しないこと。(⇒〔条例〕第17条の２第５号、〔建基令〕第115条第１項準用)

４　燃料別設備の構造

(１)　固体燃料を使用する設備の構造等

薪、石炭その他固体燃料を使用する設備については、次により査察します。(⇒〔条例〕第３条第１項第15号)

査察項目	査　察　及　び　確　認　事　項	結　果
た　き　口	たき口から火の粉等が飛散しない構造であること。(３条１項15号)	適・否
取灰入れ	ふたのある不燃性の取灰入れが設けられていること。(３条１項15号) □　不燃材料以外で造った床上に取灰入れを設けられているものは、不燃材料で造った台上に設けるか、又は防火上有効な底面通気がはかられていること。	適・否

(２)　液体燃料を使用する設備の構造等

灯油、重油その他の液体燃料を使用する設備、その燃料タンク及び配管については、次により査察します。(⇒〔条例〕第３条第１項第17号、第18号、18の２号)

査察項目	査　察　及　び　確　認　事　項	結　果
	①　燃料タンクは、使用中に燃料が漏れ、あふれ、又は飛散しない構造であること。(同17号イ)	適・否

燃料タンク

② 燃料タンクは、地震等その他の振動又は衝撃により容易に転倒、落下しないように設けられていること。(同17号ロ)　適・否

③ 燃料タンクとたき口との間には、２m以上の水平距離を保つか、又は防火上有効な遮へいを設けられていること。ただし、油温が著しく上昇するおそれのない燃料タンクにあっては、この限りでない。(⇒同17号ハ)　適・否

④ 燃料タンクは、その容量（タンクの内容積の90％の量）に応じ、次表の厚さの鋼板又はこれと同等以上の強度を有する金属板で気密に造られていること。(同17号ニ)　適・否

タンク容量	板厚
５ℓ以下	0.6mm以上
５ℓを超え20ℓ以下	0.8mm以上
20ℓを超え40ℓ以下	1.0mm以上
40ℓを超え100ℓ以下	1.2mm以上
100ℓを超え250ℓ以下	1.6mm以上
250ℓを超え500ℓ以下	2.0mm以上
500ℓを超え１千ℓ以下	2.3mm以上
１千ℓを超え２千ℓ以下	2.6mm以上
２千ℓを超えるもの	3.2mm以上

⑤ 燃料タンクが屋内に設けてあるものは、不燃材料で造った床上に設けられていること。(同17号ホ)　適・否

⑥ 燃料タンクの架台は、不燃材料で造られていること。(同17号へ)　適・否

⑦ 燃料タンクの配管には、タンク直近の容易に操作できる位置に開閉弁が設けてあること。ただし、地下埋設の燃料タンクにあっては、この限りでないこと。(同17号ト)　適・否

⑧ 燃料タンクには、有効なろ過装置が設けてあること。ただし、配管に、ろ過装置が設けられた設備にあってはこの限りでないこと。(同17号チ)　適・否

⑨ 燃料タンクには、見やすい位置に燃料の量を自動的に覚知できる装置が設けてあること。この場合において、その装置がガラス管で作られているときは、金属管等で安全に保護されていること。(同17号リ)　適・否

⑩ 燃料タンクは、水抜きができる構造となっていること。(同17号ヌ)　適・否

⑪ 燃料タンクには、通気管又は通気口が設けてあること。この場合において、当該燃料タンクが屋外に設けてあるものは、通気管又は通気口の先端から雨水がタンクに侵入しない構造とされていること。(同17号ル)　適・否

⑫ 燃料タンクの外面には、さび止のための措置が講じられていること。ただし、アルミニウム合金、ステンレス鋼その他さびにくい材質で作られた燃料タンクにあっては、この限りでないこと。(同17号ヲ)　適・否

⑬ 燃料を予熱する方式の設備にあっては、燃料タンクを直火で予熱しない構造であるとともに、過度の予熱を防止する措置が講じられていること。(同17号カ)　適・否

⑭ 燃料タンクは、燃料の性質等に応じ、遮光又は転倒若しくは衝撃を防止するために必要な措置が講じられていること。(３条２項６号)　適・否

構造等の追加

① 燃焼装置に過度の圧力がかかるおそれのある設備にあっては、異常燃焼防止のための減圧装置が設けてあること。(３条１項17号ワ)　適・否

② 多量の未燃ガスが滞留せず、かつ、点火及び燃焼状態が確認できる構造とされていること。(３条１項18号)　適・否

① 金属管を使用していること。ただし、燃焼装置、燃料タンク等に接続する部分で金属管を使用することが構造上又は使用上適当でない場合は、当該燃料に侵されない金属管以外の管を使用できること。(３条１項18号イ)　適・否

配　管	②　接続は、ねじ接続、フランジ接続、溶接等とされていること。ただし、金属管と金属管以外の管を接続する場合にあっては、さし込み接続にできること。(同18号ロ) ③　②のさし込み接続による場合は、その接続部分をホースバンド等で締めつけてあること。(同18号ハ) ④　配管には、有効なろ過装置が設けてあること。ただし、燃料タンクにろ過装置が設けられたものは、この限りでないこと。(同17号チ) ⑤　燃料を予熱する方式の設備にあっては、配管を直火で予熱しない構造とするとともに、過度の過熱を防止する措置が講じてあること。(同17号カ)	適・否 適・否 適・否 適・否
安全装置	必要に応じ、次の安全装置が設けてあること。(３条１項18の２号) ①　炎が立ち消えた場合等において安全を確保できる装置（同18の２号イ） ②　未燃ガスが滞留するおそれのあるものにあっては、点火前及び消火後に自動的に未燃ガスを排出できる装置（同18の２号ロ） ③　設備内の温度が過度に上昇するおそれのあるものにあっては、温度が過度に上昇した場合において自動的に燃焼を停止できる装置（同18の２号ハ） ④　電気を使用して燃焼を制御する構造又は燃料の予熱を行う構造のものにあっては、停電時において自動的に燃焼を停止できる装置（同18の２号ニ）	適・否 適・否 適・否 適・否 適・否

(3)　気体燃料を使用する設備の構造等

プロパンガス、石炭ガスその他の気体燃料を使用する設備の構造等については、次により査察します。(⇒〔条例〕第３条第１項第18号、第18の２号)

査察項目	査察及び確認事項	結果
構　造	多量の末燃ガスが滞留せず、かつ、点火及び燃焼の状態が確認できる構造となっていること。(３条１項18号)	結　果
配管・計量器等	①　金属管を使用していること。ただし、燃焼装置、燃料タンク等に接続する部分で金属管を使用することが構造上又は使用上適当でない場合は、当該燃料に侵されない金属管以外の管を使用できること。(３条１項18号イ) ②　接続は、ねじ接続、フランジ接続、溶接等とされていること。ただし、金属管と金属管以外の管を接続する場合にあっては、さし込み接続にできること。(同18号ロ) ③　②の、さし込み接続部分をホースバンド等で締めつけられていること。(同18号ハ) ④　配管、計量器等の付属設備は、電線、電気開閉器その他の電気設備が設けられているパイプシャフト、ピットその他の漏れた燃料が滞留するおそれのある場所に設けられていないこと。ただし、電気設備に防爆工事等の安全措置を講じた場合においては、この限りでないこと。(同18号の３)	適・否 適・否 適・否 適・否
安全装置	必要に応じ、次の安全装置が設けてあること。(３条１項18号の２) ①　炎が立ち消えた場合等において安全を確保できる装置（同18号の２イ） ②　未燃ガスが滞留するおそれのあるものにあっては、点火前及び消火後に自動的に未燃ガスを排出できる装置（同18号の２ロ） ③　設備内の温度が過度に上昇するおそれのあるものにあっては、温度が過度に上昇した場合において自動的に燃焼を停止できる装置（同18号の２ハ） ④　電気を使用して燃焼を制御する構造又は燃料の予熱を行う構造のものにあっては、停電時において自動的に燃焼を停止できる装置（同18号の２ニ）	適・否 適・否 適・否 適・否 適・否
燃料タンク	燃料の性質等に応じ、遮光し又は転倒若しくは衝撃を防止するために必要な措置が講じてあること。(３条２項６号)	適・否

（4）　電気を熱源とする設備の構造等の査察

電気を熱源とする設備の構造等については、次により査察します。(⇒〔条例〕第３条第１項第19号)

査察項目	査　察　事　項	結　果
電線接続器具等	電線、接続器具等は、耐熱性を有するものを使用しているとともに、短絡を生じないように措置されていること。(３条１項19号イ)	適・否
過熱防止装置	設備内の温度が過度に上昇するおそれのあるものにあっては、必要に応じ温度が過度に上昇した場合においては自動的に熱源を停止できる装置が設けられていること。(３条１項19号)	適・否

5　火花を生じる設備

火花を生じる設備については、次により査察します。(⇒〔条例〕第10条)

グラビヤ印刷機、ゴムスプレッダー、起毛機、反毛機、その他その操作に際し、火花を生じ、かつ、可燃性の蒸気又は微粉を放出する設備をいう。

査察項目	査　察　事　項	結　果
位　置	壁、天井（天井のない場合においては、屋根）及び床の火花を生ずる設備に面する部分の仕上げを準不燃材料でした室内に設けられていること。(10条１号)	適・否
構　造	①　静電気による火花を生ずるおそれのある部分に、静電気を有効に除去する措置が講じられていること。(同２号) ②　可燃性の蒸気又は微粉を有効に除去する換気装置が設けられていること。(同３号)	適・否 適・否
管　理	火花を生ずる設備のある室内は、常に整理及び清掃に努めるとともに、みだりに火気を使用していないこと。(同４号)	適・否

6　放電加工機

放電加工機（加工液として〔消法〕第２条第７項（別表第１）に規定する危険物を用いるものに限る。）については、次により査察します。(⇒〔条例〕第10条の２、第３項（第10条の規定の準用))

査察項目	査　察　及　び　確　認　事　項	結　果
位　置	壁、天井（天井のない場合においては、屋根）及び床の放電加工機に面する部分の仕上げを準不燃材料でした室内に設けられていること。(10条１項１号)	適・否
構　造	①　加工槽内の放電加工部分以外における加工液の温度が、設定された温度を超えた場合において、自動的に加工を停止できる装置が設けられていること。(10条の２・1項１号) ②　加工液の液面の高さが、放電加工部分から液面までの間に必要最小限の間隔を保つために設定された液面の高さより低下した場合において、自動的に加工を停止できる装置が設けられていること。(同２号) ③　工具電極と加工対象物との間の炭化生成物の発生成長等による異常を検出した場合において、自動的に加工を停止できる装置が設けられていること。(同３号)	適・否 適・否 適・否

<table>
<tr><td></td><td>④　加工液に着火した場合において、自動的に消火できる装置が設けられていること。（同４号）
⑤　可燃性の蒸気又は微粉を有効に除去する換気装置が設けられていること。（10条１項３号）</td><td>適・否
適・否</td></tr>
<tr><td>管　理</td><td>①　引火点70℃未満の加工液を使用していないこと。（10条の２・２項１号）
②　吹きかけ加工その他火災の発生のおそれのある方法による加工を行なっていないこと。（同２号）
③　工具電極を確実に取り付け、異常な放電を防止されていること。（同３号）
④　必要な点検及び整備を行い、火災予防上有効に保持されていること。（同４号）
⑤　放電加工機のある室内においては、常に、整理及び清掃に努めるとともに、みだりに火気を使用していないこと。（10条１項４号）</td><td>適・否
適・否
適・否
適・否
適・否</td></tr>
</table>

7　燃料電池発電設備

燃料電池設備については、次により査察します。（⇒〔条例〕第８条の３）

燃料電池発電設備（燃料電池Ⓐ）	固体高分子型燃料電池、リン酸型燃料電池、溶融炭酸塩型燃料電池又は個体酸化物型燃料電池による発電設備であって火を使用するものに限る。
燃料電池発電設備（燃料電池Ⓑ）	固体高分子型燃料電池又は固体酸化物型燃料電池による発電設備であって火を使用するものに限る。で出力10kW未満のもののうち、改良器の温度が過度に上昇した場合もしくは過度に低下した場合又は外箱の換気装置に異常が生じた場合に自動的に燃料電池発電設備を停止できる装置を設けたもの

<table>
<tr><th colspan="2">査察項目</th><th>査　察　及　び　確　認　事　項</th><th>結　果</th></tr>
<tr><td colspan="2">燃料電池共通の位置</td><td>①　火災予防上安全な距離を保つことを要しない場合（☞P72）を除き、建築物等及び可燃性の物品から、火災予防上安全な距離として対象火気設備等及び対象火気器具等の隔離距離に関する基準（平成14年消告１号）により得られた距離のうち、火災予防上安全な距離として消防（署）長が認める距離以上の距離を保ってすること。（３条１項１号（イを除く。））
②　可燃物が落下し、又は接触するおそれのない位置に設けられていること。（同２号）
③　階段、避難口等の附近で避難の支障となる位置に設けられていないこと。（同４号）
④　燃焼に必要な空気を取り入れることができ、かつ、有効な換気を行うことができる位置に設けること。（同５号）</td><td>適・否
適・否
適・否
適・否</td></tr>
<tr><td colspan="2">燃料電池Ⓐの位置</td><td>発電設備は、容易に点検することができる位置に設けられていること。（12条１項１号）</td><td></td></tr>
<tr><td rowspan="2">屋内に設ける燃料電池</td><td>位　置</td><td>①　水が浸入し、又は浸透するおそれのない位置に設けられていること。（11条１項１号）
②　可燃性又は腐食性の蒸気又はガスが発生し、又は滞留のおそれのない位置に設けられていること。（同２号）
③　屋外に通ずる有効な換気設備が設けられていること。（同４号）</td><td>適・否</td></tr>
<tr><td></td><td>①　燃料電池Ⓐは、不燃専用室（P81）に設けられていること。ただし、次のいずれかに設けられているものは、この限りでない。（11条１項３号）
イ　消防（署）長が火災予防上支障がないと認める構造を有するキュービクル式（P</td><td>適・否</td></tr>
</table>

燃料電池Ⓐの位置	81）のものに設置されている場合 ロ　設備の周囲に有効な空間を保有する等防火上支障のない措置を講じた場合においては、この限りでない。 また、壁等をダクト、ケーブル等が貫通する部分は、すき間を不燃材料で埋める等火災予防上有効な措置が講じられていること。（⇒条例11条１項３号、３号の３） ②　キュービクル式のものにあっては、建築物等との間に換気、点検及び整備に支障のない距離が保たれていること。（同３号の２）	適・否
屋外に設ける設備の位置・構造	設備が火災予防上支障がないと認める構造を有するキュービクル式のものに設けられ、建築物等の部分との間に換気、点検及び整備に支障のない距離が保たれていること。（11条１項３号の２）	適・否
構　造	①　使用に際し火災の発生のおそれのある部分を不燃材料で造られていること。（３条１項７号） ②　表面温度が過度に上昇しない構造であること。（同９号） ③　屋内に設けた設備には、屋外に通ずる有効な換気設備が設けられていること。（11条１項４号） ④　屋外に設けた設備の変圧器、コンデンサーその他の機器及び配線は、堅固な床、壁、支柱等に固定されていること。（同10号） ⑤　排気筒は、防火上有効な構造とされていること。（12条１項３号） ⑥　発電機、燃料タンクその他の機器は、堅固な柱、壁、支柱等に固定されていること。（同４号）	適・否 適・否 適・否 適・否 適・否 適・否
燃料別の構造	燃料別による構造等の査察は、次によります。 ①　液体燃料を使用するものは、P74「（２）　液体燃料を使用する設備の構造等」を見てください。 ②　気体燃料を使用するものは、P76「（３）　気体燃料を使用する設備の構造等」を見てください。	適・否
電気設備の構造	発電用火力設備に関する技術基準を定める省令（平成９年通商産業省令第51号）第30条及び第34条の規定並びに電気設備に関する技術基準を定める省令（平成９年通商産業省令第52号）第44条の規定の例によること。（８条の３・５項）	適・否
管　理	①　設備の周囲は、常に整理及び清掃に努めるとともに燃料その他の可燃物がみだりに放置されていないこと。（３条２項１号） ②　燃料電池Ⓑは、本来の使用燃料以外使用していないこと。（同２号） ③　定格電流の範囲内で使用していること。（11条１項８号） ④　燃料電池Ⓐのある室内には、係員以外みだりに出入りさせていないこと。（同６号） ④　燃料電池Ⓐは、必要な知識技能を有するものとして消防長が指定するものに必要に応じ設備の各部分の点検及び絶縁等の測定検査を行わせ、不良箇所を発見したときは、直ちに補修させるとともに、その結果を記録し、かつ、保存していること。（同９号）	適・否 適・否 適・否 適・否 適・否
標　識	見やすい箇所に燃料電池発電設備である旨を表示した標識が設けられていること。（11条１項５号） ①　大きさは、幅15cm、長さ30cm以上 ②　文字は「発電設備」又は「発電室」 ③　色は、地を白、文字を黒	適・否

8　変電設備

変電設備については、次により査察します。(⇒〔条例〕第11条)

査察項目		査察及び確認事項	結果
屋内に設ける変電設備（20ｋW以下を除く）	位置	①　水が浸入し、又は浸透するおそれのない位置に設けられている。(11条１項１号)	適・否
		②　可燃性又は腐食性の蒸気又はガスが発生し、又は滞留するおそれのない位置に設けられている。(同２号)	適・否
		④　屋外に通ずる有効な換気設備を設けること。(同４号)	適・否
	構造	①　変電設備は、「不燃専用室」(次頁) 内に設けていること。ただし、次のいずれかのものは、この限りでない。(同３号) イ　消防（署）長が火災予防上支障がないと認める構造を有するキュービクル式のものに設置されている場合 ロ　変電設備の周囲に有効な空間を保有する等防火上支障のない措置を講じている場合	適・否
		①　壁等をダクト、ケーブル等が貫通する部分には、すき間を不燃材料で埋める等火災予防上有効な措置が講じられている。(同３号の３)	適・否
		②　変圧器、コンデンサーその他の機器及び配線は、堅固な床、壁、支柱等に固定されている。(同10号)	適・否
屋外に設ける変電設備の位置		①　建築物から３ｍ以上の距離を保たれていること。ただし、次に掲げる場合はこの限りでない。(同条２項) イ　消防（署）長が火災予防上支障がないと認める構造を有するキュービクル式のものが設置されている場合 ロ　不燃材料で造り、又はおおわれた外壁で開口部のないものに面し設置されている場合	適・否
		②　キュービクル式のものは、(次頁の（２）キュービクル式の構造）によること。	適・否
共通の構造		変圧器、コンデンサーその他の機器及び配線は、堅固に床、壁、支柱等に固定されている。(１項10号)	適・否
管理		①　変電設備のある室内には、係員以外の者をみだりに出入りさせていない。(１項６号)	適・否
		②　変電設備のある室内は、常に、整理及び清掃に努めるとともに、油ぼろその他の可燃物をみだりに放置していない。(同７号)	適・否
		③　定格電流の範囲内で使用している。(同８号)	適・否
		④　必要な知識及び技能を有する者として消防長が指定するものに必要に応じ設備の各部分の点検及び絶縁抵抗等測定試験を行わせ、不良箇所を発見したときは、直ちに補修させるとともに、その結果を記録し、かつ、保存していること。(同９号)	適・否
標識		見やすい箇所に、次の標識を設けること。(11条１項５号) (1)　大きさは、幅15cm以上、長さ30cm以上 (2)　文字は、「蓄電池設備」又は「蓄電池室」 (3)　色は地を白、文字は黒	適・否

〔別表〕

キュービクル式のものは、建築物等との部分との間に、次の表の左欄の区分に応じ、右欄の換気、点検及び整備に支障のない保有距離を保っていること。

保有距離を確保する部分	保有距離
前面又は操作面	1.0m以上
点検面	0.6m以上
換気面（注）	0.2m以上

（注）前面、操作面又は点検面以外の面で、換気口の設けられている面をいう。

（１）　不燃専用室

確認項目	査　察　及　び　確　認　事　項	結　果
壁、柱、床及び天井	①　不燃材料で造った壁、柱、床、天井（天井のない場合にあっては、はり又は屋根）で区画されていること。（11条１項３号） ②　壁等をダクト、ケーブル等が貫通する部分には、すき間を不燃材料で埋める等火災予防上有効な措置が講じられていること。（同３号の３） □　貫通部分のすき間を埋める不燃材料には、ロックウール、モルタル、防火シール材、防火パテなどがあります。	適・否 適・否
窓及び出入口	窓及び出入口には防火戸が設けられていること。（同３号）	適・否

（２）　キュービクル式の構造

【参考】「消防（署）長が火災予防上支障がないと認める構造を有するキュービクル式の発電設備」を認める場合の判断基準は、次のとおりとされています。（平成３年10月８日消防予第206号）

【解説】「キュービクル式発電設備」とは、内燃機関及び発電機並びに燃料タンク等の付属設備、運転に必要な制御装置、保安装置等及び配線を外箱に収納したものをいいます。

<table>
<tr><th colspan="2">査察項目</th><th>査　察　及　び　確　認　事　項</th><th>結　果</th></tr>
<tr><td rowspan="4">キュービクル式発電設備の外箱</td><td>材料</td><td>キュービクル式発電設備の外箱の材料は、次のとおりとすること。ただし、コンクリート造又はこれと同等以上の防火性能を有する床に設けるものの床面部分については、この限りではあせん。
①　鋼板又はこれと同等以上の防火性能を有するものとすること。
②　板厚は、1.6㎜（屋外用のものは、2.3㎜）以上とすること。</td><td>適・否
適・否</td></tr>
<tr><td>開口部</td><td>外箱の開口部（換気口又は換気設備の部分を除く。）は、次のとおりとすること。
①　特定防火設備又は防火設備を設けること。
②　防火設備で網入りガラスのものは、その網入りガラスを不燃材料で固定したものとすること。</td><td>適・否
適・否</td></tr>
<tr><td>構造</td><td>外箱は、床に容易に、かつ、堅固に固定できる構造のものであること。</td><td>適・否</td></tr>
<tr><td>露出して設けては</td><td>外箱には、次のもの（屋外に設けるキュービクル式発電設備は、雨水等の浸入防止措置がされているものに限る。）以外のものを外部に露出して設けないこと。
①　各種表示灯（カバーを難燃材料以上の防火性能を有する材料としたものに限る。）
②　金属製のカバーを取り付けた配線用遮断器
③　ヒューズ等に保護された電圧計
④　計器用変成器を介した電流計</td><td>適・否
適・否
適・否
適・否</td></tr>
</table>

	ならないもの	⑤　切り替えスイッチ等のスイッチ類（難燃材料以上の防火性能を有する材料としたものに限る。） ⑥　配線の引き込み口及び引き出し口 ⑦　換気口及び換気装置	適・否 適・否 適・否
	すき間	外箱には、直径10㎜の丸棒が入るような穴又はすき間がないこと。 【解説】　配線の引き込み口及び引き出し口、換気口等も同様とします。	適・否
排気筒等		屋外に通じる有効な排気筒及び消音器を容易に取り付けられるものであること。	適・否
遮音措置等		内燃機関及び発電機を収納する部分は、不燃材料で区画し、遮音措置をしたものであること。	適・否
振動吸収装置		内燃機関及び発電機は、防振ゴム等振動吸収装置の上に設けたものであること。	適・否
電線等の断熱処理等		電線等は、内燃機関から発生する熱の影響を受けないように断熱処理を行うとともに固定すること。	適・否
機器の収納		電力需給用変成器、受電用遮断器、開閉器等の機器が外箱の底面から10cm以上離して収納できるものとすること。ただし、これと同等以上の防水措置をしたものは、この限りではありません。	適・否
機器の固定		電力需給用変成器、受電用遮断器、変圧器等の機器は、外箱又は配電盤等に堅固に固定すること。	適・否
電線の引き出し口		配線をキュービクルから引き出すための電線引き出し口は、金属管又は金属製可とう電線管を容易に接続できるものであること。	適・否
換気装置		キュービクルには、次の条件に適合する換気装置を設けること。 ①　換気装置は、外箱の内部が著しく高温にならないよう空気の流通が十分に行えるものであること ②　自然換気口の開口部の面積の合計は、外箱の一の面について、その面の面積の３分の１以下であと。 ③　自然換気口だけでは十分な換気が行えないものは、機械式換気設備が設けられていること ④　換気口には、金網、金属製ガラリ、防火ダンパーを設ける等の防火措置がされていること。	 適・否 適・否 適・否 適・否
保有距離		建築物等との部分との間に、換気、点検及び整備に支障のない、次の保有距離を保っていること。 前面又は操作面は、1.0ｍ以上、点検面は、0.6ｍ以上、換気面（前面、操作面又は点検面以外の面で換気口の設けられている面）は、0.2ｍ以上	適・否

９　急速充電設備

急速充電設備（電気を設備内部で変圧して、電気自動車等（道路交通法第２条第１項第九号に規定する自動車又は同項第十号に規定する原動力付自転車をいう。）に充電する設備（全出力20kW以下のもの及び全出力200kWを超えるものを除く。）をいう。）の位置、構造及び管理は次の通りです。（⇒〔条例〕第11条の２）

査察項目	査　察　及　び　確　認　事　項	結　果
構　　造	①　その筐体は不燃性の金属材料で造られている。(11条の２・１項１号)	適・否
	②　堅固な床、壁、支柱等に固定されている。(同２号)	適・否
	③　雨水等の浸入防止の措置を講じている。(同３号)	適・否
	④　充電を開始する前に、急速充電設備と電気自動車等の間で自動的に絶縁状態の確認を行い、絶縁されていない場合には、充電を開始しない措置が講じられている。(同４号)	適・否
	⑤　急速充電設備と電気自動車等が確実に接続されていない場合には、充電を開始しない措置が講じられている。(同５号)	適・否
	⑥　急速充電設備と電気自動車等の接続部に電圧が印加されている場合には、当該接続部か外れないようにする措置が講じられている。(同６号)	適・否
	⑦　漏電、地絡及び制御機能の異常を自動的に検知する構造とし、漏電、地絡又は制御機能の異常を検知した場合には、急速充電設備を自動的に停止させる措置が講じられている。(同７号)	適・否
	⑧　電圧及び電流を自動的に監視する構造とし、電圧又は電流の異常を検知した場合には、急速充電設備を自動的に停止させる措置を講じられている。(同８号)	適・否
	⑨　異常な高温とならないこと。また、異常な高温となった場合には、急速充電設備を自動的に停止させる措置が講じられている。(同９号)	適・否
	⑩　急速充電設備を手動で緊急停止させることができる措置が講じられていること。(同10号)	適・否
	⑪　自動車等の衝突を防止する措置が講じられている。(同11号)	適・否
	⑫　コネクターについて、操作に伴う不時の落下防止を措置が講じられていること。ただし、コネクターに十分な強度を有するものにあっては、この限りでない。(12号)	適・否
	⑬　充電用ケーブルを冷却するために液体を用いるものは、液体が漏れた場合に、漏れた液体が内部基板等の機器に影響を与えない構造であること。また、充電ケーブルを冷却するために用いる液体の流量及び温度の異常を検知する構造で、かつ、異常を検知した場合は、急速充電設備を自動停止させる措置が講じられていること。(13号)	適・否
	⑭　複数の充電ケーブルを有し、複数の電気自動車等に同時に充電する機能を有するものは、出力の切替に係る開閉器の異常を自動的に検知する構造で、当該開閉器の異常を検知した場合は、急速充電設備を自動的に停止させる措置が講じられていること。(14号)	適・否
	⑮　急速充電設備のうち蓄電池を内蔵しているものは、次の措置が講じられていること。(同15号) (1)　電圧及び電流を自動的に監視する構造とし、電圧又は電流の異常を検知した場合には、急速充電設備を自動的に停止させること。 (2)　異常な高温とならないこと。 (3)　温度の異常を自動的に検知する構造で、異常な高温又は低温を検知した場合には、急速充電設備を自動的に停止させること。 (4)　制御機能の異常を自動的に検知する構造で、制御機能の異常を検知した場合は、急速充電設備を自動的に停止させること。	適・否
位　　置	①　急速充電設備の周囲は、換気、点検及び整備に支障のないようにされている。(同16号)	適・否
	②　可燃性又は腐食性の蒸気又はガスが発生し、又は滞留するおそれのない位置に設けられている。(11条１項２号準用)	適・否
管　　理	①　急速充電設備の周囲は、常に、整理及び清掃に努めるとともに、油ぼろその他の可燃物をみだりに放置されていない。(17号)	適・否
	②　定格電流の範囲内で使用されている。(11条１項８号準用)	適・否
	④　必要な知識及び技能を有する者として消防長が指定するものに必要に応じ設備の各部分の点検及び絶縁抵抗等の測定試験を行わせ、不良箇所を発見したときは、直ちに補修させるとともに、その結果を記録し、かつ、保存されている。(同９号準用)	適・否
標　　識	見やすい箇所に、次の標識を設けること。(11条１項５号準用) ①　大きさは、幅15cm以上、長さ30cm以上 ②　文字は、「蓄電池設備」又は「蓄電池室」 ③　色は地を白、文字は黒	適・否

10　内燃機関を原動力する発電設備

内燃機関を原動力とする発電設備については、次により査察します。（⇒〔条例〕第12条）

<table>
<tr><th colspan="2">査察項目</th><th>査　察　及　び　確　認　事　項</th><th>結　果</th></tr>
<tr><td rowspan="2">屋内に設ける設備</td><td>位　置</td><td>①　容易に点検することができる位置に設けられている。（12条１項１号）
②　防振のための措置を講じた床上又は台上に設けられている。（同２号）
③　水が浸入し、又は浸透するおそれのない位置に設けられている。（11条１項１号準用）
④　可燃性又は腐食性の蒸気又はガスが発生し、又は滞留するおそれのない位置に設けられている。（同項２号準用）</td><td>適・否</td></tr>
<tr><td>構　造</td><td>①　変電設備は、「不燃専用室」（P81）内に設けていること。ただし、次のいずれかのものは、この限りでない。（11条１項３号準用）
イ　消防（署）長が火災予防上支障がないと認める構造を有するキュービクル式（P81）のものに設置する場合
ロ　変電設備の周囲に有効な空間を保有する等防火上支障のない措置を講じた場合
②　壁等をダクト、ケーブル等が貫通する部分には、すき間を不燃材料で埋める等火災予防上有効な措置が講じられている。（同３号の２準用）
③　屋外に通ずる有効な換気設備を設けること。（同４号準用）
④　排気筒は、防火上有効な構造とされている。（12条１項３号）
⑤　発電機、燃料タンクその他の機器は、堅固な床、壁、支柱等に固定されている。（同４号）</td><td>適・否
適・否
適・否
適・否</td></tr>
<tr><td colspan="2">屋外に設ける設備の位置</td><td>①　建築物から３m以上の距離が保たれていること。ただし、次に掲げる場合はこの限りでない。（11条２項準用）
イ　消防（署）長が火災予防上支障がないと認める構造を有するキュービクル式のものに設置されている場合
ロ　不燃材料で造り、又はおおわれた外壁で開口部のないものに面し設置されている場合
②　キュービクル式のものは、（P81の（２）キュービクル式の構造）によること。（11条１項３号の３）</td><td>適・否
適・否</td></tr>
<tr><td colspan="2">燃料別の構造</td><td>使用する燃料の区分に応じ、次によるものとされていること。
①　液体燃料を使用するものは、P74「（２）　液体燃料を使用する設備の構造」を見てください。
②「気体燃料を使用するものは、P76「（３）　気体燃料を使用する設備の構造」の「配管・計器等の欄④」を見てください。</td><td>適・否</td></tr>
<tr><td colspan="2">共通の構造</td><td>①　変圧器、コンデンサーその他の機器及び配線は、堅固な床、壁、支柱等に固定されている。（11条１項10号準用）
②　発電設備の構造の基準は、発電用火力設備に関する技術基準を定める省令（平成９年通商産業省令第第51号）第27条の規定の例によっている。（12条５項）</td><td>適・否
適・否</td></tr>
<tr><td colspan="2">管　　理</td><td>①　変電設備のある室内には、係員以外の者をみだりに出入りさせていない。（11条１項６号準用）
②　変電設備のある室内は、常に、整理及び清掃に努めるとともに、油ぼろその他の可燃物をみだりに放置していない。（11条１項７号準用）
③　定格電流の範囲内で使用している。（11条１項８号準用）
④　必要な知識及び技能を有する者として消防長が指定するものに必要に応じ設備の各</td><td>適・否
適・否
適・否
適・否
適・否</td></tr>
</table>

	部分の点検及び絶縁抵抗等測定試験を行わせ、不良箇所を発見したときは、直ちに補修させるとともに、その結果を記録し、かつ、保存していること。（11条１項９号準用）	
標　　識	見やすい箇所に、次の標識を設けること。（11条１項５号準用） ①　大きさは、幅15cm以上、長さ30cm以上 ②　文字は、「蓄電池設備」又は「蓄電池室」 ③　色は地を白、文字は黒	適・否

11　屋外に設ける気体燃料を使用するピストン式内燃機関を原動力とする発電設備の査察

屋外に設ける気体燃料を使用するピストン式内燃機関を原動力とする発電設備（10kW未満）については、次により査察します。（⇒〔条例〕12条第４項（第３条１項、第11条第１項、第12条第１項の規定を準用））

確認項目	確　認　及　び　確　認　事　項	結　果
収納外箱	屋外に設けられた出力10kW未満の発電設備は、鋼板（板厚0.8mm以上のものに限る。）製の外箱に収納され、次の構造を有していること。（12条４項） ①　断熱材又は防音材を使用している場合は、難燃性のものを使用していること。（同１号） ②　換気口は、外箱の内部の温度が過度に上昇しないように有効な換気が行えるもので、かつ、雨水等の浸入防止の措置が講じられていること。（同２号）	適・否 適・否 適・否
位　　置	①　火災予防上安全な距離を保つことを要しない場合（Ｐ72）を除き、建築物及び可燃性の物品から対火気設備等及び対火気器具等の隔離距離に関する基準（平成14年消告第１号）に掲げる距離のうち、火災予防上安全な距離として消防（署）長が認める距離以上の距離であること。（３条１項１号） ②　防振のための措置を講じた床上又は台上に設けること。（12条１項２号）	適・否 適・否
構　　造	①　排気筒は、防火上有効な構造とすること。（12条１項３号） ②　発電機、燃料タンク、その他の機器は、堅固に壁、壁、支柱等に固定する。（12条１項４号） ③　変圧器、コンデンサーその他の機器及び配線は、堅固に床、壁、支柱等に固定すること。（11条１項10号） ④　「(3)　気体燃料を使用する設備の構造等の査察の配管・計量器等の欄④」（☞Ｐ76）を準用すること。 ⑤　前各号に掲げるもののほか、内燃機関を原動力とする発電設備の構造の基準については、発電用火力設備に関する技術基準を定める省令（平成９年通商産業省令第51号）第27条の規定の例によること。（12条５項）	適・否 適・否 適・否 適・否 適・否
管　　理	①　発電設備のある構内は、常に、整理及び清掃に努めるとともに、油ぼろその他の可燃物をみだりに放置していないこと。（11条１項７号） ②　定格電流の範囲内で使用していること。（11条１項８号）	適・否 適・否

12　蓄電池設備

蓄電池設備については、次により査察します。（⇒〔条例〕第13条）

<table>
<tr><th colspan="2">査察項目</th><th>査察及び確認事項</th><th>結果</th></tr>
<tr><td rowspan="2">屋内に設けるもの</td><td>位置</td><td>水の浸入、又は浸透するおそれのない位置に設けてある。（11条１項１号準用）</td><td>適・否</td></tr>
<tr><td>構造</td><td>①　蓄電池設備は、「不燃専用室」（Ｐ81）内に設けていること。ただし、次のいずれかのものは、この限りでない。（11条１項３号準用）
(1)　消防長が火災予防上支障がないと認める構造を有するキュービクル式（Ｐ81）のものに設置されている場合
(2)　変電設備の周囲に有効な空間を保有する等防火上支障のない措置を講じられている場合
②　区画壁等をダクト、ケーブル等が貫通する部分には、すき間を不燃材料で埋める等火災予防上有効な措置が講じていること。（同項３号の３準用）
③　屋外に通ずる有効な換気設備を設けている。（同項４号準用）</td><td>滴・否

適・否

適・否</td></tr>
<tr><td rowspan="2">屋外に設けるもの</td><td>位置</td><td>①　建築物から３ｍ以上の距離が保たれていること。ただし、次のいずれかの場合は、この限りでない。（11条２項準用）
イ　不燃材料で造り、又はおおわれた外壁で開口部のないものに面している場合
ロ　消防（署）長が火災予防上支障がないと認める構造を有するキュービクル式（Ｐ81）のものの場合</td><td>適・否</td></tr>
<tr><td>構造</td><td>雨水等の侵入防止の措置を講じたキュービクル式のものであること。（13条３項）</td><td>適・否</td></tr>
<tr><td colspan="2">電槽の取付</td><td>電槽（定格容量と電槽数の積の合計が4,800Ah・セル未満のものを除く。）は、耐酸性の床上又は台上に、転倒しないように設けていること。ただし、アルカリ蓄電池を設ける床上又は台上にあっては、耐酸性の床又は台としないことができる。（13条１項）</td><td>適・否</td></tr>
<tr><td colspan="2">管理</td><td>①　室内には、係員以外の者をみだりに出入りさせていない。（11条１項６号準用）
②　室内は、常に、整理及び整頓に努め、みだりに火気を使用していないこと。（10条１項４号準用）
③　必要な知識及び技能を有する者として消防長が指定するものに、必要に応じ設備の各部分の点検及び絶縁抵抗等の測定定試験を行わせ、不良箇所を発見したときは、直ちに補修させるとともに、その結果を記録し、かつ、保存していること。（11条１項９号準用）</td><td>適・否
適・否

適・否</td></tr>
<tr><td colspan="2">標識</td><td>見やすい箇所に、次の標識を設けること。（条例11条５号準用）
①　大きさは、幅15cm以上、長さ30cm以上
②　文字は、「蓄電池設備」又は「蓄電池室」
③　色は地を白、文字は黒</td><td>適・否</td></tr>
</table>

13　舞台装置等の電気設備

舞台装置等（舞台装置若しくは展示装飾のために使用する電気設備又は工事、農事等のため一時的に使用する電気設備）の電気設備は、次により査察します。（⇒〔条例〕第15条第１項、第２項（第11条第１項の規定を準用））

（１）　舞台装置又は展示装飾の電気設備

確認項目	確　認　及　び　確　認　事　項	結　果
位　　置	電灯は、可燃物を過熱するおそれのない位置に設けてあること。（15条１項１号イ）	適・否
構　　造	①　電灯の充電部分は、露出させていないこと。（同１号ロ） ②　電灯又は配線は、著しく動揺し、又は脱落しないよう取り付けてあること。（同１号ハ） ③　アークを発生する設備は、不燃材料で造られていること。（同１号ニ） ④　一の電線を２以上の分岐回路に使用していないこと。（同１号ホ）	適・否 適・否 適・否 適・否
管　　理	①　電気設備のある室内は、常に整理及び清掃に努め、油ぼろその他の可燃物をみだりに放置されていないこと。（11条１項７号） ②　定格電流の範囲内で使用していること。（同８号） ③　必要な知識及び技能を有する者として消防長が指定するものに必要に応じ設備の各部分の点検、絶縁抵抗等の測定試験を行わせ、不良箇所を発見したときは、直ちに補修させるとともに、結果を記録し、かつ、保存していること。（同９号） ④　変圧器、コンデンサーその他の機器及び配線は、堅固に床、壁、支柱等に固定していること。（同10号）	適・否 適・否 適・否 適・否

（２）　工事・農事等のための一時使用の電気設備

確認項目	確　認　及　び　確　認　事　項	結　果
位　　置	分電盤、電動機等は、雨雪、土砂等により障害を受けるおそれのない位置に設けてあること。（15条１項２号イ）	適・否
構　　造	残置灯設備の電路には、専用の開閉器を設け、かつ、ヒューズを設ける等自動遮断の措置が講じられていること。（同２号ロ）	適・否
管　　理	①　電気設備のあるその周囲は、常に整理及び清掃に努め、油ぼろその他の可燃物をみだりに放置されていないこと。（11条１項７号） ②　定格電流の範囲内で使用していること。（同８号） ③　必要な知識及び技能を有する者として消防長が指定するものに必要に応じ設備の各部分の点検、絶縁抵抗等の測定試験を行わせ、不良箇所を発見したときは、直ちに補修させるとともに、結果を記録し、かつ、保存していること。（同９号） ④　変圧器、コンデンサーその他の機器及び配線は、堅固に床、壁、支柱等に固定していること。（同10号）	適・否 適・否 適・否 適・否

14　避雷設備の査察

避雷設備については、次により査察します。（⇒〔条例〕第16条第１項、第２項（第11条第１項第９項の規定を準用））

査察項目	査察及び確認事項	結果
位置・構造	①　高さ20mをこえる建築物には、有効に避雷設備が設けておること。ただし、周囲の状況によって安全上支障がない場合においては、この限りでない。（建基法第33条）	適・否
	②　避雷設備の位置及び構造は消防長が指定する日本産業規格に適合するものであること。（16条１項） □「消防長が指定する日本産業規格」は、JIS　A　4201－2003（建築物等の雷保護）」	適・否
管　　理	必要な知識及び技能を有する者として消防長が指定するものに必要に応じ各部分の点検、絶縁抵抗等の測定試験を行わせ、不良箇所を発見したら、直ちに補修させるとともに、その結果を記録し、かつ、保存していること。（条例11条１項９号準用）	適・否

第２　火を使用する器具の位置・使用方法の査察

火を使用する器具及びその使用に際し、火災の発生のおそれのある器具（以下「火気使用器具等」という。）の取扱いについて、次により査察します。（⇒〔消法〕第９条、〔条例〕第３章第２節）

査察項目	査　察　事　項	参　照　事　項	結　果
火を使用する器具の取扱いの確認	その防火対象物において、右に掲げる器具の使用の有無を確認します。（第３章第２節）	①　液体燃料を使用する器具（18条） ③　固体燃料を使用する器具（19条） ③　気体燃料を使用する器具（20条） ④　電気を熱源とする器具　（21条）	**有・無** **有・無** **有・無** **有・無**
使用場所・使用方法の査察	取り扱っている火気使用器具等については、火災予防上安全な場所で、火災予防上安全に使用していること。	①　液体燃料を使用する器具 ②　固体燃料を使用する器具 ③　気体燃料を使用する器具 ④　電気を熱源とする器具	**適・否** **適・否** **適・否** **適・否**
使用中止命令等	消防（署）長その他の消防吏員は、火災の予防に危険であると認める行為又は火災予防に危険であると認める物件若しくは消火、避難その他の消火活動に支障になると認める物件の所有者、管理者若しくは占有者で権原を有する者として当該器具の使用中止その他必要な措置をなすべきことを命じることができる。（消法５条の３）	Ｐ297「第２　違反処理」	**命令の要否**

１　液体燃料を使用する器具

液体燃料を使用する器具については、次により査察します。（⇒〔条例〕第18条）
【解説】「液体燃料」とは、灯油、重油その他の液体燃料をいいます。（⇒〔条例〕第３条第１項第17号柱書）

査察項目	査　察　及　び　確　認　事　項	結　果
使用場所	①　火災予防上安全な距離を保つことを要しない場合（Ｐ72）を除き、建築物等及び可燃性の物品から次に掲げる距離のうち、火災予防上安全な距離として消防（署）長が認める距離以上の距離を保っていること。（18条１項１号） ②　可燃性ガス又は蒸気が滞留するおそれのない場所で使用していること。（同２号） ③　地震等により容易に可燃物が落下するおそれのない場所で使用している。（同３号） ④　不燃性の床又は台上で使用していること。（同５号） ⑤　器具の周囲は、常に、整理及び清掃に努めるとともに、燃料その他の可燃物をみだりに放置されていないこと。（同９号）	**適・否** **適・否** **適・否** **適・否** **適・否**
使用方法	①　地震等により容易に転倒又は落下するおそれのないような状態で使用していること。（⇒条例18条１項４号） ②　故障し、又は破損したものを使用していないこと。（同６号） ③　本来の使用目的以外に使用する等不適当な使用をしていないこと。（同７号） ④　本来の使用燃料以外の燃料を使用していないこと。（同８号） ⑤　燃料漏れがないことを確認してから点火していること。（同10号）	**適・否** **適・否** **適・否** **適・否** **適・否**

	⑥　使用中は、器具を移動させ、又は燃料を補給していないこと。(同11号)	適・否
	⑦　漏れ、又はあふれた燃料を受けるための皿を設けていること。(同12号)	適・否
	⑧　液体燃料を使用する移動式ストーブは、地震等により自動的に消火する装置又は自動的に燃料の供給を停止する装置を設けたものを使用していること。(18条２項)	適・否
	⑨　必要な知識及び技能を有する者として消防長が指定するものに必要な点検及び整備を行わせ、火災予防上有効に保持していること。(18条１項13号)	適・否

２　固体燃料を使用する器具

固体燃料を使用する器具については、次により査察します。(⇒〔条例〕第19条)

【解説】「固体燃料」とは、薪、炭、石炭その他の固体燃料をいいます。(⇒〔条例〕第３条第１項第15号柱書)

査察項目	査察及び確認事項	結果
使用場所	①　火災予防上安全な距離を保つことを要しない場合（P72）を除き、建築物等及び可燃性の物品から次に掲げる距離のうち、火災予防上安全な距離として消防(署)長が認める距離以上の距離を保っていること。(18条１項１号)	適・否
	②　可燃性のガス又は蒸気が滞留するおそれのない場所で使用していること。(同２号)	適・否
	③　地震等により、容易に可燃物が落下するおそれのない場所で使用していること。(同３号)	適・否
	④　不燃性の床上又は台上で使用していること。(同５号)	適・否
	⑤　置きごたつは、火入容器を金属以外の不燃材料で造った台上に置いて使用していること。(19条１項２号)	適・否
	⑥　器具の周囲は、常に整理及び清掃に努めるとともに、燃料その他の可燃物が放置されてないこと。(同９号)	適・否
使用方法	①　地震等で、容易に転倒又は落下するおそれのない状態で使用していること。(18条１項４号)	適・否
	②　故障し、又は破損したものは使用していないこと。(同６号)	適・否
	③　本来の使用燃料以外の燃料は使用していないこと。(同７号)	適・否
	④　本来の使用目的以外に使用する等不適当な使用はしていないこと。(同８号)	適・否
	⑤　火鉢にあっては、底部に、遮熱のための空間を設け、又は砂等を入れて使用していること。(19条１項１号)	適・否

3　気体燃料を使用する器具

気体燃料を使用する器具については、次により査察します。(⇒〔条例〕第20条)

【解説】「気体燃料」とは、プロパンガス、石炭ガスその他の気体燃料をいいます。(⇒〔条例〕第3条第1項第18号柱書)

査察項目	査　察　及　び　確　認　事　項	結　果
使用場所	①　火災予防上安全な距離を保つことを要しない場合（P72）を除き、建築物等及び可燃性の物品から次に掲げる距離のうち、火災予防上安全な距離として消防(署)長が認める距離以上の距離を保っていること。(18条1項1号)	適・否
	②　可燃性のガス又は蒸気が滞留するおそれのない場所で使用していること。(同2号)	適・否
	③　地震等により容易に可燃物が落下するおそれのない場所で使用していること。(同3号)	適・否
	④　不燃性の床上又は台上で使用していること。(同5号)	適・否
	⑤　器具の周囲は、常に整理及び清掃に努めるとともに、燃料その他の可燃物をみだりに放置していないこと。(同9号)	適・否
使用方法	①　地震等で、容易に転倒又は落下するおそれのないような状態で使用していること。(18条1項4号)	適・否
	②　故障し、又は破損したものを使用していないこと。(同6号)	適・否
	③　本来の使用目的以外に使用する等不適当に使用していないこと。(同7号)	適・否
	④　本来の使用燃料以外の燃料を使用していないこと。(同8号)	適・否
	⑤　燃料漏れがないことを確認してから点火していること。(同10号)	適・否
	⑥　器具に接続する金属管以外の管は、その器具に応じて適当な長さとすること。(20条1項)	適・否

4　電気を熱源とする器具

電気を熱源とする器具については、次により査察します。(⇒〔条例〕第21条)

(1)　可燃物が触れた場合に発火するおそれのない器具

器具の表面に可燃物が触れた場合その可燃物が発火するおそれのない器具については、次により査察します。(条例21条)

査察項目	査　察　及　び　確　認　事　項	結　果
使用場所	①　可燃性のガス又は蒸気が滞留するおそれのない場所で使用していること。(18条1項2号)	適・否
	②　不燃性の床上又は台上で使用していること。(同5号)	適・否
使用方法	①　故障し、又は破損したものは使用していないこと。(18条1項6号)	適・否
	②　本来の使用目的以外に使用する等不適当な使用はしていないこと。(同7号)	適・否
	③　通電した状態でみだりに放置していないこと。(21条1項1号)	適・否
	④　安全装置は、みだりに取りはずし、又はその器具に不適合なものと取り替えていないこと。(同2号)	適・否

(2)　可燃物が触れた場合に発火するおそれのある器具

器具の表面に可燃物が触れた場合、その可燃物が発火するおそれのある器具については、次により査察します。（条例21条）

査察項目	査　察　及　び　確　認　事　項	結　果
使用場所	①　火災予防上安全な距離を保つことを要しない場合（Ｐ72）を除き、建築物等及び可燃性の物品から次に掲げる距離のうち、火災予防上安全な距離として消防(署)長が認める距離以上の距離であること。（18条１項１号）	適・否
	②　可燃性のガス又は蒸気が滞留するおそれのない場所で使用していること。（同２号）	適・否
	③　地震等により容易に可燃物が落下するおそれのない場所で使用していること。（同３号）	適・否
	④　不燃性の床上又は台上で使用していること。（同５号）	適・否
	⑤　器具の周囲は、常に整理及び清掃に努めるとともに、燃料その他の可燃物を放置していないこと。（同９号）	適・否
使用方法	①　地震等で容易に転倒又は落下するおそれのない状態で使用していること。（18条１項４号）	適・否
	②　故障し、破損したものは使用していないこと。（同６号）	適・否
	③　本来の使用目的以外に使用する等、不適当な使用はしていないこと。（同７号）	適・否
	④　通電した状態でみだりに放置していないこと。（21条１項１号）	適・否
	⑤　安全装置は、みだりに取りはずし、又はその器具に不適合なものと取り替えていないこと。（同２号）	適・否

第３　火の使用に関する制限の査察

1　禁止行為の場所

喫煙し、若しくは裸火を使用し、又は火災予防上危険な物品を持ち込んではならない場所については、次により査察します。（⇒〔条例〕第23条）

<table>
<tr><th>査察項目</th><th>査　察　及　び　確　認　事　項</th><th>結　果</th></tr>
<tr><td>禁止行為の指定対象場所</td><td>喫煙し、若しくは裸火を使用し、又は火災予防上危険な物品を持ち込んではならない場所として、消防（署）長が指定する場所は、次に掲げる場所とされていること。（23条１項）
①　劇場等の舞台又は客席（同１号）
②　百貨店等の売場又は展示部分（同２号）
③　〔文化財保護法〕の規定により重要文化財、重要有形民俗文化財、史跡若しくは重要な文化財として指定され、又は旧〔重要美術品等の保存に関する法律〕の規定によって重要美術品として認定された建造物の内部又は周囲（同３号）
④　①及び②に掲げるもののほか、火災が発生した場合に人命に危険を生じるおそれのある場所（同４号）</td><td>対象場所の
有・無
有・無
有・無
有・無

有・無</td></tr>
<tr><td>標識の設置</td><td>①　消防（署）長が指定する場所には、客席の前面その他の見やすい箇所に「禁煙」、「火気厳禁」又は「危険物品持込み厳禁」と次頁の標識の例により設けられていること。（23条２項）
②　併せて図記号による標識を設けてあるときは、☞次頁「(1)　標識」に定めるものであること。（23条３項）</td><td>適・否

適・否</td></tr>
<tr><td>禁止される行為</td><td>消防（署）長が指定する場所には、喫煙し、若しくは裸火を使用し、又は当該場所に火災予防上危険な物品を持ち込んでいないこと。ただし、特に必要な場合において、消防（署）長が火災予防上支障がないと認めたときは、この限りでない。（23条１項）</td><td>適・否</td></tr>
<tr><td>関係者の措置</td><td>消防（署）長が指定する場所（指定対象場所の③を除く。）を有する防火対象物の関係者は、次に掲げる区分に応じ、それぞれ次に定める措置を講じていること。（23条４項）
<table><tr><td>当該防火対象物内において全面的に喫煙が禁止されている場合</td><td>当該防火対象物内において全面的に喫煙が禁止されている旨の標識の設置その他の当該防火対象物内における全面的な喫煙の禁止を確保するために消防（署）長が火災予防上必要と認める措置（同１号）</td></tr><tr><td>上覧に掲げる場合以外の場合</td><td>適当な数の吸殻容器を設けた喫煙所の設置及び当該喫煙所における「喫煙所」と表示した標識の設置（併せて図記号による標識を設けたものは、次の標識の例に定めるものであること。）（同２号）</td></tr></table></td><td>適・否</td></tr>
<tr><td></td><td>喫煙所が設けてある場合は、次のとおりであること。
<table><tr><td>共通事項</td><td>①　喫煙所は、禁止行為指定場所以外で、火災予防上支障のない場所であること。
②　喫煙所には、適当な数の吸い殻容器が設置されていること。（23条４項２号）
③　喫煙所には、「喫煙所」と表示した標識が設けてあること。（同２号）</td></tr></table></td><td>適・否</td></tr>
</table>

喫　煙　所	劇場等の喫煙所	①　劇場等の喫煙所は、階ごとに客席及び廊下（通行の用に供しない部分を除く。）以外の場所に設けてあること。(23条５項) ②　喫煙所の床面積の合計は、客席の床面積の30分の１以上とされていること。ただし、消防(署)長が、当該場所の利用状況から判断して、火災予防上支障がないと認めるときは、この限りでない。(23条６項)	
禁止行為の制止	消防(署)長が指定する場所の関係者は、当該場所で喫煙し、若しくは裸火を使用し、又は当該場所に火災予防上危険な物品を持ち込もうとしている者があるときは、これを制止しているものであること。(23条７項)		適・否

（１）標　　識

「禁煙」、「火気厳禁」、「危険物品持込厳禁」及び「喫煙所」の標識については、次の例により査察します。(⇒〔条例〕第23条、〔条例〕別表第７)

項目 種別	表示基準 （たて、よこ自由）	色		寸法		表示位置
		地	文字	短辺cm 以上	長辺cm 以上	
消防(署)長が指定した喫煙等禁止場所	禁　　煙 火　気　厳　禁 危険物品持込厳禁	赤	白	25	50	指定の見やすいところ
喫　煙　所	喫　煙　所	白	黒	10	30	排煙設備を備えた場所
禁煙である旨の表示		記号は黒、斜めの帯及び枠は赤、地は白		直径20cm以上		
火気厳禁である旨の表示		記号は黒、斜めの帯及び枠は赤、地は白		直径20cm以上		
喫煙所である旨の表示	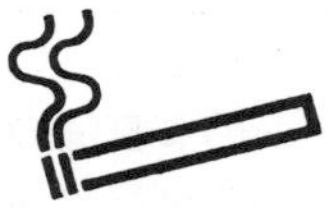	記号は黒、地は白		直径20cm以上		

２　がん具用煙火

がん具用煙火については、次により査察します。（⇒〔条例〕第26条）

査察項目	査　察　及　び　確　認　事　項	結　果
消 費 場 所	がん具用煙火は、次に掲げるような火災予防上支障のある場所で消費していないこと。（26条１項） ①　危険物、指定可燃物、火薬類、高圧ガスその他の可燃物等の近くの場所 ②　建物の内部、建物と建物の間の狭い場所及び家屋の密集した場所 ③　強風注意報等が出されている区域	 適・否 適・否 適・否
貯蔵、取扱い方法	①　がん具用煙火の貯蔵又は取り扱いは、次のとおり炎、火花又は高温体との接近を避けていること。（26条２項） イ　がん具用煙火の貯蔵又は取扱場所の近くでは、火を使用する設備・器具を使用していない。 ロ　火気又は熱源から安全な距離をとっているか、又は区画されている。 ハ　店頭で陳列する容器には、ふた又は覆いをし、たばこの吸い殻等の火源が入ることを防止している。 ニ　裸電球等との接近を避けている。 ②「火薬類取締法施行規則」92条の２号で定める数量の１／５以上の同号で定める数量以下のがん具用煙火を貯蔵し、又は取り扱っている場合は、ふたのある不燃性の容器に入れているか、又は防炎処理を施したおおいをしていること。（26条３項）	適・否 適・否

３　化学実験室等

化学実験室等については、次により査察します。（⇒〔条例〕第27条（第30条、第31条の第１項及び第２項並びに第31条の４第１項の規定の準用））

査察項目	査　察　及　び　確　認　事　項	結　果
貯蔵、取扱い場所	①　みだりに火気を使用していないこと。（30条１項１号） ②　常に整理及び清掃を行っているとともに、みだりに空箱その他の不必要な物件が置かれていないこと。（同２号） ③　地震等により、容易に容器が、転落、転倒、又は他の落下物によって損傷を受けないような措置が講じられていること。（同６号） ④　見やすい箇所に、次の標識及び掲示板が設けられていること。（31条の２・２項１号） イ　危険物等を貯蔵し、又は取り扱っている旨を表示した標識 ロ　危険物の類、品名、最大数量及び防火に関し必要な事項を掲示した掲示板	適・否 適・否 適・否 適・否
貯蔵、取扱い基準	①　危険物の収納は、当該タンクの容量を超えていないこと。（31条の４・１項） ②　①のほか、「第２　指定数量未満の危険物・少量危険物の査察」（Ｐ140）により査察します。	適・否

◆　**火災事例**

- **電気ストーブの近くで、消毒用のエタノールを取扱い誤ってこぼしたため引火し出火した。**
  昭和49年尾道市・湯浅内科医院（死者２名、負傷者22名）
- **歯科技工作業中、誤ってベンジンのびんを落下させたためガスバーナーの炎に引火し出火した。**
  昭和51年東京都　歯科医院
- **地震により研究室等の薬品の転倒により出火した。**
  昭和53年仙台市　東北大学、東北薬科大学で宮城県沖地震により研究室の薬品の転倒で出火、昭和23年の福井地震では、火災29件の内５件が薬品による出火。

４　溶接作業等中

溶接作業等中については、次により査察します。（⇒〔条例〕第28条）

□「溶接作業等」とは、ガス若しくは電気による溶接作業、自動車の解体等の溶断作業、グラインダー等による火花を発する作業、トーチランプ等による加熱作業、アスファルト等の熔解作業又は鋲（びょう）打作業

査察項目	査　察　及　び　確　認　事　項	結　果
作業場所	溶接作業等は、可燃性の物品の付近で行っていないこと。（⇒条例28条１項）	適・否
事前措置	溶接作業等を行う場合は、作業等を行う前に、火花の飛散、接炎等による火災の発生の防止するため、次のような火災予防上の措置がされていること。（28条３項） (1)　消火用具の準備　(2)　湿砂の散布　(3)　散水　(4)　不燃材料での遮熱 (5)　可燃性物品の除去　(6)　作業後の点検　(7)その他、それぞれの作業に応じた火災予防上必要な措置	適・否
自動車の解体作業	自動車の解体作業で溶断作業を行う場合は、次のことが行われていること。（28条２項） ①　溶断作業を行う前に燃料等の可燃性物品の除去し、かつ、除去した燃料等の適切な管理が行われていること。 ②　消火用具の準備がされていること。 □「燃料等の可燃性物品」とは、ガソリン等の引火性物品のほか、シートなどの溶断作業に当たり着火しやすい物品をいいます。	適・否 適・否 適・否
喫煙制限	作業現場においては、火災予防上安全な場所に吸殻容器を設け、その場所以外の場所では喫煙をしていないこと。（28条５項）	適・否

◆　**火災事例**

・暖房用蒸気パイプドレンの凍結を溶解するためトーチランプで暖めた際、モルタル下地に着火し出火した。

昭和52年札幌市　白石中央病院（死者４名、負傷者５名）

５　作業中の建築物等

工事中の建築物等については、次により査察します。（⇒〔条例〕第28条）

査察項目	査　察　及　び　確　認　事　項	結　果
火災予防上の措置	〔消令〕別表第１に掲げる防火対象物（同表⒅項から⒇項まで除く。）及び防火対象物の用途に供するための工事中その他の工作物において、可燃性の粉じん若しくガスを著しく発生する物品を使用する作業又は爆発性の粉じんを著しく発生さする作業を行う場合は、次の措置がされていること。（28条４項） (1)　換気又は除じん　(2)　火気の制限　(3)　消火用具の準備 (4)　作業後の点検　(5)　その他火災予防上必要な措置	適・否
喫煙制限	作業現場においては、火災予防上安全な場所に吸殻容器を設け、その場所以外の場所では喫煙をしていないこと。（28条５項）	適・否
防火管理者	工事中の建築物の防火管理については、P27「３．２　新築工事中の防火対象物の消防計画の内容についての査察」により査察します。	

◆　**火災事例**

・百貨店、スーパー等で休店日や閉店後の工事及び作業中又は、改装・増築等の工事中に出火した。

昭和７年東京　白木屋（死者14名、負傷者40人）、昭和38年東京・西武百貨店（死者７名、負傷者216名）、昭和40年東京　渋谷東急ビル（負傷者38名）、昭和47年大阪市　千日ビル（死者118名、負傷者81名）、昭和48年熊本市　大洋デパート（死者103名、負傷者121名）、昭和55年栃木県　川治プリンスホテル（死者45名、負傷者22名）

第４　住宅用防災機器の査察

1　住宅用防災機器

住宅用防災機器については、次により査察します。(⇒〔条例〕第３章の２)

査察項目	査　察　事　項		結　果
住宅用防災機器の設置有無の確認	確認	その住宅には、住宅用防災機器が設置されているか、どうかを確認します。 【解説】 住宅用防災機器には、住宅用防災警報器又は住宅用防災報知設備があります。 住宅用防災機器の設置の免除については、次欄「住宅用防災機器の設置の免除」を見てください。	有・無
	処理	①　住宅用防災機器が設置されているものは、設置種別に応じて、☞次頁「２　住宅用防災警報器」又は☞Ｐ99「４　住宅用防災報知設備」により査察します。 ②　住宅用防災機器が設置されていないものは、住宅の所有者、管理者又は占有者に住宅用防災機器を設置するよう指導します。(29条の２)	指導済
住宅用防災機器の設置の免除	次に掲げる設備の有効範囲内の住宅の部分は、住宅用防災機器を設置しないことができること。(29条の５) ①　スプリンクラー設備（標示温度が75度以下で作動時間が60秒以内の閉鎖型スプリンクラーヘッドを備えているものに限る。)（同１号） ②　自動火災報知設備（同２号） ③　共同住宅用スプリンクラー設備（同３号） ④　共同住宅用自動火災報知設備（同４号） ⑤　住戸用自動火災報知設備（同５号及び６号）		設置の 有・無 有・無 有・無 有・無 有・無

2　住宅用防災警報器

住宅用防災警報器については、次により査察します。(⇒〔条例〕第29条の３)

査察項目	査　察　事　項	結　果
設置部分	住宅用防災警報器を設置するものとする住宅の部分には、住宅用防災警報器が設置されていること。(29条の３・１項) ◇「住宅用防災警報器を設置するものとする住宅の部分」は、☞次の「住宅用防災機器の設置場所・位置等」を見てください。	適・否
設置位置	設置されている住宅用防災警報器の設置位置は、適正であること。 ◇「住宅用防災警報器の設置位置」は、☞次の「住宅用防災警報器の設置場所・位置等」を見てください。	適・否

設置機器	設置されている住宅用防災警報器の種別は適正なものであること。 ◇「住宅用防災警報器の種別等」は、☞次の「住宅用防災警報器の設置場所・位置等」を見てください。	適・否
維持	①　電源に電池を用いる住宅用防災警報器は、当該住宅用防災警報器を有効に作動できる電圧の下限値となった旨が表示され、又は音響により伝達された場合には、適切に電池を交換している。（29条の３・６項１号） ②　電源に電池以外から供給される電力を用いる住宅用防災警報器は、正常に電力が供給されている。（同２号） ③　電源に電池以外から供給される電力を用いる住宅用防災警報器の電源は、分電盤との間に開閉器が設けられていない配線からとっている。（同３号） ④　電源に用いる配線は、電気工作物に係る法令の規定によっている。（同４号） ⑤　自動試験機能を有しない住宅用防災警報器は、交換期限が経過しないように、適切に住宅用防災警報器を交換している。（同５号） ⑥　自動試験機能を有する住宅用防災警報器は、機能の異常が表示され、又は音響により伝達された場合は、適切に住宅用防災警報器を交換している。（同６号）	適・否 適・否 適・否 適・否 適・否 適・否

3　住宅用防災機器の設置場所・位置等

住宅用防災機器の設置場所・位置等は、次により査察します。（⇒〔条例〕29条の３）

査察項目	査　察　事　項	結　果
設置場所	住宅用防災警報器は、次に掲げる住宅部分（②から⑤までの住宅部分は、令別表第１⑸項ロ又は⒃項の住宅の用途に供される部分のうち、もっぱら住居の用に供されるべき住宅の部分以外の部分であって、廊下、階段、エレベータ、エレベータホール、機械室、管理事務所その他入居者の共同の福祉のために必要な共用部分を除く。）に設けられている。（29条の３・１項） ①　就寝用に供する居室（同１号） ②　①に掲げる住宅の部分が存する階（避難階を除く。）から直下階に通ずる階段（屋外に設けられたものを除く。以下同じ。）の上端（同２号） ③　①及び②に掲げるもののほか、①に掲げる住宅の部分が存する階（避難階から上方に数えた階段が２以上である階に限る。）から下方に数えた階段が２である階に直上階から通じる階段の下端（当該階段の上端に住宅用防災警報器が設置されている場合を除く。）（同３号） ④　①及び②に掲げるもののほか、①に掲げる住宅の部分が避難階のみに存する場合であって、居室が存する最上階（避難階から上方に数えた階数が２以上である階に限る。）から直通階に通じる階段の上端（同４号） ⑤　①から④までにより住宅用防災警報器が設置される階以外の階のうち、床面積が７㎡以上である居室が５以上存する階（「当該階」という。）の次のいずれかの住宅の部分（同５号） ⑴　廊下 ⑵　廊下が存しない場合は、当該階から直下階に通じる階段の上端 ⑶　廊下及び直下階が存在しない場合は、当該階の直上階から当該階に通じる階段の下端	適・否 適・否 適・否 適・否 適・否 適・否

<table>
<tr><td>設置位置</td><td>住宅用防災警報器は、次の位置に設けられていること。
①　天井又は壁の室内に面する部分（天井のない場合は、屋根又は壁の室内に面する部分）の次のいずれかの位置に設けられている。(29条の３・２項)
(1)　壁又ははりから0.6m以上離れた天井の室内に面する部分（同１号）
(2)　天井から下方0.15m以上0.5m以内の位置にある壁の室内に面する部分（同２号）
②　換気口等の空気の吹き出し口から、1.5m以上離れた位置（同２項３号）</td><td>適・否
適・否

適・否</td></tr>
<tr><td>警報器の種別等</td><td>①　設置する住宅用防災警報器の種別等は、次表の左欄に掲げる区分に応じ、右欄に掲げる種別のものが設けられていること。(29条の３・４項)
<table>
<tr><th>住宅の部分</th><th>住宅用防災警報器の種別</th></tr>
<tr><td>設置場所欄①から④まで並び⑤の(2)及び(3)に掲げる住宅の部分</td><td>光電式住宅用防災警報器</td></tr>
<tr><td>設置場所欄⑤(1)に掲げる住宅の部分</td><td>イオン化式住宅用防災警報器又は光電式住宅用防災警報器</td></tr>
</table>
②　住宅用防災警報器等規格消令に定める技術上の規格で適合していること。(同５項)</td><td>適・否

適・否</td></tr>
</table>

４	住宅用防災報知設備

住宅用防災報知設備については、次により査察します。(⇒〔条例〕第29条の４)

<table>
<tr><th>査察項目</th><th>査　察　及　び　確　認　事　項</th><th>結　果</th></tr>
<tr><td>感　知　器</td><td>①　住宅用防災報知設備の感知器を設置するものとする住宅の部分には、感知器が設けられていること。(29条の４・１項)
◇「住宅用防災警報器を設置するものとする住宅の部分」は、前頁「住宅用防災機器の設置場所・位置等」(29条の３・１項）を見てください。
②　感知器の設置位置は適正である。(29条の４・２項)
◇「住宅用防災警報器の設置位置」は、☞前頁「住宅用防災警報器の設置場所・位置等」を見てください。
③　感知器の設置種別は適正なものである。(29条の４・３項)
<table>
<tr><th>住宅の部分</th><th>感知器の種別</th></tr>
<tr><td>設置場所欄①から④まで並び⑤の(2)及び(3)に掲げる住宅の部分</td><td>光学式スポット型感知器（感知器等規格省令第２条第九号に掲げるもののうち、感知器等規格省令17条第２項で定める１種又は２種の試験に合格したものに限る。）</td></tr>
<tr><td>設置場所欄⑤(1)に掲げる住宅の部分</td><td>イオン化式スポット型感知器（感知器等規格省令第２条第八号に掲げるもののうち、感知器等規格省令16条第２項で定める１種又は２種の試験に合格したものに限る。）又は光学式スポット型感知器</td></tr>
</table></td><td>適・否

適・否

適・否</td></tr>
<tr><td>受　信　機</td><td>①　受信器は、操作に支障が生じず、かつ、住宅の内部にいる者に対し、有効に火災の発生を報知できる場所に設けられている。(29条の４・５項１号)
②　受信機は、「受信機に係る技術上の規格を定める省令」(昭和56年自治省令第19号）第２条第７号に規定するものである。(29条の４・４項)</td><td>適・否
適・否</td></tr>
<tr><td></td><td>①　住宅用防災報知設備の感知器を設置するものとする住宅の部分が存する階に受信機が設置されていない場合は、住宅の内部にいる者に対し、有効に火災の発生を報知で</td><td>適・否</td></tr>
</table>

補助警報装置	きるように、当該階に補助警報装置が設けられている。（29条の４・５項２号）	
	②　補助警報装置は、「住宅用自動火災報知設備及び共同住宅用非常警報設備の設置及び維持に関する技術上の基準」（平成19年消告第19号）に適合しているものであること。（29条の４・４項）	適・否
設置・維持	①　感知器と受信機との間の信号を配線により送信し、又は受信する住宅用防災報知設備にあっては、当該配線の信号回路について容易に導通試験をすることができるよう措置されている。ただし、配線が感知器からはずれた場合又は配線に断線があった場合に受信機が警報を発するものは、この限りでない。（29条の４・５項３号）	適・否
	②　感知器と受信機との間において確実に信号を無線により送信し、又は受信する住宅用防災報知設備は、次によるものである。（同４号） (1)　感知器と受信機との間において確実に信号を送信し、又は受信することができる位置に感知器及び受信機を設ける。（同４号イ） (2)　受信機において信号を受信できることを確認するための措置を講じている。（同４号ロ）	適・否
	③　受信機その他見やすい箇所に容易に消えないよう感知器の交換期限を明示している。（同５号）	適・否
	④　電源に電池を用いる住宅用防災警報器は、その警報器を有効に作動できる電圧の下限値になった旨が表示され、又は音響により伝達された場合は、適切に電池を交換している。（29条の３・６項１号）	適・否
	⑤　自動試験機能を有しない住宅用防災警報器は、交換期限が経過しないよう、適切に警報器を交換している。（同５号）	適・否
	⑥　自動試験機能を有しない住宅用防災警報器は、機能の異常が表示され、又は音響により伝達された場合は、適切に警報器を交換していること。（同６号）	適・否
電　　源	①　電源に電池以外から供給される電力を用いている住宅用防災警報器は、正常に電力が供給されている。（29条の３・６項２号）	適・否
	②　電源に電池以外から供給される電力を用いている住宅用防災警報器の電源は、分電盤との間に開閉器が設けられていない配線からとっている。（同３号）	適・否
	③　電源に用いる配線は、電気工作物に係る法令の規定によっている。（同４号）	適・否

第５章　少量危険物等の査察

第１　消防活動阻害物質等の査察

1　消防活動阻害物質

消防活動阻害物質等については、次により査察します。(⇒〔消法〕第９条の３（同条第２項において準用する場合を含む。)、〔危令〕第１条の10第１項)

<table>
<tr><th>査察項目</th><th>査　察　及　び　確　認　事　項</th><th>結　果</th></tr>
<tr><td>貯蔵・取扱いの届出</td><td>次に掲げる物質を貯蔵し、又は取り扱っているものは、消防(署)長に届出がされていること。(消法９条の３・１項、危政令１条の10・１項)
届出を要する物質及び貯蔵・取扱い数量は、次のとおりです。
<table>
<tr><th>物質の区分</th><th>貯蔵又は取扱いの数量</th></tr>
<tr><td>①　圧縮アセチレンガス</td><td>40kg以上</td></tr>
<tr><td>②　無水硫酸</td><td>200kg以上</td></tr>
<tr><td>③　液化石油ガス</td><td>300kg以上</td></tr>
<tr><td>④　生石灰</td><td>500kg以上</td></tr>
<tr><td colspan="2">⑤　毒物のうち☞次頁「(1)　毒物」に掲げる物質で同表に掲げる数量以上</td></tr>
<tr><td colspan="2">⑥　劇物のうち☞次頁「(2)　劇物」に掲げる物質で同表に掲げる数量以上</td></tr>
</table>
【解説】⑤の「毒物」とは、〔毒物及び劇物取締法〕に規定する毒物をいいます。
⑥の「劇物」とは、〔毒物及び劇物取締法〕に規定する劇物をいいます。</td><td>適・否</td></tr>
<tr><td>届出対象外</td><td>次に該当する場合は、貯蔵・取扱いの届出は必要ないものであること。
①　船舶、自動車、航空機、鉄道又は軌道により貯蔵し、取り扱っているもの。(消法９条の３)
②　次に掲げる規定により消防庁長官又は消防長に通報があった施設において液化石油ガスを貯蔵し、取り扱っているもの（危政令１条の10・２項)
(1)　高圧ガス取締法第74条第１項の規定
(2)　ガス事業法第47条の５第１項の規定
(3)　液化ガスの保安の確保及び取扱いの適正化に関する法律第87条第１項の規定</td><td>有・無

適・否</td></tr>
<tr><td>廃　止　届</td><td>消防活動阻害物質等について、貯蔵し、又は取り扱いを廃止したものは、消防(署)長に廃止の旨の届出がされていること。(消法９条の３・２項)</td><td>適・否</td></tr>
</table>

(1)　毒物

(⇒〔危令〕別表第１)

毒　物　の　区　分		貯蔵又は取扱いの数量	結果
①	シアン化水素	30kg以上	有・無
②	シアン化ナトリウム	30kg以上	有・無
③	水銀	30kg以上	有・無
④	セレン	30kg以上	有・無
⑤	ひ素	30kg以上	有・無

⑥	ふっ化水素	30kg以上	**有・無**
⑦	モノフルオール酢酸	30kg以上	**有・無**
⑧	①から⑦までに掲げる物質のほか、水又は熱を加えること等により、人体に重大な障害をもたらすガスを発生する等消火活動に重大な支障を生ずる物質で**総務省令**で定めるもの以上		**有・無**

・総務省令

（⇒平成元年２月17日省令第２号〔〔危令〕別表第１及び〔危令〕別表第２の総務省令で定める物質及び数量を指定する省令〕第１条）

物　　質	結　果
次に掲げる物質で、貯蔵又は取扱い**数量が30kg**以上のもの ①塩化ホスホリル及びこれを含有する製剤　②五塩化りん及びこれを含有する製剤　③三塩化ほう素及びこれを含有する製剤　④三塩化りん及びこれを含有する製剤　⑤三ふっ化ほう素及びこれを含有する製剤　⑥シアン化水素を含有する製剤　⑦シアン化ナトリウムを含有する製剤　⑧シアン化亜鉛及びこれら含有する製剤　⑨シアン化カリウム及びこれを含有する製剤　⑩シアン化銀及びこれを含有する製剤　⑪シアン化第一金カリウム及びこれを含有する製剤　⑫シアン化第一銅及びこれを含有する製剤　⑬シアン化第二水銀及びこれを含有する製剤　⑭シアン化銅酸カリウム及びこれを含有する製剤　⑮シアン化銅酸ナトリウム及びこれを含有する製剤　⑯２・３―ジシアノ―１・４ジチアアントラキノン（別名ジチアノン）及びこれを含有する製剤（２・３―ジシアノ―１・４ジチアアントラキノン50％以下を含有するものを除く。）　⑰塩化第二水銀及びこれを含有する製剤　⑱酸化第二水銀及びこれを含有する製剤（酸化第二水銀５パーセント以下を含有するものを除く。）　⑲硫セレン化カドミウム及びこれを含有する製剤　⑳亜ひ酸及びこれを含有する製剤　㉑三塩化ひ素及びこれを含有する製剤　㉒ひ化水素及びこれを含有する製剤　㉓ひ酸及びこれを含有する製剤　㉔ふっ化水素を含有する製剤　㉕ヘキサキス（β・β―ジメチルフエネチル）ジスタンノキサン（別名酸化フエンブタスズ）及びこれを含有する製剤　㉖ホスゲン及びこれを含有する製剤　㉗メチルメルカプタン及びこれを含有する製剤　㉘モノフルオール酢酸ナトリウム及びこれを含有する製剤　㉙りん化アルミニウムとその分解促進剤とを含有する製剤　㉚りん化水素及びこれを含有する製剤	**有・無**

（２）　劇物

（⇒〔危令〕別表第２）

劇　物　の　区　分		貯蔵又は取扱い数量	結　果
①	アンモニア	200kg以上	**有・無**
②	塩化水素	200kg以上	**有・無**
③	クロルスルホン酸	200kg以上	**有・無**
④	クロルピクリン	200kg以上	**有・無**
⑤	クロルメチル	200kg以上	**有・無**
⑥	クロロホルム	200kg以上	**有・無**
⑦	けいふっ化水素酸	200kg以上	**有・無**
⑧	四塩化炭素	200kg以上	**有・無**
⑨	臭素	200kg以上	**有・無**
⑩	発煙硫酸	200kg以上	**有・無**
⑪	ブロム水素	200kg以上	**有・無**

⑫	ブロムメチル	200kg以上	有・無
⑬	ホルムアルデヒド	200kg以上	有・無
⑭	モノクロル酢酸	200kg以上	有・無
⑮	よう素	200kg以上	有・無
⑯	硫酸	200kg以上	有・無
⑰	りん化亜鉛	200kg以上	有・無
⑱	①から⑰までに掲げる物質のほか、水又は熱を加えること等により、人体に重大な障害をもたらすガスを発生する等消火活動に重大な支障を生ずる物質で**総務省令**で定めるもの以上		有・無

・総務省令

（⇒平成元年２月17日省令第２号〔〔危令〕別表第１及び〔危令〕別表第２の総務省令で定める物質及び数量を指定する省令〕第２条）

物　　質	結　果
次に掲げる物質で、貯蔵又は取扱い数量が**200kg**以上のもの ①塩化亜鉛　②酢酸亜鉛　③硫酸亜鉛　④りん酸亜鉛　⑤アクリルアミド及びこれを含有する製剤　⑥五塩化アンチモン及びこれを含有する製剤　⑦三酸化アンチモン　⑧酒石酸アンチモニルカリウム及びこれを含有する製剤　⑨アンモニアを含有する製剤（アンモニア30％以下を含有するものを除く。）　⑩一水素二ふっ化アンモニウム及びこれを含有する製剤　⑪エチレンオキシド及びこれを含有する製剤　⑫塩化水素を含有する製剤（塩化水素36％以下を含有するものを除く。）　⑬塩素　⑭オキシ三塩化バナジウム及びこれを含有する製剤　⑮酸化カドミウム　⑯硝酸カドミウム　⑰硫化カドミウム　⑱クロム酸亜鉛カリウム及びこれを含有する製剤　⑲クロム酸ストロンチウム及びこれを含有する製剤　⑳クロム酸鉛及びこれを含有する製剤（クロム酸鉛70％以下を含有するものを除く。）　㉑四塩基性クロム酸亜鉛及びこれを含有する製剤　㉒クロルピクリンを含有する製剤　㉓クロルメチルを含有する製剤（容量300m以下の容器に収められた殺虫剤であって、クロルメチル50％以下を含有するものを除く。）　㉔クロロアセチルクロライド及びこれを含有する製剤　㉕２—クロロニトロベンゼン及びこれを含有する製剤　㉖けいふっ化水素酸を含有する製剤　㉗けいふっ化カリウム及びこれを含有する製剤　㉘けいふっ化ナトリウム及びこれを含有する製剤　㉙けいふっ化マグネシウム及びこれを含有する製剤　㉚五酸化バナジウム（溶融した五酸化バナジウムを固形化したものを除く。）及びこれを含有する製剤（五酸化バナジウム（溶融した五酸化バナジウムを固形化したものを除く。）10％以下を含有するものを除く。）　㉛三塩化アルミニウム及びこれを含有する製剤　㉜シアナミド及びこれを含む製剤（シアナミド10％以下を含有するものを除く。）　㉝２・３—ジシアノ—１・４—ジチアアントラキノン（別名ジチアノン）50％以下を含有する製剤　㉞四塩化炭素を含有する製剤　㉟ジメチルアミン及びこれを含有する製剤（ジメチルアミン50％以下を含有するものを除く。）　㊱塩化第一すず　㊲塩化第二すず　㊳硫酸第一すず　㊴塩化第一銅　㊵塩化第二銅　㊶硫酸銅　㊷一酸化鉛　㊸塩基性けい酸鉛　㊹けい酸鉛　㊺酢酸鉛　㊻三塩基性硫酸鉛　㊼シアナミド鉛　㊽ステアリン酸鉛　㊾鉛酸カルシウム　㊿二塩基性亜硫酸鉛　(51)二塩基性亜りん酸鉛　(52)二塩基性ステアリン酸鉛　(53)二酸化鉛　(54)塩化バリウム　(55)カルボン酸のバリウム塩　(56)水酸化バリウム　(57)炭酸バリウム　(58)チタン酸バリウム　(59)ふっ化バリウム　(60)メタホウ酸バリウム　(61)ピロカテコール及びこれを含有する製剤　(62)オルトフェニレンジアミン　(63)メタフェニレンジアミン　(64)ブロム水素を含有する製剤　(65)ブロムメチルを含有する製剤　(66)１—ブロモ—３—クロロプロパン及びこれを含有する製剤　(67)ほうふっ化水素酸　(68)ほうふっ化カリウム　(69)ホルムアルデヒドを含有する製剤（ホルムアルデヒド１％以下を含有するものを除く。）　(70)メタバナジン酸アンモニウム及びこれを含有する製剤　(71)メチルアミン及びこれを含有する製剤（メチルアミン40％以下を含有するものを除く。）　(72)２—メチリデンブタン２酸（別名メチレンコハク酸）及びこれを含有する製剤　(73)硫酸を含有する製剤（硫酸60％以下を含有するものを除く。）　(74)りん化亜鉛を含有する製剤（りん化亜鉛１％以下を含有するものを除く。）	有・無

第２　指定数量未満の危険物・少量危険物の査察

１　指定数量未満の危険物（共通事項）

指定数量未満の危険物の貯蔵及び取扱いに共通する事項については、次により査察します。（⇒〔条例〕30条）

査察項目	査　察　及　び　確　認　項　目	結　果
貯蔵・取扱いの場所	①　みだりに火気を使用していない。（30条１項１号） ②　常に整理・清掃が行われ、みだりに空箱その他の不必要な物件が置かれていない。（同２号）	適・否 適・否
貯蔵・取扱いの基準	①　当該危険物が漏れ、あふれ、又は飛散しないように必要な措置が講じられている。（同３号） ②　危険物を容器に収納して貯蔵し、又は取り扱っているものは、次のとおりである。（同４号～６号） イ　容器は、当該危険物の性質に適応しているものである。（同４号） ロ　容器は、破損、腐食、さけめ等のないものである。（同４号） ハ　みだりに転倒させ、落下させ、衝撃を加え、又は引きずる等粗暴な行為をしていない。（同５号） ニ　地震等により、容易に容器が転落し、若しくは転倒し、又は他の落下物により損傷を受けないよう必要な措置が講じられている。（同６号）	適・否 適・否

２　少量危険物の届出

少量危険物については、次により査察します。

□「少量危険物」とは、危険物のうち指定数量の５分の１以上指定数量未満のものをいう。（⇒〔消令〕第10条第１項第４号）

査察項目	査　察　及　び　確　認　項　目	結　果
貯蔵・取扱いの届出	指定数量の５分の１以上（個人の住居で貯蔵し、又は取り扱うものは、指定数量の２分の１以上）指定数量未満の危険物を貯蔵し、又は取り扱っているものは、消防（署）長に届け出がされている。（条例46条１項）	適・否
廃　　止	貯蔵及び取扱いを廃止したものは、消防（署）長に届け出がされている。（条例46条２項）	適・否
品名又は指定数量を異にする場合	品名又は指定数量を異にする２以上の危険物を同一の場所で貯蔵し、又は取り扱う場合において、当該貯蔵又は取扱いに係る危険物の数量を当該危険物の指定数量の１／５の数量で除し、その商の和が１以上となるときは、当該場所は指定数量の１／５以上指定数量未満の危険物を貯蔵し、又は取り扱っているものとみなします。（条例32条）	適・否

３　貯蔵及び取扱いに共通する基準

少量危険物の貯蔵及び取扱いのすべてに共通する基準については、次により査察します。(⇒〔条例〕第31条の２第１項)

〔注意〕 第４類の危険物のうち動植物油類を貯蔵し、又は取り扱うものは除く。(⇒〔条例〕第31条の９)

査察項目	査　察　及　び　確　認　事　項	結　果
ためます又は油分分離装置	ためます又は油分離装置にたまった危険物は、あふれないように随時くみ上げられている。(31条の２・１項１号)	適・否
くず・かす等の廃棄	危険物又は危険物のくず、かす等を廃棄する場合には、それらの性質に応じ、安全な場所において、他に危害又は損害を及ぼすおそれのない方法で行われている。(同２号)	適・否
遮光・換気	危険物を貯蔵し、又は取り扱う場所では、当該危険物の性質に応じ、遮光又は換気が行なわれている。(同３号)	適・否
温度・湿度等の保持	危険物は、温度計、湿度計、圧力計その他の計器を監視して、当該危険物の性質に応じた適正な温度、湿度又は圧力を保つように貯蔵し、又は取り扱われている。(同４号)	適・否
危険性の増大防止	危険物を貯蔵し、又は取り扱う場合は、危険物の変質、異物の混入等により、当該危険物の危険性が増大しないように必要な措置が講じられている。(同５号)	適・否
設備等の修理	危険物が残存し、又は残存しているおそれがある設備、機械器具、容器等を修理する場合は、安全な場所において、危険物を完全に除去した後に行っている。(同６号)	適・否
火花の発生防止	次の場所で、電線と電気器具とを完全に接続し、かつ、火花を発する機械器具、工具、履物等を使用していない。(同７号) ①　可燃性の液体、可燃性の蒸気若しくは可燃性のガスが漏れ、若しくは滞留するおそれのある場所 ②　可燃性の微粉が著しく浮遊するおそれのある場所	適・否
保護液への保存	危険物を保護液中に保存しているものは、当該危険物が保護液から露出しないようにされている。(同８号)	適・否
接触・混合防止	接触又は混合により発火するおそれの危険物と危険物その他の物品は、相互に近接して置かれていない。ただし、接触又は混合しないような措置を講じた場合は、この限りではない。(同９号)	適・否
加熱・乾燥する場合	危険物を加熱し、又は乾燥する場合は、危険物の温度が局部的に上昇しない方法で行われている。(同10号)	適・否
詰め替え場所	危険物を詰め替える場合は、防火上安全な場所で行われている。(同11号)	適・否
吹付塗装作業	吹付塗装作業は、防火上有効な隔壁で区画された場所等安全な場所で行われている。(同12号)	適・否
焼入れ作業	焼入れ作業は、危険物が危険な温度に達しないようにして行われている。(同13号)	適・否
染色・洗浄	染色又は洗浄の作業は、可燃性の蒸気の換気をよくして行っており、廃液をみだりに放置しないで安全に処理している。(同14号)	適・否
バーナー使用	バーナーを使用する場合には、バーナーの逆火を防ぎ、危険物があふれないように使用している。(同15号)	適・否

収納容器の種別等	危険物を容器に収納し、又は詰め替える場合は、次によること。(同16号) ①　収納容器及び収納方法 ・固体の危険物は〔危則〕別表第３（☞ P 115） ・液体の危険物は〔危則〕別表第３の２（☞ P 116） 危険物の類別及び危険等級の別の項に掲げる危険物について、これらの表において適応するものとされる内装容器（内装容器の容器の種類の項が空欄のものは、外装容器）又はこれと同等以上であると認められる容器（以下「内装容器等」。）に適合する容器に収納し、又は詰め替えられていること。 ②　温度変化等により危険物が漏れないように容器を密閉して収納している。 ③　内装容器等には、見やすい箇所に〔危則〕第39条の３第２項から第６項までの規定の例による表示をする。	適・否 適・否 適・否
容器での積み重ねる貯蔵	危険物を収納した容器を積み重ねて貯蔵する場合には、高さ３ｍ（第４類の危険物のうち第３石油類及び第4石油類を収納した容器のみを積み重ねる場合は、４ｍ）を超えて積み重ねられていない。(同17号)	適・否

４　位置・構造及び設備に共通する事項

少量危険物を貯蔵し、又は取り扱う場所の位置、構造及び設備のすべてに共通する事項については、次により査察します。(⇒〔条例〕第31条の２第２項)

〔注意〕 第４類の危険物のうち動植物油類を貯蔵し、又は取り扱うものは除く。(⇒〔条例〕第31条の９)

査察項目	査　察　及　び　確　認　事　項	結　果
標識及び掲示板	危険物を貯蔵し、又は取り扱う場所には、見やすい箇所に次の標識、掲示板が設けられている。(31条の２・２項１号) ①　危険物を貯蔵し、又は取扱っている旨を表示した標識 □移動タンクにあっては、0.3㎡の地が黒色の板に黄色の反射塗料その他反射性を有する材料で「危」と表示した標識 ②　危険物の類、品名、最大数量及び移動タンク以外の場所にあっては防火に関し必要な事項を掲示した掲示板	 適・否 適・否
機械器具その他の設備	危険物を取り扱う機械器具その他の設備は、危険物の漏れ、あふれ又は飛散を防止することができる構造であること。ただし、当該設備に危険物の漏れ、あふれ又は飛散による災害を防止するための附帯設備を設けたときは、この限りではない。(同２号)	適・否
加熱する設備	①　危険物を加熱する設備は、温度測定装置が設けられている。(同３号) ②　危険物を加熱する設備は、直火を用いない構造である。ただし、当該設備が防火上安全な場所に設けられているとき、又は当該設備に火災を防止するための附帯設備を設けたときは、この限りではない。(同４号)	適・否 適・否
冷却する設備	危険物を冷却する設備には、温度測定装置を設けられている。(同３号)	適・否
乾燥する設備	危険物を乾燥する設備は、直火を用いない構造である。ただし、当該設備が防火上安全な場所に設けられているとき、又は当該設備に火災を防止するための附帯設備を設けたときは、この限りではない。(同４号)	適・否
温度変化の起こる設備	危険物の取扱いに伴って温度の変化が起こる設備には、温度測定装置を設けられている。(同３号)	適・否

加圧する設備等	危険物を加圧する設備又はその取り扱う危険物の圧力が上昇するおそれのある設備には、圧力計及び有効な安全装置が設けてある。（同５号）	適・否
引火性の熱媒体を使用する設備	引火性の熱媒体を使用する設備は、その各部分を熱媒体又はその蒸気が漏れない構造とし、その設備に設ける安全装置は、熱媒体又はその蒸気を火災予防上安全な場所に導く構造である。（同６号）	適・否
電気設備	電気設備は、電気工作物に係る法令の規定の例である。（同７号）	適・否
静電気除去装置	危険物を取り扱うにあたって静電気が発生するおそれのある設備には、その設備に蓄積される静電気を有効に除去する装置が設けてある。（同８号）	適・否
配管	①　危険物を取り扱う配管は、その設置される条件及び使用される状況に照らして十分な強度を有するものであり、かつ、当該配管に係る最大常用圧力の1.5倍以上の圧力で水圧試験（水以外の不燃性の液体又は不燃性の気体を用いて行う試験を含む。）を行ったとき漏えいその他の異常がないものである。（同９号イ） ②　配管は、取り扱う危険物により容易に劣化するおそれのないものである。（同９号ロ） ③　配管は、火災等により熱によって容易に変形するおそれのないものである。ただし、当該配管が地下その他の火災等により熱により悪影響を受けるおそれのない場所に設置されている場合にあっては、この限りでない。（同９号ハ） ④　配管には、外面の腐食を防止するための措置が講じてある。ただし、当該配管が設置される条件下で腐食するおそれのないものである場合には、この限りでない。（同９号ニ） ⑤　配管が地下に設置してある場合は、次のとおりである。 イ　接合部分（溶接その他危険物の漏えいのおそれがないと認められる方法により接合されたものを除く。）について当該接合部分からの危険物の漏えいを点検することができる措置が講じられている。（同９号ホ） ロ　上部の地盤面にかかる重量が当該配管にかからないように保護されている。（同９号へ）	適・否 適・否 適・否 適・否 適・否

5　屋外での貯蔵・取扱い

少量危険物を屋外において貯蔵し、又は取り扱っているものについては、次により査察します。（⇒〔条例〕第31条の3）

〔注意〕　第４類の危険物のうち動植物油類を貯蔵し、又は取り扱うものは除く。（⇒〔条例〕第31条の９）

査察項目	査察事項	結果
架台において貯蔵する場合	架台で貯蔵している場合には、高さ６ｍを超えて危険物を収納した容器を貯蔵していないこと。（31条の３・１項）	適・否
保有空地等	危険物を貯蔵し、又は取り扱う屋外の場所（移動タンクを除く。）の周囲には、容器等の種類及び貯蔵し、又は取り扱う数量に応じ、次の表に掲げる幅の空地を保有するか、又は防火上有効な塀が設けられていること。ただし、開口部のない防火構造（〔建基法〕第２条第８号に規定する。）の壁又は不燃材料で造った壁に面するときは、この限りでない。（31条の３・２項１号）	適・否

容器等の種類	貯蔵し、又は取り扱う数量	空地の幅
タンク又は金属製容器	指定数量の１／２以上指定数量未満	１m以上
その他の場合	指定数量の１／５以上１／２未満	
	指定数量の１／２以上指定数量未満	２m以上

液状の危険物を取り扱う設備	①　液状の危険物を取り扱う設備（タンクを除く。）の直下の地盤面の周囲には囲いを設け、又は危険物の流出防止にこれと同等以上の効果があると認められる措置が講じられている。(31条の３・２項２号) ②　当該地盤面は、コンクリートその他危険物が浸透しない材料で覆い、かつ、適当な傾斜及びためます又は油分離装置が設けられている。(31条の３・２項２号)	**適・否**
架　　台	危険物を収納した容器を架台で貯蔵しているものの架台は不燃材料で堅固に造られている。(31条の３・２項３号)	**適・否**

６　屋内での貯蔵・取扱い

少量危険物を屋内において貯蔵し、又は取り扱っているものについては、次により査察します。(⇒〔条例〕第31条の３の２)

〔注意〕 第４類の危険物のうち動植物油類を貯蔵し、又は取り扱うものは除きます。(⇒〔条例〕第31条の９)

査察項目	査　察　及　び　確　認　事　項	結　果
壁、柱、床及び天井	①　壁、柱、床及び天井は、不燃材料で造られ、又は覆われたものである。(31条の３の２・１項１号) ②　液状の危険物を貯蔵し、又は取り扱う床は、危険物が浸透しない構造で、適当な傾斜をつけ、かつ、貯留設備が設けられている。(同３号)	**適・否** **適・否**
窓及び出入口	防火戸が設けられている。(同２号)	**適・否**
架　　台	架台は不燃材料で堅固に造られている。(同４号)	**適・否**
採光、照明及び換気の設備	危険物を貯蔵し、又は取り扱うために必要な採光、照明及び換気の設備が設けられている。(同５号)	**適・否**
蒸気・微粉の排出設備	可燃性の蒸気又は可燃性の微粉が滞留するおそれのある場合は、その蒸気又は微粉を屋外の高所に排出する設備が設けられている。(同６号)	**適・否**

7　タンク（地下タンクを除く。）での貯蔵・取扱い

少量危険物を貯蔵し、又は取り扱うタンク（地下タンク及び移動タンクを除く。）の査察は、次のとおりです。（⇒〔条例〕第31条の４）

〔注意〕 第４類の危険物のうち動植物油類を貯蔵し、又は取り扱うものは除く。（⇒〔条例〕第31条の９）

<table>
<tr><th>査察項目</th><th>査察及び確認事項</th><th>結果</th></tr>
<tr><td>収納容量</td><td>タンク（地盤面下に埋設されているタンク及び移動タンクを除く。）に危険物を収納しているものは、そのタンクの容量（タンクの内容積の90％の量）を超えていない。（31条の４・１項）</td><td>適・否</td></tr>
<tr><td>タンクの板厚</td><td>タンクは、その容量に応じ、次の表に掲げる厚さの鋼板又はこれと同等以上の機械的性質を有する材料で気密に造られている。ただし、固体の危険物を貯蔵し、又は取り扱うタンクにあっては、この限りではない。（同条２項１号）
<table>
<tr><th>タンクの容量</th><th>板厚</th><th>タンクの容量</th><th>板厚</th></tr>
<tr><td>40ℓ以下</td><td>1.0mm以上</td><td>500ℓを超え1,000ℓ以下</td><td>2.3mm以上</td></tr>
<tr><td>40ℓを超え100ℓ以下</td><td>1.2mm以上</td><td>1,000ℓを超え2,000ℓ以下</td><td>2.6mm以上</td></tr>
<tr><td>100ℓを超え250ℓ以下</td><td>1.6mm以上</td><td>2,000ℓを超えるもの</td><td>3.2mm以上</td></tr>
<tr><td>250ℓを超え500ℓ下</td><td>2.0mm以上</td><td></td><td></td></tr>
</table></td><td>適・否</td></tr>
<tr><td>タンクの耐圧力</td><td>タンクは、その種類に応じ、次の試験で、漏れ又は変形しないものである。ただし、固体の危険物を貯蔵し、又は取り扱うタンクにあっては、この限りではない。（同１号）
<table>
<tr><th>タンクの種類</th><th>試験方法</th></tr>
<tr><td>圧力タンク</td><td>最大常用圧力の1.5倍の圧力で10分間行う水圧試験</td></tr>
<tr><td>圧力タンクを除くタンク</td><td>水張試験</td></tr>
</table></td><td>適・否</td></tr>
<tr><td>設置方法</td><td>タンクは、地震等により容易に転倒又は落下しないように設けられている。（同１号）</td><td>適・否</td></tr>
<tr><td>さび止め措置</td><td>外面には、さび止めのための措置がされている。ただし、アルミニウム合金、ステンレス鋼その他さびにくい材質で造られたタンクにあってはこの限りではない。（同３号）</td><td>適・否</td></tr>
<tr><td>安全装置</td><td>圧力タンクは、有効な安全装置が設けられている。（同４号）</td><td>適・否</td></tr>
<tr><td>通気管等</td><td>圧力タンク以外のタンクは、有効な通気管又は通気口が設けられている。（同４号）</td><td>適・否</td></tr>
<tr><td>引火防止措置</td><td>引火点が40度未満の危険物を貯蔵し、又は取り扱う圧力タンク以外のタンクは、通気管又は通気口に引火防止措置がされている。（同５号）</td><td>適・否</td></tr>
<tr><td>容量表示装置</td><td>見やすい位置に危険物の量を自動的に表示する装置（ガラス管等を用いるものを除く。）が設けられている。（同６号）</td><td>適・否</td></tr>
<tr><td>注入口</td><td>注入口は、火災予防上支障のない場所に設けられていると共に、当該注入口には弁又はふたを設けられている。（同７号）</td><td>適・否</td></tr>
<tr><td>タンクの配管</td><td>①　タンク直近の容易に操作できる位置に開閉弁が設けられている。（同８号）
②　地震等により当該配管とタンクの結合部分に損傷を与えないように設置されている。（同９号）</td><td>適・否
適・否</td></tr>
</table>

流出防止措置	液体の危険物のタンクの周囲には、危険物が漏れた場合にその流出を防止するための有効な措置がされている。（同10号）	適・否
底板の腐食防止措置	屋外に設置するもので、タンクの底板を地盤面に接して設けるものは、床板の外面の腐食を防止するための措置がされている。（同11号）	適・否

８　地下タンクでの貯蔵・取扱い

少量危険物を貯蔵し、又は取り扱う地下タンクについては、次により査察します。（⇒〔条例〕第31条の５第１項、第２項（第31条の４第２項の規定の例））

〔注意〕　第４類の危険物のうち動植物油類を貯蔵し、又は取り扱うものは除く。（⇒〔条例〕第31条の９）

査察項目	査　察　事　項	結　果
収納容量	危険物のタンクへの収納は、当該タンクの容量（タンクの内容積の90％の量）を超えていないこと。（31条の５・１項）	適・否
設置方法	①　地盤面下に設けられたコンクリート造等のタンク室に設置し、又は危険物の漏れを防止することができる構造により地盤面下に設置されている。 ただし、第４類の危険物のタンクで、その外面が、エポキシ樹脂、ウレタンエラストマー樹脂、強化プラスチック又はこれらと同等以上の防食性を有する材料により有効に防護されている場合又は腐食し難い材質で造られている場合にあっては、この限りではない。（同条２項１号） ②　自動車等による上部からの荷重を受けるおそれのあるタンクには、当該タンクに直接荷重がかからないようにふたが設けられている。（同２号） ③　タンクは、堅固な基礎の上に固定されている。（同３号）	適・否 適・否 適・否
タンクの板厚	タンクは、厚さ3.2㎜以上の鋼板又はこれと同等以上の強度を有する金属板若しくはこれと同等以上の性能を有するガラス繊維強化プラスチックで気密に造られている。（同４号）	適・否
タンクの耐圧力	タンクは、その種類に応じ、次の圧力で10分間行う水圧試験において、漏れ、又は変形しないものである。（同４号） ［タンクの種別／試験圧力］ 圧力タンクを除くタンク：70ｋPaの圧力 圧力タンク：最大常用圧力の1.5倍の圧力	適・否
さび止め措置	外面には、さび止めのための措置がされている。ただし、アルミニウム合金、ステンレス鋼その他さびにくい材質で造られたタンクにあっては、この限りではない。（31条の４・２項３号準用）	適・否
安全装置	圧力タンクには有効な安全装置が設けられている。（31条の４・２項４号）	適・否
通気管等	圧力タンク以外のタンクには、有効な通気管又は通気口が設けられている。（31条の４・２項４号準用）	適・否
引火防止装置	引火点が40度未満の危険物を貯蔵し、又は取り扱う圧力タンク以外のタンクには、通気管又は通気口に引火防止措置がされている。（31条の４・２項５号準用）	適・否
容量表示装置	危険物の量を自動的に表示する装置又は計量口が設けられている。この場合において、計量口を設けるタンクについては、計量口の直下のタンクの底板にその損傷を防止するための措置がされている。（31条の５・２項５号）	適・否

注　入　口	注入口は、火災予防上支障のない場所に設けられていると共に、当該注入口には弁又はふたが設けられている。（31条の４・２項７号準用）	適・否
タンクの配管	タンクの配管は、そのタンクの頂部に取り付けられている。（31条の５・２項６号）	適・否
検　査　管	タンクの周囲には、そのタンクからの液体の危険物の漏れを検査するための管が２箇所以上適当な位置に設けられている。（31条の５・２項７号）	適・否

９　移動タンクでの貯蔵・取扱い

少量危険物を貯蔵し、又は取り扱う移動タンクについては、次により査察します。（⇒〔条例〕第31条の６第１項（第31条の４第１項の規定の例）、第２項（第31の４第２項第３号の規定の例））
〔注意〕 第４類の危険物のうち動植物油類を貯蔵し、又は取り扱うものは除く。（⇒〔条例〕第31条の９）

<table>
<tr><th>査察項目</th><th>査　察　及　び　確　認　事　項</th><th>結　果</th></tr>
<tr><td>収　納　容　量</td><td>危険物をタンクへ収納する場合は、当該タンクの容量（タンクの内容積の90％の量）を超えていないこと。（31条の４・１項）</td><td>適・否</td></tr>
<tr><td>注　入　方　法</td><td>タンクから危険物を貯蔵し、又は取り扱う他のタンクに液体の危険物を注入するときは、次のいずれかの方法で行われている。（31条の６・１項１号）
①　他のタンクの注入口にタンクの注入ホースを緊結している。
②　注入ホースの先端部に手動開閉装置を備えた注入ノズル（手動開放装置を開放の状態で固定する装置を備えたものを除く。）により注入している。</td><td>適・否
適・否</td></tr>
<tr><td>詰　替　方　法</td><td>タンクから液体の危険物を容器に詰め替えていない。ただし、安全な注油に支障がない範囲の注油速度で、上欄②に定める注入ノズルにより引火点が40度以上の第４類の危険物を容器に詰め替える場合は、この限りでない。（同２号）</td><td>適・否</td></tr>
<tr><td>接　　　地</td><td>静電気による災害が発生するおそれのある液体の危険物をタンクに入れ、又はタンクから出すときは、当該タンクを有効に接地している。（同３号）</td><td>適・否</td></tr>
<tr><td>注入管の使用</td><td>静電気による災害が発生するおそれのある液体の危険物をタンクにその上部から注入するときは、注入管を用いているとともに、当該注入管の先端をタンクの底部に着けている。（同４号）</td><td>適・否</td></tr>
<tr><td>常　置　場　所</td><td>常置場所は、火災予防上安全な場所である。（31条の６・２項１号）</td><td>適・否</td></tr>
<tr><td>タンクの材料</td><td>タンクは、厚さ3.2mm以上の鋼板又はこれと同等以上の機械的性質を有する材料で、気密に造られている。（同２号）</td><td>適・否</td></tr>
<tr><td>耐　圧　力</td><td>タンクの種別に応じ、次の圧力で、10分間行う水圧試験で、漏れ、又は変形しないものである。（同２号）<table><tr><th>タンクの種別</th><th>試験圧力</th></tr><tr><td>圧力タンクを除くタンク</td><td>70kPaの圧力</td></tr><tr><td>圧力タンク</td><td>最大常用圧力の1.5倍の圧力</td></tr></table></td><td>適・否</td></tr>
<tr><td>さび止め防止</td><td>外面には、さび止めのための措置がされている。ただし、アルミニウム合金、ステンレス鋼その他さびにくい材質で造られたタンクは、この限りでない。（31条の４・２項３号準用）</td><td>適・否</td></tr>
<tr><td>固　定　方　法</td><td>タンクは、Ｕボルト等で車両のシャーシフレーム又はこれに相当する部分に強固に固定されている。（31条の６・２項３号）</td><td>適・否</td></tr>
</table>

安全装置	常用圧力に応じ、次の圧力で作動する安全装置が設けられている。（同４号） ①　常用圧力が20kPa以下のタンクに場合20kPaを超え、24kPa以下の範囲の圧力 ②　常用圧力が20kPaを超えるタンクにあっては常用圧力の1.1倍以下の圧力	適・否
間仕切	タンクは、その内部に4,000ℓ以下ごとに完全な間仕切を厚さ3.2㎜以上の鋼板又はこれと同等以上の機械的性質を有する材料で設けられている。（同５号）	適・否
マンホール安全装置 防波板	間仕切により仕切られた部分は、次によるものであること。（同６号） ①　それぞれマンホール及び「安全装置の欄」で規定する安全装置を設けられている。 ②　間仕切りにより仕切られた部分の容量が2,000ℓ以上のものは、厚さ1.6㎜以上の鋼板又はこれと同等以上の機械的性質を有する材料で防波板を設けられている。	適・否 適・否
ふたの材料	マンホール及び注入口のふたは、厚さ3.2㎜以上の鋼板又はこれと同等以上の機械的性質を有する材料で造られている。（同７号）	適・否
防護枠	マンホール、注入口、安全装置等の附属装置がその上部に突出しているタンクには、当該タンクの転倒等による当該附属装置の損傷を防止するための防護枠を設けられている。（同８号）	適・否
非常閉鎖弁等	タンクの下部に排出口を設ける場合は、当該タンクの排出口に、非常の場合に直ちに閉鎖することができる弁等を設けるとともに、その直近にその旨を表示し、かつ、外部からの衝撃による当該弁等の損傷を防止するための措置が設けられている。（同９号）	適・否
タンクの配管	タンクの配管は、先端部に弁等を設けられている。（同10号）	適・否
電気設備	タンク及び附属装置の電気設備で、可燃性の蒸気が滞留するおそれのある場所に設けるものは、可燃性の蒸気に引火しない構造とされている。（同11号）	適・否

10　危険物の類ごとに共通する基準

少量危険物の貯蔵及び取り扱いの危険物の類ごとに共通する基準については、次により査察します。（⇒〔条例〕第31条の７）

〔注意〕　第４類の危険物のうち動植物油類を貯蔵し、又は取り扱うものは除く。（⇒〔条例〕第31条の９）

査察項目	査察事項	結果
適用の除外	この基準は、危険物を貯蔵し、又は取り扱うにあたって、この基準によらないことが通常である場合には、適用しないこと。この場合、当該貯蔵又は取り扱いについては、災害の発生を防止するため十分な措置を講じているものである。（31条の７・２項）	適・否
第１類	可燃物との接触若しくは混合、分解を促す物品との接近又は過熱、衝撃若しくは摩擦を避けるとともに、アルカリ金属の過酸化物は、水との接触を避ける措置がされている。（同１号）	適・否
第２類	酸化剤との接触若しくは混合、炎、火花若しくは高温体との接近又は過熱を避けるとともに、鉄粉、金属粉及びマグネシウム並びにこれらのいずれかを含有するものにあっては水又は酸との接触を避け、引火性固体にあってはみだりに蒸気を発生させない措置がされている。（同２号）	適・否

第　３　類	①　自然発火性物品は、炎、火花若しくは高温体との接近、過熱又は空気との接触を避ける措置がされている。（同３号） ②　禁水性物品は、水との接触を避ける措置がされている。（同３号）	適・否 適・否
第　４　類	炎、火花若しくは高温体との接近又は過熱を避けるとともに、みだりに蒸気を発生させない措置がされている。（同４号）	適・否
第　５　類	炎、火花若しくは高温体との接近、過熱、衝撃又は摩擦を避ける措置がされている。（同５号）	適・否
第　６　類	可燃物との接触、若しくは混合、分解を促す物品との接近又は過熱を避ける措置がされている。（同６号）	適・否

11　タンク・配管その他の設備の維持管理

少量危険物を貯蔵し、取り扱うタンク、配管その他の設備は、次に規定する位置、構造及び設備の技術上の基準に適合するように維持管理されているものであること。（⇒〔条例〕第31条の８）

〔注意〕 第４類の危険物のうち動植物油類を貯蔵し、又は取り扱うものは除く。（⇒〔条例〕第31条の９）

査察事項	査　察　及　び　確　認　事　項	結　果
維持管理事項	①　少量危険物の「３　貯蔵及び取扱いに共通する基準」（☞Ｐ106）及び「４　位置・構造及び設備に共通する事項」（☞Ｐ107） ②　少量危険物の「５　屋外での貯蔵・取扱い」（☞Ｐ108） ③　少量危険物の「６　屋内での貯蔵・取扱い」（☞Ｐ109） ④　少量危険物の「７　タンク（地下タンクを除く。）での貯蔵・取扱い」（☞Ｐ110） ⑤　少量危険物の「８　地下タンクでの貯蔵・取扱い」（☞Ｐ111） ⑥　少量危険物の「９　移動タンクでの貯蔵・取扱い」（☞Ｐ112）	適・否 適・否 適・否 適・否 適・否 適・否

12　収納容器等

（1）［危則］別表３（固体の危険物）

運搬容器（固体用のもの）				危険物の類別及び危険等級の別								
内装容器		外装容器		第１類			第２類		第３類		第５類	
容器の種類	最大容積又は最大収容重量	容器の種類	最大容積又は最大収容重量	Ⅰ	Ⅱ	Ⅲ	Ⅱ	Ⅲ	Ⅰ	Ⅱ	Ⅰ	Ⅱ
ガラス容器又はプラスチック容器	10ℓ	木箱又はプラスチック箱（必要に応じ、不活性の緩衝材を詰める。）	125kg	○	○	○	○	○	○	○	○	○
			225kg		○	○		○		○		○
		ファイバ板箱（必要に応じ、不活性の緩衝材を詰める。）	40kg	○	○	○	○	○	○	○	○	○
			55kg		○	○		○		○		○
金属製容器	30ℓ	木箱又はプラスチック箱	125kg	○	○	○	○	○	○	○	○	○
			225kg		○	○		○		○		○
		ファイバ板箱	40kg	○	○	○	○	○	○	○	○	○
			55kg		○	○		○		○		○
プラスチックフィルム袋又は紙袋	5kg	木箱又はプラスチック箱	50kg	○	○	○	○	○		○	○	○
	50kg		50kg	○	○	○	○	○				○
	125kg		125kg		○	○	○	○				
	225kg		225kg			○		○				
	5kg	ファイバ板箱	40kg	○	○	○	○	○		○	○	○
	40kg		40kg	○	○	○	○	○				○
	55kg		55kg			○		○				
		金属製容器（金属製ドラムを除く。）	60ℓ	○	○	○	○	○	○	○	○	○
		プラスチック容器（プラスチックドラムを除く。）	10ℓ		○	○	○	○		○		○
			30ℓ			○		○				○
		金属製ドラム	250ℓ	○	○	○	○	○	○	○	○	○
		プラスチックドラム又はファイバドラム（防水性のもの）	60ℓ	○	○	○	○	○	○	○	○	○
			250ℓ		○	○		○		○		○
		樹脂クロス袋（防水性のもの）、プラスチックフィルム袋、織布袋（防水性のもの）又は紙袋（多層、かつ、防水性のもの）	50kg		○	○	○	○		○		○

備考

1　○印は、危険物の類別及び危険等級の別の項に掲げる危険物には、当該各欄に掲げる運搬容器がそれぞれ適応するものであることを示す。

2　内装容器とは、外装容器に収納される容器であって危険物を直接収納するためのものをいう。

3　内装容器の容器の種類の項が空欄のものは、外装容器に危険物を直接収納することができ、又はガラス容器、プラスチック容器、金属製容器、プラスチックフィルム袋若しくは紙袋の内装容器を収納する外装容器とすることができることを示す。

（２）［危則］別表３の２（液体の危険物）

運搬容器（液体用のもの）				危険物の類別及び危険等級の別							
内装容器		外装容器		第３類		第４類			第５類		第６類
容器の種類	最大容積又は最大収容重量	容器の種類	最大容積又は最大収容重量	Ⅰ	Ⅱ	Ⅰ	Ⅱ	Ⅲ	Ⅰ	Ⅱ	Ⅰ
ガラス容器	５ℓ	木箱又はプラスチック箱（不活性の緩衝材を詰める。）	75kg	○	○	○	○	○	○	○	○
	10ℓ		125kg		○		○	○		○	
			225kg					○			
	５ℓ	ファイバ板箱（不活性の緩衝材を詰める。）	40kg	○	○	○	○	○	○	○	○
	10ℓ		55kg					○			
プラスチック容器	10ℓ	木箱又はプラスチック箱（必要に応じ、不活性の緩衝材を詰める。）	75kg	○	○	○	○	○	○	○	○
			125kg		○		○	○		○	
			225kg					○			
		ファイバ板箱（必要に応じ、不活性の緩衝材を詰める。）	40kg	○	○	○	○	○	○	○	○
			55kg					○			
金属容器	30ℓ	木箱又はプラスチック箱	125kg	○	○	○	○	○	○	○	○
			225kg					○			
		ファイバ板箱	40kg	○	○	○	○	○	○	○	○
			55kg		○		○	○		○	
		金属製容器（金属製ドラムを除く。）	60ℓ		○		○	○		○	
		プラスチック容器（プラスチックドラムを除く。）	10ℓ		○		○	○		○	
			30ℓ					○		○	
		金属製ドラム（天板固定式のもの）	250ℓ	○	○	○	○	○	○	○	○
		金属製ドラム（天板取外し式のもの）	250ℓ				○	○			
		プラスチックドラム又はファイバドラム（プラスチック内容器付きのもの）	250ℓ		○			○		○	

備考

1　○印は、危険物の類別及び危険等級の別の項に掲げる危険物には、当該各欄に掲げる運搬容器がそれぞれ適応するものであることを示す。

2　内装容器とは、外装容器に収納される容器であって危険物を直接収納するためのものをいう。

3　内装容器の容器の種類の項が空欄のものは、外装容器に危険物を直接収納することができ、又はガラス容器、プラスチック容器若しくは金属製容器の内装容器を収納する外装容器とすることができることを示す。

第３　指定可燃物の査察

指定可燃物を指定数量以上貯蔵し、取扱っているものは、次により査察します。（⇒〔条例〕第33条、第34条、第34条の３）

査察項目	査　察　事　項	結　果
貯蔵・取扱いの届出	指定可燃物を規定以上※貯蔵し、又は取り扱っている者は、消防（署）長に届出がされていること。（46条１項） ※　別表第８（Ｐ121）で定める数量の５倍以上（再生資源燃料、可燃性液体類及び合成樹脂類は、同表で定める数量）	適・否
廃　　止	貯蔵、又は取扱いを廃止した者は、消防（署）長に届出がされていること。（46条２項）	適・否
貯蔵又は取扱い方法の査察	〔条例〕別表第８の品名欄に掲げる物品で同表の数量欄に定める数量以上のもの（以下「指定可燃物」という。）の貯蔵及び取扱いは、次のとおりです。 ①　可燃性液体類等の貯蔵及び取扱いは、次の「１　可燃性液体類等の貯蔵及び取扱い」を見てください。 ②　綿花類等の貯蔵及び取扱いは、Ｐ119「２　綿花類等の貯蔵及び取扱い」を見てください。	適・否 適・否
設置する消防用設備等の査察	指定可燃物の貯蔵及び取扱うものに設ける消防用設備等は、Ｐ122「３　消防用設備等の種別早見表」を見てください。（消令10条、11条、12条、13条、21条）	適・否

１　可燃性液体類等の貯蔵及び取扱い

指定可燃物のうち、可燃性液体類等の貯蔵及び取扱いについては、次により査察します。（⇒〔条例〕第33条）

査察項目	査　察　事　項	結　果
貯蔵・取扱いの届出	可燃性液体類等を貯蔵し、又は取り扱っているものは、消防(署)長に届け出がされていること。（46条１項）	適・否
廃　　止	貯蔵、又は取扱いを廃止したものは、消防(署)長に届けられていること。（46条２項）	適・否
	可燃性液体類等を容器に収納し、又は詰め替える場合は、次のとおりとされていること。（33条１項１号イ） ①　可燃性液体類等に適合する容器に収納し、又は詰め替えるとともに、温度変化等により危険物か漏れないように容器を密封して収納している。 ②　内装容器等は、次のものである。	適・否 適・否 適・否

<table>
<tr>
<td>内装容器等の種別</td>
<td>
<table>
<tr><td rowspan="2">内装容器等の種類</td><td>可燃性固体類</td><td>可燃性固体類（別表第８備考第６号ニに該当するものを除く。）は〔危則〕別表第３の危険物の類別及び危険等級の別の第２類のⅢの項で適応するものとされる内装容器（内装容器の容器の種類の項が空欄のものは外装容器）又はこれと同等以上であると認められる容器</td></tr>
<tr><td>可燃性液体類、動植物油類</td><td>可燃性液体類及び指定数量の１/５以上指定数量未満の第４類の危険物のうち動植物油類は〔危則〕別表第３の２の危険物の類別及び危険等級の別の第４類のⅢの項で、適応するものとされる内装容器（内装容器の容器の種類の項が空欄のものは外装容器）又はこれと同等以上であると認められる容器</td></tr>
</table>
</td>
<td></td>
</tr>
<tr>
<td>表　示</td>
<td>内装容器等には、見やすい箇所に次の表示がされていること。ただし、化粧品の内装容器等で最大容量が300mℓ以下のものについは、この限りではない。（同１号ロ）
(1)　可燃性液体類等の化学名又は通称名
(2)　数量の表示
(3)「火気厳禁」その他これと同一の意味を有する他の表示</td>
<td>適・否</td>
</tr>
<tr>
<td>積み重ねて貯蔵する</td>
<td>可燃性液体類等（〔条例〕別表第８（☞P121）備考第６号ニに該当するものを除く。）を収納した容器を積み重ねて貯蔵しているものは、高４mを超えて積み重ねていない。（同２号）</td>
<td>適・否</td>
</tr>
<tr>
<td>予防措置</td>
<td>①　可燃性液体類等は、炎、火花若しくは高温体との接近又は過熱を避けるとともに、みだりに蒸気を発生させていない。（同３号）
②　上記の①によらないことが通常である場合には、適用しないこと。この場合において、当該の貯蔵又は取扱いは、災害の発生を防止するため十分な措置を講じていること。（同４号）
③〔条例〕別表第８（☞P121）定める数量の100倍以上の可燃性個体類、可燃性液体類を貯蔵し、又は取り扱うものは、当該所蔵し、又は取り扱う場所における火災の危険要因を把握するとともに、当該危険要因に応じた火災予防上有効な措置が講じられている。（34条の２）</td>
<td>適・否
適・否
適・否</td>
</tr>
<tr>
<td>保有空地等</td>
<td>①　可燃性液体類等を貯蔵し、又は取り扱う屋外の場所の周囲には、次の空地が設けられていること。（33条２項１号）
(1)　可燃性固体類及び可燃性液体類（以下「可燃性固体類等」）は容器等の種類及び可燃性固体類等の数量の倍数（貯蔵し、又は取り扱う可燃性固体類等の数量で除して得た値をいう。以下同じ。）に応じ次の表に掲げる幅の空地
<table>
<tr><th>容器等の種類</th><th>可燃性固体類等の数量の倍数</th><th>空地の幅</th></tr>
<tr><td rowspan="3">タンク又は金属容器</td><td>１以上20未満</td><td>１m以上</td></tr>
<tr><td>20以上200未満</td><td>２m以上</td></tr>
<tr><td>200以上</td><td>３m以上</td></tr>
<tr><td rowspan="3">その他の場合</td><td>１以上20未満</td><td>１m以上</td></tr>
<tr><td>20以上200未満</td><td>３m以上</td></tr>
<tr><td>200以上</td><td>５m以上</td></tr>
</table>
(2)　指定数量の１/５以上指定数量未満の第４類の危険物のうち動植物油類は１m以上の幅の空地をそれぞれ保有するか、又は防火上有効な塀を設けること。
②〔条例〕別表第８（P121）で定める数量の20倍以上の可燃性固体類等を屋内において貯蔵し、又は取り扱う場合は、壁、柱、床及び天井を不燃材料で造った室内において行っている。ただし、その周囲に幅１m（別表第８で定める数量の200倍以上の可燃性固体類等を貯蔵・取扱う場合は、３m）以上の空地を保有するか、又は</td>
<td>適・否
適・否</td>
</tr>
</table>

	防火上有効な隔壁を設けた建築物その他の工作物内にあっては、壁、柱、床及び天井を不燃材料で覆った室内において、貯蔵・取り扱うことができる。（同２号）	
準　　用	以上のほか、可燃性液体類等の貯蔵及取扱い並びに貯蔵し、又は取り扱う位置、構造及び設備の技術上の基準について準用します。（33条３項） ①「１　指定数量未満の危険物（共通事項）」（☞Ｐ105） ②「３　貯蔵及び取扱いに共通する基準」（☞Ｐ106）及び「４　位置・構造及び設備に共通する事項」（☞Ｐ107） ⑴「危険物を容器に収納し、又は詰め替える場合」 ⑵「危険物を収納した容器を積み重ねて貯蔵する場合」 ③「５　屋外での貯蔵・取扱い」（☞Ｐ108）のうち「保有空地等」を除く。 ④「６　屋内での貯蔵・取扱い」（☞Ｐ109） ⑤「７　タンク（地下タンクを除く。）での貯蔵・取扱い」（☞Ｐ110） ⑥「８　地下タンクでの貯蔵・取扱い」（☞Ｐ111） ⑦「９　移動タンクでの貯蔵・取扱い」（☞Ｐ112） ⑧「11　タンク・配管その他の設備の維持管理」（☞Ｐ114）	適・否 適・否 適・否 適・否 適・否 適・否 適・否 適・否 適・否

２　綿花類等の貯蔵及び取扱い

可燃性固体類等以外の指定可燃物（以下「綿花類等」という。）については、次により査察します。（⇒〔条例〕第34条）

確認項目	査　察　及　び　確　認　事　項	結　果
綿花類の貯蔵又は取扱い方法	綿花類等を貯蔵し、又は取り扱う場所は、次のとおりであること。 ①　みだりに火気を使用してない。（34条１項１号） ②　係員以外の者をみだりに出入りさせていない。（同２号） ③　常に整理・清掃を行なっていること。この場合、危険物と区分して整理するとともに、綿花類等の性状等に応じ、地震等により容易に荷くずれ、落下、転倒又は飛散しないような措置がされている。（同３号）	適・否
くず・かす等の廃棄等	綿花類等のくず、かす等は、当該綿花類等の性質に応じ、１日１回以上安全な場所において廃棄し、その他適当な措置がされている。（同４号）	適・否
再生資源燃料の貯蔵又は取扱方法	再資源燃料のうち、廃棄物固形化燃料その他の水分によって発熱又は可燃性ガスの発生のおそれのあるもの（「廃棄物固形化燃料等」）を貯蔵し、又は取り扱っているものは、次のとおりであること。（同５号） ①　貯蔵、又は取り扱う場合は、適切な水分管理を行なっている。 ②　貯蔵する場合は、適切な温度に保持された廃棄物固形化燃料等に限り受け入れている。 ③　３日を超えて集積する場合は、発火の危険性を減じ、発火時においても速やかに拡大防止の措置を講ずることができるよう５ｍ以下の適切な集積高さである。 ④　貯蔵する場合は、温度、可燃性ガス濃度の監視により廃棄物固形化燃料等の発熱の状況を常に監視している。	適・否 適・否 適・否 適・否 適・否
数量の100倍以上の貯蔵、取扱い	〔条例〕別表第８（☞Ｐ121）に定める数量の100倍以上の再生資源燃料（廃棄物固形化燃料等に限る。）、合成樹脂類を貯蔵し又は取り扱っているものは、当該貯蔵し、又は取り扱う場所における火災の危険要因を把握するとともに、上記に定めるほか当該危険要因に応じた火災予防上有効な措置を講じられている。（34条の２）	適・否

標識等の設置

綿花類等の貯蔵・取扱い場所には、次の表示が設けられている。（34条２項１号）　適・否

①　綿花類等を貯蔵し、又は取り扱っている旨を表示した標識　適・否

②　綿花類等の品名、最大数量及び防火に関し必要な事項を掲示した掲示板を設けること。　適・否

廃棄物固形化燃料等及び合成樹脂類以外のもの

綿花類等のうち廃棄物固形化燃料等及び合成樹脂類（〔条例〕別表第８（☞次頁）備考第９号に規定する合成樹脂類をいう。以下同じ。）以外のものを集積しているものには、一集積単位の面積が200㎡以下となるように区分するとともに、集積単位相互間に次の表に掲げる距離が保たれている。ただし、廃棄物固形化燃料等以外の再生資源燃料及び石炭・木炭類（〔条例〕別表第８備考第７号に規定する石炭・木炭類をいう。）は、温度計等により温度を監視するとともに、廃棄物固形化燃料等以外の再生資源燃料又は石炭・木炭類を適温に保つための散水設備等を設置した場合は、この限りでない。（同２号）　適・否

区　　分	距　　離
面積が50㎡以下の集積単位相互間	１ｍ以上
面積が50㎡を超え200㎡以下の集積単位相互間	２ｍ以上

合成樹脂類

集積単位

綿花類等のうち合成樹脂類を集積しているものは、一集積単位の面積が500㎡以下となるように区分するとともに、集積単位相互間に次表に掲げる距離を保たれている。ただし、火災の拡大又は延焼を防止するため散水設備を設置する等必要な措置を講じた場合は、この限りでない。（同３号イ）　適・否

区　　分	距　　離
面積が100㎡以下の集積単位相互間	１ｍ以上
面積が100㎡を超え300㎡以下の集積単位相互間	２ｍ以上
面積が300㎡を超え500㎡以下の集積単位相互間	３ｍ以上

屋外での貯蔵・取扱い

貯蔵し、取り扱う場所の周囲には、１ｍ（〔条例〕別表第８（☞次頁）で定める数量の20倍以上合成樹脂類を貯蔵し、取り扱う場合は、３ｍ）以上の空地を保有するか、又は防火上有効な塀を設けられていること。ただし、開口部のない防火構造の壁又は不燃材で造った壁に面するとき又は火災の延焼を防止するため水幕設備を設置する等必要な措置を講じた場合は、この限りでない。（同３号ロ）　適・否

屋内において貯蔵・取扱い

①　貯蔵する場所と取り扱う場所の間及び異なる取扱いを行う場合の取り扱う場所相互の間を不燃性の材料を用いて区画されていること。ただし、火災の延焼を防止するため水幕設備を設置する等必要な措置を講じた場合は、この限りでない。（同３号ハ）　適・否

②　〔条例〕別表第８（☞次頁）に定める数量の100倍以上を屋内において貯蔵し、又は取り扱う場合は壁及び天井を難燃材料で仕上げた室内において行っている。（同３号ニ）　適・否

廃棄物固形化燃料等

集積単位

廃棄物固形化燃料を集積する場合は、一集積単位の面積が500㎡以下となるように区分するとともに、集積単位相互間に次表に掲げる距離が保たれていること。ただし、火災の拡大又は延焼を防止するため散水設備を設置する等必要な措置を講じた場合は、この限りでない。（34条２項４号、同３号イ準用）　適・否

区　　分	距　　離
面積が100㎡以下の集積単位相互間	１ｍ以上
面積が100㎡を超え300㎡以下の集積単位相互間	２ｍ以上
面積が300㎡を超え500㎡以下の集積単位相互間	３ｍ以上

	構造及び設備の基準	① 〔条例〕別表第８（☞下段）に定める数量の100倍以上を屋内において貯蔵し、又は取り扱う場合は壁及び天井を難燃材料で仕上げた室内において行っている。（34条２項４号、同３号ニ準用） ② 発熱の状況を監視するための温度測定装置を設けられている。（34条２項４号イ） ③ 〔条例〕別表第８（☞下段）で定める数量の100倍以上の廃棄物固形化燃料等をタンクにおいて貯蔵する場合は、当該タンクは廃棄物固形化燃料等に発熱が生じた場合に廃棄物固形燃料等を迅速に排出できる構造であること。ただし、当該タンクに廃棄物固形化燃料等の発熱の拡大を防止するための散水設備又は不活性ガス封入設備を設置した場合はこの限りでない。（同４号ロ）	適・否 適・否 適・否

〔条例〕別表第８（危政令別表第４）

品　　名	数　　量	品　　名		数　　量
綿花類	200kg	可燃性固体類		３千kg
木毛及びかんなくず	400kg	石炭・木炭類		１万kg
ぼろ及び紙くず	１千kg	可燃性液体類		２㎥
糸類	１千kg	木材加工品及び木くず		10㎥
わら類	１千kg	合成樹脂類	発泡させたもの	20㎥
再生資源原料	１千kg		その他のもの	３千kg

備考

1　綿花類とは、不燃性又は難燃性でない綿状又はトップ状の繊維及び麻糸原料をいう。

2　ぼろ及び紙くずは、不燃性又は難燃性でないもの（動植物油がしみ込んでいる布又は紙及びこれらの製品を含む。）をいう。

3　糸類とは、不燃性又は難燃性でない糸（糸くずを含む。）及び繭をいう。

4　わら類とは、乾燥わら、乾燥蘭及びこれらの製品並びに干し草をいう。

5　再生資源燃料は、資源の有効な利用の促進にかんする法律（平成３年法律第48号）第２条第４項に規定する再資源燃料を原材料とする燃料をいう。

6　可燃性固体類とは、固体で、次のイ、ハ又はニのいずれかに該当するもの（１気圧において、温度20度を超え40度以下の間において液状となるもので、次のロ、ハ又はニのいずれかに該当するものを含む。）をいう。

イ　引火点が40度以上100度未満のもの

ロ　引火点が70度以上100度未満のもの

ハ　引火点が100度以上200度未満で、かつ、燃焼熱量が34キロジュール／ｇ以上であるもの

ニ　引火点が200度以上で、かつ、燃焼熱量が34キロジュール／ｇ以上であるもので、融点が100度未満のもの

7　石炭・木炭類には、コークス、粉状の石炭が水に懸濁しているもの、豆炭、練炭、石油コークス、活性炭及びこれらに類するものを含む。

8　可燃性液体類とは、法別表備考第14号の総務省令で定める物品で液状であるもの、同表備考第15号及び第16号の総務省令で定める物品で１気圧において温度20度で液状であるもの、同表備考第17号の総務省令で定めるところにより貯蔵保管されている動植物油で１気圧において温度20度で液状であるもの並び引火性の液体を有する物品（１気圧において、温度20度で液状であるものに限る。）で１気圧において引火点が250度以上のものをいう。

9　合成樹脂類とは、不燃性又は難燃性でない固体の合成樹脂製品、合成樹脂半製品、原料合成樹脂及び合成樹脂くず（不燃性又は難燃性でないゴム製品、ゴム半製品、原料ゴム及びゴムくずを含む。）をいい、合成樹脂の繊維、布、紙及び糸並びにこれらのぼろ及びくずを除く。

３　消防用設備等の種類早見表

指定可燃物の貯蔵・取扱い数量別の設置するものとする消防用設備等は、次のとおりであること。（消令第10条、第11条、第12条、第13条、第21条）

設置するやのとする消防用設備等の種類／貯蔵・取扱いの数量			消火器具		屋内消火栓設備（可燃性液体類に係るものを除く。）	スプリンクラー設備（可燃性液体類に係るものを除く。）	水噴霧消火設備	泡消火設備	不活性ガス消火設備	ハロゲン化物消火設備	粉末消火設備	自動火災報知設備
〔危政令〕別表第４（☞前頁）で定める数量の	１倍以上500倍未満		○									
	500倍以上750倍未満		○	（大型消火器を設置する）								○
	750倍以上１千倍未満		○		○							○
	一千倍以上	綿花類、木毛及びかんなくず、ぼろ及び紙くず（動植物油がしみ込んでいる布又は紙及びこれらの製品を除く。）、糸類、わら類、再生資源燃料又は合成樹脂類（不燃性又は難燃性でないゴム製品、ゴム半製品、原料ゴム及びゴムくずに限る。）に係るもの	○		○	○	○	○	○（全）			○
		ぼろ及び紙くず（動植物油がしみ込んでいる布又は紙及びこれらの製品に限る。）又は石炭・木炭類る係るもの	○		○	○	○	○				○
		可燃性固体類、可燃性液体類又は合成樹脂類（不燃性又は難燃性でないゴム製品、ゴム半製品、原料ゴム及びゴムくずを除く。）に係るもの	○		○	○	○	○	○	○	○	○
		木材加工品及び木くず	○		○	○	○	○	○（全）	○（全）		○

※　表中（全）は、全域放出方式の略

第６章　避難上必要な施設等の査察

第１　避難上必要な施設の査察

第２　屋外催しに係る防火管理の査察

第３　建築物等の査察

第１　避難上必要な施設等の査察

避難上必要な施設等については、次により査察します。(⇒〔消法〕第８条の２の４、条例（例）第５章避難管理）

査察項目	査　察　事　項	結　果
避難上必要な施設等の管理の査察	〔消令〕別表第１に掲げる防火対象物（同表⒅項から⒇項までに掲げるものを除く。）は、廊下、階段、避難口その他の避難上必要な施設に避難の支障となる物件が放置され、又はみだりに存置されないように管理され、かつ、防火戸はその閉鎖の支障になる物件が放置され、又はみだりに存置されないように管理されていること。(⇒消法８条の２の４、消令４条の２の３）	適・否
劇場等の客席の避難通路の査察	劇場等の客席には、屋内の客席又は屋外の客席の部分に応じた避難通路が適正に保有され、かつ、客席内の避難通路に客を収容していないこと。(⇒消令35条、条例36条及び39条２号） **査察**　劇場等の客席の避難通路は、☞次頁「１　劇場等の客席」により査察してください。	適・否
キャバレー等の避難通路の査察	キャバレー等の階のうち当該階における客席の床面積が150㎡以上の階の客席には、有効幅員1.6m以上の避難通路が、客席の各部分からいす席、テーブル席又はボックス席７個以上を通過しないで、その一つに達するように保有されていること。(⇒条例37条）	適・否
飲食店の避難通路の査察	飲食店の階のうち当該階における客席の床面積が150㎡以上の階の客席には、有効幅員1.2m以上の避難通路が、客席の各部分からいす席、テーブル席又はボックス席７個以上を通過しないで、その一つに達するように保有されていること。(⇒条例37条）	適・否
ディスコ等の避難管理の査察	ディスコ、ライブハウスその他これらに類するもの（以下「ディスコ等」という。）は、非常時において、すみやかに特殊照明及び音響が停止されるとともに、避難上有効な明るさが保たれるようにされていること。(⇒条例37条の２）	適・否
百貨店等の避難通路等の査察	百貨店等の階のうち、売場又は展示場を有する階には、主要避難通路及び補助避難通路等が保有されて設置されていること。(⇒条例38条） ①　百貨店等の階のうち当該階における売場又は展示場の床面積が150㎡以上の階の売場又は展示場には、屋外へ通じる避難口（出入口を含む。）又は階段に直通する幅1.2m（売場又は展示場の床面積が300㎡以上のものは、1.6m）以上の主要避難通路が１以上保有されていること。　(⇒条例38条１項） ②　百貨店等の階のうち当該階における売場又は展示場の床面積が600㎡以上の売場又は展示場には、①の主要避難通路のほか、有効幅員1.2m以上の補助避難通路が保有されていること。(⇒同２項） ③　建築物の５階以上の階を百貨店の売場の用途に供する場合は、避難の用に供することができる屋上広場が設けられていること。(⇒建基令126条２項） (1)　屋上広場の周囲には、安全上必要な高さが1.1m以上の手すり壁、さく又は金網が設けられていること。(⇒建基令126条１項） (2)　百貨店等に避難の用に供することができる屋上広場が設けられている場合は、当該広場は避難上有効に維持されていること。(⇒条例38条３項）	 適・否 適・否 適・否

劇場等の隊員管理の査察	劇場等の定員について、収容人員の適正化に努めていること。(⇒条例39条)		適・否
	査察	劇場等の定員は、P127「２　劇場等の定員管理」により査察してください。	
避難のために使用する施設の管理の査察	〔消令〕別表第１に掲げる防火対象物の避難口、廊下、階段、避難通路その他避難のために使用する施設は、避難上有効に管理されていること。(⇒条例40条)		適・否
	査察	避難上必要な施設は、P128「３　避難上必要な施設の管理」により査察してください。	適・否
防火設備の管理の査察	〔消令〕別表第１に掲げる防火対象物の防火設備は、防火区画の防火設備に近接して延焼の媒介となる可燃物が存置されないよう防火上有効に管理されていること。(⇒条例41条)		適・否
準　　用	劇場等の客席の避難通路、ディスコ等の避難管理、百貨店等の避難通路等、避難に使用する施設の管理、防火設備の管理については、体育館、講堂その他の防火対象物を一時的に劇場等、展示場又はディスコ等の用途に供している場合について準用する。(⇒条例42条)		適・否

1	劇場等の客席

(１)　劇場等の屋内の客席

劇場等の屋内の客席については、次により査察します。(⇒〔条例〕第35条)

査察項目	査察及び確認事項			結果
いす席	いすの固定		いすは、床に固定されていること。(35条１項１号)	適・否
	いす背の間隔		いす背（いす背のない場合は、いす背に相当するいすの部分。）の間隔は、80cm以上である。(同２号)	適・否
	いす席の間隔		いす席（前席の最後部と後席の最前部の間の水平距離をいう。）の間隔は、35cm以上である。(同２号)	適・否
	座席の幅		座席の幅は、40cm以上である。(同２号)	適・否
立見席	立見席の位置は、客席の後方とし、その奥行は、2.4m以下である。(同３号)			適・否
手すりの設置	客席（最下階にあるものを除く。）の最前部及び立見席を設ける部分とその他の部分との間には、高さ75cm以上の手すりが設けられている。(同４号)			適・否
避難通路	いす席の部分	縦通路	①　横に並んだいす席の基準席数以下ごとに、その両側に縦通路を保有していること。ただし、基準席数に１/２以下ごとに縦通路を保有する場合は、片側のみとすることができる。(同５号イ) ②　①の通路の幅は、避難の際に通過すると想定される人数が最大となる地点での通過人数に0.6cmを乗じて得た幅員以上である。ただし、通路幅は、80cm（片側のみがいす席に接する縦通路は、60cm）未満でないこと。(同５号ロ)	適・否
		横通路	縦に並んだいす席20席以下ごと及び当該客席の部分の最前部に算定幅員以上の幅員を有する横通路を保有していること。ただし、通路の幅１ｍ未満でない。(同５号ハ)	適・否

	ます席部分の縦通路	横に並んだます席２ます以下ごとに幅40cm以上の縦通路を保有している。（同５号ニ）	適・否
	避難口と通路	上欄の避難通路は、いずれも客席の避難口(出入口を含む。）に直通していること。（同５号ホ）	適・否

（注）「基準席数」とは、８席にいすの間隔が35cmを超える１cmごとに１席を加えた席数（20席を超える場合は、20席）をいいます。

「算定幅員」とは、通路のうち避難の際に通過すると設定される人数が最大となる地点でのその通過人数に0.6cmを乗じて得た幅員をいいます。

（２）　劇場等の屋外の客席

劇場等の屋外の客席については、次により査察します。（⇒〔条例〕第36条）

査察項目		査　察　及　び　確　認　事　項	結　果
いすの固定		いすは、床に固定されている。（36条１項１号）	適・否
いす背の間隔		いす背の間隔は、75cm以上であること。ただし、いす背がなく、かつ、いす座が固定している場合は、いす背の間隔を70cm以上とすることができる。（同２号）	適・否
座席の幅		座席の幅は、40cm以上であること。（同２号）	適・否
立見席		立見席には、奥行3m以下ごとに、高さ1.1m以上の手すりが設けられている。（同３号）	適・否
避難通路	**いす席の部分**	①　横に並んだいす席10席（いす背がなく、かつ、いす席が固定している場合は、20席）以下ごとに、その両側に幅80cm以上の通路を保有されていること。ただし、５席（いす背がなく、かつ、いす座が固定している場合は、10席）以下ごとに通路を保有する場合は、片側のみとすることができる。（同４号イ）	適・否
		②　幅１m以上の通路を、各座席から歩行距離15m以下でその一に達し、かつ、歩行距離40m以避難口に達するように保有している。（同４号ロ）	適・否
	ます席の部分	①　幅50cm以上の通路を、各ますがその一に接するように保有している。（同４号ハ） ②　幅１m以上の通路を、各ますから歩行距離10m以内でその一に達するように保有している。（同４号ニ）	適・否

（３）　いす席の間隔及び座席の幅の測定方法

いす席の間隔及び座席の幅測定方法については、次のとおりとされています。（平成３年12月16日消防予248号）

査察項目	査　察　及　び　確　認　事　項	結　果
いす背の間隔	いす背（いす背のない場合は、いす背に相当するいすの部分。）の間隔は、80cm以上とし、その間隔は、次の図のように測定します（図３参照）。	適・否
いす席の間隔	いす席の間隔は、35cm以上とし、前席の最後部と後席の最前部の間の水平距離をいい、自動的に座が跳ね上がる方式のものは、座を跳ね上げた状態で水平距離を測定し（図１参照）、座の跳ね上がらないもの又は手動で座の上がるものについては、跳ね上がらない状態で水平距離を測定します（図２参照）。	適・否
座席の幅	座席の幅は、40cm以上とし、その幅は、次の図のように測定します（図４参照）。	適・否

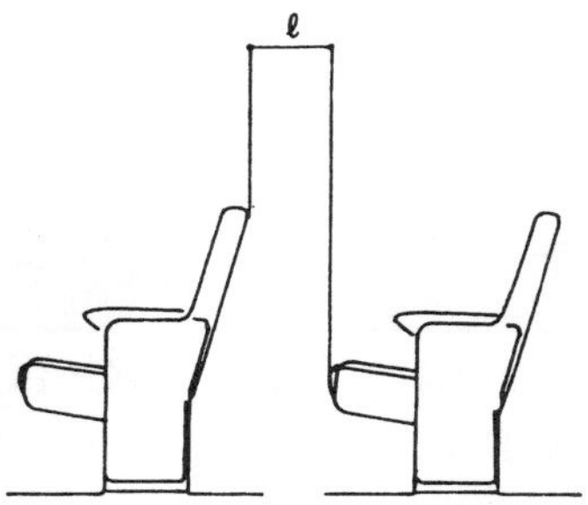

図―2

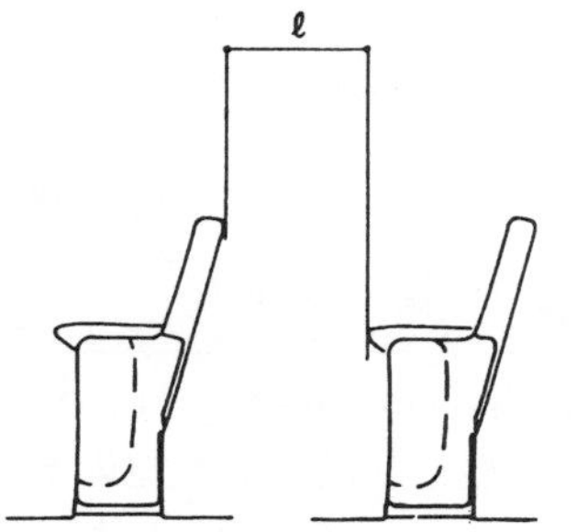

図―1

ℓ：いす席の間隔

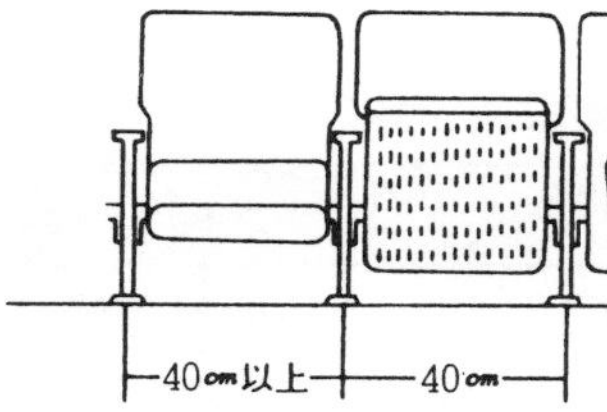

図―4
座席の幅

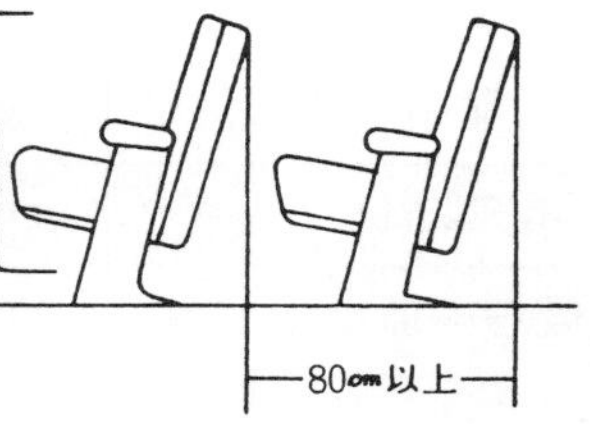

図―3
いす背の間隔

2	劇場等の定員管理

劇場等の定員については、次により査察します。（⇒〔条例〕第39条）
【解説】「劇場等」とは、劇場、映画館、演芸場、観覧場、公会堂若しくは集会場をいいます。

<table>
<tr><th>査察項目</th><th>査　察　事　項</th><th>結　果</th></tr>
<tr><td>定員の計算</td><td>劇場等の定員は、客席の部分ごとに、次の①から③までによって算定した数の合計数とすること。（39条１号）
①　固定式のいす席を設ける部分は、当該部分にあるいす席の数に対応する数。長いす式のいす席は、当該いす席の正面幅を40cmで除して得た数（同１号イ）
②　立見席を設ける部分は、当該部分の床面積を0.2㎡で除して得た数（同１号ロ）
③　その他の部分は、当該部分の床面積を0.5㎡で除して得た数（同１号ハ）※（１未満のはしたの数は、切り捨てる。）</td><td>定　員
人</td></tr>
<tr><td>定員の管理</td><td>①　劇場等の関係者は、収容人員の適正化に努めている。（39条）
②　定員（上欄）を超えて客を入場させていない。（同１号）
③　客席内の避難通路に客を収容させていない。（同２号）
④　一のます席には、屋内の客席は７人以上、屋外の客席は10人以上の客を収容させていない。（同３号）
⑤　出入口その他公衆の見やすい場所には、当該劇場等の定員を記載した表示板が設けられているとともに、入場した客の数が定員に達したときは、直ちに満員札を掲げている。（同４号）
<table><tr><th>定　員　表　示　板</th><th>満　員　札</th></tr><tr><td>（例）
0.25m以上
定　　員
○○○○人
0.3m以上
地……白文字……黒</td><td>（例）
0.25m以上
満　　員
0.5m以上
地……赤文字……白</td></tr></table></td><td>適・否
適・否
適・否
適・否

適・否</td></tr>
</table>

３　避難上必要な施設の管理

避難のために使用する施設については、次により査察します。（⇒〔条例〕第40条）

査察項目	査　察　事　項	結　果
管理権原者による避難上必要な施設の管理	令別表第１に掲げる防火対象物（同表⒅項から⒇項までに掲げるものを除く。）は、管理について権原を有する者が、廊下、階段、避難口その他の避難上必要な施設について避難の支障になる物件が放置され、又はみだりに存置されないように管理している。（⇒消法８条の２の４、消令４条の２の３）	適・否
避難施設の管理	①　避難口、廊下、階段、避難通路その他避難のために使用する施設は、避難上有効に管理されている。（40条柱書） ②　避難のために使用する施設の床面は、避難に際し、つまづき、すべり等を生じないように常に維持されている。（同１号） ③　避難口に設ける戸は、外開きとし、開放した場合に廊下、階段等の有効幅員を狭めないような構造とされていること。ただし、劇場等以外のものは避難上支障がないと認められる場合には、内開き以外の戸とすることができる。（同２号） ④　③の戸には、施錠装置を設けていないこと。ただし、非常時に自動的に解錠できる機能を有するもの又は屋内からかぎを用いることなく容易に解錠できる構造であるものは、この限りでない。（同３号）	適・否 適・否 適・否 適・否
出入口の場所	次に掲げる出口に設ける戸の施錠装置は、当該建築物が法令の規定により人を拘禁する目的に供されるものである場合を除き、屋内からかぎを用いることなく解錠できるものとし、かつ、当該戸の近くの見やすい場所にその解錠方法を表示してある。（⇒建基令125条の２・１項柱書） ①　屋外に設ける避難階段に屋内から通じる出口（同１号） ②　避難階段から屋外に通じる出口（同２号） ③　①及び②に掲げる出口以外の出口のうち、維持管理上常時鎖錠状態にある出口で、火災その他の非常の場合に避難の用に供すべきもの（同３号）	適・否 適・否 適・否 適・否
防火戸・防火シャッターの管理	①　常時閉鎖式防火戸が、くさび等、又は荷物等の放置により開放状態又は閉鎖の障害となっていないこと。 ②　自動閉鎖式防火戸、又は防火シャッターの閉鎖障害となる位置にショーケース等又は荷物の放置がないこと。	適・否 適・否

◆　**火災事例**

・**階段に置かれた商品や荷物が延焼経路となったり避難路が立たれた、消火活動の障害になった。**

昭和45年豊橋市豊栄デパート（負傷者17名）、昭和45年宇都宮市福田屋百貨店（死者１名、負傷者１名）、昭和48年熊本市大洋デパート（死者103名、負傷者121名）、平成13年東京明星第56ビル（死者44名、負傷者３名）。

・**窓等の開口部が装飾用内装等でふさがれ、避難の障害となった。**

昭和51年東京国松ビル（サロン歌麿）（死者６名、負傷者３名）、昭和51年沼津市三沢ビル（らくらく酒場）（死者15名、負傷者８名）。

・**非常口が施錠されていたため逃げおくれた。**

昭和44年郡山市磐光ホテル（死者30名、負傷者35名）、昭和41年群馬県菊宮士ホテル（死者30名、負傷者29名）。

第２　屋外催しに係る防火管理の査察

屋外における指定催しについては、次により査察します。（⇒〔条例〕第５章の２）

査察項目	査　察　事　項	結果
指定催しの火災予防上必要な業務に関する計画書の提出	屋外における指定催しを主催する者は、当該指定催しを開催する日の14日前までに（当該指定催しを開催する日の14日前の日以後に指定催しの指定を受けた場合は、消防（署）長が定める日までに）、火災予防上必要な業務に関する計画を消防（署）長に提出していること。（42条の３・２項）	**適・否**
	罰則　この規定に違反して、火災予防上必要な業務に関する計画を提出しなかった者は、30万円以下の罰金。（49条４号）	
防火担当者の選任等	屋外における指定催しを主催する者は、防火担当者を定め、当該指定催しを開催する日の14日前までに（当該指定催しを開催する日の14日前の日以後に指定を受けた場合は、防火担当者を定めた後遅滞なく）次の各号に掲げる火災予防上必要な業務に関する計画を作成させるとともに、当該計画に基づく業務を行わせていること。（42条の３・１項）	**適・否**
	①　防火担当者その他火災予防に関する業務の実施体制の確保に関すること。（同項１号）	**適・否**
	②　対象火気器具等の使用及び危険物の取扱いの把握に関すること。（同項２号）	**適・否**
	③　対象火気器具等を使用し、又は危険物を取り扱う露店等及び客席の火災予防上安全な配置に関すること。（同項３号）	**適・否**
	④　対象火気器具等に対する消火準備に関すること。（同項４号）	**適・否**
	⑤　火災が発生した場合における消火活動、通報連絡及び避難誘導に関すること。（同項５号）	**適・否**
	⑥　前各号に掲げるもののほか、火災予防上必要な業務に関すること。（同項６号）	**適・否**
露店等の開設の届出	祭礼、縁日、花火大会、展示会その他の多数の者の集合する催しに際して行う露店等の開設（対象火気器具等を使用する場合に限る。）をしようとする者は、あらかじめ、その旨を消防（署）長に届け出ていること。（条例45条・６号）	**適・否**
消火器の準備	対象火気器具等を屋外における催しに際して使用する場合には、消火器の準備をした上で使用していること。（⇒18条１項９号の２及び19条２項、20条２項、21条２項、22条２項準用）	**適・否**

第３　建築物等の査察

１　主要構造部等

主要構造部については、次により査察します。(⇒〔建基法〕第21条、第27条)

□「主要構造部」とは、壁、柱、床、はり、屋根又は階段をいい、建築物の構造上重要でない間仕切壁、間柱、附け柱、揚げ床、最下階の床、廻り舞台の床、小ばり、ひさし、局部的な小階段、屋外階段その他これらに類する建築の部分は除かれます。(⇒〔建基法〕第２条５号)

<table>
<tr><th>査察項目</th><th>査　察　事　項</th><th>結　果</th></tr>
<tr><td>確　認　事　項</td><td>査察対象の防火対象物は、耐火建築物等としなければならない特殊建築物であるかを確認します。(建基準第27条、別表第１)
<table>
<tr><td>①　劇場、映画館、演芸場、観覧場、公会堂、集会場</td><td>・３階以上の階をその用途に供するもの（第１号）
・客席の床面積が200㎡以上であるもの（第２号）
・劇場、映画館、演芸場は、主階が、１階にないもの（第４号）</td></tr>
<tr><td>②　病院、診療所（患者の収容施設があるものに限る。）ホテル、旅館、下宿、共同住宅、寄宿舎、児童福祉施設等（令第19第１項参照）</td><td>・３階以上の階をその用途に供するもの（第１号）
・２階のその用途に供する部分の床面積の合計が300㎡以上（病院、診療所はその部分に患者の収容施設がある場合）（第２号）</td></tr>
<tr><td>③　学校、体育館、博物館、美術館、図書館、ボーリング場、スケート場、水泳場、スポーツの練習場</td><td>・３階以上の階をその用途に供するもの（第１号）
・その用途に供する部分の床面積の合計が2,000㎡以上（第２号）</td></tr>
<tr><td>④　百貨店、マーケット、展示場、キャバレー、カフェー、ナイトクラブ、バー、ダンスホール、遊技場、公衆浴場、待合、料理店、飲食店、物品販売業を営む店舗（床面積が10㎡以内のものを除く。）</td><td>・３階以上の階をその用途に供するもの（第１号）
・２階のその用途に供する部分の床面積の合計が500㎡以上（第２号）
・その用途に供する部分の床面積の合計が3,000㎡以上（第３号）</td></tr>
</table></td><td>有・無</td></tr>
<tr><td></td><td>次の各号のいずれかに該当する建築物は、火災時倒壊防止建築物等としなければならないこと。(建基法21条)
①　建築物（その主要構造部（床、屋根及び階段を除く。）の政令で定める部分の全部又は一部に木材、プラスチックその他の可燃材料を用いたものに限る。）は、その主要構造部を通常火災終了時間（※）が経過するまでの間当該火災による建築物の倒壊及び延焼を防止するために主要構造部に必要とされる性能に関して政令で定める技術的基準に適合するものとされていること。ただし、その周囲に延焼防止上有効な空地で政令で定める技術的基準に適合するものを有する建築物については、この限りでない。(同１項)
(1)　地階を除く階数が４以上である建築物</td><td>適・否</td></tr>
</table>

	(2)　高さが16mを超える建築物 (3)　別表第一(い)欄(5)項又は(6)項に掲げる用途に供する特殊建築物で、高さが13mを超えるもの ②　延べ面積が3,000㎡を超える建築物（その主要構造部（床、屋根及び階段を除く。）の前項の政令で定める部分の全部又は一部に木材、プラスチックその他の可燃材料を用いたものに限る。）は、次の各号のいずれかに適合するものとしなければならない。(⇒同２項) (1)　第２条第９号の２イに掲げる基準に適合するもの (2)　壁、柱、床その他の建築物の部分又は防火戸その他の政令で定める防火設備（以下この号において「壁等」という。）のうち、通常の火災による延焼を防止するために当該壁等に必要とされる性能に関して政令で定める技術的基準に適合するもので、有効に区画し、かつ、各区画の床面積の合計をそれぞれ3,000㎡以内としたもの ※通常火災終了時間＝建築物の構造、建築設備及び用途に応じて通常の火災が消火の措置により終了するまでに通常要する時間をいう。	

２　防火区画

防火区画については、次により査察します。(⇒〔建基法〕第36条、〔建基令〕第112条)

査察項目	査　察　事　項	結　果
確　認	査察対象の対象物は、防火区画をしなければならない建築物であるか、ないかを確認します。	有・無
防火区画の査察	防火区画は、次に適合している。 ①　面積区画が、用途、規模、構造等の規制に適合している。 ②　竪穴区画が構造、階層、使用実態等の規制に適合している。 ③　異種用途区画が規制に適合している ④　給水管、配電管その他の管が準耐火構造の防火区画を貫通する場合において、当該配管と準耐火構造の防火区画とのすき間はモルタルその他の不燃材料で埋められている。	 適・否 適・否 適・否 適・否

３　防火壁及び防火床

防火壁については、次により査察します。(⇒〔建基法〕第26条)

査察項目	査　察　事　項	結　果
	防火壁は、次の構造とされていること。(建基令113条１項) ①　耐火構造（同１号） ②　通常の火災によって当該防火壁以外の建築物の部分の倒壊によって生ずる応力が伝えられた場合に倒壊しない構造方法を用いている。(同２号) (1)　木造の建築物においては、無筋コンクリート造又は組積造でない。 (2)　自立する構造とされている。 ③　通常の火災時において、当該防火壁で区画された部分から屋外に出た火炎により	適・否

防火壁の構造	当該防火壁で区画された地の部分への延焼を有効に防止できる構造方法を用いていること。（同３号） (1)　防火壁の両端及び上端を、建築物の外壁及び屋根面から50cm（防火壁の中心線から水平距離1.8m以内の部分において、外壁が防火構造であり、屋根の構造が「準耐火建築物と同等の性能を有する建築物等の屋根の構造方法〔告示〕」である場合、これらの部分に開口部がないときは10cm）以上突出していること。ただし、防火壁を設けた部分の外壁又は屋根が防火壁を含み桁行方向に幅3.6m以上にわたって耐火構造であり、これらの部分に開口部がない場合又は開口部があって、これらに防火設備が設けられている場合は、その部分については、この限りでない。	
防火床の構造	防火床は、次の構造とされていること。（建基令113条１項） ①　耐火構造（同１号） ②　通常の火災によって当該防火壁以外の建築物の部分の倒壊によって生ずる応力が伝えられた場合に倒壊しない構造方法を用いている。（同２号） (1)　防火床を支持する壁、柱及びはりを耐火構造である。 ③　通常の火災時において、当該防火床で区画された部分から屋外に出た火炎により当該防火床で区画された他の部分への延焼を有効に防止でき構造方法を用いていること。（同３号） (1)　次のいずれかに適合していること。 ア　防火床(屋外にある部分の裏側部分の仕上げを不燃材料でしたものに限る。）が建築物の外壁面から1.5m以上突出したものであるほか、防火床の上方の中心線から垂直距離５m以内の部分において、外壁及び軒裏が防火構造であり、外壁及び軒裏の屋外側の部分の仕上げが準不燃材でされ、外壁の開口部に防火設備が設けられている。 イ　防火床の下方で、防火床の中心線から垂直距離５m以内の部分において、外壁が耐火構造であり、外壁の屋外側の部分の仕上げが不燃材でされ、外壁の開口部に防火設備が設けられている。 ウ　防火床の上方及び下方で、防火床の中心線から垂直距離５m以内の部分において、外壁及び軒裏が準耐火構造であり、外壁及び軒裏の屋外側の部分の仕上げが準不燃材料でされ、外壁の開口部に防火設備が設けられている。 (2)　防火床を貫通する竪穴部分と当該竪穴以外の部分とが耐火構造の床もしくは壁又は特定防火設備（建基令112条19項１号の構造）で区画されている。	**適・否**
開口部等の構造	①　防火壁に設ける開口部の幅及び高さ又は防火床に設ける開口部の幅及び長さは、それぞれ2.5m以下とし、特定防火設備で建基令112条19項１号の構造であるものを設けていること。（建基令113条１項４号） ②　給水管、配電管その他管が防火壁又は防火床を貫通する場合は、当該管と防火壁又は防火床のすき間をモルタルその他の不燃材料で埋められていること。（建基令113条２項、同112条20項準用） ③　換気、暖房又は冷房設備の風道が防火壁又は防火床を貫通する場合は、当該風道が貫通する部分又はこれに接する部分に、特定防火設備であって、次に掲げる要件を満たす構造方法（告示）をもちいるもの又は定める方法（告示）により設けられていること。（建基令113条２項、同112条21項準用） (1)　火災により煙が発生した場合又は火災により温度が急激に上昇した場合に自動的に閉鎖するもの (2)　閉鎖した場合に防火上支障のない遮煙性能を有するもの	

４　界壁・間仕切壁及び隔壁

界壁、間仕切壁及び隔壁については、次により査察します。(⇒〔建基令〕第114条)

□ 「界壁」とは、長屋、共同住宅における各戸を区画する相互の境界に設ける壁を、「間仕切壁」とは、同一建築物の各室ごとに区画する壁を、「隔壁」とは、建築物の用途上必要とするものではないが、小屋根裏等に防火上の必要から設ける壁をいいます。

査察項目	査　察　事　項	結　果
確　認	査察対象の建築物は、界壁、間仕切り理壁又は隔壁の必要な建築物であるか、ないかを次欄により確認します。(建基令114条)	有・無
設置対象と構造	① 長屋又は共同住宅の各戸の界壁は、準耐火構造とし、小屋根裏又は天井裏に達している。(同１項)	適・否
	② 学校、病院、診療所（患者の収容施設を有しないものを除く。)、児童福祉施設等、ホテル、旅館、下宿、寄宿舎又はマーケットの用途に供する建築物の当該用途に供する部分には、その防火上主要な間仕切壁を準耐火構造とし、小屋根裏又は天井裏に達している。(同２項)	適・否
	③ 建築面積が300㎡を超える建築物の小屋組が木造である場合において、小屋裏の直下の天井の全部が強化天井となっているか桁行間隔12m以内ごとに小屋根裏に準耐火構造の隔壁を設けなければならない。ただし、次のいずれかに該当する建築物については、この限りではない。(同３項) (1) 建基法第２条第９号の２（主要構造部を準耐火構造とした建築物）に掲げる基準に適合する建築物 (2) 建基令第115条の２第１項第７号の基準（防火壁の設置を要しない建築物）に適合するもの (3) その周辺地域が農業上の利用に供され、又はこれと同様の状況にあって、その構造及び用途並びに周囲の状況に関し避難上及び延焼防止上支障がないものとして国土交通大臣が定める基準（平成６年建設省告示第1882号）に適合する畜舎、堆肥舎並びに水産物の増殖場及び養殖場の上家	適・否
	④ 延べ面積がそれぞれ200㎡を超える建築物で耐火建築物以外のもの相互を連絡する渡り廊下で、その小屋組が木造であり、かつ、けた行が４ｍを超えるものは、小屋浦に準耐火構造の隔壁を設けなければならない。(同４項)	適・否
	⑤ 建基令第112条第20項の規定は給水管、配電管その他の管が①の界壁、②の間仕切壁又は③、④の隔壁を貫通する場合は、同条第16項の規定は換気、暖房又は冷房の設備の風道がこれらの界壁、間仕切壁、隔壁を貫通する場合に準用する。この場合において、同項中「特定防火設備」とあるのは「第109条に規定する防火設備であって通常の火災により加熱が加えられた場合、加熱開始後45分間加熱面以外の面に火災を出さないものとして、国土交通大臣が定めた構造方法（平成12年建設省告示第1377号）を用いるもの又は国土交通大臣の認定を受けたもの」とされていること。(同５項)	適・否

5　避難階段等

避難階段及び特別避難階段については、次により査察します。(⇒〔建基令〕第122条、第123条)

査察項目		査察事項	結果
避難階段等の設置対象建築物	避難階段	建築物の次に掲げる直通階段は、避難階段（特別避難階段）とされていること。(建基令122条１項) ①　建築物の５階以上の階（主要構造部が準耐火構造又は不燃材料で造られている建築物で、５階以上の階の床面積の合計が100㎡以下を除く。）に通ずる直通階段 ②　建築物で地下２階以下の階（主要構造部か準耐火構造又は不燃材料で造られている建築物で地下２階以下の階の床面積の合計100㎡以下を除く。）に通ずる直通階段 ③　３階以上の階を物品販売業を営む店舗の用に供する建築物は、各階の売場及び屋上広場に通じる２以上の直通階段	適・否
	特別避難階段	建築物の次に掲げる直通階段は、特別避難階段とされていること。(建基令122条１項) ①　建築物の15階以上の階又は地階３階以下の階に通ずる直通階段。ただし、主要構造部が耐火構造である建築物（階段室の部分、昇降機の昇降路の部分（当該昇降機の乗降のための乗降ロビーの部分を含む。）及び廊下その他の避難の用に供する部分で耐火構造の床若しくは壁又は特定防火設備で区画されたものを除く。）で床面積の合計100㎡（共同住宅の住戸200㎡）以内ごとに耐火構造の床若しくは壁又は特定防火設備（直接外気に開放されている階段室に面する換気のための窓で開口面積が0.2㎡以下のものに設けられる防火設備）で区画されている場合は、この限りでない。 ②　前欄③の直通階段で、５階以上の売場に通ずるものは、１以上 ③　前欄③の直通階段で、15階の売場に通ずるものは、すべて	適・否
屋内に設ける避難階段	構造等	屋内に設ける避難階段は、次の構造とされていること。(建基令123条１項) ①　耐火構造の壁で囲まれていること。(同１号) ②　階段室の天井（天井のない場合は、屋根。）及び壁の室内に面する部分は、仕上げを不燃材料でし、かつ、その下地を不燃材料で造られていること。(同２号) ③　階段は、耐火構造とし、避難階まで直通していること。(同７号)	適・否
	階段室の開口部等	①　階段室には、窓その他採光上有効な開口部又は予備電源を有する照明設備を設けられていること。(⇒建基令123条１項３号) ②　階段室の屋外に面する壁に設ける開口部（開口面積が各々１㎡以内で、防火設備ではめごろし戸であるものが設けられているものを除く。）は、階段室以外の当該建築物の部分に設けた開口部並びに当該建築物の壁及び屋根（耐火構造の壁及び屋根を除く。）から90cm以上の距離に設けること。ただし、外壁面から50cm以上突出した準耐火構造のひさし、床、袖壁その他これらに類するもので防火上有効に遮られている場合は、この限りでない。(同４号) ③　階段室の屋内に面する壁に設けられている場合、その面積は、各々１㎡以内とし、かつ、防火設備ではめごろし戸が設けられていること。(同５号) ④　階段に通じる出入口には、直接手で避難の方向に開くことができる常時閉鎖又は自動閉鎖の防火戸が設けられていること。(同６号)	適・否
屋外の設け	構造	屋外に設ける避難階段は、次の構造とされていること。(建基令123条２項) ①　階段は、耐火構造とし、地上まで直通している。(同３号) ②　階段は、その階段に通ずる出入口以外の開口部（開口面積が各々１㎡以内で、防火設備ではめごろし戸であるものが設けられているものを除く。）から２ｍ以上の	適・否

る避難階段		距離に設けられている。（同１号）	
	出入口	①　階段に通じる出入口には、直接手で避難の方向に開くことができる常時閉鎖又は自動閉鎖の防火戸が設けられている。（同２号）	適・否
特別避難階段	構造	特別避難階段は、次の構造とされていること。（建基令123条３項） ①　屋内と階段室は、バルコニー又は付室を通じて連絡している。（同１号） ②　階段室又は付室の構造が、通常の火災時に生ずる煙が付室を通じて階段室に流入することを有効に防止する構造方法となっている。（同２号） ③　階段室、バルコニー及び付室は、開口部、窓又は出入口の部分（非常用エレベータの昇降ロビーの用に供するバルコニー又は付室は、当該エレベータの昇降路の出入口の部分を含む。）を除き、耐火構造の壁で囲まれている。（同３号） ④　階段室及び付室の天井及び窓の室内に面する部分は、仕上げを不燃材料でし、かつ、その下地を不燃材料で造られている。（同４号） ⑤　階段は、耐火構造とし、避難階まで直通する。（同11号）	適・否
	階段室の開口部等	①　階段室、バルコニー又は付室の屋外に面する壁に設ける開口部（開口面積が各々１㎡以内で、防火設備ではめごろし戸であるものが設けられているものを除く。）は、階段室、バルコニー又は付室以外の当該建築物の部分に設けた開口部並びに階段室、バルコニー又は付室以外の当該建築物の壁及び屋根（耐火構造の壁及び屋根を除く。）から90cm以上の距離に設け設けられていること。ただし、外壁面から50cm以上突出した準耐火構造のひさし、床、袖壁その他これらに類するもので防火上有効に遮られている場合は、この限りでない。（同６号） ②　階段室には、バルコニー及び付室に面する部分以外に室内に面して開口部が設けられていない。（同７号） ③　階段室のバルコニー又は付室に面する部分に窓を設ける場合は、はめごろし戸を設けている。（同８号） ④　バルコニー及び付室には、階段室以外の室内に面する壁に出入口以外の開口部が設けられていない。（同９号） ⑤　屋内からバルコニー又は付室に通ずる出入口には、直接手で避難の方向に開くことができる常時閉鎖又は自動閉鎖の特定防火設備が設けられていること。（同10号） ⑦　バルコニー又は付室から階段室に通ずる出入口には、直接手で避難の方向に開くことができる常時閉鎖又は自動閉鎖の防火設備が設けられていること。（同10号） ⑧　階段室には、付室に面する窓その他の採光上有効な開口部又は予備電源を有する照明設備が設けられていること。（同５号）	適・否
	付室等の床面積	建築物の15階以上の各階又は地下３階以下の各階の階段室及びこれと室内を連絡するバルコニー又は付室の床面積（バルコニーで床面積のないものは、床部分の面積）の合計は、当該階における各居室の床面積に、法別表第１(い)欄(1)項又は(4)項の用途に供する居室は、８／100、その他の居室は３／100を乗じてものの合計以上であること。（同12号）	適・否

6　非常用進入口

非常用進入口については、次により査察します。(⇒〔建基法〕第条第項、〔建基令〕第126条の６)

査察項目	査　察　及　び　確　認　事　項	結　果
設置対象建築物	建築物の31m以下の部分にある３階以上の階（不燃性の物品の保管その他これと同等以上に火災の発生のおそれの少ない用途に供する階又は国土交通大臣が定める特別の理由により屋外からの進入を防止する必要がある階で、その直上階又は直下階から進入することができるものを除く。）には、非常用の進入口を設けるものとされています。ただし、次のいずれかに該当する場合は、この限りでない。(建基令126条の６)	設置対象の有・無
設置を要しない建築物	①　非常用エレベーターが設置している場合（基令126条の６・１号） ②　道又は道に通じる幅員４m以上の通路その他の空地に面する各階の外壁面に窓その他の開口部（直径１m以上の円が内接することができるもの又はその幅及び高さが75cm以上及び1.2m以上のもので、格子その他の屋外からの進入を妨げる構造を有しないものにかぎる。）を当該壁面の長さ10m以内ごとに設けている場合（同２号）	該当の有・無
非常用の進入口	①　進入口は、道又は道に通じる幅員４m以上の通路その他の空地に面する各階の外壁面に設けてある。(建基令126条の７・１号) ②　進入口の間隔は、40m以下である。(同２号) ③　進入口の幅、高さ及び下端の床面からの高さが、それぞれ、75cm以上、1.2m以上及び80cm以下である。(同３号) ④　進入口は、外部から開放し、又は破壊して室内に進入できる構造である。(同４号) ⑤　進入口には、奥行き１m以上、長さ４m以上のバルコニーが設けてある。(同５号) ⑥　進入口はその近くに、外部から見やすい方法で赤色灯の標識を掲示し、及び非常用の進入口である旨が赤色で表示されている。(同６号) ⑦　①から⑥までのほか、国土交通大臣が非常用の進入口としての機能を確保するために必要があると認めて定める基準に適合する構造とされている。(同７号)	適・否 適・否 適・否 適・否 適・否 適・否 適・否

7　非常用エレベーター

非常用エレベーターについては、次により査察します。(⇒〔建基法〕第34条第２項、〔建基令〕第129条の13の２)

査察項目	査　察　及　び　確　認　事　項	結　果
設置対象建築物	非常用エレベーターは、高さ31mを超える建築物（次の欄の設置減免対象建築物に該当するものを除く。）に設置するものとされています。(建基法34条２項)	設置対象の有・無
	非常用のエレベーターの設置を要しない建築物については、次のいずれかに該当するものとされています。(建基令129条の13の２) ①　高さ31mを超える部分を階段室、昇降機その他の建築設備の機械室、装飾塔、物見塔、屋窓その他これらに類する用途に供する建築物（同１号）	該当の有・無

<table>
<tr><td>設置を要しない建築物</td><td>②　高さ31ｍを超える各階の床面積の合計が500㎡以下の建築物（同２号）
③　高さ31ｍを超える部分の階数が４以下の主要構造部を耐火構造とした建築物で、当該部分の床面積の合計100㎡以内ごとに耐火構造の床若しくは壁又は特定防火設備でその構造が常時又は随時閉鎖並び自動閉鎖で（閉口面積が１㎡以内のものに設けられる防火設備）で区画されているもの（同３号）
④　高さ31ｍを超える部分を機械製作工場、不燃性の物品を保管する倉庫その他これらに類する用途に供する建築物で主要構造部が不燃材料で造られたものその他これと同等以上に火災の発生のおそれが少ない構造のもの（同４号）</td><td>有・無
有・無

有・無</td></tr>
<tr><td>設置数及び配置</td><td>非常用エレベーターは、高さ31ｍを超える部分の床面積が最大の階における床面積に応じて、次の表に定める数以上とし、２以上の非常用エレベーターを設置する場合は、避難上及び消火上有効な間隔を保って配置されている。（建基令129条の13の３・２項）
<table><tr><th colspan="2">当該階の床面積</th><th>非常用エレベーターの数</th></tr><tr><td>①</td><td>１千500㎡以下の場合</td><td>1</td></tr><tr><td>②</td><td>１千500㎡を超える場合</td><td>3,000㎡以内を増すごとに①の数に１を加えた数</td></tr></table></td><td>適・否</td></tr>
<tr><td>乗降ロビー</td><td>乗降ロビーは、次に定める構造とされていること。（建基令129条の13の３・３項）
①　各階（屋内と連絡する乗降ロビーを設けることが構造上著しく困難である階及び避難階を除く。）において屋内と連絡している。（同１号）
②　バルコニー又は外気に向かって開くことができる窓若しくは排煙設備（国土交通大臣が定めた構造方法を用いるものに限る。）を設けている。（同２号）
③　出入口（特別避難階段の階段室に通じる出入口及び昇降路の出入口を除く。）には、特定防火設備を設けてある。（同３号）
④　窓若しくは排煙設備又は出入口を除き、耐火構造の床及び壁で囲まれている。（同４号）
⑤　天井及び壁の室内に面する部分は、仕上げを不燃材料でし、その下地を不燃材料で造ってある。（同５号）
⑥　予備電源を有する照明設備を設けている。（同６号）
⑦　床面積は、非常用エレベーター１基について10㎡以上とされている。（同７号）
⑧　屋内消火栓、連結送水管の放水口、非常コンセント設備等の消火設備を設置できるものである。（同８号）
⑨　乗降ロビーには、見やすい方法で、積載量及び最大定員のほか、非常用エレベーターである旨、非常の用に供している場合においてその旨を明示することができる表示灯その他これに類するものを設けてある。（同９号）</td><td>適・否
適・否
適・否
適・否
適・否
適・否
適・否
適・否
適・否</td></tr>
<tr><td>昇　降　路</td><td>①　非常用エレベーターの昇降路は、非常用エレベーター２基以内ごとに、乗降ロビーに通じる出入口及び機械室に通じる鋼索、電線その他のものの周囲を除き、耐火構造の床及び壁で囲まれている。（建基令129条の13の３・４項）
②　避難階においては、非常用エレベーターの昇降路の出入口（乗降ロビーを設けたものは、その出入口）から屋外への出口（道又は道に通じる幅４ｍ以上の通路、空地その他これらに類するものに接している部分に限る。）の一に至る歩行距離は、30ｍ以下である。（同５項）</td><td>適・否
適・否</td></tr>
<tr><td></td><td>①　非常用エレベーターのかご及びその出入口の寸法並びにかごの積載量は、国土交通大臣の指定する日本産業規格に定める数値以上である。（建基令129条の13の３・６項）
②　非常用エレベーターには、かごを呼び戻す装置（各階の乗降ロビー及び非常用エレベーターのかご内に設けられた通常の制御装置の機能を停止させ、かごを避難階</td><td>適・否
適・否</td></tr>
</table>

非常用エレベーター	又はその直上階若しくは直下階に呼び戻す装置をいう。）が設けられ、かつ、当該装置の作動は、避難階又はその直上階若しくは直下階の乗降ロビー及び中央管理室において行うことができるものである。（同７項） ③　非常用エレベーターには、かご内と中央管理室とを連絡する電話装置が設けてある。（同８項） ④　非常用エレベーターには、制御装置の機能を停止させ、かごの戸を開いたままかごを昇降させることのできる装置が設けてある。（同９項） ⑤　非常用エレベーターには、予備電源が設けてある。（同10項） ⑥　非常用エレベーターのかごの定格速度は、60m以上のものである。（同11項） ⑦　非常用エレベーターの構造は、その機能を確保するために必要があるものとして国土交通大臣が定めた構造方法を用いている。（同12項）	適・否 適・否 適・否 適・否 適・否

8　緊急離発着場

緊急離発着場については、次により査察します。（⇒〔建基法〕第34条第２項、〔建基令〕第139条の13の２）

査察項目	査　察　及　び　確　認　事　項	結　果
設置指導対象建築物	査察対象の防火対象物は、緊急離発着場等の設置を指導する防火対象物であるか、ないかを確認します。 ①　高さが31mを超える非常用エレベーターの設置を要する高層建築物 ②　３次救急医療機関をはじめとする高度医療施設	有・無
維持・管理	①　緊急離発着場等のスペースには、離発着に支障となる物件等が放置されていないこと。 ②　航空標識灯などは適正である。 ③　設置されている消防用設備等は適正に設置され、維持されている。	適・否 適・否 適・否

第７章　消防用設備等の設置及び維持の査察

第１　消防用設備等の設置対象の査察

消防用設備等の設置及び維持については、次により査察します。（⇒〔消法〕第17条）

査察項目	査　察　事　項	参　照　項　目	結　果
消防用設備等の設置単位の査察	消防用設備等は、建築物である防火対象物は、特段の規定がない限り、敷地単位でなく棟別に設置されるものであること。（⇒昭和50年３月５日付消防安第26号消防長安全救急課長通知「消防用設備等の設置単位」）	次頁の「１　消防用設備等の設置単位」	**適・否**
消防用設備等の設置対象の査察	その防火対象物は、消防用設備等の設置を要する防火対象物であるか、ないかを確認します。（⇒消法17条１項）	P 145「第２　項別用途の消防用設備等の設置対象の査察」	**適・否**
消防用設備等の設置の届出及び検査の査察	消防用設備を設置する防火対象物のうち、消防用設備等の届出及び検査を要する防火対象物に設置された消防用設備等（簡易消火器具及び非常警報器具を除く。）又は特殊消防用設備等は、消防（署）長に「消防用設備（特殊消防用設備等）設置届出書」が提出され、検査を受けているものであること。（⇒消法17条の３の２）	P 191「第３　消防用設備等の設置の届出及び検査の査察」	**適・否**
消防用設備等の点検及び報告の査察	防火対象物に設置それた消防用設備等（特殊消防用設備等）は、定期的に検査をし、その結果が消防（署）長に「消防用設備等（特殊消防用設備等）点検結果報告書」が提出されていること。（⇒消法17条の３の３）	P 192「第４　消防用設備等の点検及び報告の査察」	**適・否**
消防用設備等の設置の届出及び検査の査察	設置された消防用設備等（特殊消防用設備等）は、技術上の基準（設備等設置維持計画）に従って設置され、及び維持されていること。（⇒消法17条１項及び２項）	P 194「第５　消防用設備等の設置及び維持の査察」	**適・否**
消防用設備等の設置維持命令	消防用設備の設置を要する防火対象物に、設置すべき消防用設備等（特殊消防用設備等）が設備等技術基準（設備等設置維持計画）に従って設置され、又は維持されて以内と認めるときは当該防火対象物の関係者で権原を有するものに対して、当該設備等技術基準（設備等設置維持計画）に従ってこれを設置すべきこと、又は維持のために必要な措置をなすべき事を命ずることができる。（⇒消法17条の４１項及び２項）	P 297「第２　違反処理」	**命令の要・否**

1　消防用設備等の設置単位

消防用設備等の設置単位については、次により査察します。（⇒昭和50年３月５日付消防安第26号消防庁安全救急課長通知「消防用設備等の設置単位について」。以下ここでは「消防用設備等の設置単位通知」という。）

<table>
<tr><th>査察項目</th><th colspan="2">査　察　事　項</th><th>結　果</th></tr>
<tr><td>消防用設備等の設置単位の査察</td><td colspan="2">消防用設備等は、建築物である防火対象物は、次に掲げる規定の適用のない限り、敷地単位でなく棟別に設置されていること。（⇒「消防用設備等の設置単位通知」第１）
①　防火対象物が開口部のない耐火構造の床又は壁で区画されているときは、その区画された部分は、それぞれ別の防火対象物とみなしていること。（消令８条）
◇　☞Ｐ144「１．２　〔消令〕第８条区画等」を見てください。
②〔消令〕別表第１⒃項に掲げる防火対象物の部分で、同表各項（⒃項から⒇項までを除く。）の防火対象物の用途のいずれかに該当する用途に供されるものは、一部の規定の適用を除いて、当該用途に供される一の防火対象物とみなしていること。（消令９条）
③〔消令〕別表第１⑴項から⑷項まで、⑸項イ、⑹項、⑼項イ又は⒃項イに掲げる防火対象物の地階で、同表（16の2）項に掲げる防火対象物と一体を成すものとして消防(署)長が指定したものは、同表(16の２)項に掲げる防火対象物の部分であるものとみなしていること。（消令９条の２）
④　同一敷地内にある〔消令〕別表第１⑴項から⒂項まで、⒄項及び⒅項に掲げる建築物（耐火建築物及び準耐火建築物を除く。）で、当該建築物相互の１階の外壁間の中心線からの水平距離が、１階は３ｍ以下、２階は５ｍ以下である部分を有するものは、屋外消火栓設備に関する基準は、一の建築物とみなしていること。（消令19条２項）
⑤　同一敷地内に〔消令〕別表第１⑴項から⒂項まで、⒄項及び⒅項に掲げる建築物（高さが31ｍを超え、かつ、延べ面積（地階に係るものを除く。）が２万５千㎡以上の建築物を除く。以下同じ。）が２以上ある場合に、これらの建築物が、当該建築物相互の１階の外壁間の中心線からの水平距離が、１階は３ｍ以下、２階は５ｍ以下である部分を有するものであり、かつ、これらの建築物の床面積（地階を除く階数が１であるものは１階の床面積を、地階を除く階数が２以上であるものは１階及び２階の部分の床面積の合計）を、耐火構造は１万５千㎡、準耐火建築物は１万㎡、その他の建築物は５千㎡でそれぞれ除した商の和が１以上となるときは、これらの建築物は、消防用水に関する基準は、一の建築物とみなしていること。（消令27条２項）</td><td>適用の
有・無
有・無
有・無
有・無
有・無</td></tr>
<tr><td rowspan="2">建築物が渡り廊下、地下連絡路又は洞道により接続されている場合の査察</td><td colspan="2">建築物と建築物が渡り廊下（その他これらに類するものを含む。以下同じ。）、地下連絡路（その他これに類するものを含む。以下同じ。）又は洞道（換気、暖房又は冷房の設備の風道、給排水管、配電管等の配管類、電線類その他これらに類するものを布設するためのものをいう。以下同じ。）により接続されている場合は、原則として一棟として取り扱っているものであること。ただし、次の各号の一に該当する場合は、別棟として取り扱っていてもさしつかえないものであること。（「消防用設備等の設置単位通知」第２）</td><td rowspan="2">適用の
有・無</td></tr>
<tr><td>査察</td><td>建築物と建築物が接続されている場合は、☞次頁の「１．１　建築物と建築物の接続方法による取扱い」より査察します。
①　建築物と建築物が地階以外の階において渡り廊下で接続されている場合は、「渡り廊下による接続の欄」
②　建築物と建築物が地下連絡路（天井部分が直接外気に常時開放されているもの（いわゆるドライエリア形式のもの）を除く。）で接続されている場合は、「地下連絡通路による接続の欄」
③　建築物と建築物が洞道で接続された場合は、「洞道による接続の欄」</td></tr>
</table>

１．１　建築物と建築物の接続方法による取扱い

建築物と建築物が接続されている場合の取り扱いについては、次により査察します。（⇒「消防用設備等の設置単位通知」第２・１）

査察項目	査　察　事　項	結　果
地階以外の階において渡り廊下で接続されている場合の取扱い	建築物と建築物が地階以外の階において渡り廊下で接続されている場合で、次の①から②までに適合している場合は、別棟として取り扱うことができること。（「消防用設備等の設置単位通知」第２・１） ①　渡り廊下は、通行又は運搬の用途のみに供され、かつ、可燃性物品等の存置その他通行上の支障がない状態にあるものであること。 ②　渡り廊下の有効幅員は、接続される一方又は双方の建築物の主要構造部が木造である場合は３ｍ未満、その他の場合は６ｍ未満であること。 ③　接続される建築物相互間の距離は、１階は６ｍ、２階以上の階は10ｍを超えるものであること。ただし、次に適合する場合は、この限りでないこと。 ア　接続される建築物の外壁及び屋根（渡り廊下の接続部分からそれぞれ３ｍ以内の距離にある部分に限る。）は、次の(1)又は(2)によるものであること。 (1)　耐火構造又は防火構造で造られていること。 (2)　(1)以外のものは、耐火構造若しくは防火構造のへいその他これらに類するもの又は閉鎖型スプリンクラーヘッドを用いるスプリンクラー設備若しくはドレンチャー設備で延焼防止上有効に防護されていること。 イ　(1)の外壁及び屋根（渡り廊下の接続部分からそれぞれ３ｍ以内の距離にある部分に限る。）には、開口部を有していないこと。ただし、面積４㎡以内の開口部で防火戸が設けられている場合には、この限りでないこと。 ウ　渡り廊下については、次の(1)又は(2)によるものであること。 (1)　吹き抜け等の開放式であること。 (2)　(1)以外のものは、次の(ア)から(ウ)までに適合するものであること。 (ア)　構造耐力上主要な部分を鉄骨造、鉄筋コンクリート造又は鉄骨鉄筋コンクリート造とし、その他の部分を不燃材料又は準不燃材料で造ったものであること。 (イ)　建築物の両端の接続部に設けられた出入口の部分の面積はいずれも４㎡以下であり、当該部分には防火戸で、随時開くことができる自動閉鎖装置付きのもの又は煙感知器の作動と連動して自動的に閉鎖する構造のものが設けられているものであること。 (ウ)　次の自然排煙用開口部又は機械排煙設備が排煙上有効な位置に、火災の際容易に接近できる位置から手動で開放できるように又は煙感知器の作動と連動して開放するように設けられていること。ただし、閉鎖型スプリンクラーヘッドを用いるスプリンクラー設備又はドレンチャー設備が設けられているものは、この限りでないこと。 (a)　自然排煙用開口部は、その面積の合計が１㎡以上であり、かつ、屋根又は天井に設けるものは、渡り廊下の幅員の３分の１以上の幅で長さ１ｍ以上のもの、外壁に設けるものは、その両側に渡り廊下の３分の１以上の長さで高さ１ｍ以上のものその他これらと同等以上の排煙上有効な開口部を有するものであること。 (b)　機械排煙設備は、渡り廊下の内部の煙を有効、かつ、安全に外部に排除することができるものであり、電気で作動させるものは非常電源が附置されているものであること。	別棟取扱いの 可・否 可・否 可・否

建築物が地下連絡路（ドライエリア形式のものを除く。）で接続されている場合の取扱い	建築物と建築物が地下連絡路（天井部分が直接外気に常時開放されているもの（いわゆるドライエリア形式のもの）を除く。以下ここでは同じ。）で接続されている場合で、次の①から⑧までに適合する場合は、別棟として取り扱うことができること。（「消防用設備等の設置単位通知」第２・２）	別棟取扱いの
	①　接続される建築物又はその部分（地下連絡路が接続されている階の部分をいう。）の主要構造部は、耐火構造であること。	可・否
	②　地下連絡路は、通行又は運搬の用途のみに供され、かつ、可燃物品等の存置その他通行上支障がない状態にあるものであること。	可・否
	③　地下連絡路は、耐火構造とし、かつ、その天井及び壁並びに床の仕上げ材料及びその下地材料は、不燃材料であること。	可・否
	④　地下連絡路の長さ（地下連絡路の接続する両端の出入口に設けられた防火戸相互の間隔をいう。）は６ｍ以上であり、その幅員は６ｍ未満であること。ただし、双方の建築物の接続部に閉鎖型スプリンクラーヘッドを用いるスプリンクラー設備又はドレンチャー設備が延焼防止上有効な方法により設けられている場合は、この限りでないこと。	可・否
	⑤　建築物と地下連絡路とは、当該地下連絡路の両端の出入口の部分を除き、開口部のない耐火構造の床又は壁で区画されていること。	可・否
	⑥　⑤の出入口の開口部の面積は４㎡以下であること。	可・否
	⑦　⑤の出入口には、特定防火設備である防火戸で随時開くことができる自働閉鎖装置付きのもの又は随時閉鎖することができ、かつ、煙感知器の作動と連動して閉鎖するものが設けられていること。	可・否
	⑧　地下連絡路には、前欄③の(3)、イの(ウ)の(b)により排煙設備が設けられていること。ただし、閉鎖型スプリンクラーヘッドを用いるスプリンクラー設備が設けられている場合は、この限りでないこと。	可・否
建築物が洞道で接続されている場合の取扱い	建築物と建築物が洞道で接続されている場合で、次の①から⑤までに適合する場合は、別棟として取り扱うことができること。（「消防用設備等の設置単位通知」第２・３）	別棟取扱いの
	①　建築物と洞道とは、洞道が接続されている部分の開口部及び当該洞道の点検又は換気のための開口部（接続される建築物内に設けられるもので２㎡以下のものに限る。）を除き、開口部のない耐火構造の床又は壁で区画されていること。	可・否
	②　洞道は耐火構造又は防火構造とし、その内側の仕上げ材料及びその下地材料は不燃材料であること。	可・否
	③　洞道内の風道、配管、配線等が建築物内の耐火構造の壁又は床を貫通する場合は、当該貫通部において、当該風道、配管、配線等と洞道及び建築物内の耐火構造の壁又は床とのすき間を不燃材料で埋めてあること。ただし、洞道の長さが20ｍを超える場合にあっては、この限りでないこと。	可・否
	④　①の点検のための開口部（建築物内に設けられているものに限る。）には、特定防火設備である防火戸又は防火戸（開口部の面積が２㎡以上のものは、自動閉鎖装置付きのものに限る。）が設けられていること。	可・否
	⑤　①の換気のための開口部が常時開放状態にあるものは、防火ダンパーが設けられていること。	可・否

1．2　〔消令〕第8条区画等

〔消令〕第8条区画等については、次により査察します。

<table>
<tr><th>査察項目</th><th colspan="2">査察及び確認事項</th><th>結果</th></tr>
<tr><td rowspan="3">〔消令〕第8条区画の有無</td><td colspan="2">防火対象物が開口部のない耐火構造の床又は壁で区画されているものは、その区画された部分は、消防用設備等の設置及び維持の技術上の規定の適用については、それぞれ別の防火対象物とみなすこと。（消令8条）
□ 〔消令〕第8条の規定の適用については、平成7年3月31日消防予第53号「令8区画及び共住区画の構造並びに当該区画を貫通する配管等の取扱いについて（通知）」</td><td rowspan="3">適用の可・否</td></tr>
<tr><td>区画の構造</td><td>① 鉄筋コンクリート造、鉄骨鉄筋コンクリート造又はこれらと同等に堅牢かつ容易に変更できない耐火構造であること。
② 〔建基令〕第107条第1号の通常の火災時の加熱に2時間以上耐える性能を有すること。
③ 〔消令〕第8条区画の耐火構造の床又は壁の両端又は上端は、当該防火対象物の外壁面又は屋根面から50cm以上突き出していること。ただし、〔消令〕第8条区画を設けた部分の外壁又は屋根が、当該〔消令〕第8条区画を含む幅3.6m以上にわたる耐火構造であり、当該耐火構造の部分が次のいずれかを満たす場合には、この限りでないこと。
(1) 開口部が設けられていないこと。
(2) 開口部を設ける場合には、防火設備である防火戸が設けられており、かつ、当該開口部相互が〔消令〕第8条区画を介して90cm以上離れていること。</td></tr>
<tr><td>区画を貫通する配管及び貫通部</td><td>① 配管の用途は、原則として、給排水管であること。
② 一の配管は、呼び径200mm以下のものであること。
③ 配管を貫通させるための〔消令〕第8条区画に設ける穴は直径300mm以下であること。なお、当該貫通部の形状が矩形となるものは、直径が300mmの円に相当する面積以下であること。
④ 配管が貫通する〔消令〕第8条区画に設ける穴相互の離隔距離は、当該貫通する穴の直径の大なる方の距離（当該直径が200mm以下の場合には、200mm）以上であること。
⑤ 配管及び貫通部は、一体で、〔建基令〕第107条第1号の通常の火災時の加熱に2時間以上耐える性能を有するものであること。
⑥ 貫通部は、モルタル等の不燃材料で完全に埋め戻すなど、十分な気密性を有するように施工されていること。
⑦ 熱伝道により、配管の表面に可燃物が接触した場合に発火するおそれのあるものには、当該可燃物が配管の表面に接触しないような措置が講じられていること。</td></tr>
</table>

第２　項別用途の消防用設備等の設置対象の査察

1　(1)項の消防用設備等の設置対象

(1)項イ〔劇場、映画館等〕及びロ〔公会堂、集会場〕に掲げる防火対象物又はその部分の消防用設備の設置対象は、次により査察します。（⇒〔消法〕第17条、〔消令〕第２章）

<table>
<tr><th colspan="2">項　目</th><th colspan="3">設　置　等　の　基　準</th><th>設　置</th></tr>
<tr><td colspan="2">消　火　器　具
〔消令〕10</td><td colspan="3">①　(1)項イ　全　　部
②　(1)項ロは　次に掲げるもの
　ア　延べ面積　150㎡以上
　イ　地階、無窓階又は３階以上の階　床面積　50㎡以上
③　少量危険物・指定可燃物（指定数量以上）</td><td>要・否</td></tr>
<tr><td colspan="2">屋内消火栓設備
〔消令〕11</td><td colspan="3">①　延べ面積　500㎡以上　（倍読）
②　地階・無窓階又は４階以上の階　床面積　100㎡以上　（倍読）
③　指定可燃物（可燃性液体類を除く。）　750倍以上　（１号消火栓に限る）</td><td>要・否</td></tr>
<tr><td colspan="2">スプリンクラー設備〔消令〕12</td><td colspan="3">①　舞台部　床面積　地階・無窓階又は４階以上の階　300㎡以上
　　　　　　　　　　その他の階　500㎡以上
②　平屋建以外　床面積の合計　6,000㎡以上　（注１）
③　地階・無窓階　床面積　1,000㎡以上
④　４階以上10階以下の階　床面積　1,500㎡以上　（注１）
⑤　地階を除く階数が11以上のもの　全　階　（注１）
⑥　指定可燃物（可燃性液体類のものを除く。）　1,000倍以上</td><td>要・否</td></tr>
<tr><td colspan="2">水噴霧消火設備等</td><td colspan="3">「23　水噴霧消火設備等の設置基準」（⇒Ｐ190）を見てください。</td><td>要・否</td></tr>
<tr><td colspan="2">屋外消火栓設備
〔消令〕19</td><td colspan="3">１・２階の床面積合計　耐　火：9,000㎡以上
　　　　　　　　　　　準　耐：6,000㎡以上　（注２）
　　　　　　　　　　　その他：3,000㎡以上</td><td>要・否</td></tr>
<tr><td colspan="2">動力消防ポンプ設備〔消令〕20</td><td colspan="3">屋内・屋外消火栓設備の設置対象防火対象物</td><td>要・否</td></tr>
<tr><td colspan="2">自動火災報知設備
〔消令〕21</td><td colspan="3">①　延べ面積　300㎡以上
②　避難階以外の階で階段が一のみのもの
　（避難上有効な構造を有する避難階段又は屋外階段がある場合は除く。）
③　指定可燃物　500倍以上
④　駐車場部分　地階・２階以上の階　床面積200㎡以上
⑤　11階以上の階　全　部
⑥　道路の用に供される部分　床面積　屋上部分　600㎡以上
　　　　　　　　　　　　　　　　　　上記以外の部分　400㎡以上</td><td>要・否</td></tr>
<tr><td rowspan="4"></td><td rowspan="4">感知器の設置基準</td><td>煙感知器</td><td>階　段　等</td><td>階段・傾斜路・エレベータの昇降路・リネンシュート・パイプダクト、天井等の高さ15m以上20m未満の場所</td><td>要・否</td></tr>
<tr><td rowspan="2">煙感知器設置部分</td><td>廊下・通路</td><td>全　　部</td><td>要・否</td></tr>
<tr><td>地階・無窓階・11階以上の部分</td><td>全　　部</td><td>要・否</td></tr>
<tr><td>炎感知器設置部分</td><td colspan="2">・天井等の高さが20m以上の場合
・上屋その他外部の気流が流通する場所
・じんあい、微粉が多量に滞留する場所
・排気ガスが多量に滞留する場所</td><td>要・否</td></tr>
</table>

<table>
<tr><td>ガス漏れ火災警報設備
〔消令〕21の２</td><td colspan="2">①　地階　床面積の合計　1,000㎡以上
②　温泉の取得のための設備（総務省令で定めるもの）が設置</td><td>要・否</td></tr>
<tr><td>漏電火災警報器
〔消令〕22</td><td colspan="2">①　延べ面積　300㎡以上　（注３）
②　契約電流容量　50アンペアを超えるもの　（注３）</td><td>要・否</td></tr>
<tr><td>消防機関へ通報する火災報知設備〔消令〕23</td><td colspan="2">延べ面積　500㎡以上</td><td>要・否</td></tr>
<tr><td rowspan="3">非常警報設備
〔消令〕24</td><td>警　報　器　具</td><td></td><td></td></tr>
<tr><td>非常ベル、自動式サイレン等</td><td>①　収容人員　50人以上
②　地階・無窓階の収容人員　20人以上</td><td>要・否</td></tr>
<tr><td>ベル等＋放送設備</td><td>①　収容人員　300人以上
②　地階を除く階数が11以上のもの
③　地階の階数が３以上のもの</td><td>要・否</td></tr>
<tr><td>避　難　器　具
〔消令〕25</td><td colspan="2">①　２階以上の階又は地階　収容人員が50人以上（耐火構造の２階を除く）
②　３階以上の階　当該階（当該階から避難上有効な開口部がない部分がある場合は区画された部分）から避難階又は地上に直通する階段が一の階　収容人員10人以上</td><td>要・否</td></tr>
<tr><td rowspan="4">誘　導　灯
〔消令〕26</td><td>避　難　口</td><td>全　部　（床面積1,000㎡以上　Ａ級又はＢ級、20cd以上又は点滅機能を有するもの）</td><td>要・否</td></tr>
<tr><td>通　路</td><td>全　部　（床面積1,000㎡以上　Ａ級又はＢ級、25cd以上）</td><td>要・否</td></tr>
<tr><td>客　席</td><td>全　部　（客席内通路床面の水平面で、0.2ルクス以上）</td><td>要・否</td></tr>
<tr><td>誘導標識</td><td>全　部　（避難口・通路誘導灯の有効範囲は設置を要しない）</td><td>要・否</td></tr>
<tr><td>消　防　用　水
〔消令〕27</td><td colspan="2">①　敷地面積２万㎡以上で、　耐　火：15,000㎡以上
１・２階の床面積合計　準　耐：10,000㎡以上
その他：　5,000㎡以上　（注２）
②　高さ31ｍを超え、かつ、延べ面積（地階を除く）　25,000㎡以上</td><td>要・否</td></tr>
<tr><td>排　煙　設　備
〔消令〕28</td><td colspan="2">舞台部の床面積　500㎡以上</td><td>要・否</td></tr>
<tr><td>連結散水設備
〔消令〕28の２</td><td colspan="2">地階の床面積の合計　700㎡以上</td><td>要・否</td></tr>
<tr><td>連結送水管
〔消令〕29</td><td colspan="2">①　地階を除く階数が７以上
②　地階を除く階数が５階以上で、延べ面積6,000㎡以上
③　道路の用に供される部分を有するもの</td><td>要・否</td></tr>
<tr><td>非常コンセント
〔消令〕29の２</td><td colspan="2">地階を除く、階数が11以上のもの　11階以上の階</td><td>要・否</td></tr>
<tr><td>設置届出・検査
〔消令〕35</td><td colspan="2">①　延べ面積　300㎡以上
②　避難階以外に存するもので、当該避難階から避難階又は地上に通じる直通階段が一のもの</td><td>要・否</td></tr>
<tr><td>消防用設備等点検・報告
〔消令〕36</td><td colspan="2">①　延べ面積　1,000㎡以上
②　避難階以外に存するもので、当該避難階から避難階又は地上に通じる直通階段が一のもの</td><td>要・否</td></tr>
</table>

（倍読）　主要構造部を耐火構造とし、かつ、内装を難燃材料としたものは「３倍」、主要構造部を耐火構造としたもの又は準耐火建築物で、内装を難燃材料としたものは「２倍」の数値とすることができる。（〔消令〕11条２項）

（注１）　〔消則〕13条２項で定める部分。

（注２）　同一敷地内にある２以上の建築物で、当該建築物相互の１階の外壁間の中心線からの水平距離が、１階にあっては３ｍ以下、２階にあっては５ｍ以下である部分を有するものは、１の建築物とみなし、床面積を合計する。ただし、屋外消火栓設備にあっては、耐火及び準耐火建築物は除く。

（注３）　間柱若しくは下地を準不燃材料以外の材料で造った網入りの壁、根太若しくは下地を準不燃材料で造った網入りの床又は天井野縁若しくは下地を準不燃材料以外の材料で造った網入りの天井を有するものに設置する。

２　(2)項の消防用設備等の設置対象

(2)項イ〔キャバレー、カフェー等〕、ロ〔遊技場、ダンスホール〕、ハ〔性風俗関連特殊営業を営む店舗等〕及びニ〔カラオケボックス等を営む店舗〕に掲げる防火対象物又はその部分の消防用設備等の設置対象については、次により査察します。（⇒〔消法〕第17条、〔消令〕第２章）

<table>
<tr><th>項　目</th><th colspan="4">設　置　等　の　基　準</th><th>設　置</th></tr>
<tr><td>消　火　器　具
〔消令〕10</td><td colspan="4">①　全　部
②　少量危険物・指定可燃物（指定数量以上）</td><td>要・否</td></tr>
<tr><td>屋内消火栓設備
〔消令〕11</td><td colspan="4">①　床面積　700㎡以上　（倍読Ｐ146）
②　地階・無窓階又は４階以上の階　床面積　150㎡以上　（倍読Ｐ146）
③　指定可燃物（可燃性液体類を除く。）　750倍以上（１号消火栓に限る）</td><td>要・否</td></tr>
<tr><td>スプリンクラー設備〔消令〕12</td><td colspan="4">①　平屋建以外　床面積の合計　6,000㎡以上
②　地階・無窓階　床面積　1,000㎡以上
③　４階以上10階以下の階　床面積　1,000㎡以上
④　地階を除く階数11以上のもの　全　階
⑤　指定可燃物（可燃性液体類のものを除く。）　1,000倍以上</td><td>要・否</td></tr>
<tr><td>水噴霧消火設備等</td><td colspan="4">「23　水噴霧消火設備等の設置基準」（⇒Ｐ190）を見てください。</td><td>要・否</td></tr>
<tr><td>屋外消火栓設備
〔消令〕19</td><td colspan="4">１・２階の床面積合計　耐　火：9,000㎡以上
準　耐：6,000㎡以上　（注２Ｐ146）
その他：3,000㎡以上</td><td>要・否</td></tr>
<tr><td>動力消防ポンプ設備〔消令〕20</td><td colspan="4">屋内・屋外消火栓設備の設置対象防火対象物</td><td>要・否</td></tr>
<tr><td rowspan="5">自動火災報知設備
〔消令〕21</td><td colspan="4">①　(2)項ニ　全　部
②　(2)項イ、ロ、ハは、次に掲げるもの
ア　延べ面積　300㎡以上
イ　地階・無窓階　床面積　100㎡以上
ウ　避難階以外の階で階段一のみのもの
（避難上有効な構造を有する避難階段又は屋外階段がある場合は除く。）
③　指定可燃物　500倍以上
④　駐車場部分　地階・２階以上の階　床面積200㎡以上
⑤　11階以上の階　全　部
⑥　道路の用に供される部分　床面積　屋上部分　600㎡以上
上記以外の部分　400㎡以上</td><td>要・否</td></tr>
<tr><td rowspan="4">感知器の設置基準</td><td rowspan="3">煙感知器設置部分</td><td>階　段　等</td><td>階段・傾斜路・エレベータの昇降路・リネンシュート・パイプダクト、天井等の高さ15ｍ以上20ｍ未満の場所</td><td>要・否</td></tr>
<tr><td>廊　下　・　通　路</td><td>全　部</td><td>要・否</td></tr>
<tr><td>地階・無窓階・11階以上の部分</td><td>全　部</td><td>要・否</td></tr>
<tr><td>炎感知器設置部分</td><td colspan="2">・天井等の高さが20ｍ以上の場合
・上屋その他外部の気流が流通する場所
・じんあい、微粉が多量に滞留する場所
・排気ガスが多量に滞留する場所</td><td>要・否</td></tr>
</table>

ガス漏れ火災警報設備〔消令〕21の２		①　地階の床面積の合計　1,000㎡以上 ②　温泉の採取のための設備（総務省令で定めるもの）が設置されているもの	**要・否**
漏電火災警報器〔消令〕22		①　延べ面積　300㎡以上　（注３ P146） ②　契約電流容量　50アンペアを超えるもの　（注３ P146）	**要・否**
消防機関へ通報する火災報知設備〔消令〕23		延べ面積　500㎡以上	**要・否**
非常警報設備〔消令〕24	警　報　器　具		
	非常ベル、自動式サイレン等	①　収容人員　50人以上 ②　地階及び無窓階の収容人員　20人以上	**要・否**
	ベル等＋放送設備	①　収容人員　300人以上 ②　地階を除く階数が11以上 ③　地階の階数が３以上のもの	**要・否**
避　難　器　具〔消令〕25		①　２階以上の階又地階　収容人員が50人以上（耐火構造の２階を除く） ②　２階以上の階　当該階（当該階から避難上有効な開口部がない部分がある場合は区画された部分）から避難階又は地上に直通する階段が一の階　収容人員10人以上	**要・否**
誘　導　灯〔消令〕26	避難口	全　部（床面積1,000㎡以上　Ａ級又はＢ級、20cd以上又は点滅機能を有するもの）	**要・否**
	通　路	全　部（床面積1,000㎡以上　Ａ級又はＢ級、25cd以上）	**要・否**
	誘導標識	全　部（避難口・通路誘導灯の有効範囲は設置を要しない）	**要・否**
消　防　用　水〔消令〕27		①　敷地面積２万㎡以上で、１・２階の床面積合計　耐　火：15,000㎡以上 準　耐：10,000㎡以上　（注２ P146） その他：　5,000㎡以上 ②　高さ31ｍを超え、かつ、延べ面積（地階を除く）25,000㎡以上	**要・否**
排　煙　設　備〔消令〕28		地階・無窓階で床面積　1,000㎡以上	**要・否**
連結散水設備〔消令〕28の２		地階の床面積の合計　700㎡以上	**要・否**
連　結　送　水　管〔消令〕29		①　地階を除く階数が７以上のもの ②　地階を除く階数が５階以上で、延べ面積6,000㎡以上 ③　道路の用に供される部分を有するもの	**要・否**
非常コンセント〔消令〕29の２		地階を除く、階数が11以上のもの　11階以上の階	**要・否**
設置届出・検査〔消令〕35		①　**(2)項ニ**は、全　部 ②　**(2)項イ、ロ及びハ**は、次に掲げるもの ア　延べ面積　300㎡以上 イ　避難階以外に存するもので、当該避難階から避難階又は地上に通じる直通階段が一のもの	**要・否**
消防用設備等点検・報告〔消令〕36		①　延べ面積　1,000㎡以上 ②　避難階以外に存するもので、当該避難階から避難階又は地上に通じる直通階段が一のもの	**要・否**

３　(3)項の消防用設備等の設置対象

(3)項イ〔待合、料理店等〕及びロ〔飲食店〕に掲げる防火対象物又はその部分の消防用設備等の設置対象については、次により査察します。（⇒〔消法〕第17条、〔消令〕第２章）

<table>
<tr><th colspan="2">項　目</th><th colspan="3">設　置　等　の　基　準</th><th>設　置</th></tr>
<tr><td colspan="2">消　火　器　具
〔消令〕10</td><td colspan="3">①　火気使用設備又は器具（防火上有効な措置として総務省令で定めた措置が講じられているものを除く。）を設けたもの　全　部
②　①を除くもの　延べ面積　150㎡以上
③　地階・無窓階又は３階以上の階　床面積　50㎡以上
④　少量危険物・指定可燃物（指定数量以上）</td><td>要・否</td></tr>
<tr><td colspan="2">屋内消火栓設備
〔消令〕11</td><td colspan="3">①　延べ面積　700㎡以上　（倍読Ｐ146）
②　地階・無窓階又は４階以上の階　床面積　150㎡以上　（倍読Ｐ146）
③　指定可燃物（可燃性液体類を除く。）750倍以上（１号消火栓に限る）</td><td>要・否</td></tr>
<tr><td colspan="2">スプリンクラー設備〔消令〕12</td><td colspan="3">①　平屋建以外　床面積の合計　6,000㎡以上　（注１ Ｐ146）
②　地階・無窓階　床面積　1,000㎡以上
③　４階以上10階以下の階　床面積　1,500㎡以上　（注１ Ｐ146）
④　地階を除く階数が11以上のもの　全　階　（注１ Ｐ146）
⑤　指定可燃物（可燃性液体類のものを除く。）1,000倍以上</td><td>要・否</td></tr>
<tr><td colspan="2">水噴霧消火設備等</td><td colspan="3">「23　水噴霧消火設備等の設置基準」（⇒Ｐ190）を見てください。</td><td>要・否</td></tr>
<tr><td colspan="2">屋外消火栓設備
〔消令〕19</td><td colspan="3">１・２階の床面積合計　耐　火：9,000㎡以上
準　耐：6,000㎡以上　（注２ Ｐ146）
その他：3,000㎡以上</td><td>要・否</td></tr>
<tr><td colspan="2">動力消防ポンプ設備〔消令〕20</td><td colspan="3">屋内・屋外消火栓設備の設置対象防火対象物</td><td>要・否</td></tr>
<tr><td colspan="2">自動火災報知設備
〔消令〕21</td><td colspan="3">①　延べ面積　300㎡以上
②　地階・無窓階　床面積　100㎡以上
③　避難階以外の階で階段一のみのもの
（避難上有効な構造を有する避難階段又は屋外階段がある場合は除く。）
④　指定可燃物　500倍以上
⑤　駐車場部分　地階・２階以上の階　床面積200㎡以上
⑥　11階以上の階　全　部
⑦　道路の用に供される部分　床面積　屋上部分　600㎡以上
上記以外の部分　400㎡以上</td><td>要・否</td></tr>
<tr><td rowspan="4"></td><td rowspan="4">感知器の設置基準</td><td rowspan="3">煙感知器設置部分</td><td>階　段　等</td><td>階段・傾斜路・エレベータの昇降路・リネンシュート・パイプダクト、天井等の高さ15m以上20m未満の場所</td><td>有・無</td></tr>
<tr><td>廊下・通路</td><td>全　部</td><td>有・無</td></tr>
<tr><td>地階・無窓階・11階以上の部分</td><td>全　部</td><td>有・無</td></tr>
<tr><td>炎感知器設置部分</td><td colspan="2">・天井等の高さが20m以上の場合
・上屋その他外部の気流が流通する場所
・じんあい、微粉が多量に滞留する場所
・排気ガスが多量に滞留する場所</td><td>有・無</td></tr>
</table>

ガス漏れ火災警報設備〔消令〕21の２		①　地階の床面積の合計　1,000㎡以上 ②　温泉の採取のための設備（総務省令で定めるもの）が設置されているもの	要・否
漏電火災警報器〔消令〕22		①　延べ面積　300㎡以上　（注３ P146） ②　契約電流容量　50アンペアを超えるもの　（注３ P146）	要・否
消防機関へ通報する火災報知設備〔消令〕23		延べ面積　1,000㎡以上	要・否
非常警報設備〔消令〕24	警　報　器　具		
	非常ベル、自動式サイレン等	①　収容人員　50人以上 ②　地階及び無窓階の収容人員　20人以上	要・否
	ベル等＋放送設備	①　収容人員　300人以上 ②　地階を除く階数が11以上のもの ③　地階の階数が３以上のもの	要・否
避　難　器　具〔消令〕25		①　２階以上の階又は地階　収容人員が50人以上（耐火構造の２階を除く） ②　２階以上の階　当該階（当該階から避難上有効な開口部がない部分がある場合は区画された部分）から避難階又は地上に直通する階段が一の階　収容人員10人以上	要・否
誘　導　灯〔消令〕26	避　難　口	全　　部　（床面積1,000㎡以上　A級又はB級、20cd以上又は点滅機能を有するもの）	要・否
	通　　路	全　　部　（床面積1,000㎡以上　A級又はB級、25cd以上）	要・否
	誘導標識	全　　部　（避難口・通路誘導灯の有効範囲は設置を要しない）	要・否
消　防　用　水〔消令〕27		①　敷地面積２万㎡以上で、１・２階の床面積合計　耐　火：15,000㎡以上　準　耐：10,000㎡以上　その他：　5,000㎡以上　（注２ P146） ②　高さ31ｍを超え、かつ、延べ面積（地階を除く）25,000㎡以上	要・否
排　煙　設　備〔消令〕28			
連結散水設備〔消令〕28の２		地階の床面積の合計　700㎡以上	要・否
連　結　送　水　管〔消令〕29		①　地階を除く階数が７以上 ②　地階を除く階数が５階以上で、延べ面積6,000㎡以上 ③　道路の用に供される部分を有するもの	要・否
非常コンセント〔消令〕29の２		地階を除く、階数が11以上のもの　11階以上の階	要・否
設置届出・検査〔消令〕35		①　延べ面積　300㎡以上 ②　避難階以外に存するもので、当該避難階から避難階又は地上に通じる直通階段が一のもの	要・否
消防用設備等点検・報告〔消令〕36		①　延べ面積　1,000㎡以上 ②　避難階以外に存するもので、当該避難階から避難階又は地上に通じる直通階段が一のもの　（有資格者）	要・否

４　(4)項の消防用設備等の設置対象

(4)項〔百貨店、マーケット等〕に掲げる防火対象物又はその部分の消防用設備等の設置対象については、次により査察します。(⇒〔消法〕第17条、〔消令〕第２章)

<table>
<tr><th colspan="2">項　目</th><th colspan="3">設　置　等　の　基　準</th><th>設　置</th></tr>
<tr><td colspan="2">消火器具
〔消令〕10</td><td colspan="3">①　延べ面積　150㎡以上
②　地階・無窓階又は３階以上の階　床面積　50㎡以上
③　少量危険物・指定可燃物（指定数量以上）</td><td>要・否</td></tr>
<tr><td colspan="2">屋内消火栓設備
〔消令〕11</td><td colspan="3">①　延べ面積　700㎡以上　（倍読Ｐ146）
②　地階・無窓階又は４階以上の階　床面積　150㎡以上　（倍読Ｐ146）
③　指定可燃物（可燃性液体類を除く。）750倍以上（１号消火栓に限る）</td><td>要・否</td></tr>
<tr><td colspan="2">スプリンクラー設備〔消令〕12</td><td colspan="3">①　平屋建以外　床面積の合計　3,000㎡以上
②　地階・無窓階　床面積　1,000㎡以上
③　４階以上10階以下の階　床面積　1,000㎡以上
④　地階を除く階数11以上のもの　全　階
⑤　指定可燃物（可燃性液体類のものを除く。）1,000倍以上</td><td>要・否</td></tr>
<tr><td colspan="2">水噴霧消火設備等</td><td colspan="3">「23　水噴霧消火設備等の設置基準」(⇒Ｐ190) を見てください。</td><td>要・否</td></tr>
<tr><td colspan="2">屋外消火栓設備
〔消令〕19</td><td colspan="3">１・２階の床面積合計　耐　火：9,000㎡以上
準　耐：6,000㎡以上　（注２ Ｐ146）
その他：3,000㎡以上</td><td>要・否</td></tr>
<tr><td colspan="2">動力消防ポンプ設備〔消令〕20</td><td colspan="3">屋内・屋外消火栓設備を設置する防火対象物</td><td>要・否</td></tr>
<tr><td rowspan="5">自動火災報知設備
〔消令〕21</td><td colspan="4">①　延べ面積　300㎡以上
②　避難階以外の階で階段一のみのもの
（避難上有効な構造を有する避難階段又は屋外階段がある場合は除く。）
③　指定可燃物　500倍以上
④　駐車場部分　地階・２階以上の階　床面積200㎡以上
⑤　11階以上の階　全　部
⑥　道路の用に供される部分　床面積　屋上部分　600㎡以上
上記以外の部分　400㎡以上</td><td>要・否</td></tr>
<tr><td rowspan="4">感知器の設置基準</td><td rowspan="3">煙感知器
設置部分</td><td>階　段　等</td><td>階段・傾斜路・エレベータの昇降路・リネンシュート・パイプダクト、天井等の高さ15ｍ以上20ｍ未満の場所</td><td>要・否</td></tr>
<tr><td>廊下・通路</td><td>全　部</td><td>要・否</td></tr>
<tr><td>地階・無窓階・
11階以上の部分</td><td>全　部</td><td>要・否</td></tr>
<tr><td>炎感知器
設置部分</td><td colspan="2">・天井等の高さが20ｍ以上の場合
・上屋その他外部の気流が流通する場所
・じんあい、微粉が多量に滞留する場所
・排気ガスが多量に滞留する場所</td><td>要・否</td></tr>
</table>

ガス漏れ火災警報設備〔消令〕21の２		①　地階の床面積の合計　1,000㎡以上 ②　温泉の採取のための設備（総務省令で定めるもの）が設置されているもの	要・否
漏電火災警報器〔消令〕22		①　延べ面積　300㎡以上　（注３Ｐ146） ②　契約電流容量　50アンペアを超えるもの　（注３Ｐ146）	要・否
消防機関へ通報する火災報知設備〔消令〕23		延べ面積　500㎡以上	要・否
非常警報設備〔消令〕24	警報器具	収容人員20人以上50人未満（次欄該当を除く）	要・否
	非常ベル、自動式サイレン等	①　収容人員　50人以上 ②　地階・無窓階の収容人員　20人以上	要・否
	ベル等＋放送設備	①　収容人員　300人以上 ②　地階を除く階数が11以上 ③　地階の階数が３以上のもの	要・否
避難器具〔消令〕25		①　地階又は２階以上の階　収容人員が50人以上（耐火構造の２階を除く） ②　３階以上の階　当該階（当該階から避難上有効な開口部がない部分がある場合は区画された部分）から避難階又は地上に直通する階段が一の階　収容人員10人以上	要・否
誘導灯〔消令〕26	避難口	全　部（床面積1,000㎡以上　Ａ級又はＢ級、20cd以上又は点滅機能を有するもの）	要・否
	通路	全　部（床面積1,000㎡以上　Ａ級又はＢ級、25cd以上）	要・否
	誘導標識	全　部（避難口・通路誘導灯の有効範囲は設置を要しない）	要・否
消防用水〔消令〕27		①　敷地面積２万㎡以上で、１・２階の床面積合計　耐　火：15,000㎡以上 準　耐：10,000㎡以上　（注２Ｐ146） その他：　5,000㎡以上 ②　高さ31ｍを超え、かつ、延べ面積（地階を除く）25,000㎡以上	要・否
排煙設備〔消令〕28		地階又は無窓階で床面積　1,000㎡以上	要・否
連結散水設備〔消令〕28の２		地階の床面積の合計　700㎡以上	要・否
連結送水管〔消令〕29		①　地階を除く階数が７以上のもの ②　地階を除く階数が５階以上で、延べ面積6,000㎡以上 ③　道路の用に供される部分を有するもの	要・否
非常コンセント〔消令〕29の２		地階を除く、階数が11以上のもの　11階以上の階	要・否
設置届出・検査〔消令〕35		①　延べ面積　300㎡以上 ②　避難階以外に存するもので、当該避難階から避難階又は地上に通じる直通階段が一のもの	要・否
消防用設備等点検・報告〔消令〕36		①　延べ面積　1,000㎡以上 ②　避難階以外に存するもので、当該避難階から避難階又は地上に通じる直通階段が一のもの	要・否

５　(5)項の消防用設備等の設置対象

(5)項イ〔旅館、ホテル、宿泊所等〕及びロ〔寄宿舎、下宿又は共同住宅〕に掲げる防火対象物又はその部分の消防用設備等の設置対象については、次により査察します。(⇒〔消法〕第17条、〔消令〕第２章)

※　特定共同住宅等に用いられる消防用設備は、☞155頁「６．１　特定共同住宅等に用いられる消防用設備等の査察」により確認し、査察します。

<table>
<tr><th colspan="2">項　　目</th><th colspan="3">設　置　等　の　基　準</th><th>設　置</th></tr>
<tr><td colspan="2">消火器具
〔消令〕10</td><td colspan="3">①　延べ面積　150㎡以上
②　地階・無窓階又は３階以上の階　床面積　50㎡以上
③　少量危険物・指定可燃物（指定数量以上）</td><td>要・否</td></tr>
<tr><td colspan="2">屋内消火栓設備
〔消令〕11</td><td colspan="3">①　延べ面積　700㎡以上　（倍読Ｐ146）
②　地階・無窓階又は４階以上の階　床面積　150㎡以上　（倍読Ｐ146）
③　指定可燃物（可燃性液体類を除く。）750倍以上（１号消火栓に限る）</td><td>要・否</td></tr>
<tr><td colspan="2">スプリンクラー設備〔消令〕12</td><td colspan="3">①　(5)項イは、次に掲げるもの
ア　平屋建以外　床面積の合計　6,000㎡以上　（注１ Ｐ146）
イ　地階・無窓階　床面積　1,000㎡以上
ウ　４階以上10階以下の階　床面積　1,500㎡以上　（注１ Ｐ146）
エ　地階を除く階数11以上のもの　全　階　（注１ Ｐ146）
②　(5)項ロは、階数が11以上のもの　11階以上の階（設置を要しない部分を除く。）（注１ Ｐ146）
③　指定可燃物（可燃性液体類のものを除く。）1,000倍以上</td><td>要・否</td></tr>
<tr><td colspan="2">水噴霧消火設備等</td><td colspan="3">「23　水噴霧消火設備等の設置基準」（⇒Ｐ190）を見てください。</td><td>要・否</td></tr>
<tr><td colspan="2">屋外消火栓設備
〔消令〕19</td><td colspan="3">１・２階の床面積合計　耐　火：9,000㎡以上
準　耐：6,000㎡以上　（注２ Ｐ146）
その他：3,000㎡以上</td><td>要・否</td></tr>
<tr><td colspan="2">動力消防ポンプ設備〔消令〕20</td><td colspan="3">屋内・屋外消火栓設備の設置対象防火対象物</td><td>要・否</td></tr>
<tr><td colspan="2">自動火災報知設備
〔消令〕21</td><td colspan="3">①　(5)項イは、全　部
②　(5)項ロは、次に掲げるもの
ア　延べ面積　500㎡以上
イ　地階・無窓階又は３階以上の階　300㎡以上
ウ　指定可燃物　500倍以上
エ　駐車場部分　地階・２階以上の階　床面積200㎡以上
オ　11階以上の階　全　部
カ　道路の用に供される部分　床面積　屋上部分　600㎡以上
上記以外の部分　400㎡以上</td><td>要・否</td></tr>
<tr><td rowspan="4"></td><td rowspan="4">感知器の設置基準</td><td rowspan="3">煙感知器設置部分</td><td>階　段　等</td><td>階段・傾斜路・エレベータの昇降路・リネンシュート・パイプダクト、天井等の高さ15m以上20m未満の場所</td><td>要・否</td></tr>
<tr><td>廊下・通路</td><td>全　部</td><td>要・否</td></tr>
<tr><td>地階・無窓階・11階以上の部分</td><td>全　部</td><td>要・否</td></tr>
<tr><td>炎感知器設置部分</td><td colspan="2">・天井等の高さが20m以上の場合
・上屋その他外部の気流が流通する場所
・じんあい、微粉が多量に滞留する場所
・排気ガスが多量に滞留する場所</td><td>要・否</td></tr>
</table>

ガス漏れ火災警報設備〔消令〕21の２		①　**(5)項イ**は、地階の床面積の合計　1,000㎡以上 ②　温泉の採取のための設備（総務省令で定めるもの）が設置されているもの	**要・否**
漏電火災警報器〔消令〕22		①　延べ面積　150㎡以上　（注３ P146） ②　契約電流容量　50アンペアを超えるもの　（注３ P146）	**要・否**
消防機関へ通報する火災報知設備〔消令〕23		①　**(5)項イ**は、延べ面積　500㎡以上 ②　**(5)項ロ**は、延べ面積　1,000㎡以上	**要・否**
非常警報設備〔消令〕24	警　報　器　具		
	非常ベル、自動式サイレン等	①　**(5)項イ**は、収容人員　20人以上 ②　**(5)項ロ**は、次に掲げるもの ア　収容人員　50人以上 イ　地階・無窓階　収容人員　20以上	**要・否**
	ベル等＋放送設備	①　**(5)項イ**は、収容人員　300人以上 ②　**(5)項ロ**は、収容人員　800人以上 ③　地階を除く階数が11以上 ④　地階の階数が３以上のもの	**要・否**
避　難　器　具〔消令〕25		①　２階以上の階又は地階　収容人員が30人以上（下階に(1)項～(4)項、(9)項、(12)項イ、(13)項イ、(14)項又は(15)項が存する場合は、10人以上） ②　３階以上の階　当該階（当該階から避難上有効な開口部がない部分がある場合は区画された部分）から避難階又は地上に直通する階段が一の階　収容人員10人以上	**要・否**
誘　導　灯〔消令〕26	避　難　口	①　**(5)項イ**は、全　部（矢印付のものはＢ級以上） ②　**(5)項ロ**は、地階・無窓階及び11階以上の部分（矢印付のものはＢ級以上）	**要・否**
	通　　路	①　**(5)項イ**は、全　部 ②　**(5)項ロ**は、地階・無窓階及び11階以上の階の部分	**要・否**
	誘導標識	全　　部　（避難口・通路誘導灯の有効範囲は設置を要しない）	**要・否**
消　防　用　水〔消令〕27		①　敷地面積２万㎡以上で、１・２階の床面積合計　耐　火：15,000㎡以上／準　耐：10,000㎡以上／その他：　5,000㎡以上　（注２ P146） ②　高さ31ｍを超え、かつ、延べ面積（地階を除く）25,000㎡以上	**要・否**
排　煙　設　備〔消令〕28			
連結散水設備〔消令〕28の２		地階の床面積の合計　700㎡以上	**要・否**
連結送水管〔消令〕29		①　地階を除く階数が７以上のもの ②　地階を除く階数が５階以上で、延べ面積6,000㎡以上 ③　道路の用に供される部分を有するもの	**要・否**
非常コンセント〔消令〕29の２		地階を除く、階数が11以上のもの　11階以上の階	**要・否**
設置届出・検査〔消令〕35		①　**(5)項イ**は、全　部 ②　**(5)項ロ**は、延べ面積　300㎡以上で、消防（署）長が火災予防上必要があると認め指定したもの ③　避難階以外に存するもので、当該避難階から避難階又は地上に通じる直通階段が一のもの	**要・否**
消防用設備等点検・報告〔消令〕36		①　**(5)項イ**は、次に掲げるもの ア　延べ面積　1,000㎡以上 イ　避難階以外に存するもので、当該避難階から避難階又は地上に通じる直通階段が一のもの　（有資格者） ②　**(5)項ロ**は、延べ面積　1,000㎡以上で、消防（署）長が火災予防上必要があると認め指定したもの	**要・否**

６　特定共同住宅等に用いられる特殊消防用設備等の設置対象

６．１　特定共同住宅等に用いられる消防用設備等

特定共同住宅等において、通常用いられる消防用設備等に代えて用いることができる消防の用に供する設備等については、次により査察します。(⇒〔消法〕第17条、〔消令〕第29条の４第１項)

(１)　特定共同住宅等の構造類型

(5)項ロ（共用住宅）のうち通常用いられる消防用設備等に代えて防火安全性能を有する消防用設備等を用いることができる構造要件については、次により査察します。(平成17年消防告示２号及び３号)

査察項目	査　察　事　項	結　果
特定共同住宅等	特定共同住宅等は、その位置、構造及び設備が、次の各号に適合するものであること。(位置・構造告示第３) ①　主要構造部〔主たる壁、柱、はり、屋根又は階段〕が、耐火構造であること。 ②　共用部分の壁及び天井の室内に面する部分の仕上げを準不燃材料でしたものであること。 ③　住戸等は、開口部のない耐火構造の床又は壁で区画されていること。 ④　特定光庭は、防火措置がされていること。(光庭が設けられている場合に限る。)	適合の 有・無 適・否 適・否 適・否 適・否
Ⅰ　２方向避難型特定共同住宅等	２方向避難型特定共同住宅は、次の各号に適合したていること。(⇒構造類型告示第３．２) ①　階段室等は、廊下の端部又は廊下の端部に接する住戸等の出入口に面していること。 ②　住戸等の外気に面する部分に、バルコニーその他これらに類するもの（以下「バルコニー等」）が、避難上有効に設けられていること。 ③　バルコニー等に面する住戸の外壁に、避難上有効な開口部が設けられていること。 ④　隣接するバルコニー等が隔板等によって隔てられている場合は、当該隔板等が容易に開放し、除去し、又は破壊することができ、次に掲げる事項が表示されていること。 (1)　当該バルコニー等が避難経路として使用される旨 (2)　当該隔板等を開放し、除去し、又は破壊する方法 (3)　当該隔板等の近傍に避難上支障となる物品を置くことを禁ずる旨 ⑤　住戸等において火災が発生した場合に、当該住戸等が存する階の住戸等に存する者が、当該階の住戸等から、少なくとも一以上の避難経路を利用して階段室等まで安全に避難できること。ただし、バルコニー等に設けられた避難器具（避難器具用ハッチに格納された金属製避難はしご、救助袋）により当該階の住戸等から避難することができる場合は、この限りではありません。	適合の 有・無 適・否 適・否 適・否 適・否 適・否
Ⅱ　開放型特定共同住宅等	開放型特定共同住宅等は、次の各号に適合していること。(構造類型告示第４．２) ①　すべての階の廊下及び階段室が隣地境界線又は建築物の外壁との中心線から１ｍ以上離れていること。 ②　すべての階の廊下及び階段室等が特定光庭に面していないこと。 ③　外気に開放されていないエントランスホール等が避難階に存する場合は、当該エントランスホール等が次に適合していること。 (1)　避難階以外の階段及びエントランスホール等に面する住戸等から当該エントランスホール等を経由しないで避難することができる経路があること。 (2)　エントランスホール等は、避難階以外にわたらないものとすること。ただし、当該エントランスホール等が耐火構造の床又は壁で当該避難階以外の階と区画されている場合（開口部は、防火設備であるはめごろし戸）は、この限りではありません。 ④　廊下は、次に定めるところによること。	適合の 有・無 適・否 適・否 適・否 適・否

	(1)　すべての階の廊下は、次のイ又はロに定めるところによること。 イ　すべての階の廊下は、次のａからｄまでに定めるところによること。 ａ　各階の外気に面する部分の面積は、当該階の見付面積の３分の１を超えていること。 ｂ　外気に面する部分の上部に垂れ壁等を設ける場合は、当該垂れ壁等の下端から天井までの高さは、30ｃｍ以下であること。 ｃ　手すり等の上端からたれ壁等の下端までの高さは、１ｍ以上であること。 ｄ　外気に面する部分に風雨等を遮るために壁等を設ける場合は、当該壁の幅を２ｍ以下とし、かつ、当該壁等相互間の距離を１ｍ以上とすること。 ロ　火災が発生した場合に、当該住戸等の開口部から噴出する煙により、すべての廊下において、消火、避難その他の消防活動に支障になる高さ（床面からの高さ1.8ｍ）まで煙が降下しないこと。 (2)　外気に面しない部分が存する場合は、当該外気に面しない部分の長さは、６ｍ以下であり、かつ、当該外気に面しない部分の幅員の４倍以下であること。 ⑤　階段室等は、次の(1)又は(2)に定めるところによること。 (1)　屋内階段等の部分を定める件（平成14年消告７号）に適合する開口部を有すること。 (2)　火災が発生した場合に、当該住戸等の開口部から噴出する煙により、すべての廊下において、消火、避難その他の消防活動に支障になる高さ（床面からの高さ1.8ｍ）まで煙が降下しないこと。	適・否
Ⅲ　２方向避難・開放型特定共同住宅等	特定共同住宅等における火災時に、すべての住戸、共用室及び管理人室から、少なくとも一以上の避難経路を利用して安全に避難ができるようにするため、避難階又は地上に通ずる二以上の異なった避難経路を確保し、かつ、その主たる出入口が開放型廊下又は開放型階段に面していることにより、特定共同住宅等における火災時に生じる煙を有効に排出することができる特定共同住宅等であって、Ⅰ及びⅡに掲げる要件を満たすもの（構造類型告示第５）	適合の有・無
Ⅳ　その他の特定共同住宅等	ⅠからⅢに掲げる以外の特定共同住宅等（特定共同住宅等省令２条11号）	適合の有・無

（２）　特定共同住宅等の消防用設備等

特定共同住宅等及び福祉施設等（特定共同住宅等の部分であって、(6)項ロ及びハの用途に供されるもの）において、通常用いられる消防用設備等に代えて用いることができる消防の用に供する設備等については、次により査察します。（⇒〔消法〕第17条、〔消令〕第29条の４第１項）

①　初期拡大抑制性能を有する消防用設備等

特定共同住宅等において、火災の拡大性を初期に制御する性能を主として有する通常用いられる消防設備に代えて用いることができる初期拡大制御性能を有する設備については、次により査察します。（⇒特定共同住宅等省令第３条）

査察項目	査　察　事　項	結　果
	特定共同住宅等（住戸利用施設を除く。）において、火災の拡大を初期に抑制する性能（以下「初期拡大抑制性能」という。）を主として有する通常用いられる消防用設備等に代えて用いることができる必要とされる初期拡大抑制性能を主として有する消防の用に供す	該当の有・無

る設備等は、次の表の左欄に掲げる特定共同住宅等の種類及び同表中欄に掲げる通常用いられる消防用設備等の区分に応じ、同表右欄に掲げる必要とされる防火安全性能を有する消防の用に供する設備等とされています。（〔特定共同住宅等省令〕３条１項）

初期拡大抑制性能を有する設備等（福祉施設等を除く。）

特定共同住宅等の種類		通常の消防用設備等	特定共同住宅等消防用設備等
構造類型	地上階数		
Ⅰ　２方向避難型	５以下	・消火器具 ・屋内消火栓設備（第３項二号イ(ロ)及び(ハ)に掲げる階及び部分に設置するものに限る。） ・スプリンクラー設備 ・自動火災報知設備 ・屋外消火栓設備 ・動力消防ポンプ設備	・住宅用消火器及び消火器具 ・共同住宅用スプリンクラー設備 ・共同住宅用自動火災報知設備又は住戸用自動火災報知設備及び共同住宅用住宅用非常警報設備
	10以下	・消火器具 ・屋内消火栓設備（第３項二号イ(ロ)及び(ハ)に掲げる階及び部分に設置するものに限る。） ・スプリンクラー設備 ・自動火災報知設備 ・屋外消火栓設備 ・動力消防ポンプ設備	・住宅用消火器及び消火器具 ・共同住宅用スプリンクラー設備 ・共同住宅用自動火災報知設備
	11以上	・消火器具 ・屋内消火栓設備（第３項二号イ(ロ)及び(ハ)に掲げる階及び部分に設置するものに限る。） ・スプリンクラー設備 ・自動火災報知設備 ・屋外消火栓設備 ・動力消防ポンプ設備	・住宅用消火器及び消火器具 ・共同住宅用スプリンクラー設備 ・共同住宅用自動火災報知設備
Ⅱ　開放型	５以下	・消火器具 ・屋内消火栓設備 ・スプリンクラー設備 ・自動火災報知設備 ・屋外消火栓設備 ・動力消防ポンプ設備	・住宅用消火器及び消火器具 ・共同住宅用スプリンクラー設備 ・共同住宅用自動火災報知設備又は住戸用自動火災報知設備及び共同住宅用住宅用非常警報設備
	６以上	・消火器具 ・屋内消火栓設備 ・スプリンクラー設備 ・自動火災報知設備 ・屋外消火栓設備 ・動力消防ポンプ設備	・住宅用消火器及び消火器具 ・共同住宅用スプリンクラー設備 ・共同住宅用自動火災報知設備
Ⅲ　２方向避難・開放型	10以下	・消火器具 ・屋内消火栓設備 ・スプリンクラー設備 ・自動火災報知設備 ・屋外消火栓設備 ・動力消防ポンプ設備	・住宅用消火器及び消火器具 ・共同住宅用スプリンクラー設備 ・共同住宅用自動火災報知設備又は住戸用自動火災報知設備及び共同住宅用住宅用非常警報設備
	11以上	・消火器具 ・屋内消火栓設備 ・スプリンクラー設備 ・自動火災報知設備 ・屋外消火栓設備 ・動力消防ポンプ設備	・住宅用消火器及び消火器具 ・共同住宅用スプリンクラー設備 ・共同住宅用自動火災報知設備
Ⅳ　その他の	10以下	・消火器具 ・屋内消火栓設備（第３項二号イ(ロ)及び(ハ)に掲げる階及び部分に設置するものに限る。） ・自動火災報知設備 ・屋外消火栓設備 ・動力消防ポンプ設備	・住宅用消火器及び消火器具 ・共同住宅用スプリンクラー設備 ・共同住宅用自動火災報知設備

特定共同住宅等	11以上	・消火器具 ・屋内消火栓設備（第３項二号イに掲げる階及び部分に設置するものに限る。） ・スプリンクラー設備 ・自動火災報知設備 ・屋外消火栓設備 ・動力消防ポンプ設備	・住宅用消火器及び消火器具 ・共同住宅用スプリンクラー設備 ・共同住宅用自動火災報知設備

住戸利用施設において初期拡大抑制性能を有する設備等

該当の有・無

住戸利用施設において、初期拡大抑制性能を主として有する通常用いられる消防用設備等に代えて用いることができる必要とされる初期拡大抑制性能を主として有する消防の用に供する設備等は、次の表の左欄に掲げる特定共同住宅等の種類及び同表中欄に掲げる通常用いられる消防用設備等の区分に応じ、同表右欄に掲げる必要とされる防火安全性能を有する消防の用に供する設備等とされています。（〔特定共同住宅等省令〕３条２項）

特定共同住宅等の種類		通常の消防用設備等	特定共同住宅等消防用設備等
構造類型	地上階数		
Ⅰ　２方向避難型	５以下	・屋内消火栓設備（次項第二号イに掲げる階及び部分に設置するものに限る。以下同じ。） ・スプリンクラー設備 ・自動火災報知設備 ・屋外消火栓設備 ・動力消防ポンプ設備	・共同住宅用スプリンクラー設備 ・共同住宅用自動火災報知設備又は住戸用自動火災報知設備及び共同住宅用非常警報設備
	10以下	・屋内消火栓設備 ・スプリンクラー設備 ・自動火災報知設備 ・屋外消火栓設備 ・動力消防ポンプ設備	・共同住宅用スプリンクラー設備 ・共同住宅用自動火災報知設備
	11以上	・屋内消火栓設備 ・スプリンクラー設備 ・自動火災報知設備 ・屋外消火栓設備 ・動力消防ポンプ設備	・共同住宅用スプリンクラー設備 ・共同住宅用自動火災報知設備
Ⅱ　開放型	５以下	・屋内消火栓設備 ・スプリンクラー設備 ・自動火災報知設備 ・屋外消火栓設備 ・動力消防ポンプ設備	・共同住宅用スプリンクラー設備 ・共同住宅用自動火災報知設備又は住戸用自動火災報知設備及び共同住宅用非常警報設備
	10以下	・屋内消火栓設備 ・スプリンクラー設備 ・自動火災報知設備 ・屋外消火栓設備 ・動力消防ポンプ設備	・共同住宅用スプリンクラー設備 ・共同住宅用自動火災報知設備
	11以上	・屋内消火栓設備 ・スプリンクラー設備 ・自動火災報知設備 ・屋外消火栓設備 ・動力消防ポンプ設備	・共同住宅用スプリンクラー設備 ・共同住宅用自動火災報知設備
Ⅲ　２方向避難・開放型	10以下	・屋内消火栓設備 ・スプリンクラー設備 ・自動火災報知設備 ・屋外消火栓設備 ・動力消防ポンプ設備	・共同住宅用スプリンクラー設備 ・共同住宅用自動火災報知設備又は住戸用自動火災報知設備及び共同住宅用非常警報設備
	11以上	・屋内消火栓設備 ・スプリンクラー設備 ・自動火災報知設備 ・屋外消火栓設備 ・動力消防ポンプ設備	・共同住宅用スプリンクラー設備 ・共同住宅用自動火災報知設備

Ⅳ その他の特定共同住宅等	10以下	・屋内消火栓設備 ・スプリンクラー設備 ・自動火災報知設備 ・屋外消火栓設備 ・動力消防ポンプ設備	・共同住宅用スプリンクラー設備 ・共同住宅用自動火災報知設備
	11以上	・屋内消火栓設備 ・スプリンクラー設備 ・自動火災報知設備 ・屋外消火栓設備 ・動力消防ポンプ設備	・共同住宅用スプリンクラー設備 ・共同住宅用自動火災報知設備

②　避難安全支援性能を有する消防用設備等

特定共同住宅等において、火災時に安全に避難することを支援する性能を主として有する通常用いられる消防設備に代えて用いることができる避難安全支援性能を有する設備等については、次により査察します。（⇒特定共同住宅等省令第４条）

査察項目	査　察　事　項	結　果
避難安全支援性能を有する設備等（住戸利用施設を除く。）	特定共同住宅等（住戸利用施設を除く。）において、火災時に安全に避難することを支援する性能（以下「避難安全支援性能」という。）を主として有する通常用いられる消防用設備等に代えて用いることができる必要とされる避難安全支援性能を主として有する消防の用に供する設備等は、次の表の左欄に掲げる特定共同住宅等の種類及び同表中欄に掲げる通常用いられる消防用設備等の区分に応じ、同表右欄に掲げる必要とされる防火安全性能を有する消防の用に供する設備等とされています。（〔特定共同住宅等省令〕第４条第１項）	**該当の有・無**

特定共同住宅等の種類		通常の消防用設備等	特定共同住宅等消防用設備等
構造類型	地上階数		
Ⅰ ２方向避難型	５以下	・自動火災報知設備 ・非常警報器具又は非常警報設備 ・避難器具	・共同住宅用火災報知設備又は住戸用自動火災報知設備及び共同住宅用火災警報設備
	６以上	・自動火災報知設備 ・非常警報器具又は非常警報設備 ・避難器具	・共同住宅用火災報知設備
Ⅱ 開放型	５以下	・自動火災報知設備 ・非常警報器具又は非常警報設備 ・避難器具 ・誘導灯及び誘導標識	・共同住宅用火災報知設備又は住戸用自動火災報知設備及び共同住宅用火災警報設備
	６以上	・自動火災報知設備 ・非常警報器具又は非常警報設備 ・避難器具 ・誘導灯及び誘導標識	・共同住宅用火災報知設備
Ⅲ ２方向避難・開放型	10以下	・自動火災報知設備 ・非常警報器具又は非常警報設備 ・避難器具 ・誘導灯及び誘導標識	・共同住宅用火災報知設備又は住戸用自動火災報知設備及び共同住宅用火災警報設備
	11以上	・自動火災報知設備 ・非常警報器具又は非常警報設備 ・避難器具 ・誘導灯及び誘導標識	・共同住宅用火災報知設備

構造類型	地上階数	通常の消防用設備等	特定共同住宅等消防用設備等
Ⅳ その他の特定共同住宅等	すべて	・自動火災報知設備 ・非常警報器具又は非常警報設備 ・避難器具	・共同住宅用火災報知設備

査察項目	査察事項	結果
住戸利用施設において避難安全支援性能を有する設備等	福祉施設等において、避難安全支援性能を主として有する通常用いられる消防用設備等に代えて用いることができる必要とされる避難安全支援性能を主として有する消防の用に供する設備等は、次の表の左欄に掲げる特定共同住宅等の種類及び同表中欄に掲げる通常用いられる消防用設備等の区分に応じ、同表右欄に掲げる必要とされる防火安全性能を有する消防の用に供する設備等とされています。〔特定共同住宅等の消防用設備等の省令〕第４条第２項）	該当の有・無

特定共同住宅等の種類		通常の消防用設備等	特定共同住宅等消防用設備等
構造類型	地上階数		
Ⅰ 2方向避難型及び開放型	５以下	・自動火災報知設備 ・非常警報器具又は非常警報設備	・共同住宅用火災報知設備又は住戸用自動火災報知設備及び共同住宅用非常警報設備
	６以上	・自動火災報知設備 ・非常警報器具又は非常警報設備	・共同住宅用火災報知設備
Ⅱ 2方向避難・開放型	10以下	・自動火災報知設備 ・非常警報器具又は非常警報設備	・共同住宅用火災報知設備又は住戸用自動火災報知設備及び共同住宅用非常警報設備
	11以上	・自動火災報知設備 ・非常警報器具又は非常警報設備	・共同住宅用自動火災報知設備
Ⅳ その他の特定共同住宅等	すべて	・自動火災報知設備 ・非常警報器具又は非常警報設備	・共同住宅用自動火災報知設備

③　消防活動支援性能を有する消防用設備等

特定共同住宅等において、消防隊の活動を支援する性能を主として有する通常用いられる消防設備に代えて用いることができる消防活動支援性能を有する設備等については、次により査察します。（⇒特定共同住宅等省令第５）

査察項目	査　察　事　項	結　果
消防活動支援性能を有する設備等	特定共同住宅等（住戸、共用室及び管理人室について、その主たる出入口が階段室等に面する特定共同住宅等に限る。）において、消防隊による活動を支援する性能（以下「消防活動支援性能」という。）を主として有する通常用いられる消防用設備等（連結送水管及び非常コンセント設備に限る。）に代えて用いることができる必要とされる消防活動支援性能を主として有する消防の用に供する設備等は、次の表の左欄に掲げる特定共同住宅等の種類及び同表中欄に掲げる通常用いられる消防用設備等の区分に応じ、同表右欄に掲げる必要とされる消防活動支援性能を有する消防の用に供する設備等とされています。〔特定共同住宅等省令〕５条１項）	該当の有・無

特定共同住宅等の種類	通常用いられる消防用設備等	必要とされる消防活動支援性能を有する消防の用に供する設備等
住戸、共用室及び管理人室について、その主たる出入口が階段室等に面する特定共同住宅等に限る。	連結送水管 非常コンセント設備	共同住宅用連結送水管 共同住宅用非常コンセント設備

７　(6)項の消防用設備等の設置対象

(6)項イ〔病院、診療所又は助産所〕、ロ〔老人短期入所施設等〕、ハ〔老人短期入所施設等を除く。〕及びニ〔幼稚園又は特別支援学校〕に掲げる防火対象物又はその部分の消防用設備等の設置対象について、次により査察します。（⇒〔消法〕第17条、〔消令〕第２章）

<table>
<tr><th colspan="2">項　　目</th><th colspan="3">設　置　等　の　基　準</th><th>設　置</th></tr>
<tr><td colspan="2">消火器具
〔消令〕10</td><td colspan="3">①　(6)項イ(1)から(3)及びロ　全　部
②　(6)項イ(4)、ハ及びニは、次に掲げるもの
ア　延べ面積　150㎡以上
イ　地階、無窓階又は３階以上の階　床面積　50㎡以上
③　少量危険物・指定可燃物（指定数量以上）</td><td>要・否</td></tr>
<tr><td colspan="2">屋内消火栓設備
〔消令〕11</td><td colspan="3">①　延べ面積　700㎡以上　（倍読Ｐ146）
②　地階・無窓階又は４階以上の階　床面積　150㎡以上　（倍読Ｐ146）
③　指定可燃物（可燃性液体類を除く。）　750倍以上（１号消火栓に限る）</td><td>要・否</td></tr>
<tr><td colspan="2">スプリンクラー設備
〔消令〕12</td><td colspan="3">①　火災発生時の延焼を制御する機能を備える構造として総務省令（消則12の２）で定める構造を有する以外のもの
ア　(6)項イ(1)及び(2)並びにロ(1)及び(3)　全　部　（※）
イ　(6)項ロ(2)、(4)及び(5)（介助がなければ避難ができない者として総務省令で定める者を主として入所させるもの）　全　部
ウ　(6)項ロ(2)、(4)及び(5)（イ以外のもの）　275㎡以上
②　平屋建以外
ア　(6)項イ(1)から(3)（①を除く）　床面積の合計　3,000㎡以上
イ　(6)項イ(4)、ハ及びニ
床面積の合計　6,000㎡以上　（注１ Ｐ146）
③　地階・無窓階　床面積　1,000㎡以上
④　４階以上10階以下の階　床面積　1,500㎡以上　（注１ Ｐ146）
⑤　地階を除く階数11以上のもの　全　階　（注１ Ｐ146）
⑥　指定可燃物（可燃性液体類のものを除く。）　1,000倍以上</td><td>要・否</td></tr>
<tr><td colspan="2">水噴霧消火設備等</td><td colspan="3">「23　水噴霧消火設備等の設置基準」（⇒Ｐ190）を見てください。</td><td>要・否</td></tr>
<tr><td colspan="2">屋外消火栓設備
〔消令〕19</td><td colspan="3">１・２階の床面積合計　耐　火：9,000㎡以上
準　耐：6,000㎡以上　（注２ Ｐ146）
その他：3,000㎡以上</td><td>要・否</td></tr>
<tr><td colspan="2">動力消防ポンプ設備〔消令〕20</td><td colspan="3">屋内・屋外消火栓設備の設置対象防火対象物</td><td>要・否</td></tr>
<tr><td colspan="2">自動火災報知設備
〔消令〕21</td><td colspan="3">①　(6)項イ(1)から(3)及びロ　全　部
②　(6)項ハ（利用者を入居させ、又は宿泊させるものに限る。）　全　部
③　(6)項イ(4)、ハ（②を除く。）及びニは、次に掲げるもの
ア　延べ面積　300㎡以上
イ　避難階以外の階で階段一のみのもの
（避難上有効な構造を有するもの階段又は屋外階段がある場合は除く。）
ウ　指定可燃物　500倍以上
エ　駐車場部分　地階・２階以上の階　床面積200㎡以上
オ　階数が11以上の階　全　部
カ　道路の用に供される部分　床面積　屋上部分　600㎡以上
上記以外の部分　400㎡以上</td><td>要・否</td></tr>
<tr><td rowspan="3"></td><td rowspan="3">感知器の</td><td rowspan="3">煙感知器設置部分</td><td>階　段　等</td><td>階段・傾斜路・エレベータの昇降路・リネンシュート・パイプダクト、天井等の高さ15m以上20m未満の場所</td><td>要・否</td></tr>
<tr><td>廊下・通路</td><td>全　部</td><td>要・否</td></tr>
<tr><td>地階・無窓階・11階以上の部分</td><td>全　部</td><td>要・否</td></tr>
</table>

設置基準	炎感知器設置部分	・天井等の高さが20ｍ以上の場合 ・上屋その他外部の気流が流通する場所 ・じんあい、微粉が多量に滞留する場所 ・排気ガスが多量に滞留する場所	要・否
ガス漏れ火災警報設備〔消令〕21の２		①　地階の床面積の合計　1,000㎡以上 ②　温泉の採取のための設備（総務省令で定めるもの）が設置されているもの	要・否
漏電火災警報器〔消令〕22		①　延べ面積　300㎡以上　（注３Ｐ146） ②　契約電流容量　50アンペアを超えるもの　（注３Ｐ146）	要・否
消防機関へ通報する火災報知設備〔消令〕23		①　(6)項イ(1)から(3)及びロ　全　部 ②　(6)項イ(4)、ハ及びニ　延べ面積　500㎡以上	要・否
非常警報設備〔消令〕24	警　報　器　具	(6)項ロ、ハ及びニ　収容人数　20以上50人未満（次欄該当を除く）	要・否
	非常ベル、自動式サイレン等	①　(6)項イ　収容人員　20人以上 ②　(6)項ロ、ハ及びニは、次に掲げるもの ア　収容人数　50人以上 イ　地階・無窓階の収容人数　20人以上	要・否
	ベル等＋放送設備	①　収容人員　300人以上 ②　地階を除く階数が11以上のもの ③　地階の階数が３以上のもの	要・否
避　難　器　具〔消令〕25		①　２階以上の階又は地階　収容人員が20人以上（下階に(1)項～(4)項、(9)項、(12)項イ、(13)項イ、(14)項又は(15)項が存する場合は、10人以上） ②　３階以上の階　当該階（当該階から避難上有効な開口部がない部分がある場合は区画された部分）から避難階又は地上に直通する階段が一の階　収容人員10人以上	要・否
誘　導　灯〔消令〕26	避　難　口	全　　部　（矢印付のものはＢ級以上）	要・否
	通　　路	全　　部	要・否
	誘導標識	全　　部　（避難口・通路誘導灯の有効範囲は設置を要しない）	要・否
消　防　用　水〔消令〕27		①　敷地面積２万㎡以上で、１・２階の床面積合計　耐　火：15,000㎡以上 準　耐：10,000㎡以上　（注２Ｐ146） その他：　5,000㎡以上 ②　高さ31ｍを超え、かつ、延べ面積（地階を除く）25,000㎡以上	要・否
連結散水設備〔消令〕28の２		地階の床面積の合計　700㎡以上	要・否
連結送水管〔消令〕29		①　地階を除く階数が７以上のもの ②　地階を除く階数が５階以上で、延べ面積6,000㎡以上 ③　道路の用に供される部分を有するもの	要・否
非常コンセント〔消令〕29の２		地階を除く、階数が11以上のもの　11階以上の階	要・否
設置届出・検査〔消令〕35		①　(6)項イ(1)から(3)まで及びロ　全　部 ②　(6)項ハ（利用者を入居させ、又は宿泊させるものに限る。）　全　部 ③　(6)項イ(4)、ハ（②を除く。）及びニは、次に掲げるもの ア　延べ面積　300㎡以上 イ　避難階以外に存するもので、当該避難階から避難階又は地上に通じる直通階段が一のもの	要・否
消防用設備等点検・報告〔消令〕36		①　延べ面積　1,000㎡以上 ②　避難階以外に存するもので、当該避難階から避難階又は地上に通じる直通階段が一のもの	要・否

（※）延べ面積が1,000㎡未満の施設では「特定施設水道連結型スプリンクラー設備」を設置することができる。

8　(7)項の消防用設備等の設置対象

(7)項〔小学校、中学校など学校〕に掲げる防火対象物又はその部分の消防用設備等の設置対象について、次により査察します。(⇒〔消法〕第17条、〔消令〕第２章)

<table>
<tr><th colspan="2">項　　目</th><th colspan="3">設　置　等　の　基　準</th><th>設　置</th></tr>
<tr><td colspan="2">消　火　器　具
〔消令〕10</td><td colspan="3">①　延べ面積　300㎡以上
②　地階、無窓階又は３階以上の階　床面積　50㎡以上
③　少量危険物・指定可燃物（指定数量以上）</td><td>要・否</td></tr>
<tr><td colspan="2">屋内消火栓設備
〔消令〕11</td><td colspan="3">①　延べ面積　700㎡以上　（倍読Ｐ146）
②　地階・無窓階又は４階以上の階　床面積　150㎡以上　（倍読Ｐ146）
③　指定可燃物（可燃性液体類を除く。）750倍以上（１号消火栓に限る）</td><td>要・否</td></tr>
<tr><td colspan="2">スプリンクラー設備〔消令〕12</td><td colspan="3">①　階数が11以上のもの　11階以上の階　（注１ Ｐ146）
②　指定可燃物（可燃性液体類のものを除く。）1,000倍以上</td><td>要・否</td></tr>
<tr><td colspan="2">水噴霧消火設備等</td><td colspan="3">「23　水噴霧消火設備等の設置基準」(⇒Ｐ190）を見てください。</td><td>要・否</td></tr>
<tr><td colspan="2">屋外消火栓設備
〔消令〕19</td><td colspan="3">１・２階の床面積合計　耐　火：9,000㎡以上
準　耐：6,000㎡以上　（注２ Ｐ146）
その他：3,000㎡以上</td><td>要・否</td></tr>
<tr><td colspan="2">動力消防ポンプ設備〔消令〕20</td><td colspan="3">屋内・屋外消火栓設備の設置対象防火対象物</td><td>要・否</td></tr>
<tr><td colspan="2">自動火災報知設備
〔消令〕21</td><td colspan="3">①　延べ面積　500㎡以上
②　地階・無窓階又は３階以上　床面積　300㎡以上
③　指定可燃物　500倍以上
④　駐車場部分　地階・２階以上の階　床面積200㎡以上
⑤　階数が11以上の階　全　部
⑥　道路の用に供される部分　床面積　屋上部分　600㎡以上
上記以外の部分　400㎡以上
⑦　通信機器室　床面積　500㎡以上</td><td>要・否</td></tr>
<tr><td rowspan="4"></td><td rowspan="4">感知器の設置基準</td><td rowspan="3">煙感知器設置部分</td><td>階　段　等</td><td>階段・傾斜路・エレベータの昇降路・リネンシュート・パイプダクト、天井等の高さ15m以上20m未満の場所</td><td>要・否</td></tr>
<tr><td>廊下・通路</td><td>全　部</td><td>要・否</td></tr>
<tr><td>地階・無窓階・11階以上の階</td><td>全　部</td><td>要・否</td></tr>
<tr><td>炎感知器設置部分</td><td colspan="2">・天井等の高さが20m以上の場合
・上屋その他外部の気流が流通する場所
・じんあい、微粉が多量に滞留する場所
・排気ガスが多量に滞留する場所</td><td>要・否</td></tr>
<tr><td colspan="2">ガス漏れ火災警報設備
〔消令〕21の２</td><td colspan="3">温泉の採取のための設備（総務省令で定めるもの）が設置されているもの</td><td>要・否</td></tr>
<tr><td colspan="2">漏電火災警報器
〔消令〕22</td><td colspan="3">延べ面積　500㎡以上　（注３ Ｐ146）</td><td>要・否</td></tr>
</table>

消防機関へ通報する火災報知設備 〔消令〕23	延べ面積　1,000㎡以上		要・否
非常警報設備 〔消令〕24	警　報　器　具		
	非常ベル、自動式サイレン等	①　収容人員　50人以上 ②　地階・無窓階の収容人員　20人以上	要・否
	ベル等＋放送設備	①　収容人員　800人以上 ②　地階を除く階数が11以上のもの ③　地階の階数が３以上のもの	要・否
避　難　器　具 〔消令〕25	①　２階以上の階又は地階　収容人員が50人以上（耐火構造の２階を除く） ②　３階以上の階　当該階（当該階から避難上有効な開口部がない部分がある場合は区画された部分）から避難階又は地上に直通する階段が一の階　収容人員10人以上		要・否
誘　導　灯 〔消令〕26	避難口	地階、無窓階及び11階以上の部分　（矢印付のものはＢ級以上）	要・否
	通　路	地階、無窓階及び11階以上の部分	要・否
	誘導標識	全　部　（避難口・通路誘導灯の有効範囲は設置を要しない）	要・否
消　防　用　水 〔消令〕27	①　敷地面積２万㎡以上で、１・２階の床面積合計　耐　火：15,000㎡以上 準　耐：10,000㎡以上　（注２Ｐ146） その他：　5,000㎡以上 ②　高さ31ｍを超え、かつ、延べ面積（地階を除く）25,000㎡以上		要・否
排　煙　設　備 〔消令〕28			
連結散水設備 〔消令〕28の２	地階の床面積の合計　700㎡以上		要・否
連結送水管 〔消令〕29	①　地階を除く階数が７以上のもの ②　地階を除く階数が５階以上で、延べ面積6,000㎡以上 ③　道路の用に供される部分を有するもの		要・否
非常コンセント 〔消令〕29の２	地階を除く階数が11以上のもの　11階以上の階		要・否
設置届出・検査 〔消令〕35	・延べ面積　300㎡以上で、消防長及び消防署長が火災予防上必要と認めて指定したもの		要・否
消防用設備等点検・報告 〔消令〕36	・延べ面積　1,000㎡以上で、消防長及び消防署長が火災予防上必要と認めて指定したもの		要・否

9　(8)項の消防用設備等の設置対象

(8)項〔図書館、博物館等〕に掲げる防火対象物又はその部分の消防用設備等の設置対象について、次により査察します。(⇒〔消法〕第17条、〔消令〕第２章)

<table>
<tr><th colspan="2">項　目</th><th colspan="3">設　置　等　の　基　準</th><th>設　置</th></tr>
<tr><td colspan="2">消　火　器　具
〔消令〕10</td><td colspan="3">①　延べ面積　300㎡以上
②　地階、無窓階又は３階以上の階　床面積　50㎡以上
③　少量危険物・指定可燃物（指定数量以上）</td><td>要・否</td></tr>
<tr><td colspan="2">屋内消火栓設備
〔消令〕11</td><td colspan="3">①　延べ面積　700㎡以上　（倍読Ｐ146）
②　地階・無窓階又は４階以上の階　床面積　150㎡以上　（倍読Ｐ146）
③　指定可燃物（可燃性液体類を除く。）750倍以上（１号消火栓に限る。）</td><td>要・否</td></tr>
<tr><td colspan="2">スプリンクラー設備〔消令〕12</td><td colspan="3">①　階数が11以上のもの　11階以上の階　（注１Ｐ146）
②　指定可燃物等（可燃性液体類のものを除く。）1,000倍以上</td><td>要・否</td></tr>
<tr><td colspan="2">水噴霧消火設備等</td><td colspan="3">「23　水噴霧消火設備等の設置基準」(⇒Ｐ190）を見てください。</td><td>要・否</td></tr>
<tr><td colspan="2">屋外消火栓設備
〔消令〕19</td><td colspan="3">１・２階の床面積合計　耐　火：9,000㎡以上
準　耐：6,000㎡以上　（注２Ｐ146）
その他：3,000㎡以上</td><td>要・否</td></tr>
<tr><td colspan="2">動力消防ポンプ設備〔消令〕20</td><td colspan="3">屋内・屋外消火栓設備の設置対象防火対象物</td><td>要・否</td></tr>
<tr><td rowspan="5">自動火災報知設備
〔消令〕21</td><td colspan="4">①　延べ面積　500㎡以上
②　地階・無窓階又は３階以上　床面積　300㎡以上
③　指定可燃物　500倍以上　貯蔵・取り扱うもの
④　駐車場部分　地階・２階以上の階　床面積200㎡以上
⑤　11階以上の階　全　部
⑥　道路の用に供される部分　床面積　屋上部分　600㎡以上
上記以外の部分　400㎡以上
⑦　通信機器室　床面積　500㎡以上</td><td>要・否</td></tr>
<tr><td rowspan="4">感知器の設置基準</td><td rowspan="3">煙感知器設置部分</td><td>階　段　等</td><td>階段・傾斜路・エレベータの昇降路・リネンシュート・パイプダクト、天井等の高さ15m以上20m未満の場所</td><td>要・否</td></tr>
<tr><td>廊　下　・　通　路</td><td>全　部</td><td>要・否</td></tr>
<tr><td>地階・無窓階・11階以上の部分</td><td>全　部</td><td>要・否</td></tr>
<tr><td>炎感知器設置部分</td><td colspan="2">・天井等の高さが20m以上の場合
・上屋その他外部の気流が流通する場所
・じんあい、微粉が多量に滞留する場所
・排気ガスが多量に滞留する場所</td><td>要・否</td></tr>
<tr><td colspan="2">ガス漏れ火災警報設備
〔消令〕21の２</td><td colspan="3">温泉の採取のための設備（総務省令で定めるもの）が設置されているもの</td><td>要・否</td></tr>
<tr><td colspan="2">漏電火災警報器
〔消令〕22</td><td colspan="3">延べ面積　500㎡以上　（注３Ｐ146）</td><td>要・否</td></tr>
</table>

<table>
<tr><td>消防機関へ通報する火災報知設備〔消令〕23</td><td colspan="2">延べ面積　1,000㎡以上</td><td>要・否</td></tr>
<tr><td rowspan="3">非常警報設備〔消令〕24</td><td>警報器具</td><td></td><td></td></tr>
<tr><td>非常ベル、自動式サイレン等</td><td>①　収容人員　50人以上
②　地階・無窓階の収容人員　20人以上</td><td>要・否</td></tr>
<tr><td>ベル等＋放送設備</td><td>①　収容人員　800人以上
②　地階を除く階数が11以上のもの
③　地階の階数が３以上のもの</td><td>要・否</td></tr>
<tr><td>避難器具〔消令〕25</td><td colspan="2">①　２階以上の階又は地階　収容人員が50人以上（耐火構造の２階を除く）
②　３階以上の階　当該階（当該階から避難上有効な開口部がない部分がある場合は区画された部分）から避難階又は地上に直通する階段が一の階　収容人員10人以上</td><td>要・否</td></tr>
<tr><td rowspan="3">誘導灯〔消令〕26</td><td>避難口</td><td>地階、無窓階及び11階以上の部分（矢印付のものはＢ級以上）</td><td>要・否</td></tr>
<tr><td>通路</td><td>地階、無窓階及び11階以上の部分</td><td>要・否</td></tr>
<tr><td>誘導標識</td><td>全部（避難口・通路誘導灯の有効範囲は設置を要しない）</td><td>要・否</td></tr>
<tr><td>消防用水〔消令〕27</td><td colspan="2">①　敷地面積２万㎡以上で、１・２階の床面積合計　耐火：15,000㎡以上　準耐：10,000㎡以上　その他：5,000㎡以上　（注２Ｐ146）
②　高さ31ｍを超え、かつ、延べ面積（地階を除く）25,000㎡以上</td><td>要・否</td></tr>
<tr><td>排煙設備〔消令〕28</td><td colspan="2"></td><td></td></tr>
<tr><td>連結散水設備〔消令〕28の２</td><td colspan="2">地階の床面積の合計　700㎡以上</td><td>要・否</td></tr>
<tr><td>連結送水管〔消令〕29</td><td colspan="2">①　地階を除く階数が７以上のもの
②　地階を除く階数が５階以上で、延べ面積6,000㎡以上
③　道路の用に供される部分を有するもの</td><td>要・否</td></tr>
<tr><td>非常コンセント〔消令〕29の２</td><td colspan="2">地階を除く、階数が11以上のもの　11階以上の階</td><td>要・否</td></tr>
<tr><td>設置届出・検査〔消令〕35</td><td colspan="2">延べ面積　300㎡以上で、消防長又は消防署長が火災予防上必要と認め指定したもの</td><td>要・否</td></tr>
<tr><td>消防用設備等点検・報告〔消令〕36</td><td colspan="2">延べ面積　1,000㎡以上で、消防長又は消防署長が火災予防上必要と認め指定したもの</td><td>要・否</td></tr>
</table>

10　(9)項の消防用設備等の設置対象

(9)項イ〔蒸気浴場、熱気浴場等〕及びロ〔イ以外の公衆浴場〕に掲げる防火対象物又はその部分の消防用設備等の設置対象について、次により査察します。(⇒〔消法〕第17条、〔消令〕第２章)

<table>
<tr><th colspan="2">項　目</th><th colspan="3">設　置　等　の　基　準</th><th>配　置</th></tr>
<tr><td colspan="2">消　火　器　具
〔消令〕10</td><td colspan="3">①　延べ面積　150㎡以上
②　地階・無窓階又は３階以上の階　床面積　50㎡以上
③　少量危険物・指定可燃物（指定数量以上）</td><td>要・否</td></tr>
<tr><td colspan="2">屋内消火栓設備
〔消令〕11</td><td colspan="3">①　延べ面積　700㎡以上　(倍読Ｐ146)
②　地階・無窓階又は４階以上の階　床面積　150㎡以上　(倍読Ｐ146)
③　指定可燃物（可燃性液体類を除く。）　750倍以上（１号消火栓に限る）</td><td>要・否</td></tr>
<tr><td colspan="2">スプリンクラー設備
〔消令〕12</td><td colspan="3">①　(9)項イは、次に掲げるもの
ア　平屋建以外　床面積の合計　6,000㎡以上　(注１ Ｐ146)
イ　地階・無窓階　床面積　1,000㎡以上
ウ　４階以上10階以下の階　床面積　1,500㎡以上　(注１ Ｐ146)
オ　地階を除く階数11以上のもの　全　階　(注１ Ｐ146)
②　(9)項ロ　11階以上のもの　11階以上の階　(注１ Ｐ146)
③　指定可燃物（可燃性液体類のものを除く。）　1,000倍以上</td><td>要・否</td></tr>
<tr><td colspan="2">水噴霧消火設備等</td><td colspan="3">「23　水噴霧消火設備等の設置基準」(⇒Ｐ190）を見てください。</td><td>要・否</td></tr>
<tr><td colspan="2">屋外消火栓設備
〔消令〕19</td><td colspan="3">１・２階の床面積合計　耐　火：9,000㎡以上
準　耐：6,000㎡以上　(注２ Ｐ146)
その他：3,000㎡以上</td><td>要・否</td></tr>
<tr><td colspan="2">動力消防ポンプ設備〔消令〕20</td><td colspan="3">屋内・屋外消火栓設備の設置対象防火対象物</td><td>要・否</td></tr>
<tr><td rowspan="5">自動火災報知設備
〔消令〕21</td><td colspan="4">①　(9)項イは、次に掲げるもの
ア　延べ面積　200㎡以上
イ　避難階以外の階で階段一のみのもの
（避難上有効な構造を有する避難階段又は屋外階段がある場合は除く。）
②　(9)項ロは、次に掲げるもの
ア　延べ面積　500㎡以上
イ　地階・無窓階又は３階以上の床面積　300㎡以上
③　指定可燃物　500倍以上
④　駐車場部分　地階・２階以上の階　床面積200㎡以上
⑤　階数が11以上の階　全　部
⑥　道路の用に供される部分　床面積　屋上部分　600㎡以上
上記以外の部分　400㎡以上
⑦　通信機器室　床面積　500㎡以上</td><td>要・否</td></tr>
<tr><td rowspan="4">感知器の設置基準</td><td rowspan="3">煙感知器設置部分</td><td>階　段　等</td><td>階段・傾斜路・エレベータの昇降路・リネンシュート・パイプダクト、天井等の高さ15ｍ以上20ｍ未満の場所</td><td>要・否</td></tr>
<tr><td>廊　下　・　通　路</td><td>全　部</td><td>要・否</td></tr>
<tr><td>地階・無窓階・11階以上の部分</td><td>全　部</td><td>要・否</td></tr>
<tr><td>炎感知器設置部分</td><td colspan="2">・天井等の高さが20ｍ以上の場合
・上屋その他外部の気流が流通する場所
・じんあい、微粉が多量に滞留する場所
・排気ガスが多量に滞留する場所</td><td>要・否</td></tr>
</table>

ガス漏れ火災警報設備〔消令〕21の２		①　**(9)項イ**　地階　床面積の合計　1,000㎡以上 ②　温泉の採取のための設備（総務省令で定めるもの）が設置されているもの	要・否
漏電火災警報器〔消令〕22		延べ面積　150㎡以上　（注３ P146）	要・否
消防機関へ通報する火災報知設備〔消令〕23		延べ面積　1,000㎡以上	要・否
非常警報設備〔消令〕24	警報器具	**(9)項ロ**　収容人数　20人以上50人未満（次欄該当を除く）	有・無
	非常ベル、自動式サイレン等	①　**(9)項イ**　収容人員　20人以上 ②　**(9)項ロ**は、次に掲げるもの ア　収容人数　50人以上 イ　地階・無窓階の収容人数　20人以上	有・無
	ベル等＋放送設備	①　**(9)項イ**　収容人員　300人以上 ②　**(9)項イ及びロ** ア　地階を除く階数が11以上のもの イ　地階の階数が３以上のもの	有・無
避難器具〔消令〕25		①　２階以上の階又は地階　収容人員が50人以上（耐火構造の２階を除く） ②　３階以上の階　当該階（当該階から避難上有効な開口部がない部分がある場合は区画された部分）から避難階又は地上に直通する階段が一の階　収容人員10人以上	要・否
誘導灯〔消令〕26	避難口	全　部（床面積1,000㎡以上　Ａ級又はＢ級、20cd以上又は点滅機能を有するもの）	要・否
	通路	全　部（床面積1,000㎡以上　Ａ級又はＢ級、25cd以上）	要・否
	誘導標識	全　部（避難口・通路誘導灯の有効範囲は設置を要しない）	要・否
消防用水〔消令〕27		①　敷地面積２万㎡以上で、１・２階の床面積合計　耐　火：15,000㎡以上 準　耐：10,000㎡以上　（注２ P146） その他：　5,000㎡以上 ②　高さ31ｍを超え、かつ、延べ面積（地階を除く）25,000㎡以上	要・否
排煙設備〔消令〕28			
連結散水設備〔消令〕28の２		地階の床面積の合計　700㎡以上	要・否
連結送水管〔消令〕29		①　地階を除く階数が７以上のもの ②　地階を除く階数が５階以上で、延べ面積6,000㎡以上 ③　道路の用に供される部分を有するもの	要・否
非常コンセント〔消令〕29の２		地階を除く、階数が11以上のもの　11階以上の階	要・否
設置届出・検査〔消令〕35		①　**(9)項イ**は、次に掲げるもの ア　延べ面積　300㎡以上 イ　避難階以外に存するもので、当該避難階から避難階又は地上に通じる直通階段が一のもの ②　**(9)項ロ**は、延べ面積　300㎡以上で、消防長又は消防署長が火災予防上必要と認め指定したもの	要・否
消防用設備等点検・報告〔消令〕36		①　**(9)項イ**は、次に掲げるもの ア　延べ面積　1,000㎡以上 イ　避難階以外に存するもので、当該避難階から避難階又は地上に通じる直通階段が一のもの　（有資格者） ②　**(9)項ロ**は、延べ面積　1,000㎡以上で、消防長又は消防署長が火災予防上必要と認め指定したもの	要・否

11　⑽項の消防用設備等の設置対象

⑽項〔停車場、発着場〕に掲げる防火対象物又はその部分の消防用設備等の設置対象について、次により査察します。（⇒〔消法〕第17条、〔消令〕第２章）

<table>
<tr><th>項　目</th><th colspan="3">設　置　等　の　基　準</th><th>設　置</th></tr>
<tr><td>消　火　器　具
〔消令〕10</td><td colspan="3">①　延べ面積　300㎡以上
②　地階・無窓階又は３階以上の階　床面積　50㎡以上
③　少量危険物・指定可燃物（指定数量以上）</td><td>要・否</td></tr>
<tr><td>屋内消火栓設備
〔消令〕11</td><td colspan="3">①　延べ面積　700㎡以上　（倍読Ｐ146）
②　地階・無窓階又は４階以上の階　床面積　150㎡以上　（倍読Ｐ146）
③　指定可燃物（可燃性液体類を除く。）　750倍以上（１号消火栓に限る）</td><td>要・否</td></tr>
<tr><td>スプリンクラー設備〔消令〕12</td><td colspan="3">①　階数が11以上のもの　11階以上の階　（注１ Ｐ146）
②　指定可燃物（可燃性液体類のものを除く。）　1,000倍以上</td><td>要・否</td></tr>
<tr><td>水噴霧消火設備等</td><td colspan="3">「23　水噴霧消火設備等の設置基準」（⇒Ｐ190）を見てください。</td><td>要・否</td></tr>
<tr><td>屋外消火栓設備
〔消令〕19</td><td colspan="3">１・２階の床面積合計　耐　火：9,000㎡以上
準　耐：6,000㎡以上　（注２ Ｐ146）
その他：3,000㎡以上</td><td>要・否</td></tr>
<tr><td>動力消防ポンプ設備〔消令〕20</td><td colspan="3">屋内・屋外消火栓設備の設置対象防火対象物</td><td>要・否</td></tr>
<tr><td>自動火災報知設備
〔消令〕21</td><td colspan="3">①　延べ面積　500㎡以上
②　地階・無窓階又は３階以上　床面積　300㎡以上
③　指定可燃物　500倍以上
④　駐車場部分　地階・２階以上の階　床面積200㎡以上
⑤　階数が11以上の階　全　部
⑥　道路の用に供される部分　床面積　屋上部分　600㎡以上
上記以外の部分　400㎡以上
⑦　通信機器室　床面積　500㎡以上</td><td>要・否</td></tr>
<tr><td rowspan="4">感知器の設置基準</td><td rowspan="3">煙感知器設置部分</td><td>階　段　等</td><td>階段・傾斜路・エレベータの昇降路・リネンシュート・パイプダクト、天井等の高さ15m以上20m未満の場所</td><td>要・否</td></tr>
<tr><td>廊　下・　通　路</td><td>全　部</td><td>要・否</td></tr>
<tr><td>地階・無窓階・11階以上の階</td><td>全　部</td><td>要・否</td></tr>
<tr><td>炎感知器設置部分</td><td colspan="2">・天井等の高さが20m以上の場合
・上屋その他外部の気流が流通する場所
・じんあい、微粉が多量に滞留する場所
・排気ガスが多量に滞留する場所</td><td>要・否</td></tr>
<tr><td>ガス漏れ火災警報設備
〔消令〕21の２</td><td colspan="3">温泉の採取のための設備（総務省令で定めるもの）が設置されているもの</td><td>要・否</td></tr>
<tr><td>漏電火災警報器
〔消令〕22</td><td colspan="3">延べ面積　500㎡以上　（注３ Ｐ146）</td><td>要・否</td></tr>
</table>

消防機関へ通報する火災報知設備〔消令〕23	延べ面積　1,000㎡以上		要・否
非常警報設備〔消令〕24	警　報　器　具		
	非常ベル、自動式サイレン等	①　収容人員　50人以上 ②　地階・無窓階の収容人員　20人以上	要・否
	ベル等＋放送設備	①　地階を除く階数が11以上のもの ②　地階の階数が３以上のもの	要・否
避難器具〔消令〕25	①　地階又は２階以上の階　収容人員が50人以上（耐火構造の２階を除く） ②　３階以上の階　当該階（当該階から避難上有効な開口部がない部分がある場合は区画された部分）から避難階又は地上に直通する階段が一の階　収容人員10人以上		要・否
誘導灯〔消令〕26	避難口	地階・無窓階及び11階以上の部分（床面積1,000㎡以上　Ａ級又はＢ級、20cd以上又は点滅機能を有するもの）	要・否
	通　路	地階・無窓階及び11階以上の部分（床面積1,000㎡以上　Ａ級又はＢ級、25cd以上）	要・否
	誘導標識	全　部（避難口・通路誘導灯の有効範囲は設置を要しない）	要・否
消防用水〔消令〕27	①　敷地面積２万㎡以上で、　耐　火：15,000㎡以上 １・２階の床面積合計　準　耐：10,000㎡以上　（注２Ｐ146） その他：　5,000㎡以上 ②　高さ31ｍを超え、かつ、延べ面積（地階を除く）25,000㎡以上		要・否
排煙設備〔消令〕28	地階・無窓階　床面積　1,000㎡以上		要・否
連結散水設備〔消令〕28の２	地階の床面積の合計　700㎡以上		要・否
連結送水管〔消令〕29	①　地階を除く階数が７以上のもの ②　地階を除く階数が５階以上で、延べ面積6,000㎡以上 ③　道路の用に供される部分を有するもの		要・否
非常コンセント〔消令〕29の２	地階を除く、階数が11以上のもの　11階以上の階		要・否
設置届出・検査〔消令〕35	延べ面積　300㎡以上で、消防長及び消防署長が火災予防上必要と認め指定したもの		要・否
消防用設備等点検・報告〔消令〕36	延べ面積　1,000㎡以上で、消防長及び消防署長が火災予防上必要と認め指定したもの		要・否

12　⑾項の消防用設備等の設置対象

⑾項〔神社、寺院、教会等〕に掲げる防火対象物又はその部分の消防用設備等の設置対象について、次により査察します。（⇒〔消法〕第17条、〔消令〕第２章）

<table>
<tr><th colspan="2">項　目</th><th colspan="3">設　置　等　の　基　準</th><th>設　置</th></tr>
<tr><td colspan="2">消　火　器　具
〔消令〕10</td><td colspan="3">①　延べ面積　300㎡以上
②　地階・無窓階又は３階以上の階　床面積　50㎡以上
③　少量危険物・指定可燃物（指定数量以上）</td><td>要・否</td></tr>
<tr><td colspan="2">屋内消火栓設備
〔消令〕11</td><td colspan="3">①　延べ面積　1,000㎡以上　（倍読Ｐ146）
②　地階・無窓階又は４階以上の階　床面積　200㎡以上　（倍読Ｐ146）
③　指定可燃等（可燃性液体類を除く。）　750倍以上（１号消火栓に限る）</td><td>要・否</td></tr>
<tr><td colspan="2">スプリンクラー設備〔消令〕12</td><td colspan="3">①　階数が11以上のもの　11階以上の階　（注１ Ｐ146）
②　指定可燃物（可燃性液体類のものを除く。）　1,000倍以上</td><td>要・否</td></tr>
<tr><td colspan="2">水噴霧消火設備等</td><td colspan="3">「23　水噴霧消火設備等の設置基準」（⇒Ｐ190）を見てください。</td><td>要・否</td></tr>
<tr><td colspan="2">屋外消火栓設備
〔消令〕19</td><td colspan="3">１・２階の床面積合計　耐　火：9,000㎡以上
準　耐：6,000㎡以上　（注２ Ｐ146）
その他：3,000㎡以上</td><td>要・否</td></tr>
<tr><td colspan="2">動力消防ポンプ設備〔消令〕20</td><td colspan="3">屋内・屋外消火栓設備の設置対象防火対象物</td><td>要・否</td></tr>
<tr><td rowspan="5">自動火災報知設備
〔消令〕21</td><td colspan="4">①　延べ面積　1,000㎡以上
②　地階・無窓階又は３階以上　床面積　300㎡以上
③　指定可燃物　500倍以上　貯蔵・取り扱うもの
④　駐車場部分　地階・２階以上の階　床面積200㎡以上
⑤　階数が11以上の階　全　部
⑥　道路の用に供される部分　床面積　屋上部分　600㎡以上
上記以外の部分　400㎡以上
⑦　通信機器室　床面積　500㎡以上</td><td>要・否</td></tr>
<tr><td rowspan="4">感知器の設置基準</td><td rowspan="3">煙感知器設置部分</td><td>階　段　等</td><td>階段・傾斜路・エレベータの昇降路・リネンシュート・パイプダクト、天井等の高さ15m以上20m未満の場所</td><td>要・否</td></tr>
<tr><td>廊下・通路</td><td>全　部</td><td>要・否</td></tr>
<tr><td>地階・無窓階・11階以上の階</td><td>全　部</td><td>要・否</td></tr>
<tr><td>炎感知器設置部分</td><td colspan="2">・天井等の高さが20m以上の場合
・上屋その他外部の気流が流通する場所
・じんあい、微粉が多量に滞留する場所
・排気ガスが多量に滞留する場所</td><td>要・否</td></tr>
<tr><td colspan="2">ガス漏れ火災警報設備
〔消令〕21の２</td><td colspan="3">温泉の採取のための設備（総務省令で定めるもの）が設置されているもの</td><td>要・否</td></tr>
<tr><td colspan="2">漏電火災警報器
〔消令〕22</td><td colspan="3">延べ面積　500㎡以上　（注３ Ｐ146）</td><td>要・否</td></tr>
</table>

消防機関へ通報する火災報知設備〔消令〕23		延べ面積　1,000㎡以上	要・否
非常警報設備〔消令〕24	警　報　器　具		
	非常ベル、自動式サイレン等	①　収容人員　50人以上 ②　地階・無窓階の収容人員　20人以上	要・否
	ベル等＋放送設備	①　地階を除く階数が11以上のもの ②　地階の階数が３以上のもの	要・否
避　難　器　具〔消令〕25		①　２階以上の階又は地階　収容人員が50人以上（耐火構造の２階を除く） ②　３階以上の階　当該階（当該階から避難上有効な開口部がない部分がある場合は区画された部分）から避難階又は地上に直通する階段が一の階　収容人員10人以上	要・否
誘　導　灯〔消令〕26	避　難　口	地階・無窓階及び11階以上の部分　（矢印付のものはＢ級以上）	要・否
	通　　路	地階・無窓階及び11階以上の部分	要・否
	誘導標識	全　　部　（避難口・通路誘導灯の有効範囲は設置を要しない）	要・否
消　防　用　水〔消令〕27		①　敷地面積２万㎡以上で、１・２階の床面積合計　耐　火：15,000㎡以上 準　耐：10,000㎡以上　（注２ P146） その他：　5,000㎡以上 ②　高さ31ｍを超え、かつ、延べ面積（地階を除く）25,000㎡以上	要・否
排　煙　設　備〔消令〕28			
連結散水設備〔消令〕28の２		地階の床面積の合計　700㎡以上	要・否
連結送水管〔消令〕29		①　地階を除く階数が７以上のもの ②　地階を除く階数が５階以上で、延べ面積6,000㎡以上 ③　道路の用に供される部分を有するもの	要・否
非常コンセント〔消令〕29の２		地階を除く、階数が11以上のもの　11階以上の階	要・否
設置届出・検査〔消令〕35		延べ面積　300㎡以上で、消防長又は消防署長が火災予防上必要と認め指定したもの	要・否
消防用設備等点検・報告〔消令〕36		延べ面積　1,000㎡以上で、消防長又は消防署長が火災予防上必要と認め指定したもの	要・否

13　⑿項の消防用設備等の設置対象察

⑿項イ〔工場又は作業場〕及びロ〔映画スタジオ又はテレビスタジオ〕に掲げる防火対象物又はその部分の消防用設備等の設置対象について、次により査察します。（⇒〔消法〕第17条、〔消令〕第２章）

<table>
<tr><th colspan="2">項　目</th><th colspan="3">設　置　等　の　基　準</th><th>設　置</th></tr>
<tr><td colspan="2">消火器具
〔消令〕10</td><td colspan="3">①　延べ面積　150㎡以上
②　地階・無窓階又は３階以上の階　床面積　50㎡以上
③　少量危険物・指定可燃物（指定数量以上）</td><td>要・否</td></tr>
<tr><td colspan="2">屋内消火栓
〔消令〕11</td><td colspan="3">①　延べ面積　700㎡以上　（倍読Ｐ146）
②　地階・無窓階又は４階以上の階　床面積　150㎡以上　（倍読Ｐ146）
③　指定可燃物（可燃性液体類を除く。）　750倍以上（１号消火栓に限る）</td><td>要・否</td></tr>
<tr><td colspan="2">スプリンクラー設備〔消令〕12</td><td colspan="3">①　階数が11以上のもの　11階以上の階　（注１Ｐ146）
②　指定可燃物（可燃性液体類のものを除く。）　1,000倍以上</td><td>要・否</td></tr>
<tr><td colspan="2">水噴霧消火設備等</td><td colspan="3">「23　水噴霧消火設備等の設置基準」（⇒Ｐ190）を見てください。</td><td>要・否</td></tr>
<tr><td colspan="2">屋外消火栓設備
〔消令〕19</td><td colspan="3">１・２階の床面積合計　耐　火：9,000㎡以上
準　耐：6,000㎡以上　（注２Ｐ146）
その他：3,000㎡以上</td><td>要・否</td></tr>
<tr><td colspan="2">動力消防ポンプ設備〔消令〕20</td><td colspan="3">屋内・屋外消火栓設備の設置対象防火対象物</td><td>要・否</td></tr>
<tr><td rowspan="5">自動火災報知設備
〔消令〕21</td><td colspan="4">①　延べ面積　500㎡以上
②　地階・無窓階又は３階以上　床面積　300㎡以上
③　指定可燃物　500倍以上
④　駐車場部分　地階・２階以上の階　床面積200㎡以上
⑤　階数が11以上の階　全　部
⑥　道路の用に供される部分　床面積　屋上部分　600㎡以上
上記以外の部分　400㎡以上
⑦　通信機器室　床面積　500㎡以上</td><td>要・否</td></tr>
<tr><td rowspan="4">感知器の設置基準</td><td rowspan="3">煙感知器
設置部分</td><td>階　段　等</td><td>階段・傾斜路・エレベータの昇降路・リネンシュート・パイプダクト、天井等の高さ15ｍ以上20ｍ未満の場所</td><td>要・否</td></tr>
<tr><td>廊下・通路</td><td>全　部</td><td>要・否</td></tr>
<tr><td>地階・無窓階・
11階以上の部分</td><td>全　部</td><td>要・否</td></tr>
<tr><td>炎感知器
設置部分</td><td colspan="2">・天井等の高さが20ｍ以上の場合
・上屋その他外部の気流が流通する場所
・じんあい、微粉が多量に滞留する場所
・排気ガスが多量に滞留する場所</td><td>要・否</td></tr>
<tr><td colspan="2">ガス漏れ火災警報設備
〔消令〕21の２</td><td colspan="3">温泉の採取のための設備（総務省令で定めるもの）が設置されているもの</td><td>要・否</td></tr>
<tr><td colspan="2">漏電火災警報器
〔消令〕22</td><td colspan="3">延べ面積　300㎡以上　（注３Ｐ146）</td><td>要・否</td></tr>
</table>

消防機関へ通報する火災報知設備〔消令〕23	延べ面積　500㎡以上		要・否
非常警報設備〔消令〕24	警　報　器　具	収容人員が20人以上50人未満（次欄該当を除く）	要・否
	非常ベル、自動式サイレン等	①　収容人員　50人以上 ②　地階・無窓階の収容人員　20人以上	要・否
	ベル等＋放送設備	①　地階を除く階数が11以上のもの ②　地階の階数が３以上のもの	要・否
避　難　器　具〔消令〕25	①　３階以上の無窓階又は地階　収容人員が100人以上 ②　３階以上の①以外の階　収容人員150人以上 ③　３階以上の階　当該階（当該階から避難上有効な開口部がない部分がある場合は区画された部分）から避難階又は地上に直通する階段が一の階　収容人員10人以上）		要・否
誘　導　灯〔消令〕26	避　難　口	地階、無窓階及び11階以上の部分　（矢印付のものはＢ級以上）	要・否
	通　　路	地階、無窓階及び11階以上の部分	要・否
	誘導標識	全　　部　（避難口・通路誘導灯の有効範囲は設置を要しない）	要・否
消　防　用　水〔消令〕27	①　敷地面積２万㎡以上で、　耐　火：15,000㎡以上 １・２階の床面積合計　準　耐：10,000㎡以上　（注２Ｐ146） その他：　5,000㎡以上 ②　高さ31ｍを超え、かつ、延べ面積（地階を除く）25,000㎡以上		要・否
排　煙　設　備〔消令〕28			
連結散水設備〔消令〕28の２	地階の床面積の合計　700㎡以上		要・否
連　結　送　水　管〔消令〕29	①　地階を除く階数が７以上のもの ②　地階を除く階数が５階以上で、延べ面積6,000㎡以上 ③　道路の用に供される部分を有するもの		要・否
非常コンセント〔消令〕29の２	地階を除く、階数が11以上のもの　11階以上の階		要・否
設置届出・検査〔消令〕35	延べ面積　300㎡以上で、消防長及び消防署長が火災予防上必要と認め指定したもの		要・否
消防用設備等点検・報告〔消令〕36	延べ面積　1,000㎡以上、消防長及び消防署長が火災予防上必要と認め指定したもの		要・否

14　⒀項の消防用設備等の設置対象

⒀項イ〔自動車車庫又は駐車場〕及びロ〔飛行機又は回転翼航空機の格納庫〕に掲げる防火対象物又はその部分の消防用設備等の設置対象について、次により査察します。（⇒〔消法〕第17条、〔消令〕第２章）

<table>
<tr><th colspan="2">項　目</th><th colspan="3">設　置　等　の　基　準</th><th>設　置</th></tr>
<tr><td colspan="2">消火器具
〔消令〕10</td><td colspan="3">①　延べ面積　150㎡以上
②　地階・無窓階又は３階以上の階　床面積　50㎡以上
③　少量危険物・指定可燃物（指定数量以上）</td><td>要・否</td></tr>
<tr><td colspan="2">屋内消火栓設備
〔消令〕11</td><td colspan="3">指定可燃物（可燃性液体類を除く。）750倍以上（１号消火栓に限る）</td><td>要・否</td></tr>
<tr><td colspan="2">スプリンクラー設備〔消令〕12</td><td colspan="3">①　階数が11以上のもの　11階以上の階　（注１ P146）
②　指定可燃物等（可燃性液体類のものを除く。）1,000倍以上</td><td>要・否</td></tr>
<tr><td colspan="2">水噴霧消火設備等</td><td colspan="3">「23　水噴霧消火設備等の設置基準」（⇒P190）を見てください。</td><td>要・否</td></tr>
<tr><td colspan="2">屋外消火栓設備
〔消令〕19</td><td colspan="3">１・２階の床面積合計　耐　火：9,000㎡以上
準　耐：6,000㎡以上　（注２ P146）
その他：3,000㎡以上</td><td>要・否</td></tr>
<tr><td colspan="2">動力消防ポンプ設備〔消令〕20</td><td colspan="3">屋内・屋外消火栓設備の設置対象防火対象物</td><td>要・否</td></tr>
<tr><td colspan="2">自動火災報知設備
〔消令〕21</td><td colspan="3">①　⒀項ロ　全　部
②　⒀項イは、次に掲げるもの
(1)　延べ面積　500㎡以上
(2)　地階・無窓階又は３階以上　床面積　300㎡以上
③　指定可燃物　500倍以上
④　駐車場部分　地階・２階以上の階　床面積200㎡以上
⑤　階数が11以上の階　全　部
⑥　道路の用に供される部分　床面積　屋上部分　600㎡以上
上記以外の部分　400㎡以上
⑦　通信機器室　床面積　500㎡以上</td><td>要・否</td></tr>
<tr><td rowspan="4"></td><td rowspan="4">感知器の設置基準</td><td rowspan="3">煙感知器設置部分</td><td>階　段　等</td><td>階段・傾斜路・エレベータの昇降路・リネンシュート・パイプダクト、天井等の高さ15m以上20m未満の場所</td><td>要・否</td></tr>
<tr><td>廊下・階段</td><td>全　部</td><td>要・否</td></tr>
<tr><td>地下・無窓階・11階以上の部分</td><td>全　部</td><td>要・否</td></tr>
<tr><td>炎感知器設置部分</td><td colspan="2">・天井等の高さが20m以上の場合
・上屋その他外部の気流が流通する場所
・じんあい、微粉が多量に滞留する場所
・排気ガスが多量に滞留する場所</td><td>要・否</td></tr>
<tr><td colspan="2">ガス漏れ火災警報設備
〔消令〕21の２</td><td colspan="3">温泉の採取のための設備（総務省令で定めるもの）が設置されているもの</td><td>要・否</td></tr>
</table>

漏電火災警報器〔消令〕22			
消防機関へ通報する火災報知設備〔消令〕23		延べ面積　1,000㎡以上	**要・否**
非常警報設備〔消令〕24	警　報　器　具		
	非常ベル、自動式サイレン等	①　収容人員　50人以上 ②　地階・無窓階の収容人員　20人以上	**要・否**
	ベル等＋放送設備	①　地階を除く階数が11以上のもの ②　地階の階数が３以上のもの	**要・否**
避　難　器　具〔消令〕25		３階以上の階　当該階（当該階から避難上有効な開口部がない部分がある場合は区画された部分）から避難階又は地上に直通する階段が一の階　収容人員10人以上	**要・否**
誘　導　灯〔消令〕26	避　難　口	地階、無窓階及び11階以上の部分　（矢印付のものはＢ級以上）	**要・否**
	通　　路	地階、無窓階及び11階以上の部分	**要・否**
	誘導標識	全　　部　（避難口・通路誘導灯の有効範囲は設置を要しない）	**要・否**
消　防　用　水〔消令〕27		①　敷地面積２万㎡以上で、　耐　火：15,000㎡以上 １・２階の床面積合計　準　耐：10,000㎡以上　（注２ P146） その他：　5,000㎡以上 ②　高さ31ｍを超え、かつ、延べ面積（地階を除く）25,000㎡以上	**要・否**
排　煙　設　備〔消令〕28		地階又は無窓階で床面積　1,000㎡以上	**要・否**
連結散水設備〔消令〕28の２		地階の床面積の合計　700㎡以上	**要・否**
連　結　送　水　管〔消令〕29		①　地階を除く階数が７以上のもの ②　地階を除く階数が５階以上で、延べ面積6,000㎡以上 ③　道路の用に供される部分を有するもの	**要・否**
非常コンセント〔消令〕29の２		地階を除く、階数が11以上のもの　11階以上の階	**要・否**
設置届出・検査〔消令〕35		延べ面積　300㎡以上で、消防長又は消防署長が火災予防上必要と認め指定したもの	**要・否**
消防用設備等点検・報告〔消令〕36		延べ面積　1,000㎡以上で、消防長又は消防署長が火災予防上必要と認め指定したもの	**要・否**

15　⒁項の消防用設備等の設置対象

⒁項〔倉庫〕に掲げる防火対象物又はその部分の消防用設備等の設置対象について、次により査察します。（⇒〔消法〕第17条、〔消令〕第２章）

<table>
<tr><th colspan="2">項　目</th><th colspan="3">設　置　等　の　基　準</th><th>設　置</th></tr>
<tr><td colspan="2">消火器具
〔消令〕10</td><td colspan="3">①　延べ面積　150㎡以上
②　地階・無窓階又は３階以上の階　床面積　50㎡以上
③　少量危険物・指定可燃物（指定数量以上）</td><td>要・否</td></tr>
<tr><td colspan="2">屋内消火栓設備
〔消令〕11</td><td colspan="3">①　延べ面積　700㎡以上　（倍読Ｐ146）
②　地階・無窓階又は４階以上の階　床面積　150㎡以上　（倍読Ｐ146）
③　指定可燃物（可燃性液体類を除く。）750倍以上（１号消火栓に限る。）</td><td>要・否</td></tr>
<tr><td colspan="2">スプリンクラー設備
〔消令〕12</td><td colspan="3">①　ラック式倉庫で、天井（天井がない場合は屋根の下面）の高さが10mを超え、かつ、延べ面積　700㎡以上
②　階数が11以上のもの　11階以上の階　（注１ Ｐ146）
③　指定可燃物（可燃性液体類のものを除く。）1,000倍以上</td><td>要・否</td></tr>
<tr><td colspan="2">水噴霧消火設備等</td><td colspan="3">「23　水噴霧消火設備等の設置基準」（⇒Ｐ190）を見てください。</td><td>要・否</td></tr>
<tr><td colspan="2">屋外消火栓設備
〔消令〕19</td><td colspan="3">１・２階の床面積合計　耐　火：9,000㎡以上
準　耐：6,000㎡以上　（注２ Ｐ146）
その他：3,000㎡以上</td><td>要・否</td></tr>
<tr><td colspan="2">動力消防ポンプ設備〔消令〕20</td><td colspan="3">屋内・屋外消火栓設備の設置対象防火対象物</td><td>要・否</td></tr>
<tr><td rowspan="5">自動火災報知設備
〔消令〕21</td><td colspan="4">①　延べ面積　500㎡以上
②　地階・無窓階又は３階以上　床面積　300㎡以上
③　指定可燃物　500倍以上
④　駐車場部分　地階・２階以上の階　床面積　200㎡以上
⑤　階数が11以上の階　全　部
⑥　道路の用に供される部分　床面積　屋上部分　600㎡以上
上記以外の部分　400㎡以上
⑦　通信機器室　床面積　500㎡以上</td><td>要・否</td></tr>
<tr><td rowspan="4">感知器の設置基準</td><td rowspan="3">煙感知器設置部分</td><td>階　段　等</td><td>階段・傾斜路・エレベータの昇降路・リネンシュート・パイプダクト、天井等の高さ15m以上20m未満の場所</td><td>要・否</td></tr>
<tr><td>廊下・通路</td><td>全　部</td><td>要・否</td></tr>
<tr><td>地階・無窓階・11階以上の階</td><td>全　部</td><td>要・否</td></tr>
<tr><td>炎感知器設置部分</td><td colspan="2">・天井等の高さが20m以上の場合
・上屋その他外部の気流が流通する場所
・じんあい、微粉が多量に滞留する場所
・排気ガスが多量に滞留する場所</td><td>要・否</td></tr>
<tr><td colspan="2">ガス漏れ火災警報設備
〔消令〕21の２</td><td colspan="3">温泉の採取のための設備（総務省令で定めるもの）が設置されているもの</td><td>要・否</td></tr>
</table>

漏電火災警報器〔消令〕22		延べ面積　1,000㎡以上　（注３ P146）	要・否
消防機関へ通報する火災報知設備〔消令〕23		延べ面積　1,000㎡以上	要・否
非常警報設備〔消令〕24	警報器具		
	非常ベル、自動式サイレン等	①　収容人員　50人以上 ②　地階・無窓階の収容人員　20人以上	要・否
	ベル等＋放送設備	①　地階を除く階数が11以上のもの ②　地階の階数が３以上のもの	要・否
避難器具〔消令〕25		３階以上の階　当該階（当該階から避難上有効な開口部がない部分がある場合は区画された部分）から避難階又は地上に直通する階段が一の階　収容人員10人以上	要・否
誘導灯〔消令〕26	避難口	地階、無窓階及び11階以上の部分（矢印付のものはＢ級以上）	要・否
	通路	地階、無窓階及び11階以上の部分	要・否
	誘導標識	全　部（避難口・通路誘導灯の有効範囲は設置を要しない）	要・否
消防用水〔消令〕27		①　敷地面積２万㎡以上で、　耐　火：15,000㎡以上 １・２階の床面積合計　準　耐：10,000㎡以上　（注２ P146） その他：　5,000㎡以上 ②　高さ31ｍを超え、かつ、延べ面積（地階を除く）25,000㎡以上	要・否
排煙設備〔消令〕28			
連結散水設備〔消令〕28の２		地階の床面積の合計　700㎡以上	要・否
連結送水管〔消令〕29		①　地階を除く階数が７以上のもの ②　地階を除く階数が５階以上で、延べ面積6,000㎡以上 ③　道路の用に供される部分を有するもの	要・否
非常コンセント〔消令〕29の２		地階を除く、階数が11以上のもの　11階以上の階	要・否
設置届出・検査〔消令〕35		延べ面積　300㎡以上で、消防長又は消防署長が火災予防上必要と認め指定したもの	要・否
消防用設備等点検・報告〔消令〕36		延べ面積　1,000㎡以上で、消防長又は消防署長が火災予防上必要と認め指定したもの	要・否

16　⒂項の消防用設備等の設置対象

⒂項〔前各項に該当しない事業場〕に掲げる防火対象物又はその部分の消防用設備等の設置対象について、次により査察します。(⇒〔消法〕第17条、〔消令〕第２章)

<table>
<tr><th colspan="2">項　目</th><th colspan="4">設　置　等　の　基　準</th><th>設　置</th></tr>
<tr><td colspan="2">消火器具
〔消令〕10</td><td colspan="4">①　延べ面積　300㎡以上
②　地階・無窓階又は３階以上の階　床面積　50㎡以上
③　少量危険物・指定可燃物（指定数量以上）</td><td>要・否</td></tr>
<tr><td colspan="2">屋内消火栓設備
〔消令〕11</td><td colspan="4">①　延べ面積　1,000㎡以上　(倍読Ｐ146)
②　地階・無窓階又は４階以上の階　床面積　200㎡以上　(倍読Ｐ146)
③　指定可燃物（可燃性液体類を除く。）　750倍以上（１号消火栓に限る）</td><td>要・否</td></tr>
<tr><td colspan="2">スプリンクラー設備〔消令〕12</td><td colspan="4">①　階数が11以上のもの　11階以上の階　(注１Ｐ146)
②　指定可燃物（可燃性液体類のものを除く。）　1,000倍以上</td><td>要・否</td></tr>
<tr><td colspan="2">水噴霧消火設備等</td><td colspan="4">「23　水噴霧消火設備等の設置基準」(⇒Ｐ190）を見てください。</td><td>要・否</td></tr>
<tr><td colspan="2">屋外消火栓設備
〔消令〕19</td><td colspan="4">１・２階の床面積合計　耐　火：9,000㎡以上
準　耐：6,000㎡以上　(注２Ｐ146)
その他：3,000㎡以上</td><td>要・否</td></tr>
<tr><td colspan="2">動力消防ポンプ設備〔消令〕20</td><td colspan="4">屋内・屋外消火栓設備の設置対象防火対象物</td><td>要・否</td></tr>
<tr><td rowspan="5">自動火災報知設備
〔消令〕21</td><td colspan="5">①　延べ面積　1,000㎡以上
②　地階・無窓階又は３階以上　床面積　300㎡以上
③　指定可燃物　500倍以上
④　駐車場部分　地階・２階以上の階　床面積200㎡以上
⑤　階数が11以上の階　全　部
⑥　道路の用に供される部分　床面積　屋上部分　600㎡以上
上記以外の部分　400㎡以上
⑦　通信機器室　床面積　500㎡以上</td><td>要・否</td></tr>
<tr><td rowspan="4">感知器の設置基準</td><td rowspan="3">煙感知器設置部分</td><td>階　段　等</td><td colspan="2">階段・傾斜路・エレベータの昇降路・リネンシュート・パイプダクト、天井等の高さ15ｍ以上20ｍ未満の場所</td><td>適・否</td></tr>
<tr><td>廊下・通路</td><td colspan="2">全　部</td><td>適・否</td></tr>
<tr><td>地階・無窓階・11階以上の部分</td><td colspan="2">全　部</td><td>適・否</td></tr>
<tr><td>炎感知器設置部分</td><td colspan="3">・天井等の高さが20ｍ以上の場合
・上屋その他外部の気流が流通する場所
・じんあい、微粉が多量に滞留する場所
・排気ガスが多量に滞留する場所</td><td>適・否</td></tr>
<tr><td colspan="2">ガス漏れ火災警報設備
〔消令〕21の２</td><td colspan="4">温泉の採取のための設備（総務省令で定めるもの）が設置されているもの</td><td>要・否</td></tr>
<tr><td colspan="2">漏電火災警報器
〔消令〕22</td><td colspan="4">①　延べ面積　1,000㎡以上
②　50アンペアを超えるもの　(注３Ｐ146)</td><td>要・否</td></tr>
</table>

消防機関へ通報する火災報知設備〔消令〕23	延べ面積　1,000㎡以上		要・否
非常警報設備〔消令〕24	警　報　器　具		
	非常ベル、自動式サイレン等	①　収容人員　50人以上 ②　地階・無窓階の収容人員　20人以上	要・否
	ベル等＋放送設備	①　地階を除く階数が11以上のもの ②　地階の階数が３以上のもの	要・否
避　難　器　具〔消令〕25	①　３階以上の無窓階又は地階　収容人員100人以上 ②　３階以上の①以外の階　収容人員150人以上 ③　３階以上の階　当該階（当該階から避難上有効な開口部がない部分がある場合は区画された部分）から避難階又は地上に直通する階段が１の階　収容人員10人以上		要・否
誘　導　灯〔消令〕26	避　難　口	地階、無窓階及び11階以上の部分　（矢印付のものはＢ級以上）	要・否
	通　　路	地階、無窓階及び11階以上の部分	要・否
	誘導標識	全　部　（避難口・通路誘導灯の有効範囲は設置要しない）	要・否
消　防　用　水〔消令〕27	①　敷地面積２万㎡以上で、　耐　火：15,000㎡以上 １・２階の床面積合計　準　耐：10,000㎡以上　（注２Ｐ146） その他：　5,000㎡以上 ②　高さ31ｍを超え、かつ、延べ面積（地階を除く）25,000㎡以上		要・否
排　煙　設　備〔消令〕28			
連結散水設備〔消令〕28の２	地階の床面積の合計　700㎡以上		要・否
連　結　送　水　管〔消令〕29	①　地階を除く階数が７以上のもの ②　地階を除く階数が５階以上で、延べ面積6,000㎡以上 ③　道路の用に供される部分を有するもの		要・否
非常コンセント〔消令〕29の２	地階を除く、階数が11以上のもの　11階以上の階		要・否
設置届出・検査〔消令〕35	延べ面積　300㎡以上で、消防長又は消防署長が火災予防上必要と認め指定したもの		要・否
消防用設備等点検・報告〔消令〕36	延べ面積　1,000㎡以上で、消防長又は消防署長が火災予防上必要と認め指定したもの		要・否

17　⒃項イの消防用設備等の設置対象

⒃項イ〔特定用途複合防火対象物〕に掲げる防火対象物又はその部分の消防用設備等の設置対象について、次により査察します。（⇒〔消法〕第17条、〔消令〕第２章）

<table>
<tr><th colspan="2">項　目</th><th colspan="3">設　置　等　の　基　準</th><th>設　置</th></tr>
<tr><td colspan="2">消 火 器 具
〔消令〕10</td><td colspan="3">①　⑴項～⒂項の用途ごと
②　地階・無窓階又は３階以上の階　床面積　50㎡以上
③　少量危険物・指定可燃物（指定数量以上）</td><td>要・否</td></tr>
<tr><td colspan="2">屋内消火栓設備
〔消令〕11</td><td colspan="3">①　⑴項～⒂項の用途ごと　（Ｐ146倍読）
②　指定可燃物（可燃性液体類を除く。）　750倍以上（１号消火栓に限る。）</td><td>要・否</td></tr>
<tr><td colspan="2">スプリンクラー設備
〔消令〕12</td><td colspan="3">①　⑹項イ⑴及び⑵の用途部分　全　部
②　⑹項ロの用途部分は、次に掲げるもの
⑴　⑹項ロ⑴及び⑶の部分　全　部
⑵　⑹項ロ⑵・⑷及び⑸の部分　延べ面積275㎡以上
③　地階を除く階数が11以上のもの　全　階　（注１Ｐ146）
④　指定可燃物（可燃性液体類のものを除く。）　1,000倍以上
⑤　⑴項～⑷項、⑸項イ、⑹項及び⑼項イの用途部分の床面積合計　3,000㎡以上のものの階のうち、当該部分が存在する階　（注１Ｐ146）
⑥　地階、無窓階又は４階以上10階以下の階（総務省令に掲げる部分を除く。）⑴項～⑶項、⑸項イ、⑹項及び⑼項イの用途部分のある階で、当該部分の床面積
・地階、無窓階で　1,000㎡以上
・４階以上10階以下階で　1,500㎡以上
・⑵項又は⑷項の用途部分がある階で　1,000㎡以上
⑦　上記に掲げる以外のものは、それぞれの用途（⑴項～⒂項まで）部分ごと</td><td>要・否</td></tr>
<tr><td colspan="2">水噴霧消火設備等</td><td colspan="3">「23　水噴霧消火設備等の設置基準」（⇒Ｐ190）を見てください。</td><td>要・否</td></tr>
<tr><td colspan="2">屋外消火栓設備
〔消令〕19</td><td colspan="3">１・２階の床面積合計　耐　火：9,000㎡以上
準　耐：6,000㎡以上　（注２Ｐ146）
その他：3,000㎡以上</td><td>要・否</td></tr>
<tr><td colspan="2">動力消防ポンプ設備〔消令〕20</td><td colspan="3">屋内・屋外消火栓設備の設置対象防火対象物</td><td>要・否</td></tr>
<tr><td rowspan="4">自動火災報知設備
〔消令〕21</td><td colspan="4">①　⑵項ニ、⑸項イ、⑹項イ⑴から⑶及びロ、⒀項ロの用途部分　全　部
②　延べ面積　300㎡以上
③　地階・無窓階で⑵項又は⑶項の用途部分がある場合
・当該用途の床面積合計　100㎡以上
・上記以外の地階・無窓階又は３階以上　床面積　300㎡以上
④　特定用途部分　避難階以外の階で階段１のみのもの
（避難上有効な構造を有する避難階段又は屋外階段がある場合は除く。）
⑤　指定可燃物　500倍以上
⑥　駐車場部分　地階・２階以上の階　床面積200㎡以上
⑦　階数が11以上の階　全　部
⑧　道路の用に供される部分　床面積　屋上部分　600㎡以上
上記以外の部分　400㎡以上
⑨　通信機器室　床面積　500㎡以上
⑩　上記以外、それぞれの用途（⑴項～⒂項まで）部分ごとに判定</td><td>要・否</td></tr>
<tr><td rowspan="3">感知器の設置基準</td><td rowspan="3">煙感知器設置部分</td><td>階　段　等</td><td>階段・傾斜路・エレベータの昇降路・リネンシュート・パイプダクト、天井等の高さ15ｍ以上20ｍ未満の場所</td><td>要・否</td></tr>
<tr><td>廊下・通路</td><td>全　部</td><td>要・否</td></tr>
<tr><td>地階・無窓階・11階以上の部分</td><td>全　部</td><td>要・否</td></tr>
</table>

	炎感知器設置部分	・天井等の高さが20m以上の場合 ・上屋その他外部の気流が流通する場所 ・じんあい、微粉が多量に滞留する場所 ・排気ガスが多量に滞留する場所	要・否
ガス漏れ火災警報設備 **〔消令〕21の２**		①　地階の床面積の合計　1,000㎡以上で、かつ（(1)項～(4)項、(5)項イ、(6)項及び(9)項イ用途部分の床面積の合計　500㎡以上） ②　温泉の採取のための設備（総務省令で定めるもの）が設置されているもの	要・否
漏電火災警報器 **〔消令〕22**		①　延べ面積　500㎡以上で、かつ（(1)項～(4)項、(5)項イ、(6)項及び(9)項イ用途部の床面積の合計　300㎡以上）　（注３Ｐ146） ②　契約電流容量　50アンペアを超えるもの　（注３Ｐ146）	要・否
消防機関へ通報する火災報知設備〔消令〕23		①　(6)項イ(1)から(3)及びロの用途部分　全　部 ②　(1)項～(4)項、(5)項イ、(6)項イ(4)、ハ及びニ並び(9)項～(15)項まで各用途部分ごと判定	要・否
非常警報設備 **〔消令〕24**	警　報　器　具		
	非常ベル、自動式サイレン等	①　収容人員　50人以上 ②　地階・無窓階の収容人員　20人以上	要・否
	ベル等＋放送設備	①　収容人員　500人以上 ②　地階を除く階数が11以上のもの ③　は地階の階数が３以上のもの	要・否
避　難　器　具 **〔消令〕25**		①　３階（ただし、２階に(2)項又は(3)項の用途部分がある場合は２階）以上の階（当該階から避難上有効な開口部がない部分がある場合は区画された部分）から避難階又は地上に直通する階段が一の階　収容人員10人以上 ②　上記以外、それぞれの用途（(1)項～(15)項まで）部分ごとに判定	要・否
誘　導　灯 **〔消令〕26**	避　難　口	全　　部　（床面積1,000㎡以上　Ａ級又はＢ級、20cd以上又は点滅機能を有するもの）	要・否
	通　　路	全　　部　（床面積1,000㎡以上　Ａ級又はＢ級、25cd以上）	要・否
	客　　席	(1)項の用途に供する部分	要・否
	誘導標識	全　　部　（避難口・通路誘導灯の有効範囲は設置を要しない）	要・否
消　防　用　水 **〔消令〕27**		①　敷地面積２万㎡以上で、　耐　火：15,000㎡以上 １・２階の床面積合計　準　耐：10,000㎡以上　（注２Ｐ146） その他：5,000㎡以上 ②　高さ31ｍを超え、かつ、延べ面積（地階を除く）　25,000㎡以上	要・否
排　煙　設　備 **〔消令〕28**		それぞれの用途（(1)項～(15)項まで）部分ごと判定	要・否
連結散水設備 **〔消令〕28の２**		地階の床面積の合計　700㎡以上	要・否
連　結　送　水　管 **〔消令〕29**		①　地階を除く階数が７以上のもの ②　地階を除く階数が５階以上で、延べ面積6,000㎡以上 ③　道路の用に供される部分	要・否
非常コンセント **〔消令〕29の２**		地階を除く、階数が11以上のもの　11階以上の階	要・否
設置届出・検査 **〔消令〕35**		①　(2)項ニ、(5)項イ、(6)項(1)から(3)及びロ並びにハ（利用者を入居させ、又は宿泊させるものに限る。）　全　部 ②　延べ面積　300㎡以上 ③　避難階以外に存するもので、当該避難階から避難階又は地上に通じる直通階段が一のもの	要・否
消防用設備等点検・報告 **〔消令〕36**		①　延べ面積　1,000㎡以上 ②　避難階以外に存するもので、当該避難階から避難階又は地上に通じる直通階段が一のもの	要・否

18	⒃項ロの消防用設備等の設置対象

⒃項ロ〔イに掲げる以外の複合用途防火対象物〕に掲げる防火対象物又はその部分の消防用設備等の設置対象について、次により査察します。（⇒〔消法〕第17条、〔消令〕第２章）

<table>
<tr><th colspan="2">項　目</th><th colspan="3">設　置　等　の　基　準</th><th>設　置</th></tr>
<tr><td colspan="2">消　火　器　具
〔消令〕10</td><td colspan="3">①　それぞれの用途（⑸項ロ、⑺項、⑻項、⑼項ロ、⑽項～⒂項まで）部分ごと判定
②　地階・無窓階又は３階以上の階　床面積　50㎡以上
③　少量危険物・指定可燃物（指定数量以上）</td><td>要・否</td></tr>
<tr><td colspan="2">屋内消火栓設備
〔消令〕11</td><td colspan="3">①　それぞれの用途（⑸項ロ、⑺項、⑻項、⑼項ロ、10項～15項まで）部分ごと判定　（倍読Ｐ146）
②　指定可燃物（可燃性液体類を除く。）　750倍以上（１号消火栓に限る。）</td><td>要・否</td></tr>
<tr><td colspan="2">スプリンクラー設備〔消令〕12</td><td colspan="3">①　階数が11以上のもの　11階以上の階　（注１Ｐ146）
②　指定可燃物（可燃性液体類のものを除く。）　1,000倍以上</td><td>要・否</td></tr>
<tr><td colspan="2">水噴霧消火設備等</td><td colspan="3">「23　水噴霧消火設備等の設置基準」（⇒Ｐ190）を見てください。</td><td>要・否</td></tr>
<tr><td colspan="2">屋外消火栓設備
〔消令〕19</td><td colspan="3">１・２階の床面積合計　耐　火：9,000㎡以上
準　耐：6,000㎡以上　（注２Ｐ146）
その他：3,000㎡以上</td><td>要・否</td></tr>
<tr><td colspan="2">動力消防ポンプ設備〔消令〕20</td><td colspan="3">屋内・屋外消火栓設備の設置対象防火対象物</td><td>要・否</td></tr>
<tr><td colspan="2">自動火災報知設備
〔消令〕21</td><td colspan="3">①　地階・無窓階又は３階以上　床面積　300㎡以上
②　指定可燃物　500倍以上
③　駐車場部分　地階・２階以上の階　床面積200㎡以上
④　階数が11以上の階　全　部
⑤　道路の用に供される部分　床面積　屋上部分　600㎡以上
上記以外の部分　400㎡以上
⑥　通信機器室　床面積　500㎡以上
⑦　それぞれの用途（⑸項ロ、⑺項、⑻項、⑼項ロ、⑽項～⒂項まで）部分ごと判定</td><td>要・否</td></tr>
<tr><td rowspan="4"></td><td rowspan="4">感知器の設置基準</td><td rowspan="3">煙感知器設置部分</td><td>階　段　等</td><td>階段・傾斜路・エレベータの昇降路・リネンシュート・パイプダクト、天井等の高さ15ｍ以上20ｍ未満の場所</td><td>有・無</td></tr>
<tr><td>廊下・通路</td><td>全　部</td><td>有・無</td></tr>
<tr><td>地階・無窓階・11階以上の部分</td><td>全　部</td><td>有・無</td></tr>
<tr><td>炎感知器設置部分</td><td colspan="2">・天井等の高さが20ｍ以上の場合
・上屋その他外部の気流が流通する場所
・じんあい、微粉が多量に滞留する場所
・排気ガスが多量に滞留する場所</td><td>有・無</td></tr>
<tr><td colspan="2">ガス漏れ火災警報設備
〔消令〕21の２</td><td colspan="3">温泉の採取のための設備（総務省令で定めるもの）が設置されているもの</td><td>要・否</td></tr>
</table>

漏電火災警報器 〔消令〕22		①　契約電流容量　50アンペアを超えるもの　（注３ P146） ②　それぞれの用途（(5)項ロ、(7)項、(8)項、(9)項ロ、(10)項〜(15)項まで）部分ごと判定　（注３ P146）	要・否
消防機関へ通報する火災報知設備〔消令〕23		それぞれの用途（(5)項ロ、(7)項、(8)項、(9)項ロ、(10)項〜(15)項まで）部分ごと判定	要・否
非常警報設備 〔消令〕24	警報器具	(9)項ロ又は(12)項の用途部分で、収容人員20人以上50人未満（次欄該当を除く）	要・否
	非常ベル、自動式サイレン等	次欄の適用を受けるものを除き、次のいずれか ①　収容人員　50人以上 ②　地階・無窓階の収容人員　20人以上	要・否
	ベル等＋放送設備	①　地階を除く階数が11以上のもの ②　地階の階数が３以上のもの ③　(5)項ロ、(7)項又は(8)項の用途部分で収容人員　800人以上	要・否
避難器具 〔消令〕25		①　３階以上の階（当該階から避難上有効な開口部がない部分がある場合は区画された部分）から避難階又は地上に直通する階段が一の階　収容人員10人以上 ②　上記以外、それぞれの用途（(5)項ロ、(7)項、(8)項、(9)項ロ、(10)項〜(15)項まで）部分ごと判定	要・否
誘導灯 〔消令〕26	避難口	地階、無窓階及び11階以上の部分（(10)項部分、Ａ級又はＢ級、20cd以上又は点滅機能を有するもの）	要・否
	通路	地階、無窓階及び11階以上の部分（(10)項部分、Ａ級又はＢ級、25cd以上）	要・否
	誘導標識	全部（避難口・通路誘導灯の有効範囲は設置を要しない）	要・否
消防用水 〔消令〕27		①　敷地面積２万㎡以上で、１・２階の床面積合計　耐火：15,000㎡以上　準耐：10,000㎡以上　その他：5,000㎡以上　（注２ P146） ②　高さ31ｍを超え、かつ、延べ面積（地階を除く）25,000㎡以上	要・否
排煙設備 〔消令〕28		それぞれの用途（(5)項ロ、(7)項、(8)項、(9)項ロ、(10)項〜(15)項まで）部分ごと判定し、その地階又は無窓階で床面積合計　1,000㎡以上となる用途部分	要・否
連結散水設備 〔消令〕28の２		地階の床面積の合計　700㎡以上	要・否
連結送水管 〔消令〕29		①　地階を除く階数が７以上のもの ②　地階を除く階数が５階以上で、延べ面積6,000㎡以上 ③　道路の用に供される部分を有するもの	要・否
非常コンセント 〔消令〕29の２		地階を除く、階数が11以上のもの　11階以上の階	要・否
設置届出・検査 〔消令〕35		延べ面積　300㎡以上で、消防長又は消防署長が火災予防上必要と認め指定したもの	要・否
消防用設備等点検・報告 〔消令〕36		延べ面積　1,000㎡以上で、消防長又は消防署長が火災予防上必要と認め指定したもの	要・否

19　(16の２)項の消防用設備等の設置対象

(16の２)項〔地下街〕に掲げる防火対象物又はその部分の消防用設備等の設置対象について、次により査察します。(⇒〔消法〕第17条、〔消令〕第２章)

<table>
<tr><th colspan="2">項　目</th><th colspan="3">設　置　等　の　基　準</th><th>設　置</th></tr>
<tr><td colspan="2">消　火　器　具
〔消令〕10</td><td colspan="3">①　全　　部
②　少量危険物・指定可燃物（指定数量以上）</td><td>要・否</td></tr>
<tr><td colspan="2">屋内消火栓設備
〔消令〕11</td><td colspan="3">①　延べ面積　150㎡以上　（倍読Ｐ146）
②　指定可燃物（可燃性液体類を除く。）　750倍以上（１号消火栓に限る）</td><td>要・否</td></tr>
<tr><td colspan="2">スプリンクラー設備
〔消令〕12</td><td colspan="3">①　(6)項イ(1)、(2)又はロ（火災発生時延焼を抑制する機能を有するものを除く。）全　部
②　延べ面積　1,000㎡以上（地下道部分の面積も含む。）
＊(1)項～(4)項、(5)項イ、(6)項、(9)項イ又は(16)項イの地階で、(16の２)項と一体を成すものとして消防長又は消防署長が指定したものは、(16の２)項の部分とみなし　床面積合計　500㎡以上
③　指定可燃物（可燃性液体類のものを除く。）　1,000倍以上</td><td>要・否</td></tr>
<tr><td colspan="2">水噴霧消火設備等</td><td colspan="3">「23　水噴霧消火設備等の設置基準」(⇒Ｐ190）を見てください。</td><td>要・否</td></tr>
<tr><td colspan="2">自動火災報知設備
〔消令〕21</td><td colspan="3">①　延べ面積　300㎡以上
＊(1)項～(4)項、(5)項イ、(6)項、(9)項イ又は(16)項イの地階で、(16の２)項と一体を成すものとして消防長又は消防署長が指定したものは、(16の２)項の部分とみなします
②　(2)項ニ、(5)項イ、(6)項イ(1)から(3)まで、ハ（利用者を入居させ、又は宿泊させるものに限る。）及びロ　全　部
③　指定可燃物　500倍以上
④　駐車場部分　地階・２階以上の階　床面積200㎡以上
⑤　道路のように供される部分　床面積　屋上部分　600㎡以上
上記以外の部分　400㎡以上
⑥　通信機器室　床面積　500㎡以上</td><td>要・否</td></tr>
<tr><td rowspan="4"></td><td rowspan="4">感知器の設置基準</td><td rowspan="3">煙感知器設置部分</td><td>階　段　等</td><td>階段・傾斜路・エレベータの昇降路・リネンシュート・パイプダクト、天井等の高さ15m以上20m未満の場所</td><td>要・否</td></tr>
<tr><td>廊　下・通　路</td><td>全　　部</td><td>要・否</td></tr>
<tr><td>地階・無窓階・11階以上の部分</td><td>全　　部</td><td>要・否</td></tr>
<tr><td>炎感知器設置部分</td><td colspan="2">・天井等の高さが20m以上の場合
・上屋その他外部の気流が流通する場所
・じんあい、微粉が多量に滞留する場所
・排気ガスが多量に滞留する場所</td><td>要・否</td></tr>
<tr><td colspan="2">ガス漏れ火災警報設備
〔消令〕21の２</td><td colspan="3">①　地階の床面積の合計　1,000㎡以上
＊(1)項～(4)項、(5)項イ、(6)項、(9)項イ又は(16)項イの地階で、(16の２)項と一体を成すものとして消防長又は消防署長が指定したものは、(16の２)項の部分とみなします
②　温泉の採取のための設備（総務省令で定めるもの）が設置されているもの</td><td>要・否</td></tr>
</table>

<table>
<tr><td>漏電火災警報器
〔消令〕22</td><td colspan="2">延べ面積　300㎡以上　（注３ P146）</td><td>要・否</td></tr>
<tr><td>消防機関へ通報する火災報知設備〔消令〕23</td><td colspan="2">全　部</td><td>要・否</td></tr>
<tr><td rowspan="3">非常警報設備
〔消令〕24</td><td>警報器具</td><td></td><td></td></tr>
<tr><td>非常ベル、自動式サイレン等</td><td></td><td></td></tr>
<tr><td>ベル等＋放送設備</td><td>全　部
＊(1)項～(4)項、(5)項イ、(6)項、(9)項イ又は(16)項イの地階で、地下街と一体を成すものとして消防長又は署長が指定したものは、(16の２)項の部分とみなします</td><td>要・否</td></tr>
<tr><td rowspan="4">誘導灯
〔消令〕26</td><td>避難口</td><td>全　部（Ａ級又はＢ級、20cd以上又は点滅機能を有するもの）</td><td>要・否</td></tr>
<tr><td>通路</td><td>全　部（Ａ級又はＢ級、25cd以上）</td><td>要・否</td></tr>
<tr><td>客席</td><td>(1)項の用途部分</td><td>要・否</td></tr>
<tr><td>誘導標識</td><td></td><td></td></tr>
<tr><td>排煙設備
〔消令〕28</td><td colspan="2">延べ面積　1,000㎡以上</td><td>要・否</td></tr>
<tr><td>連結散水設備
〔消令〕28の２</td><td colspan="2">延べ面積　700㎡以上</td><td>要・否</td></tr>
<tr><td>連結送水管
〔消令〕29</td><td colspan="2">①　延べ面積　1,000㎡以上
②　道路の用に供される部分を有するもの</td><td>要・否</td></tr>
<tr><td>非常コンセント
〔消令〕29の２</td><td colspan="2">延べ面積　1,000㎡以上</td><td>要・否</td></tr>
<tr><td>無線通信補助設備〔消令〕29の３</td><td colspan="2">延べ面積　1,000㎡以上</td><td>要・否</td></tr>
<tr><td>設置届出・検査
〔消令〕35</td><td colspan="2">①　(2)項ニ、(5)項イ、(6)項イ(1)から(3)まで、ロ及びハ（利用者を入居させ、又は宿泊させるものに限る。）の用途に供されるもの　全　部
②　①を除く、延べ面積　300㎡以上
③　避難階以外に存するもので、当該避難階から避難階又は地上に通じる直通階段が１のもの</td><td>要・否</td></tr>
<tr><td>消防用設備等点検・報告
〔消令〕36</td><td colspan="2">①　延べ面積　1,000㎡以上
②　避難階以外に存するもので、当該避難階から避難階又は地上に通じる直通階段が１のもの</td><td>要・否</td></tr>
</table>

20　(16の３)項の消防用設備等の設置対象

(16の３)項〔準地下街〕に掲げる防火対象物又はその部分の消防用設備等の設置対象について、次により査察します。(⇒〔消法〕第17条、〔消令〕第２章)

<table>
<tr><th>項　目</th><th colspan="4">設　置　等　の　基　準</th><th>設　置</th></tr>
<tr><td>消火器具
〔消令〕10</td><td colspan="4">①　全　部
②　少量危険物・指定可燃物（指定数量以上）</td><td>要・否</td></tr>
<tr><td>屋内消火栓設備
〔消令〕11</td><td colspan="4">指定可燃物（可燃性液体類を除く。）　750倍以上（１号消火栓に限る）</td><td>要・否</td></tr>
<tr><td>スプリンクラー設備〔消令〕12</td><td colspan="4">①　延べ面積　1,000㎡以上で、かつ、(1)項～(4)項、(5)項イ、(6)項又は(9)項イの用途に供される部分の床面積の合計　500㎡以上
②　指定可燃物（可燃性液体類のものを除く。）　1,000倍以上</td><td>要・否</td></tr>
<tr><td>水噴霧消火設備等</td><td colspan="4">「23　水噴霧消火設備等の設置基準」（⇒Ｐ190）を見てください。</td><td>要・否</td></tr>
<tr><td rowspan="5">自動火災報知設備
〔消令〕21</td><td colspan="4">①　延べ面積　500㎡以上で、かつ、(1)項～(4)項、(5)項イ、(6)項又は(9)項イの用途に供される部分の床面積の合計　300㎡以上
②　指定可燃物　500倍以上
③　駐車場部分　床面積200㎡以上
④　道路の用に供される部分　床面積　屋上部分　600㎡以上
上記以外の部分　400㎡以上</td><td>要・否</td></tr>
<tr><td rowspan="4">感知器の設置基準</td><td rowspan="3">煙感知器設置部分</td><td>階　段　等</td><td>階段・傾斜路・エレベータの昇降路・リネンシュート・パイプダクト、天井等の高さ15ｍ以上20ｍ未満の場所</td><td>要・否</td></tr>
<tr><td>廊　下・通　路</td><td>全　部</td><td>要・否</td></tr>
<tr><td>地階・無窓階・11階以上の部分</td><td>全　部</td><td>要・否</td></tr>
<tr><td>炎感知器設置部分</td><td colspan="2">・天井等の高さが20ｍ以上の場合
・上屋その他外部の気流が流通する場所
・じんあい、微粉が多量に滞留する場所
・排気ガスが多量に滞留する場所</td><td>要・否</td></tr>
<tr><td>ガス漏れ火災警報設備
〔消令〕21の２</td><td colspan="4">①　地階の床面積の合計　1,000㎡以上で、かつ、((1)項～(4)項、(5)項イ、(6)項又は(9)項イの用途に供される部分の床面積の合計　500㎡以上)
②　温泉の採取のための設備（総務省令で定めるもの）が設置されているもの</td><td>要・否</td></tr>
<tr><td>消防機関へ通報する火災報知設備〔消令〕23</td><td colspan="4">全　部</td><td>要・否</td></tr>
<tr><td rowspan="2">非常警報設備
〔消令〕24</td><td colspan="2">非常ベル、自動式サイレン等</td><td colspan="2"></td><td></td></tr>
<tr><td colspan="2">ベル等＋放送設備</td><td colspan="2">全　部</td><td>要・否</td></tr>
<tr><td rowspan="3">誘　導　灯
〔消令〕26</td><td colspan="2">避　難　口</td><td colspan="2">全　部　（床面積1,000㎡以上　Ａ級又はＢ級、20cd以上又は点滅機能を有するもの）</td><td>要・否</td></tr>
<tr><td colspan="2">通　路</td><td colspan="2">全　部　（床面積1,000㎡以上　Ａ級又はＢ級、25cd以上）</td><td>要・否</td></tr>
<tr><td colspan="2">誘導標識</td><td colspan="2"></td><td></td></tr>
<tr><td>設置届出・検査
〔消令〕35</td><td colspan="4">①　(2)項ニ、(5)項イ、(6)項イ(1)から(3)まで、ロ及びハ（利用者を入居させ、又は宿泊させるものに限る。）の用途に供される部分を有するもの　全　部
②　延べ面積　300㎡以上
③　避難階以外に存するもので、当該避難階から避難階又は地上に通じる直通　階段が１のもの</td><td>要・否</td></tr>
<tr><td>消防用設備等点検・報告
〔消令〕36</td><td colspan="4">①　延べ面積　1,000㎡以上
②　避難階以外に存するもので、当該避難階から避難階又は地上に通じる直通　階段が１のもの</td><td>要・否</td></tr>
</table>

21　⒄項の消防用設備等の設置対象

⒄項〔重要文化財等〕に掲げる防火対象物又はその部分の消防用設備等の設置対象について、次により査察します。（⇒〔消法〕第17条、〔消令〕第２章）

<table>
<tr><th colspan="2">項　目</th><th colspan="3">設　置　等　の　基　準</th><th>設　置</th></tr>
<tr><td colspan="2">消　火　器　具
〔消令〕10</td><td colspan="3">①　全　　部
②　少量危険物・指定可燃物（指定数量以上）</td><td>要・否</td></tr>
<tr><td colspan="2">屋内消火栓設備
〔消令〕11</td><td colspan="3">指定可燃物（可燃性液体類を除く。）　750倍以上（１号消火栓に限る）</td><td>要・否</td></tr>
<tr><td colspan="2">スプリンクラー設備〔消令〕12</td><td colspan="3">①　階数が11以上のもの　11階以上の階　（注１ P146）
②　指定可燃物（可燃性液体類のものを除く。）　1,000倍以上</td><td>要・否</td></tr>
<tr><td colspan="2">水噴霧消火設備等</td><td colspan="3">「23　水噴霧消火設備等の設置基準」（⇒P190）を見てください。</td><td>要・否</td></tr>
<tr><td colspan="2">屋外消火栓設備
〔消令〕19</td><td colspan="3">１・２階の床面積合計　耐　火：9,000㎡以上
準　耐：6,000㎡以上　（注２ P146）
その他：3,000㎡以上</td><td>要・否</td></tr>
<tr><td colspan="2">動力消防ポンプ設備〔消令〕20</td><td colspan="3">屋内・屋外消火栓設備の設置対象防火対象物</td><td>要・否</td></tr>
<tr><td colspan="2">自動火災報知設備
〔消令〕21</td><td colspan="3">①　全　　部
②　道路の用に供される部分　床面積　屋上部分　600㎡以上
上記以外の部分　400㎡以上</td><td>要・否</td></tr>
<tr><td rowspan="4"></td><td rowspan="4">感知器の設置基準</td><td rowspan="3">煙感知器設置部分</td><td>階　段　等</td><td>階段・傾斜路・エレベータの昇降路・リネンシュート・パイプダクト、天井等の高さ15m以上20m未満の場所</td><td>要・否</td></tr>
<tr><td>廊下・通路</td><td>全　　部</td><td>要・否</td></tr>
<tr><td>地階・無窓階・11階以上の部分</td><td>全　　部</td><td>要・否</td></tr>
<tr><td>炎感知器設置部分</td><td colspan="2">・天井等の高さが20m以上の場合
・上屋その他外部の気流が流通する場所
・じんあい、微粉が多量に滞留する場所
・排気ガスが多量に滞留する場所</td><td>要・否</td></tr>
<tr><td colspan="2">ガス漏れ火災警報設備
〔消令〕21の２</td><td colspan="3">温泉の採取のための設備（総務省令で定めるもの）が設置されているもの</td><td>要・否</td></tr>
<tr><td colspan="2">漏電火災警報器
〔消令〕22</td><td colspan="3">全　　部</td><td>要・否</td></tr>
<tr><td colspan="2">消防機関へ通報する火災報知設備〔消令〕23</td><td colspan="3">延べ面積　500㎡以上</td><td>要・否</td></tr>
</table>

非常警報設備 〔消令〕24	警報器具		
	非常ベル、自動式サイレン等	次欄該当のものを除き、次のいずれか ①　収容人員　50人以上 ②　地階・無窓階の収容人員　20人以上	要・否
	ベル等＋放送設備	①　地階を除く階数が11以上のもの ②　地階の階数が３以上のもの	要・否
避難器具 〔消令〕25		３階以上の階（当該階から避難上有効な開口部がない部分がある場合は区画された部分）から避難階又は地上に直通する階段が１の階　収容人員10人以上	要・否
消防用水 〔消令〕27		①　敷地面積２万㎡以上で、１・２階の床面積合計　耐　火：15,000㎡以上　準　耐：10,000㎡以上　その他：　5,000㎡以上　（注３Ｐ146） ②　高さ31ｍを超え、かつ、延べ面積（地階を除く）25,000㎡以上	要・否
連結散水設備 〔消令〕28の２		地階の床面積の合計　700㎡以上	要・否
連結送水管 〔消令〕29		①　地階を除く階数が７以上のもの ②　地階を除く階数が５階以上で、延べ面積6,000㎡以上 ③　道路の用に供される部分を有するもの	要・否
非常コンセント 〔消令〕29の２		地階を除く、階数が11以上のもの　11階以上の階	要・否
設置届出・検査 〔消令〕35		延べ面積　300㎡以上で、消防長又は消防署長が火災予防上必要と認め指定したもの	要・否
消防用設備等点検・報告 〔消令〕36		延べ面積　1,000㎡以上で、消防長又は消防署長が火災予防上必要と認め指定したもの	要・否

22　⒅項の消防用設備等の設置対象

〔消令〕別表第１⒅項に掲げる防火対象物又はその部分の消防用設備等の設置対象については、次により査察します。（⇒〔消法〕第17条、〔消令〕第２章）

消防用水	敷地の面積が２万㎡以上あり、かつ、その床面積（地階を除く階数が１であるものは１階の床面積、地階を除く階数が２以上であるものは１階及び２階の部分の床面積の合計をいう。）が、耐火建築物は１万５千㎡以上、準耐火建築物は１万㎡以上、その他の建築物は５千㎡以上（⇒消令27条１項１号） 【注意】　☞Ｐ318「消令27条２項の適用有」	要・否
連結送水管	設置対象（⇒消令29条１項４号）	要

23　水噴霧消火設備等の設置基準

※表の左欄に掲げる防火対象物又はその部分には、水噴霧消火設備〔消令14条〕、泡消火設備〔消令15条〕、不活性ガス消火設備〔消令16条〕、ハロゲン化物消火設備〔消令17条〕、粉末消火設備〔消令18条〕のうち、それぞれ当該右欄に掲げるいずれかを設置する。（⇒〔消令〕第13条第１項）

<table>
<tr><th></th><th colspan="2">設　置　の　基　準</th><th>消火設備の種類</th><th>設　置</th></tr>
<tr><td rowspan="11">設置対象</td><td colspan="2">屋上部分
回転翼航空機・垂直離着陸航空機の発着場</td><td>泡・粉末</td><td>要・否</td></tr>
<tr><td colspan="2">道路の用に供される部分
床面積　600㎡以上（屋上部分）
床面積　400㎡以上（上記以外の部分）</td><td>水噴・泡・不活性ガス・粉末</td><td>要・否</td></tr>
<tr><td colspan="2">自動車の修理整備部分
床面積　地下・２階以上の階　200㎡以上
１階　500㎡以上</td><td>泡・不活性ガス・ハロゲン・粉末</td><td>要・否</td></tr>
<tr><td colspan="2">駐　車　場
床面積　地階・２階以上の階　200㎡以上
１階　500㎡以上
屋上　300㎡以上
機械装置駐車場　収容台数10台以上</td><td>水噴・泡・不活性ガス（全域）ハロゲン（全域）・粉末</td><td>要・否</td></tr>
<tr><td colspan="2">発電機・変電器等電気設備　床面積　200㎡以上</td><td>不活性ガス・ハロゲン・粉末</td><td>要・否</td></tr>
<tr><td colspan="2">鋳造所・ボイラー室乾燥室等　床面積　200㎡以上</td><td>不活性ガス・ハロゲン・粉末</td><td>要・否</td></tr>
<tr><td colspan="2">通信機器室　床面積　500㎡以上</td><td>不活性ガス（全域）・ハロゲン（全域）・粉末</td><td>要・否</td></tr>
<tr><td rowspan="4">指定可燃物（一千倍以上）</td><td>・綿花類、木毛及びかんなくず、ぼろ及び紙くず（油紙類を除く）、糸類、わら類又は合成樹脂類（不燃性ゴム等を除く）（注）</td><td>水噴・泡・不活性ガス（全域）</td><td>要・否</td></tr>
<tr><td>・ぼろ及び紙くず（油紙類に除く。）又は石炭、木炭類（注）</td><td>水噴・泡</td><td>要・否</td></tr>
<tr><td>・可燃性個体類、可燃性液体類又は合成樹脂類（不燃性ゴム等に限る。）（注）</td><td>水噴・泡・不活性ガス・ハロゲン・粉末</td><td>要・否</td></tr>
<tr><td>・木工加工品及び木くず</td><td>水噴・泡・不活性ガス（全域）・ハロゲン（全域）</td><td>要・否</td></tr>
<tr><td colspan="2">設置減免</td><td colspan="2">前欄に掲げる指定可燃物（可燃性液体類に係るものを除く。）を貯蔵し、又は取り扱う建築物その他の工作物にスプリンクラー設備を技術上の基準に従い、又は当該技術上の基準の例により設置したときは、当該設備の有効範囲内の部分について、右欄に掲げる消防設備を設置しないことができる。</td><td>減免の可・否</td></tr>
</table>

（注）「油紙類」とは、動植物油がしみ込んでいる布又は紙及びこれらの製品。
「不燃性ゴム等」とは、不燃性又は難燃性でないゴム製品、ゴム半製品、原料ゴム及びゴムくず。

第３　消防用設備等の設置の届出及び検査の査察

消防用設備等及び特殊消防用設備等の設置の届出及び検査については、次により査察します。（⇒〔消法〕第17条の３の２、〔消令〕第35条、〔消則〕第31条の30）

<table>
<tr><th>査察項目</th><th colspan="2">査　察　及　び　確　認　事　項</th><th>結　果</th></tr>
<tr><td rowspan="5">設置の届出及び検査対象防火対象物</td><td colspan="2">設置した消防用設備等（簡易消火用具及び非常警報器具を除く。）又は特殊消防用設備等について消防(署)長に届け出て、検査を受けなければならない防火対象物は、次に掲げる防火対象物であること。（消法17条の３の２、消令35条）</td><td>該当の</td></tr>
<tr><td>次に掲げるもの
(1)　別表第１(2)項ニ、(5)項イ並びに(6)項イ(1)から(3)まで及びロ
(2)　別表第１(6)項ハ（利用者を入所させ、又は宿泊させるもの）
(3)　別表第１(16)項イ、（16項の２）項及び（16項の３）項（(1)又は(2)の用途に供される部分が存するもの）</td><td>すべて</td><td>有・無</td></tr>
<tr><td>別表第１(1)項、(2)項イからハまで、(3)項、(4)項、(6)項イ(4)、ハ及びニ、(9)項イ、(16)項イ、（16の２）項及び（16の３）項に掲げる防火対象物（上欄(2)、(3)を除く。）</td><td>延べ面積が300㎡以上のもの</td><td>有・無</td></tr>
<tr><td>別表第１(5)項ロ、(7)項、(8)項、(9)項ロ、(10)項から(15)項まで、(16)項ロ、(17)項及び(18)項に掲げる防火対象物</td><td>延べ面積が300㎡以上のもののうち、消防(署)長が火災予防上必要があると認めて指定するもの</td><td>有・無</td></tr>
<tr><td>上欄に掲げるもののほか、別表第１(1)項から(4)項まで、(5)項イ、(6)項又は(9)項イに掲げる防火対象物の用途に供される部分が避難階以外の階に存する防火対象物</td><td>当該避難階以外の階から避難階又は地上に直通する階段が（傾斜路を含む。）２（当該階段が屋外に設けられ、又は避難上有効な構造を有する場合は、１）以上設けられていないもの</td><td>有・無</td></tr>
<tr><td>設置届出</td><td colspan="2">①　設置されている消防用設備等（簡易消火用具及び非常警報器具を除く。）又は特殊消防用設備等は、「消防用設備等（特殊消防用設備等）設置届出書」により消防(署)長に届け出がされていること。（⇒消則31条の３・１項）
②　届出された書類の写しは、維持台帳に編冊されていること。（消則31条の６・３項）</td><td>適・否
適・否</td></tr>
<tr><td>検査結果</td><td colspan="2">①　設置されている消防用設備等（簡易消火用具及び非常警報器具を除く。）又は特殊消防用設備等は、消防(署)長の検査を受けていること。（消法17条の３の２）
②　検査を受けた消防用設備等又は特殊消防用設備等は、設備等技術基準又は設備等設置維持計画に適合していると認められ、消防(署)長から「消防用設備等・特殊消防用設備等検査済証」が交付されていること。（消則31条の３・４項）
③　消防(署)長から交付された「消防用設備等・特殊消防用設備等検査済証」は、維持台帳に編冊されていること。（消則31条の６・３項）</td><td>適・否
適・否
適・否</td></tr>
</table>

第４　消防用設備等の点検及び報告の査察

消防用設備等又は特殊消防用設備等の点検及び報告については、次により査察します。(⇒〔消法〕第17条の３の３、〔消則〕第31条の６第３項)

<table>
<tr><th>査察項目</th><th>査　察　及　び　確　認　事　項</th><th>結　果</th></tr>
<tr><td rowspan="2">点検の実施</td><td>①　消防用設備等の点検は、種類及び点検内容に応じて、１年以内で点検の期間ごと行われていること。(消則31条の６・１項)
<table>
<tr><th>消防用設備等の種類等</th><th>点検の内容及び方法</th><th>点検の期間</th></tr>
<tr><td>消火器具、消防機関へ通報する火災報知設備、誘導灯、誘導標識、消防用水、非常コンセント設備、連結散水設備、無線通信補助設備及び共同住宅用非常コンセント設備</td><td>機器点検</td><td>６月</td></tr>
<tr><td rowspan="2">屋内消火栓設備、スプリンクラー設備、水噴霧消火設備、泡消火設備、不活性ガス消火設備、ハロゲン化物消火設備、粉末消火設備、屋外消火栓設備、動力消防ポンプ設備、自動火災報知設備、ガス漏れ火災警報設備、漏電火災警報器、非常警報器具及び設備、避難器具、排煙設備、連結送水管、非常電源（配線の部分を除く。)、総合操作盤、パッケージ型消火設備、パッケージ型自動消火設備、共同住宅用スプリンクラー設備、共同住宅用自動火災報知設備、住戸用自動火災報知設備、共同住宅用非常警報設備、共同住宅用連結送水管、特定小規模施設用自動火災報知設備、加圧防排煙設備、複合型居住施設用自動火災報知設備並びに特定駐車場用泡消火設備</td><td>機器点検</td><td>６月</td></tr>
<tr><td>総合点検</td><td>１年</td></tr>
<tr><td>配線</td><td>総合点検</td><td>１年</td></tr>
</table></td><td>適・否</td></tr>
<tr><td>②　特殊消防用設備等の点検は、設備等設置維持計画に定める点検期間ごと行われていること。(消則31条の６・２項)</td><td>適・否</td></tr>
<tr><td>点検実施者</td><td>次に掲げる防火対象物は、消防用設備等又は特殊消防用設備等について消防設備士又は消防設備点検資格者により点検されていること。(消法17条の３の３、消令36条２項)
<table>
<tr><td>別表第１⑴項から⑷項まで、⑸項イ、⑹項、⑼項イ、⒃項イ、(16の２)項及び(16の３)項に掲げる防火対象物</td><td>延べ面積が１千㎡以上のもの</td></tr>
<tr><td>別表第１⑸項ロ、⑺項、⑻項、⑼項ロ、⑽項から⒂項まで、⒃項ロ、⒄項及び⒅項に掲げる防火対象物</td><td>延べ面積が１千㎡以上のもののうち、消防(署)長が火災予防上必要と認めて指定するもの</td></tr>
<tr><td>上欄に掲げるもののほか、別表第１⑴項から⑷項まで、⑸項イ、⑹項又は⑼項イに掲げる防火対象物の用途に供される部分が避難階以外の階に存する防火対象物</td><td>当該避難階以外の階から避難階又は地上に直通する階段が（傾斜路を含む。）２（当該階段が屋外に設けられ、又は避難上有効な構造を有する場合は、１）以上設けられていないもの</td></tr>
</table></td><td>適・否</td></tr>
<tr><td>点検の記録</td><td>点検の結果は、消防用設備等維持台帳（☞次頁）に記録されていること。(消則31条の６・３項)</td><td>適・否</td></tr>
</table>

点検の報告	点検の結果は、消防(署)長に報告されていること。(消則31条の６・４項)	**適・否**
不備事項の改修	①　不備事項については、改修・改善・整備等が行われていること。 ②　未改修、未改善、未整備のものについては、指導すること。	**適・否** **適・否**

1　消防用設備等の維持台帳

消防用設備等及び特殊消防用設備等の維持台帳については、次により査察します。(⇒〔消則第〕31条の６第３項)

査察項目	査　察　及　び　確　認　事　項	結　果
維持台帳の査察	維持台帳には、次に掲げるものが編冊されていること。(消則31条の６・３項) ①　消防用設備等又は特殊消防用設備等の設置届出に係る書類の写し ②　工事整備対象設備等着工届出に係る書類の写し ③　消防用設備等・特殊消防用設備等検査済証 ④　消防用設備等点検結果の報告書の写し ⑤　消防用設備等又は特殊消防用設備等の工事、整備等の経過一覧表 ⑥　その他消防用設備等又は特殊消防用設備等の維持管理に必要な書類	**適・否**

第５　消防用設備等の設置及び維持の査察

１　消火器具

１．１　消火器具の能力単位による減免

消火器又は簡易消火用具（以下「消火器具」という。）の能力単位の減免については、次により査察します。（⇒〔消令〕10条３項）

消火器具の能力単位の減免	消火器具の設置を要する防火対象物又はその部分に大型消火器、屋内消火栓設備、スプリンクラー設備、水噴霧消火設備、泡消火設備、不活性ガス消火設備、ハロゲン化物消火設備又は粉末消火設備が技術上の基準に従い、又は技術上の基準の例により設置されているときは、消火器具の設置個数を減少（参照☞次頁「能力単位等の減少」欄）することができること。（消令10条３項）	**減免の可・否**

１．２　消火器具の設置及び維持

消火器具の設置及び維持については、次により査察します。（⇒〔消令〕第10条、〔点検基準〕）

査察項目	適否の判定基準	結果
設置場所	①　通行又は避難に支障がなく、使用に際して容易に持ち出すことができる箇所に設置されている。（消令10条２項２号）	**適・否**
	②　防火対象物の階ごとに、設置を要する場所の各部分から、それぞれ一の消火器具に至る歩行距離が20m（大型消火器は30m）以下となるように配置されている。（消則６条６項、消則７条）	**適・否**
	③　床面からの高さが1.5m以下の箇所に設けてある。（消則９条1号）	**適・否**
	④　消火器具は、水その他消火剤が凍結し、変質し、又は噴出するおそれが少ない箇所に設けてあること。ただし、保護のための有効な措置が講じられているときはこの限りでない。（消則９条２号）	**適・否**
	⑤　化学工場、メッキ工場、温泉地などで、本体容器又は各種部品に著しい腐食が促進されるような場所、厨房等で著しく湿気の多い場所、潮風又は雨雪にさらされている箇所などに設置されているものは、適当な防護措置が講じてある。	**適・否**
設置個数・能力単位	①　設置個数及び能力単位の数値は、それぞれ防火対象物又はその部分に適した数値である。	**適・否**
	②　少量危険物、指定可燃物、変圧器、配電盤等の電気設備、多量の火気使用場所がある場合の附加設置は、適正である。	**適・否**
	③　消火器と簡易消火用具を併設した場合には、消火器の能力単位の数値が簡易消火用具の能力単位の合計数の２倍以上ある。	**適・否**

<table>
<tr><td>適　応　性</td><td>①　消火器具は、設置する防火対象物の用途、構造若しくは規模などに応じ、その消火に適応するものとされる消火器具が設置されている。（消令10条２項１号）
◇次頁「〔消令〕別表第２」を見て下さい。
②　二酸化炭素又はハロゲン化物（ブロモトリフルオロメタンを除く。）を放射する消火器は、〔消令〕別表第１（16の２）項及び（16の３）項に掲げる防火対象物並びに換気について有効な開口部の面積が床面積の30分の１以下で、当該床面積が20㎡以下の地階、無窓階又は居室には設置されていない。（消令10条２項１号、消則11条）</td><td>適・否

適・否</td></tr>
<tr><td>耐 震 措 置</td><td>消火器には、地震等による転倒防止措置が講じられていること。ただし、粉末消火器その他転倒により消火剤が漏出するおそれのない消火器は、この限りでない。（消則９条３号）</td><td>適・否</td></tr>
<tr><td>表示・標識</td><td>消火器具の設置箇所には、消火器具の種類に応じた標識が見やすい位置に設けられている。（⇒消則９条４号）
<table>
<tr><th>消火器具の種類</th><th>表示</th><th>大きさ・色</th></tr>
<tr><td>消火器</td><td>消火器</td><td rowspan="6">長辺24cm以上
短辺８cm以上
地は赤色
文字は白色
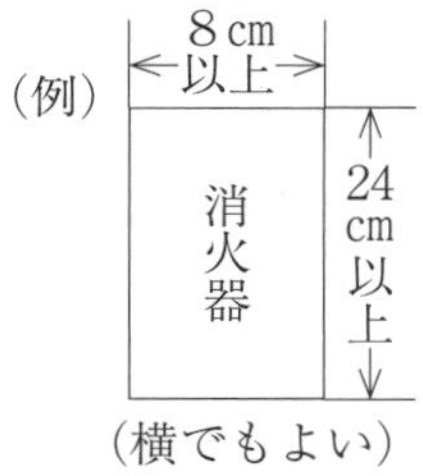
</td></tr>
<tr><td>水バケツ</td><td>消火バケツ</td></tr>
<tr><td>水槽</td><td>消火水槽</td></tr>
<tr><td>乾燥砂</td><td>消火砂</td></tr>
<tr><td>膨張ひる石</td><td rowspan="2">消火ひる石</td></tr>
<tr><td>膨張真珠岩</td></tr>
</table></td><td>適・否</td></tr>
<tr><td>消火器の外形</td><td>①　消火器本体容器に消火薬剤の漏れ、変形、損傷、著しい腐食等がない。
②　安全栓の封に損傷、脱落等がなく、確実に取り付けてある。
③　安全栓に変形、損傷等がなく、確実に取り付けてある。
④　使用済みの表示装置に変形、損傷、脱落等がない。
⑤　押し金具及びレバー等の操作装置に変形、損傷等がなく、確実にセットされている。
⑥　ホースに変形、損傷、老化、つまり等がなく、本体容器と緊結されている。
⑦　保持装置に変形、損傷、著しい腐食等がなく、消火器を容易に取りはずせる。
⑧　車輪（車載式消火器に限る。）に変形、損傷等がなく、円滑に回転する。</td><td>適・否
適・否
適・否
適・否
適・否

適・否
適・否
適・否</td></tr>
<tr><td>簡易消火用具</td><td>①　水バケツ及び水槽に、変形、損傷、著しい腐食等がない。
②　水槽の水、乾燥砂、膨張ひる石又は膨張真珠岩の量は規定量以上ある。</td><td>適・否
適・否</td></tr>
<tr><td>能力単位等の減少</td><td>①　消火器具を設置するものとする防火対象物又はその部分に屋内消火栓設備、スプリンクラー設備、水噴霧消火設備、泡消火設備、不活性ガス消火設備、ハロゲン化物消火設備又は粉末消火設備を技術上の基準に従い、又は技術上の基準の例により設置した場合、当該消火設備の対象物に対する適応性が設置すべき消火器の適応性と同一であるときは、当該消火器の能力単位の数値の合計数の３分の１までを減少した数値とすることができること。（消則８条１項、２項）
②　①の場合、当該消火設備の対象物に対する適応性が設置すべき大型消火器の適応性と同一であるときは、当該消火設備の有効範囲の部分について大型消火器を設置しないことができること。（消則８条３項）
③　消火器具を設置するものとする防火対象物又はその部分に大型消火器を技術上の基準に従い、又は技術上の基準の令により設置した場合、当該大型消火器が設置すべき消火器具の適応性と同一であるときは、当該消火器具の能力単位の数値の合計数の２分の１まで減少した数値とすることができる。（⇒消則７条２項）
④　①については、防火対象物の11階以上の部分に設置されているものには、適用しないこと。（消則８条４項）</td><td>可・否

可・否

可・否

適・否</td></tr>
</table>

１．３　住宅用消火器及び消火器具の設置及び維持

住宅用消火器（〔消令〕第10条第１項に定める消火器具のうち、住宅用消火器を除く。）及び消火器具の設置及び維持については、次により査察します。（⇒〔特定共同住宅等省令〕第３条第２項第１号）

査察項目	適否の判定基準	結果
住宅用消火器	住宅用消火器は、住戸、共用室又は管理人室ごとに設置されている。（⇒〔特定共同住宅等省令〕３条２項１号イ）	適・否
消火器具	①　消火器具は、共用部分等に、各階ごとに当該共用部分等の各部分から、それぞれ一の消火器具に至る歩行距離が20m以下となるように設置されていること。ただし、特定共同住宅等の廊下、階段室等のうち、住宅用消火器が設置された住戸、共用室又は管理人室に面する部分は、消火器具を設置しないことができること。（⇒〔特定共同住宅等省令〕３条２項１号ロ）	適・否
	②　消火器の設置場所、適応性、表示・標識、消火器の外形等は、P194「１．２　消火器具の設置及び維持」の例により査察します。	適・否

【解説】「消火器具」の欄の「共用部分等」とは、共用部分及び倉庫、機械室等をいいます。（⇒〔特定共同住宅等省令〕第３条第２項第１号ロ）

〔消令〕別表第２（消火器具の適応対象物一覧表）

消火器具の区分		対象物の区分														
		建築物その他の工作物	電気設備	危険物										指定可燃物		
				第１類		第２類			第３類		第４類	第５類	第６類			
				アルカリ金属の過酸化物又はこれを含有するもの	その他の第１類の危険物	鉄粉、金属粉若しくはマグネシウム又はこれらのいずれかを含有するもの	引火性固体	その他の第２類の危険物	禁水性物品	その他の第３類の危険物				可燃性固体類又は合成樹脂類	可燃性液体類	その他の指定可燃物
水を放射する消火器	棒状	○			○		○	○		○		○	○	○		○
	霧状	○	○		○		○	○		○		○	○	○		○
強化液を放射する消火器	棒状	○			○		○	○		○		○	○	○		○
	霧状	○	○		○		○	○		○	○	○	○	○	○	○
泡を放射する消火器		○			○		○	○		○	○	○	○	○	○	○
二酸化炭素を放射する消火器			○				○				○			○	○	
ハロゲン化物を放射する消火器			○				○				○			○	○	
消火粉末を放射する消火器	りん酸塩類等を使用するもの	○	○		○		○	○			○		○	○	○	○
	炭酸水素塩類等を使用するもの		○	○		○	○		○		○			○	○	
	その他のもの			○		○			○							
水バケツ又は水槽		○			○		○	○		○		○	○	○		○
乾燥砂				○		○	○	○	○	○	○	○	○	○	○	
膨張ひる石又は膨張真珠岩				○		○	○	○	○	○	○	○	○	○	○	

備考

⑴　○印は、対象物の区分の欄に掲げるものに、当該各項に掲げる消火器具がそれぞれ適応するものであることを示す。
⑵　りん酸塩類等とは、りん酸塩類、硫酸塩類その他防炎性を有する薬剤をいう。
⑶　炭酸水素塩類等とは、炭酸水素塩類及び炭酸水素塩類と尿素との反応生成物をいう。
⑷　禁水性物品とは、危険物の規制に関する政令第10条第１項第10号に定める禁水性物品をいう。

２	屋内消火栓設備

２．１	屋内消火栓設備の倍読み規定及び設置減免

屋内消火栓設備の設置対象防火対象物又はその部分については、次により査察します。（⇒〔消令〕第11条第１項）

延べ面積又は床面積の倍読み規定適用の査察	屋内消火栓設備を設置する防火対象物又はその部分の延べ面積又は床面積の数値は、 ①　主要構造部を耐火構造とし、壁及び天井（天井のない場合は、屋根。以下同じ。）の室内に面する部分（回り縁、窓台その他これらに類する部分を除く。以下同じ。）の仕上げを難燃材料でした防火対象物は当該数値の３倍の数値（(6)項イ(1)及び(2)、(6)項ロ(1)及び(3)並びに(6)項ロ(2)、(4)及び(5)（介助がなければ避難できない者として入所させる以外のものは、延べ面積275㎡以上のもの）について適用する場合は、当該３倍の数値又は1,000㎡にスプリンクラー設備を設置することを要しない構造部分の床面積の合計を加えた数値のうち、いずれか小さい数値） ②　主要構造部を耐火構造としたその他の防火対象物又は準耐火建築物に該当し、壁及び天井の室内に面する部分の仕上げを難燃材料でした防火対象物は当該数値の２倍の数値（(6)項イ(1)及び(2)、(6)項ロ(1)及び(3)並びに(6)項ロ(2)、(4)及び(5)（介助がなければ避難できない者として入所させる以外のものは、延べ面積275㎡以上のもの）について適用する場合は、当該２倍の数値又は1,000㎡にスプリンクラー設備を設置することを要しない構造部分の床面積の合計を加えた数値のうち、いずれか小さい数値）とすること。（消令11条２項）	**倍読み適用の可・否**
設置減免防火対象物又はその部分の査察	屋内消火栓設備の設置を要する防火対象物又はその部分にスプリンクラー設備、水噴霧消火設備、泡消火設備、不活性ガス消火設備、ハロゲン化物消火設備、粉末消火設備、屋外消火栓設備又は動力消防ポンプ設備が技術上の基準に従い、又は当該技術上の基準の例により設置されているときは、当該設備の有効範囲内の部分（屋外消火栓設備及び動力消防ポンプ設備は、１階及び２階の部分に限る。）について屋内消火栓設備を設置しないことができること。（消令11条４項）	**設置減免の可・否**

２．２　屋内消火栓設備の設置及び維持

屋内消火栓設備の設置及び維持については、次により査察します。(⇒〔消令〕第11条、〔点検基準〕)

<table>
<tr><th>査察項目</th><th>適　否　の　判　定　基　準</th><th>判　定</th></tr>
<tr><td>設　置　種　別</td><td>屋内消火栓設備は、設置する防火対象物又はその部分に応じた種別のものが設置されていること。(⇒消令11条３項１号及び２号)
<table>
<tr><th>防火対象物
消火栓</th><th>⑿項イ、⒁項に掲げる防火対象物又は指定可燃物を750倍以上貯蔵し、又は取り扱うもの</th><th>社会福祉施設、旅館・ホテル、病院</th><th>その他</th></tr>
<tr><td>１号消火栓
易操作性１号消火栓</td><td>◎</td><td>◎</td><td>◎</td></tr>
<tr><td>２号消火栓
広範囲型２号消火栓</td><td>×</td><td>◎</td><td>◎</td></tr>
</table>
◎設置できる　×設置できない</td><td>適・否</td></tr>
<tr><td>設　備　の　性　能</td><td>性能は、設置したいずれの階においても、当該階のすべての消火栓（設置個数が２を超えるときは、２個の消火栓）を同時に使用した場合に、それぞれのノズルの先端において、放水圧力及び放水量が次のとおりであること。(消令11条３項)
①　１号消火栓及び易操作性１号消火栓の性能は、放水圧力が0.17MPa以上、放水量が130ℓ毎分以上。(⇒同項１号ニ)
②　２号消火栓の性能は、放水圧力が0.25MPa以上、放水量が60ℓ毎分以上。(⇒同項２号イ(5))
③　広範囲型２号消火栓の性能は、放水圧力が0.17MPa以上、放水量が80ℓ毎分以上。(⇒同項２号ロ(5))</td><td>適・否
適・否</td></tr>
<tr><td>加圧送水装置</td><td>ポンプ式の加圧送水装置は、☞次頁「(1)　加圧送水装置」により査察します。</td><td>適・否</td></tr>
<tr><td>配　　　管</td><td>配管は、☞Ｐ200「(2)　配管」により査察します。</td><td>適・否</td></tr>
<tr><td>消　火　栓　箱</td><td>①　周囲に使用上及び点検上の障害となるものがない。
②　変形、損傷等がなく、扉の開閉が容易にできる。
③　その表面に「消火栓」と表示されている。</td><td>適・否
適・否
適・否</td></tr>
<tr><td>ホース・ノズル</td><td>①　１号消火栓（易操作性１号消火栓を除く。）のホース及びノズルは、必要本数が正常に収納され、変形、損傷、著しい腐食等がなく、接続部の着脱が容易にできる。
②　易操作性１号消火栓、２号消火栓、広範囲型２号消火栓は、ホース及びノズルの手元開閉装置に変形、損傷、著しい腐食などがなく、正常に収納されている。
③　易操作性１号消火栓、２号消火栓、広範囲型２号消火栓は、ノズルの手元開閉装置の操作が容易にでき、ホースの延長、格納が容易にできる。
④　ホース（易操作性１号消火栓、２号消火栓、広範囲型２号消火栓のホースを除く。）の製造年の末日から10年を経過した日以降のものに限る。ただし、ホースの耐圧性能に関する点検を行ってから３年を経過していないものは除く。）に、所定の水圧をかけた場合に、変形、損傷著しい漏水等がない。</td><td>適・否
適・否
適・否
適・否</td></tr>
<tr><td>消火栓開閉弁</td><td>①　開閉弁は、床面からの高さが1.5m以下の位置に設けてある。(⇒消則12条１項１号)
②　天井に設けられた開閉弁は自動式のものである。(⇒同項１号)
③　漏れ、変形、損傷等がなく、開閉操作が容易にできる。</td><td>適・否
適・否
適・否</td></tr>
</table>

標　示　灯	①　屋内消火栓箱の上部に、取付面と15度以上の角度となる方向に沿って10m離れたところから容易に識別できる赤色の灯火が設けられている。（消則12条１項３号ロ） ②　開閉弁が天井に設けられている場合は、次のとおり。（同条１項３号ハ） ⑴　屋内消火栓箱の直近の箇所には、取付け位置から10m離れたところで、かつ、床面から高さ1.5mの位置から容易に識別できる赤色の灯火が設けられている。 ⑵　消火用ホースを降下させる装置の上部に、取付け面と15度以上の角度となる方向に沿って10m離れたところから容易に識別できる赤色の灯火が設けられている。 ③　変形、損傷、脱落、球切れ等がなく、正常に点灯している。	適・否 適・否 適・否
始動表示灯	①　始動表示灯は、赤色とし、箱の内部又はその直近に設けられていること。ただし、上欄の表示灯を点滅させることにより始動を表示できる場合は設けないことができる。（消則12条１項２号） ②　始動表示灯に変形、損傷、脱落、球切れ等がなく、正常に点灯している。	適・否 適・否
使用方法の表示	適正に取り付けられていること。	適・否
非　常　電　源	屋内消火栓設備に附置する非常電源は、☞Ｐ279「24　非常電源」により査察します。	適・否
耐　震　措　置	貯水槽、加圧送水装置、非常電源、配管等には地震による震動等に耐える有効な措置が講じられている。	適・否
総合操作盤	①　総合操作盤を設けるものとする防火対象物（☞Ｐ287）に設置されている屋内消火栓設備には、総合操作盤が設けられている。（消則12条１項８号） ②　総合操作盤については、☞Ｐ288「25．2　総合操作盤設置及び維持」により査察します。	適・否 適・否

（１）　加圧送水装置

屋内消火栓設備、スプリンクラー設備、水噴霧消火設備、泡消火設備、屋外消火栓設備、連結送水管（加圧送水装置を設けるもの）の設置及び維持については、次により査察します。

水　源	①　水源の水量は、規定量が確保されている。 ②　貯水槽には、地震による震動等に耐えるための有効な措置が講じられている。（消則12条１項９号） ③　貯水槽には変形、損傷、漏水、著しい腐食等がない。 ④　バルブ類は、漏れ、変形、損傷等がなく、開閉位置が正常で、かつ、開閉操作が容易にできる。	適・否 適・否 適・否 適・否
加圧送水装置	加圧送水装置は、点検に便利で、かつ、火災等の災害による被害を受けるおそれが少ない箇所に設けてある。（消令11条３項１号ホ及び２号イ⑹、ロ⑹）	適・否
電動機の制御装置	①　使用上及び点検上の障害となるものがない。 ②　変形、損傷、著しい腐食等がない。 ③　電圧計及び電流計に変形、損傷等がなく、指示値が適正である。 ④　電圧計等のないものは、電源表示灯が点灯している。 ⑤　開閉器及びスイッチ類は、変形、損傷、脱落、端子の緩み等がなく、開閉位置が正常で、開閉機能が正常である。	適・否 適・否 適・否 適・否 適・否

ポンプ方式の加圧送水装置		⑥　表示灯は、正常に点灯する。 ⑦　予備品及び回路図等が備えてある。	適・否 適・否
	起動装置	①　周囲に使用上及び点検上の障害となるものがない。 ②　外形に変形、損傷等がない。 ③　表示は適正である。 ④　機能は正常である。 ⑤　遠隔操作部が消火栓箱の表面あるいは内部又はその直近に設けられている。 ⑥　起動用水圧開閉装置の圧力スイッチに変形、損傷、端子の緩み等がなく、設定圧力値が設計図書のとおりである。 ⑦　起動用圧力タンクに変形、損傷、漏水、漏気、著しい腐食等がなく、圧力計の指示値が適正である。 ⑧　作動圧力値が適正である。	適・否 適・否 適・否 適・否 適・否 適・否 適・否 適・否
	電動機	①　変形、損傷、著しい腐食等がない。 ②　回転が円滑で潤滑油に著しい汚れ、変質等がなく、必要量が満たされている。	適・否 適・否
	ポンプ	①　変形、損傷、著しい腐食等がなく回転が円滑である。 ②　著しい漏水がない。 ③　連成計及び圧力計が正常に作動する。	適・否 適・否 適・否
	呼水装置	①　変形、損傷、漏水、著しい腐食等がなく、水量が規定量以上ある。 ②　バルブ類の変形、損傷、漏水、著しい腐食等がなく、開閉位置が正常で、開閉操作が容易にできる。 ③　自動給水装置、減衰警報装置に、変形、損傷、著しい腐食等がなく、機能が正常である。	適・否 適・否 適・否
	性能試験装置	変形、損傷、腐食等がなく、機能が正常である。	適・否
減圧措置		減圧弁等に変形、損傷、漏れ等がない。	適・否

(2)　配　管

屋内消火栓設備、スプリンクラー設備、水噴霧消火設備、泡消火設備、屋外消火栓設備、連結送水管の配管の設置及び維持については、次により査察します。

配管等	①　配管は、専用のものであること。ただし、屋内消火栓等の起動装置を操作することにより直ちに他の消火設備の用途に供する配管への送水を遮断することができる等当該屋内消火栓設備等の性能に支障を生じない場合には、この限りでない。（消則12条１項６号イ） ②　加圧送水装置の吐出側直近部分の配管には、逆止弁及び止水弁が設けてある。（消則12条１項６号ロ） ③　配管等には、漏れ、変形、損傷等がなく、他のものの支え、吊り等に利用されていない。 ④　バルブ類は、漏れ、変形、損傷等がなく、開閉位置が正常で、開閉操作が容易にできる。	適・否 適・否 適・否 適・否

２．３　パッケージ型消火設備の設置及び維持

パッケージ型消火設備については、次により査察します。（⇒〔必要とされる防火安全性能を有する消防の用に供する設備等に関する省令〕（平成16年省令第92号）第１条第２項、平成16年消告第12号「パッケージ型消火設備の設置及び維持に関する技術上の基準」以下〔パッケージ型消火設備基準〕という。）

<table>
<tr><th>査察項目</th><th>査　察　基　準</th><th>結　果</th></tr>
<tr><td>設置できる防火対象物またはその部分確認</td><td>パッケージ型消火設備は、次に掲げる防火対象物又はその部分に限り設置されていること。ただし、防火対象物又はその部分で、指定可燃物（可燃性液体類に係るものを除く。）を750倍以上貯蔵しているものには、設置されていない。（⇒パッケージ型消火設備基準第３）
①　(1)項から(12)項まで若しくは(15)項に掲げる防火対象物
②　(16)項に掲げる防火対象物の同表(1)項から(12)項まで又は(15)項の用途に供される部分
③　パッケージ型自動消火設備を設置する防火対象物の部分のうち、〔消則〕第13条第２項に掲げる部分（パッケージ型自動消火設備基準第３、ただし書）</td><td>適・否
適・否
適・否
適・否</td></tr>
<tr><td>設置種別と防火対象物</td><td>パッケージ型消火設備は、次表左欄の防火対象物の区分に応じ、同表右欄の型のものが設置され、地階、無窓階又は火災のとき煙が著しく充満するおそれのある場所には、設置されていないこと。（パッケージ型消火設備基準第３・１号及び２号）
<table>
<tr><th colspan="2">防火対象物の区分</th><th>型</th></tr>
<tr><td rowspan="2">耐火建築物</td><td>地階を除く階数が６以下で、延べ面積が３千㎡以下のもの</td><td>Ⅰ型</td></tr>
<tr><td>地階を除く階数が４以下で、延べ面積が１千500㎡以下のもの</td><td>Ⅱ型</td></tr>
<tr><td rowspan="2">耐火建築物以外のもの</td><td>地階を除く階数が３以下で、延べ面積が２千㎡以下のもの</td><td>Ⅰ型</td></tr>
<tr><td>地階を除く階数が２以下で、延べ面積が１千㎡以下のもの</td><td>Ⅱ型</td></tr>
</table></td><td>適・否</td></tr>
<tr><td>設　置　機　器</td><td>パッケージ型消火設備は、〔パッケージ型消火設備基準〕に適合するものであること。</td><td>適・否</td></tr>
<tr><td>設　置　場　所</td><td>①　防火対象物の階ごとに、その階の各部分から一のホース接続口までの水平距離がⅠ型は20ｍ以下、Ⅱ型は15ｍ以下となるように設けてある。（パッケージ型消火設備基準第４・１号）
②　周囲には、使用上及び点検上の障害となるものがない。
③　40度以下で温度変化が少ない場所に設けてある。（パッケージ型消火設備基準第４・３号）
④　直射日光、雨水のかかるおそれが少ない場所である。（パッケージ型消火設備基準第４・４号）</td><td>適・否
適・否
適・否
適・否</td></tr>
<tr><td>標識・表示灯</td><td>①　消火薬剤貯蔵容器の直近の見やすい箇所に赤色の灯火及びパッケージ型消火設備である旨を表示した標識が設けてある。（パッケージ型消火設備基準第４・５号）
②　変形、損傷、脱落、球切れ等がなく、正常に点灯している。</td><td>適・否
適・否</td></tr>
<tr><td>防　護　面　積</td><td>防護する部分の面積は、Ⅰ型は850㎡以下、Ⅱ型は500㎡以下である。（パッケージ型消火設備基準第４・２号）</td><td>適・否</td></tr>
<tr><td>消火薬剤貯蔵容器等</td><td>①　消火薬剤貯蔵容器に変形、損傷、著しい腐食等がなく、容器本体は取付枠に確実に固定されている。
②　安全装置、バルブ類は、変形、損傷、著しい腐食等がなく、開閉位置が正常である。</td><td>適・否
適・否</td></tr>
</table>

	③　畜圧式消火薬剤貯蔵容器の指示圧力計は、変形、損傷等がなく、指示圧力値が適正で、正常に作動する。	適・否
加圧用ガス容器等	①　加圧用ガス容器の外形は変形、損傷、著しい腐食等がなく、容器本体は取付枠に確実に固定されている。 ②　表示は適正に設けられている。 ③　バルブ類は、変形、損傷等がなく、開閉位置が正常で、開閉操作が容易にできる。 ④　圧力調整器は、変形、損傷、脱落、ガス漏れ等がなく、容器弁等に確実に固定され、その機能が正常である。	適・否 適・否 適・否 適・否
手動式起動操作部	①　周囲に使用上及び点検上の障害となるものがない。 ②　変形、損傷等がなく、表示は適正である。 ③　バルブ類等の操作が容易に行うことができ、その機能が正常である。	適・否 適・否 適・否
配　　　　管	漏れ、変形、損傷等がなく、確実に接続されていること。	適・否
ホ　ー　ス	①　ホースは変形、損傷、老化、接続部の緩み等がなく、所定の長さ（Ⅰ型は25m以上、Ⅱ型は20m以上）のものである。 ②　ホースリール及びホース架は、ホースの引き出し、格納等が容易にできる。 ③　ノズル開閉弁は、開閉操作が容易にできる。	適・否 適・否 適・否
表　　　　示	パッケージ型消火設備には、次に掲げる事項が見やすい箇所に容易に消えないように表示されている。(⇒パッケージ型消火設備の基準第９) ①「パッケージ型消火設備」の文字 ②　消火薬剤の種別　③　使用温度範囲 ④　最高使用圧力　⑤　放射時間 ⑥　製造年月　⑦　型式番号 ⑧　取扱い上の注意事項　⑨　取扱い方法 ⑩　製造者名又は商標	適・否

３　スプリンクラー設備

３．１　スプリンクラー設備の設置減免

スプリンクラー設備の設置減免については、次により査察します。(⇒〔消令〕第12条第１項)

減免防火対象物又はその部分の査察	スプリンクラー設備の設置を要する防火対象物又はその部分に水噴霧消火設備、泡消火設備、不活性ガス消火設備、ハロゲン化物消火設備又は粉末消火設備が技術上の基準に従い、又は当該技術上の基準の例により設置されているときは、当該設備の有効範囲内の部分についてスプリンクラー設備を設置しないことができること。(消令12条３項)	**設置減免の可・否**

(1)　スプリンクラー設備を設置することを要しない構造

スプリンクラー設備の設置を要しない構造については、次により査察します。(⇒〔消令〕第12条第１項第１号及び第９号、〔消則〕第12条の２)

査察項目	査　察　事　項	結　果
設置を要しない防火区画の査察	火災発生時の延焼を抑制する機能を備える構造は、次に掲げる防火対象物又はその部分の区分に応じ、当該防火対象物又はその部分に設置される区画を有するものであること。(消則12条の２)	**適用の可・否**
A欄　基準面積が1千㎡未満の防火対象物又はその部分のものの防火区画の査察	令別表第１(6)項イ(1)及び(2)並びにロ、⒃項イ並びに(16の２)項((6)項イ(1)若しくは(2)又はロの用途に供される部分に限る。) 基準面積が１千㎡未満のもので、次に定めるところにより設置された区画を有するもの。(消則12条の２・１項１号柱書) ①　当該防火対象物又はその部分の居室を準耐火構造の壁及び床で区画。(同１号イ) ②　壁及び天井（天井のない場合は、屋根）の室内に面する部分（回り縁、窓台その他これらに類する部分を除く。）の仕上げを地上に通じる主たる廊下その他の通路は準不燃材料で、その他の部分は難燃材料でしたもの。ただし、居室（もっぱら施設の職員が使用するとされているものを除く。以下「入居者等の利用に供する居室」）が避難階のみに存する、延べ面積275㎡未満のうち、次のＢ欄によるものは、この限りでない。(同１号ロ) ③　区画する壁及び床の開口部の面積の合計が８㎡以下で、一の開口部の面積が４㎡以下。(同１号ハ) ④　③の開口部には、防火戸（廊下と階段とを区画する部分以外の開口部は、防火シャッターを除く。）で、随時開くことができる自働閉鎖装置付のもの又は次に定める構造のものを設けたもの。(同１号ニ) (1)　随時閉鎖することができ、煙感知器（イオン化式スポット型感知器、光電式感知器及び煙複合式スポット型感知器をいう。以下同じ。）の作動と連動して閉鎖するもの。 (2)　居室から地上に通じる主たる廊下、階段その他の通路に設けるものは、直接手で開くことができ、自動的に閉鎖する部分を有し、その部分の幅、高さ及び下端の床面からの高さが、75cm以上、1.8ｍ以上及び15cm以下。	 適・否 適・否 適・否 適・否

	⑤　区画された部分すべての床の面積が100㎡以下で、区画された部分すべてが４以上の居室を含まないもの。(同１号ホ)	適・否
B欄　(6)項イ(1)及び(2)並びにロ、(16)項イ並びに(16の2)項で基準面積が1千㎡以上の防火対象物又はその部分のもの	令別表第１(6)項イ(1)及び(2)並びにロ、(16)項イ並びに(16の２)項で、基準面積が１千㎡以上のものは、次に定めるところにより設置された区画を有するもの。(消則12条の２・１項２号柱書) ①　当該防火対象物又はその部分の居室を耐火構造の壁及び床で区画。(同２号イ) ②　壁及び天井（天井のない場合は、屋根）の室内に面する部分（回り縁、窓台その他これらに類する部分を除く。）の仕上げを地上に通じる主たる廊下その他の通路は準不燃材料で、その他の部分は難燃材料でしたもの。(同２号ロ) ③　区画する壁及び床の開口部の面積の合計が８㎡以下で、一の開口部の面積が４㎡以下。(同２号ハ) ④　③の開口部には、特定防火設備である防火戸（廊下と階段とを区画する部分以外の開口部は、防火シャッターを除く。）で、随時開くことができる自働閉鎖装置付のもの若しくは次に定める構造のもの又は防火戸（防火シャッター以外のもので、２以上の異なった経路により避難することができる部分の出入口以外の開口部で、直接外気に開放されている廊下、階段その他の通路に面し、その面積の合計が４㎡以内のものに設けるものに限る。）を設けたもの。(同２号ニ) (1)　随時閉鎖することができ、煙感知器の作動と連動して閉鎖するもの。 (2)　居室から地上に通じる主たる廊下、階段その他の通路に設けるものにあっては、直接手で開くことができ、かつ、自動的に閉鎖する部分を有し、その部分の幅、高さ及び下端の床面からの高さが、それぞれ、75㎝以上、1.8ｍ以上及び15㎝以下のものであること。 ⑤　区画された部分すべての床の面積が200㎡以下。(同２号ホ)	適・否 適・否 適・否 適・否 適・否
C欄　(6)項イ(1)及び(2)並びにロで入居者等の利用に供する居室が避難階のみに存する延べ面積が100㎡未満のもの	前２欄の規定にかかわらず、令別表第１(6)項イ(1)及び(2)並びにロのうち、入居者等の利用に供する居室が避難階のみに存するもので、延べ面積が100㎡未満のもの（前Ａ欄1,000㎡未満の区画に該当する区画を有するものを除く。）は、次のいずれかに定める構造によるもの。(消則12条の２・２項、平成26年消告４号) ①　前Ａ欄②の規定の例によるもの。 ②　居室を壁、柱、床及び天井（天井のない場合は、屋根）で区画し、出入口に戸（随時開くことができる自動閉鎖装置付きのものに限る。）を設けたもので、次の(1)から(5)までに適合するもののうち、入居者、入所者又は宿泊者（「入居者等」という。）の避難に要する時間として消防庁長官が定める方法により算定した時間が、火災発生時に確保すべき避難時間として消防庁長官が定める時間を超えないもの。 (1)　第23条第４項第１号ニ（感知器の設置を要しない場所）に掲げる場所を除き、自動火災報知設備の感知器は、煙感知器。 (2)　入居者等の利用に供する居室に、火災発生時に当該施設の関係者が屋内及び屋外から容易に開放することができる開口部を設けたもの。 (3)　(2)の開口部は、道又は道に通ずる幅員１ｍ以上の通路その他の空地に面している。 (4)　(2)の開口部は、その幅、高さ及び下端の床面からの高さその他の形状が、入居者等が内部から容易に避難することを妨げるものでないもの。 (5)　入居者等の利用に供する居室から二以上の異なつた避難経路を確保している。	適・否

D欄 ⒃項イ（⑸項ロ、⑹項ロの用途以外の用途が存しないもの）の部分で⑹項ロに供される部分の延べ面積が275㎡未満のもの	前Ａ欄及びＢ欄の規定にかかわらず、令別表第１（⒃項イ（同表⑸項ロ及び⑹項ロの用途以外の用途に供される部分が存しないものに限る。）の部分で⑹項ロの用途に供される部分のうち、延べ面積が275㎡未満のもの（前Ａ欄1,000㎡未満の区画に該当する区画を有するものを除く。以下「特定住戸部分」という。）は、次の各号に定める区画を有するもの。（消則12条の２・３項、平成26年消告４号）） ①　特定住戸部分の各住戸を準耐火構造の壁及び床で区画したもの。 ②　特定住戸部分の各住戸の主たる出入口が、直接外気に開放され、当該部分における火災時に生ずる煙を有効に排出することができる廊下に面している。 ③　②の主たる出入口は、前Ａ欄④の規定による構造を有するもの。 ④　壁及び天井（天井のない場合は、屋根）の室内に面する部分（回り縁、窓台その他これらに類する部分を除く。）の仕上げを②の廊下に通ずる通路は準不燃材料で、その他の部分は難燃材料でしたもの。 ⑤　②の廊下に通ずる通路を火災発生時に確保すべき避難時間として消防庁長官が定める時間を超えないように設けたもの。 ⑥　居室及び通路に煙感知器を設けたもの。 ⑦　特定住戸部分の各住戸の床の面積が100㎡以下。	適・否

(２)　介助がなければ避難できない者

介助がなければ避難できない者については、次により査察します。（⇒〔消則〕第12条の３）

査察項目	適　否　の　判　定　基　準	結　果
該当する者の査察	介助がなければ避難できない者として総務省令で定める者は、乳児、幼児並びに令別表第１⑹項ロ⑵、⑷及び⑸に規定する施設に入所する者（同表⑹項ロ⑸に規定する施設に入所する者は、同表⑹項ロ⑸に規定する避難が困難な障害者等に限る。）のうち次の各号のいずれかに該当する者とする。（消則12条の３）	適用の可否
認定項目の査察	①　認定調査項目（障害支援区分に係る市町村審査会による審査及び判定の基準等に関する省令別表第１に掲げる項目をいう。以下同じ。）三の群「移乗」において、「支援が不要」又は「見守り等の支援が必要」に該当しない者 ②　認定調査項目三の群「移動」において、「支援が不要」又は「見守り等の支援が必要」に該当しない者 ③　認定調査項目六の群「危険の認識」において、「支援が不要」又は「部分的な支援が必要」に該当しない者 ④　認定調査項目六の群「説明の理解」において、「理解できる」に該当しない者 ⑤　認定調査項目八の群「多動・行動停止」において、「支援が不要」に該当しない者 ⑥　認定調査項目八の群「不安定な行動」において、「支援が不要」に該当しない者	適・否

(３)　スプリンクラー設備の設置を要しない階

スプリンクラー設備の設置を要しない階の部分については、次により査察します。（⇒〔消令〕消令第12条第１項第３号、第４号及び第10号から第12号、〔消則〕第13条第１項、第２項）

査察項目	査　察　事　項	結　果
	令別表第１⒃項イのうち、⑸項ロ並びに⑹項ロ及びハ（有料老人ホーム、福祉ホーム、認知症対応型共同生活援助施設、障害者の共同生活援助を行う施設に限る。）	該当の有・無

Ａ欄　⒃項イのうち、⑸項ロ並びに⑹項ロ及びハ（有料老人ホーム、福祉ホーム、認知症対応型共同生活援助施設、障害者の共同生活援助を行う施設に限る。）の用途以外がない	の用途以外の用途に供する部分が存せず、次に定めるところにより、10階以下の階に存する⑹項ロ及びハに供される部分に設置される区画を有するものの10階以下の階（同表⑹項ロ及びハに供される部分の床面積の合計が3,000㎡以上は、当該部分が存する階並びに⑹項ロ及びハに供される部分が存する階で、当該部分の床面積が、地階又は無窓階は1,000㎡以上、４階以上の階は、1,500㎡以上のものを除く。）（⇒消則13条１項１号） ①　居室を、準耐火構造の壁及び床（３階以上の階に存する場合は、耐火構造の壁及び床）で区画（１号イ） ②　壁及び天井（天井のない場合は、屋根）の室内に面する部分（回り縁、窓台その他これに類する部分を除く。）の仕上げを地上に通じる主たる廊下その他の通路にあっては準不燃材料で、その他の部分は、難燃材料でしたもの（１号ロ） ③　区画する壁及び床の開口部の面積の合計が８㎡以下で、一つの開口部の面積が４㎡以下（１号ハ） ④　③の開口部には、防火戸（３階以上の階に存する場合は、特定防火設備である防火戸に限り、廊下と階段とを区画する部分以外の部分の開口部は、防火シャッターを除く。）で、随時開くことができる自動閉鎖装置付きのもの若しくは次に定める構造のもの又は防火戸（防火シャッター以外のもので、２以上の異なった経路により避難できる部分の出入口以外の開口部で、直接外気に開放されている廊下、階段その他の通路に面し、その面積の合計が４㎡以内のものに設けたものに限る。）を設けたもの（１号ニ） イ　随時閉鎖することができ、煙感知器の作動と連動して閉鎖するもの ロ　居室から地上に通ずる主たる廊下、階段その他の通路に設けるものは、直接手で開くことができ、自動的に閉鎖する部分を有し、その部分の幅、高さ及び下端の床面からの高さが、72cm以上、１.８ｍ以上、15cm以下 ⑤　区画された部分すべての床面積が100㎡以下（１号ホ）	
Ｂ欄　⒃項イのうち、⑸項イ及びロ並びに⑹項ロ及びハの用途以外の用途に供される部分がなてもの	令別表第１⒃項イのうち、⑸項イ及びロ並びに⑹項ロ及びハの用途以外の用途に供される部分が存せず、次に定めるところにより、10階以下に設置される区画ものの10階以下の階（⑸項イ並びに⑹項ロ及びハの用途に供される部分の床面積の合計が3,000㎡以上は、当該部分が存する階並びに⑸項イ並びに⑹項ロ及びハの用途に供される部分が存する階で、当該部分の床面積が、地階又は無窓階は1,000㎡以上、４階以上の階は1,500㎡以上のものを除く。）（消則13条１項１号の２） ①　居室を、耐火構造の壁及び床で区画（１号の２イ） ②　Ａ欄の②から④の規定の例によるもの（１号の２ロからニ） ⑤　⑸項イ並びに⑹項ロ及びハの用途に供する独立部分（構造上区画された数個の部分の各部分で独立して当該用途に供されることができる部分をいう。）の床面積が100㎡以下（１号の２ホ）	該当の 有・無
Ｃ欄　小規模特定用途複合防火対象物	小規模特定用途複合防火対象物（⒃項イのうち、⑴項から⑷項まで、⑸項イ、⑹項又は⑼項イの用途に供される部分の床面積の合計が当該部分が存する防火対象物の延べ面積の10分の１以下で、かつ、300㎡未満であるもの）次に掲げる部分以外で10階以下に存するもの（⇒消則13条１項２号） ①　⑹項イ⑴及び⑵の用途に供される部分（２号イ） ②　⑹項ロ⑴及び⑶の用途に供される部分（２号ロ） ③　⑹項ロ⑵、⑷及び⑸の用途に供される部分（介助がなければ避難できない者を主として入居させる以外で、床面積が275㎡以上のものに限る。）（２号ハ）	該当の 有・無
Ｄ欄　主要構造部を耐火構造とした防火対象物	主要構造部を耐火構造とした防火対象物（⑵項、⑷項及び⑸項ロ並びに⒃項（⑵項、⑷項又は⑸項ロの用途に供される部分が存するものを除く。））の階（地階及び無窓階を除く。）の部分で、次に掲げるもの（⇒消則13条２項）	該当の 有・無

（(2)項、(4)項及び(5)項ロ並びに(16)項（(2)項、(4)項又は(5)項ロの用途を除く、)）	①　耐火構造の壁及び床で区画された部分で、前Ａ欄の②から④の規定の例によるもの（１号） ②　床面積が、10階以下の階は、200㎡以下、11階以上は、100㎡以下（１号ニ） ③　耐火構造の壁及び床で区画された廊下で、前Ａ欄の②及び④の規定の例に該当するもの（２号）	

３．２　スプリンクラー設備の設置及び維持

スプリンクラー設備の設置及び維持については、次により査察します。（⇒〔消令〕第12条、〔点検基準〕）

査察項目	適　否　の　判　定　基　準	結　果
加圧送水装置	水道の用に供する水管を水源とするものを除く。ポンプ式の加圧送水装置は、☞Ｐ199「（１）　加圧送水装置」により査察します。	適・否
配　　管	配管は、Ｐ200「（２）　配管」により査察します。	適・否
送　水　口	①　周囲に使用上及び消防ポンプ自動車の接近の障害となるものがない。 ②　外形に漏れ、変形、損傷、パッキンの老化等がなく、異物が入っておらず、ホース等が容易に着脱できる。 ③　標識は適正に設けられている。	適・否 適・否 適・否
スプリンクラーヘッド	①　使用目的の変更によりヘッドの標示温度に影響を及ぼす室温の変更等がなく、設置場所に応ずるヘッドが設けられている。 ②　漏れ、変形、損傷、著しい腐食等がなく、他のものの支え、吊り等に利用されていない。 ③　ヘッドの周囲に感熱を妨げるもの。散水分布を妨げるものがない。 ④　ヘッドの未警戒部分がない。	適・否 適・否 適・否 適・否
流水検知装置・圧力検知装置	①　バルブ本体及び付属品に漏れ、変形、損傷等がなく、圧力計の指示値が適正で、機能が正常である。 ②　開閉位置及び開閉機能が正常で、「常時間」又は「常時閉」の表示が適正である。 ③　リターディングチャンバーに変形、損傷、著しい腐食等がなく、オートドリップ等による排水が有効である。 ④　圧力スイッチに変形、損傷、端子の緩み等がなく、設定圧力値が設計図書のとおりで、作動圧力値が適正である。 ⑤　音響警報装置及び表示装置の機能は正常である。 ⑥　減圧警報装置の作動圧力及び警報が適正である。	適・否 適・否 適・否 適・否 適・否 適・否
一斉開放弁	一斉開放弁（電磁弁を含む。）は、漏れ、変形、損傷、著しい腐食、端子の緩み、脱落等がなく、機能が正常である。	適・否
排水設備	排水設備（放水型ヘッドを用いるスプリンクラー設備に限る。）は、損傷、つまり等がなく、機能が正常である。	適・否
非常電源	スプリンクラー設備に附置する非常電源は、☞Ｐ279「24　非常電源」により査察します。	適・否
耐震措置	①　貯水槽、加圧送水装置、非常電源、配管等には地震による震動等に耐える有効な措置が講じられている。 ②　支持具、ボルト等に変形、損傷、緩み、脱落、著しい腐食がない。	適・否 適・否

総合操作盤	①　総合操作盤を設ける防火対象物（☞P 287）に設置されているスプリンクラー設備には、総合操作盤が設けられていること。 ②　総合操作盤については、☞P 288「25. 2　総合操作盤設置及び維持」により査察します。	適・否 適・否

３．３　共同住宅用スプリンクラー設備の設置及び維持

共同住宅用スプリンクラー設備設置及び維持については、次により査察します。（⇒〔特定共同住宅等省令〕第３条第２項第２号、〔点検基準〕、〔試験基準〕）

査察項目	適否の判定基準	結果
一般的留意事項	住戸内の部分は、外観上の項目について居住者の自主点検を持って足りるものとされています。この場合、次に掲げる事項が、居住者に対して周知徹底されていること。 ①　外観上の点検を実施する義務　②　外観上の点検項目 ③　異常が発生した場合の措置　④　その他の留意事項	適・否
加圧送水装置	ポンプ式の加圧送水装置は、☞P 199「（１）　加圧送水装置」により査察します。	適・否
配管	配管は、P 200「（２）　配管」により査察します。	適・否
送水口	「スプリンクラー設備の設置及び維持」の「送水口」の例により査察します。	適・否
スプリンクラーヘッド	「スプリンクラー設備の設置及び維持」の「スプリンクラーヘッド」の例により査察します。	適・否
制御弁	①　バルブ本体及び付属品に漏れ、変形、損傷等がなく、開閉位置が正常で、開閉操作が容易にできる。 ②　「常時開」の表示が適正である。 ③　共同住宅用スプリンクラー設備の制御弁である旨及びいずれの住戸等のものか識別できるように表示されている。	適・否 適・否 適・否
表示器	①　変形、損傷、脱落、著しい腐食等がない。 ②　作動表示灯は、正常に点滅し、制御弁表示灯は、制御弁を閉止した場合に正常に点滅する。 ③　通電表示灯は、正常に点灯している。	適・否 適・否 適・否
自動警報装置　発信部	①　バルブ本体及び付属品は漏れ、変形、損傷等がなく、圧力計の指示値が適正で、機能が正常である。 ②　リターディング・チャンバーに変形、損傷、著しい腐食等がなく、オートドリップ等による排水が有効である。 ③　圧力スイッチに変形、損傷、端子の緩み等がなく、正常に作動すること。圧力検知装置の場合は、設定圧力値が設計図書のとおりで、作動圧力値が適正である。	適・否 適・否 適・否
自動警報装置　受信部	①　周囲に使用上及び点検上の障害となるものがない。 ②　外形に変形、損傷、著しい腐食等がない。 ③　表示機能は適正である。 ④　警報機能は適正である。	適・否 適・否 適・否 適・否

	音声警報装置	①　外形は変形、損傷、著しい腐食等がない。 ②　取付状態は脱落等がなく、警報効果を妨げるものがない。 ③　警報音、メッセージが聞き取れる。 ④　鳴動方式、警報範囲及びメッセージ内容が適正である。	適・否 適・否 適・否 適・否
耐震措置		①　貯水槽、配管、加圧送水装置等には、地震による震動等に耐えるための有効な措置が講じられている。 ②　可とう式管継手等に漏れ、変形、損傷、著しい腐食等がなく、アンカーボルト等に、変形、損傷、緩み、脱落等がない。	適・否 適・否

３．４　ドレンチャー設備

ドレンチャー設備の設置及び維持については、次により査察します。（⇒〔消令〕第12条第２項第３号ただし書、〔消則〕第15条第２項）

査察項目	適否の判定基準	判定
ドレンチャーヘッド	ドレンチャーヘッドは、開口部の上枠に、当該上枠の長さ2.5m以下ごとに１個設けてある。（消則15条２項１号）	適・否
制御弁	制御弁は、防火対象物の階ごとに、その階の床面からの高さが0.8m以上1.5m以下の位置に設けてある。（消則15条２項２号）	適・否
水源の水量	水源の水量は、ドレンチャーヘッドの設置個数（設置個数が５を超えるときは、５とする。）に0.4㎥を乗じて得た量以上である。（消則15条２項３号）	適・否
性能	ドレンチャー設備は、すべてのトレンチャーヘッド（当該設置個数が５を超えるときは、５個のドレンチャーヘッド。）を同時に使用した場合に、それぞれのヘッドの先端において、放水圧力が0.1MP以上、放水量が20ℓ／分以上の性能である。（消則15条２項４号）	適・否
加圧送水装置	水源に連結する加圧送水装置は、点検に便利で、火災等の災害による被害を受けるおそれが少ない箇所に設けてある。（消則15条２項５号）	適・否

３．５　補助散水栓

補助散水栓の設置及び維持については、次により査察します。（⇒〔消令〕第12条第２項第８号、〔消則〕第13条の６第３項）

査察項目	適否の判定基準	判定
補助散水栓の性能	補助散水栓が設置されているいずれの階においても、当該階のすべての補助散水栓（設置個数が２を超えるときは、２個（隣接する補助散水栓のホース接続口相互の水平距離が30mを超える場合は、１個）の補助散水栓。）を同時に使用した場合に、それぞれのノズルの先端において、放水圧力が0.25MPa以上で、放水量が60ℓ／分以上の性能である。（消則13条の６・４項２号）	適・否
	①　補助散水栓は、防火対象物の階ごとに、その階の各部分から一のホース接続口までの水平距離が15m以下となるように設けてあること。ただし、スプリンクラ	適・否

補助散水栓の設置場所		ーヘッドが設けられている部分に補助散水栓を設けているものは、この限りでない。（消則13条の６・４項１号） ②　周囲に使用上及び点検上の障害となるものがないこと。	 適・否
補助散水栓箱等	補助散水栓箱	①　補助散水栓箱には、その表面に「消火用散水栓」と表示してある。（消則13条の６・４項３号イ） ②　周囲に使用上及び点検上の障害となるものがない。 ③　変形、損傷等がなく、扉の開閉が容易で、確実にできる。	適・否 適・否 適・否
	表示灯	①　補助散水栓の上部には、取付け面と15度以上の角度となる方向に沿って10m離れたところから容易に識別できる赤色の灯火を設けてある。（消則13条の６・４項３号ロ） ②　開閉弁を天井に設けた場合は、 (1)　補助散水栓箱の直近の箇所には、取付け位置から10m離れたところで、床面から高さが1.5mの位置から容易に識別できる赤色の灯火が設けられている。（消則13条４項３号ハ(イ)） (2)　消火用ホースを降下させるための装置の上部には、取付け面と15度以上の角度となる方向に沿って10m離れたところから容易に識別できる赤色の灯火が設けられている。（消則13条４項３号ハ(ロ)）	適・否 適・否
	開閉弁	①　床面からの高さが1.5m以下の位置に設けてある。（消則13条の６・３項５号） ②　天井に設けた場合は、自動式のものとする。 ③　漏れ、変形、損傷等がなく、開閉操作が容易にできる。	適・否 適・否 適・否
	ノズル・消防用ホース	①　ノズルには、容易に開閉できる装置が設けてある。（消則第13条の６・４項４号） ②　消防用ホースは、延長及び格納の操作が容易にできるよう収納されている。（消則13条の６・４項５号）	適・否 適・否
降下装置		①　周囲に使用上及び点検上の障害となるものがない。 ②　外形に変形、損傷等がない。 ③　消防用ホースを床面から高さが1.5m以下の位置まで降下できる措置が講じられている。 ④　消防用ホースの延長及び放水の操作が安全に行なえる速度で降下する。	適・否 適・否 適・否 適・否

３．６　パッケージ型自動消火設備の設置及び維持

パッケージ型自動消火設備の設置及び維持については、次により査察します。（⇒平成16年消告第13号「パッケージ型自動消火設備の設置及び維持に関する技術上の基準」以下〔パッケージ型自動消火設備の基準〕という。）

査察項目	適否の判定基準	判定
設置することができる防火対象物又はその部分確認	パッケージ型自動消火装置は、(5)項若しくは(6)項の防火対象物又は(16)項の防火対象物の(5)項若しくは(6)項の用途に供される部分で、延べ面積が１万㎡以下のものに限り設置されている。（パッケージ型自動消火設備の基準第３）	適・否
	①　パッケージ型自動消火装置は、〔パッケージ型自動消火設備基準〕に適合するものである。	適・否

設置機器	②　パッケージ型自動消火設備は、その防護面積（２以上のパッケージ型自動消火設備を組み合わせて使用する場合には、当該設備の防護面積の合計）が同時放射区域の面積以上であるものを設置している。（パッケージ型自動消火設備の基準第４・３号）	適・否
設置場所	パッケージ型自動消火装置は、主として、居住、執務、作業、集会、娯楽及びその他これらに類する目的のため継続的に使用される室、廊下並びに通路等の人が常時出入りする場所に設けられている。（パッケージ型自動消火設備の基準第３）	適・否
同時放射区域の設定	①　同時放射区域は、原則としてパッケージ型自動消火設備を設置している防火対象物の壁、床、天井、戸（ふすま、障子その他これらに類するものを除く。以下同じ。）等で区画されている居室、倉庫等の部分ごとに設定されている。（パッケージ型自動消火設備の基準第４・１号） ②　壁、床、天井、戸等で区画されている居室等の面積が13㎡を超えている場合には、同時放射区域を２以上に分割して設定されていること。この場合は、それぞれの同時放射区域の面積以上であるものが設置されていること。（パッケージ型自動消火設備の基準第４・２号）	適・否 適・否
設置	①　パッケージ型自動消火設備は、同時放射区域において発生した火災を有効に感知し、消火できるように設けてある。（パッケージ型自動消火設備の基準第４・４号） ②　同時放射区域を２以上のパッケージ型自動消火装置により防護するものは、作動装置等を連動させ、同時に放射できるものである。（パッケージ型自動消火設備の基準第４・５号） ③　パッケージ型自動消火設備の消火薬剤、消火薬剤貯蔵容器等、受信装置、作動装置等を２以上の同時放射区域において共用するものは、次のとおり。（パッケージ型自動消火設備の基準第４・６号柱書） イ　共用する場合は、隣接する同時放射区域間の設備を共用しないこと。ただし、次の場合には、隣接する同時放射区域間の設備を共用できるものである。 (1)　隣接する同時放射区域が耐火性能若しくは準耐火性能又はこれらと同等以上の防火性能を有する壁若しくは間仕切壁で区画され、開口部に防火設備である防火戸が設けられている場合 (2)　入所者が就寝に使用する居室以外で、講堂、機能訓練室その他これらに類するもので、可燃物の集積量が少なく、延焼拡大のおそれが少ないと認められる場合 ロ　受信装置及び作動装置は、共用する２以上の同時放射区域をそれぞれ有効に監視できる警戒区域からの火災信号を受信することができ、火災が発生した同時放射区域に有効に消火薬剤を放出できる機能を有しているものである。 ハ　パッケージ型自動消火設備の作動装置が作動してから共用するいずれの同時放射区域内においても30秒以内に消火薬剤を放射することができるものである。	適・否 適・否 適・否
消火薬剤貯蔵容器等	①　消火薬剤貯蔵容器は、変形、損傷、著しい腐食等がなく、容器本体は取付枠に確実に固定されている。 ②　バルブ類は変形、損傷等がなく、開閉位置が正常で、開閉操作が容易にできる。 ③　畜圧式消火薬剤貯蔵容器の指示圧力計は、変形、損傷等がなく、指示圧力値が適正で、正常に作動する。	適・否 適・否 適・否

加圧用ガス容器等	①　外形は変形、損傷、著しい腐食等がなく、容器本体は取付枠に確実に固定されている。	**適・否**
	②　表示は適正に設けられている。	**適・否**
	③　バルブ類は変形、損傷等がなく、開閉位置が正常で、開閉操作が容易にできる。	**適・否**
起　動　装　置	①　周囲に使用上及び点検上の障害となるものがない。	**適・否**
	②　変形、損傷等がない。	**適・否**
	③　表示は適正である。	**適・否**
受　信　装　置	①　周囲に使用上及び点検上の障害となるものがない。	**適・否**
	②　変形、損傷、著しい腐食等がない。	**適・否**
	③　電圧計は変形、損傷等がなく、指示値が適正である。	**適・否**
	④　開閉器：スイッチ類は変形、損傷、脱落、端子の緩み等がなく、開閉位置が正常で、開閉機能が正常である。	**適・否**
	⑤　表示灯は、変形、損傷、脱落、球切れ等がなく、正常に点灯している。	**適・否**
	⑥　ヒューズ類等の予備品及び回路図等が備えてある。	**適・否**
感　知　部	①　感知部及び放出口は、感知部に係る警戒区域及び放出口に係る防護区域が一の同時放射区域を有効に包含するように、天井、壁等に確実に取り付けてある。（パッケージ型自動消火設備の基準第５・１号）	**適・否**
	②　感知部は、はり等により感知障害が生じないように、火災を有効に感知するように設けてある。（パッケージ型自動消火設備の基準第５・２号）	**適・否**
	③　変形、損傷、脱落、著しい腐食等がない。	**適・否**
	④　同時放射区域ごとに検出方式の異なる２以上のセンサーで構成されている。	**適・否**
	⑤　機能障害となるものがない。	**適・否**
	⑥　確実に作動し、防護区域及び同時放射区域の表示が適正である。	**適・否**
選　択　弁	①　外形に変形、損傷、締付部の緩み等がない。	**適・否**
	②　表示は適正である。	**適・否**
	③　機能は正常である。	**適・否**
選択弁開放装置	①　外形に変形、損傷、脱落等がない。	**適・否**
	②　端子の緩み等がなく、確実に作動する。	**適・否**
放　出　口	①　放出口は、はり等により感知障害が生じないように、火災を有効に消火できるように設けてある。（⇒〔パッケージ型自動消火設備の基準第５・３号）	**適・否**
	②　床面から放出口の取付け面までの高さは、次に掲げる高であること。ただし、消火試験で2.4mを超える高さで消火性能が確認できたものは、当該高さまで設置することができる。（パッケージ型自動消火設備の基準第５・４号）	**適・否**
	(1)　Ⅰ型は、2.4m（消火性能が確認できたものは、当該高さ）	**適・否**
	(2)　Ⅱ型は、2.5m（消火性能が確認できたものは、当該高さ）	**適・否**
	③　変形、損傷、著しい腐食等がない。	
	④　放出口の周囲に消火薬剤の放射を妨げるものがない。	
	⑤　放出口が設けられていない未警戒部分がない。	
配　　　線	①　非常電源に係る配線は、☞P284「24. 7　非常電源の配線」の例により設けてある。（パッケージ型自動消火設備の基準第５・５号）	**適・否**
	②　操作回路等に係る配線は、☞P284「24. 6　配線」の例により設けてある。（パッケージ型自動消火設備の基準第５・５号）	**適・否**
	①　放出導管は、金属材料以外の材料で造られた放出導管を用いているものは、火災によって生じる熱により変形、損傷等が生じないような措置が講じられてい	**適・否**

放出導管	る。（パッケージ型自動消火設備の基準第５・６号） ②　管、管継手及び分岐管は変形、損傷、著しい腐食等がなく、他のものの支え、吊り等に利用されていない。 ③　支持金具及び吊り金具に脱落、曲がり、緩み等がない。	適・否 適・否
消火薬剤貯蔵容器等の設置	①　消火薬剤貯蔵容器等は、点検に便利で、火災等の災害による被害を受けるおそれが少ない箇所に設置されている。（パッケージ型自動消火設備の基準第５・８号） ②　消火薬剤貯蔵容器等は、地震動により転倒しないように確実に設置されている。（パッケージ型自動消火設備の基準第５・７号）	適・否 適・否
非常電源	蓄電池設備に適合する非常電源が附置されている。	適・否
表示	パッケージ型自動消火設備には、次に掲げる事項が見やすい箇所に容易に消えないように表示されている。（パッケージ型自動消火設備の基準第20） ①　「パッケージ型自動消火設備」の文字 ②　消火薬剤の種別　③　使用温度範囲 ④　防護面積　⑤　製造年月 ⑥　製造番号　⑦　型式番号 ⑧　消火薬剤の容量又は質量　⑨　取扱い上の注意事項 ⑩　取扱い方法　⑪　製造者名又は商標	適・否

4　水噴霧消火設備等

4．1　水噴霧消火設備等の設置減免

水噴霧消火設備等の設置減免については、次により査察します。（⇒〔消令〕第13条）

設置減免防火対象物の査察	水噴霧消火設備等の設置減免は、☞P190「23　水噴霧消火設備等の設置対象の減免の欄」を見てください。	**設置減免の可・否**

4．2　水噴霧消火設備の設置及び維持

水噴霧消火設備の設置及び維持については、次により査察します。（⇒〔消令〕第14条、〔点検基準〕）

査察項目	適　否　の　判　定　基　準	判　定
加圧送水装置	ポンプ式の加圧送水装置は、☞Ｐ199「（１）　加圧送水装置」により査察します。	**適・否**
配　　管	配管は、☞Ｐ200「（２）　配管」により査察します。	**適・否**
水噴霧ヘッド	①　変形、損傷、著しい腐食等がなく、他のものの支え、吊り等に利用されていない。 ②　ヘッドの周囲に散水分布を妨げるものがない。 ③　ヘッドの未警戒部分がない。	**適・否** **適・否** **適・否**
流水検知装置	①　バルブ本体及び附属品は漏れ、変形、損傷等がなく、圧力計の指示値が適正で、機能が正常である。 ②　リターディング・チャンバーに変形、損傷、著しい腐食等がなく、オートドリップ等による排水が有効である。 ③　圧力スイッチは変形、損傷、端子の緩み等がなく、設定圧力値が設計図書のとおりである。 ④　音響警報装置・表示装置は機能が正常である。	**適・否** **適・否** **適・否** **適・否**
一斉開放弁（電磁弁を含む。）	漏れ、変形、損傷、著しい腐食、電磁弁等の端子の緩み、脱落等がなく、機能が正常である。	**適・否**
排　水　設　備	①　排水溝及び集水管に損傷、つまり等がない。 ②　駐車区画の境界堤に損傷がない。 ③　消火ピットは、損傷、つまり等がなく、油分離装置の機能が正常である。	**適・否** **適・否** **適・否**
非　常　電　源	水噴霧消火設備に附置する非常電源は、☞Ｐ279「24　非常電源」により査察します。	**適・否**
耐　震　措　置	貯水槽、加圧送水装置、非常電源、配管等には地震による震動等に耐える有効な措置が講じられている。	**適・否**
総　合　操　作　盤	①　総合操作盤を設けるものとする防火対象物（☞Ｐ287）に設置されている泡消火設備には、総合操作盤が設けてあること。（消則16条３項６号） ②　総合操作盤については、☞Ｐ288「25．２　総合操作盤設置及び維持」により査察します。	**適・否** **適・否**

5　泡消火設備の設置及び維持

泡消火設備の設置及び維持については、次により査察します。（⇒〔消令〕第14条、〔点検基準〕）

査察項目		適否の判定基準	判定
加圧送水装置		ポンプ式の加圧送水装置は、☞P199「（1）　加圧送水装置」により査察します。	適・否
配管		配管は、☞P200「（2）　配管」により査察します。	適・否
泡消火薬剤貯蔵槽等		①　変形、損傷、漏液、漏気、著しい腐食等がない。 ②　圧力計の指示値が適正で、正常に作動する。 ③　バルブ類は、漏れ、変形、損傷等がなく、開閉位置が正常で、開閉操作が容易にできる。	適・否 適・否 適・否
泡消火薬剤混合装置及び加圧送液装置		①　外形は変形、損傷、漏水、漏液等がない。 ②　薬剤混合装置（調整機構を有するものに限る。）の調整機構の設定状態が設定時と同じである。 ③　加圧送液装置は、漏液等がなく、加圧用にポンプを使用するものは加圧送水装置に準じて査察し、機能が正常である。	適・否 適・否 適・否
泡放出口		①　変形、損傷、著しい腐食、つまり等がなく、他のものの支え、吊り等に利用されていない。 ②　泡ヘッドは周囲に泡の分布を、高発泡用泡放出口は泡の流動を妨げるものがない。 ③　泡ヘッドの未警戒部分がない。	適・否 適・否 適・否
流水検知装置及び圧力検知装置		①　バルブ本体及び付属品は、漏れ、変形、損傷等がなく、圧力計の指示値が適正で、機能が正常である。 ②　リターディング・チャンバーは、変形、損傷、著しい腐食等がなく、オートドリップ等による排水が有効である。 ③　圧力スイッチに変形、損傷、端子の緩み等がなく、設定圧力値が設計図書のとおりで、作動圧力値が適正である。 ④　音響警報装置及び表示装置の機能が正常である。	適・否 適・否 適・否 適・否
一斉開放弁（電磁弁を含む。）		漏れ、変形、損傷、著しい腐食、電磁弁等の端子の緩み、脱落等がなく、機能が正常である。	適・否
防護区画（高発砲を用いる泡消火設備に限る。）		①　区画変更等により防護区画及び開口部面積の変更がない。 ②　開口部の自動閉鎖装置に変形、損傷、著しい腐食等がなく、機能が正常である。	適・否 適・否
非常停止装置		変形、損傷等がなく、機能が正常である。（高発砲を用いる泡消火設備に限る。）	適・否
泡放射用器具格納箱等	格納箱	①　周囲に使用上及び点検上の障害となるものがない。 ②　変形、損傷等がなく、扉の開閉が確実にできる。 ③　移動式泡消火設備である旨の表示が適正である。	適・否 適・否 適・否
	ホース・ノズル	ホース及びノズルは必要本数が正常に収納され、変形、損傷、著しい腐食等がなく、接続部の着脱が容易にできる。	適・否
	ホース接続口	変形、損傷、著しい腐食等がなく、着脱が容易にでき、ホース接続口である旨の標識が適正に設けられている。	適・否
	開閉弁	漏れ、変形、損傷等がなく、開閉操作が容易にできる。	適・否
	表示灯	変形、損傷、脱落、球切れ等がなく、正常に点灯している。	適・否

非常電源	泡消火設備に附置する非常電源については、☞P279「24　非常電源」により査察します。	適・否
耐震措置	貯水槽、加圧送水装置、非常電源、配管等には地震による震動等に耐える有効な措置が講じられている。	適・否
総合操作盤	①　総合操作盤を設けるものとする防火対象物（☞P287）に設置されている泡消火設備には、総合操作盤が設けてあること。（消則18条４項15号）	適・否
	②　総合操作盤については、☞P288「25.2　総合操作盤設置及び維持」により査察します。	適・否

6　不活性ガス消火設備

6.1　全域放出方式又は局所放出方式の不活性ガス消火設備の設置及び維持

全域放出方式又は局所放出方式の不活性ガス消火設備の設置及び維持については、次により査察します。（⇒〔消令〕第16条、〔点検基準〕）

査察項目		適否の判定基準	結果
消火剤貯蔵容器等	貯蔵容器	①　防護区画以外で防護区画を通らないで出入りできる場所に設置されており、周囲の温度40度以下、湿度等が著しく高くなく、直射日光、雨水等がかかるおそれがない。	適・否
		②　変形、損傷、著しい腐食等がなく、容器本体は取付枠に確実に固定されている。	適・否
		③　表示及び標識が適正に設けられている。	適・否
	高圧式（常温で貯蔵するものに限る。）	①　変形、損傷、著しい腐食等がない。	適・否
		②　電気式の容器弁開放装置は、端子の緩み、破開針の変形、損傷等がなく、確実に作動する。	適・否
		③　ガス圧式の容器弁開放装置は、ピストンロッド及び破開針に変形、損傷等がなく、確実に作動する。	適・否
	低圧式（二酸化炭素を低温で貯蔵するものに限る。）	①　液面計及び圧力計は、変形、損傷等がなく、正常に作動する。	適・否
		②　圧力警報装置及び安全装置等は、変形、損傷等がなく、作動圧力値が適正で、機能が正常である。	適・否
		③　自動冷凍機は、変形、損傷、著しい腐食等がなく、作動温度が適正で、機能が正常である。	適・否
		④　放出弁開放装置は、変形、損傷、脱落等がないこと。	適・否
		⑤　電気式の放出弁開放装置は、端子の緩み、破開針の変形、損傷等がなく、確実に作動する。	適・否
		⑥　ガス圧式の放出弁開放装置は、ピストンロッド及び破開針に変形、損傷等がなく、確実に作動する。	適・否
		⑦　バルブ類は、変形、損傷等がなく、開閉位置が正常で、開閉操作が容易にできる。	適・否
	連結管及び集合管	変形、損傷、著しい腐食等がなく、接続部の緩み等がない。	適・否

起動用ガス容器等	起動用ガス容器	①　外形に変形、損傷、著しい腐食等がなく、容器収納箱に設けられているものは、扉の開閉が確実にできる。 ②　表示は適正に設けられている。	適・否 適・否
	容　器　弁	変形、損傷、著しい腐食等がない。	適・否
	容器弁開放装置	①　外形に変形、損傷、脱落、接続部の緩み等がない。 ②　電気式の容器弁開放装置は、端子の緩み、破開針の変形、損傷等がなく、確実に作動する。 ③　ガス圧式の容器開放装置は、ピストンロット及び破開針又はカッター等に変形、損傷等がなく、確実に作動する。	適・否 適・否 適・否
選択弁	設　　置	①　一の防火対象物又はその部分に防護区画又は防護対象物が２以上存する場合で、貯蔵容器を共用しているときは、防護区画又は防護対象物ごとに選択弁を設けている。（消則19条５項11号イ） ②　選択弁は防護区画以外に設けられている。（消則19条５項11号ロ）	適・否 適・否
	本　　体	①　外形に変形、損傷、締付部の緩み等がない。 ②　選択弁には選択弁である旨及びいずれの防護区画又は防護対象物の選択弁であるかを表示されている。（消則19条５項11号ハ） ③　開閉機能は正常である。	適・否 適・否 適・否
	開放装置	①　外形に変形、損傷、脱落等がなく、選択弁に確実に取り付けられている。 ②　電気式の開放装置は、端子の緩み等がなく、確実に作動する。 ③　ガス圧式の開放装置は、ピストンロッド等の変形、損傷等がなく、確実に作動する。 ④　手動操作部には、カバー、ロックピン等が着装され、封印が施されている。	適・否 適・否 適・否 適・否
操作管・逆止弁		外形に変形、損傷、接続部の緩み等がなく、取付位置及び方向等が適正である。	適・否
起動装置	手動式起動装置	①　操作箱の周囲に使用上及び点検上の障害となるものがなく、変形、損傷、著しい腐食等がなく、確実に固定され、扉の開閉が容易にできる。 ②　起動装置の表示である旨の表示が適正にされている。 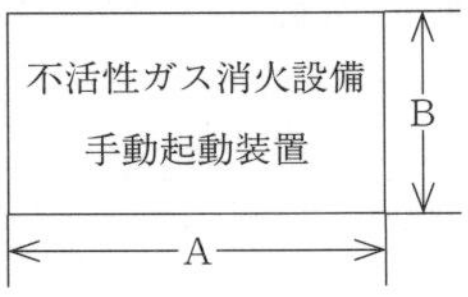 ⓐ　寸法Ａ：300mm以上 　　　Ｂ：100mm以上 ⓑ　生地は赤色であること。 ⓒ　文字は白色であること。 ③　起動装置又はその直近に防護区画名又は防護対象物名及び取扱方法、保安上の注意事項等の表示が適正にされている。 ④　電源表示灯は、正常に点灯している。 ⑤　音響警報起動用スイッチ、放出用スイッチ等は、変形、損傷、端子の緩み、脱落等がなく、機能が正常である。 ⑥　放出用スイッチ等は、警報操作を行った後でなければ操作できない。 ⑦　表示灯は、正常に点灯している。 ⑧　保護カバー有機ガラス等による保護装置に変形、損傷、脱落等がない。	適・否 適・否 適・否 適・否 適・否 適・否 適・否 適・否
	自動式起動装置	①　火災感知装置は、「自動火災報知設備の査察」の例に準じている。 ②　自動・手動切替装置は、変形、損傷、脱落等がなく、切替位置及び切替機能が正常である。 ③　自動・手動切替表示灯は、正常に点灯する。	適・否 適・否 適・否
		①　変形、損傷、脱落等がない。 ②　常時人がいない防火対象物又は局所放出方式以外は、音声による警報装置である。	適・否 適・否

警報装置	③　次の例に示す警報装置に適した標識が、必要な場所に設けられており、損傷、脱落、汚損等がない。 (1)　警報装置が音声の場合 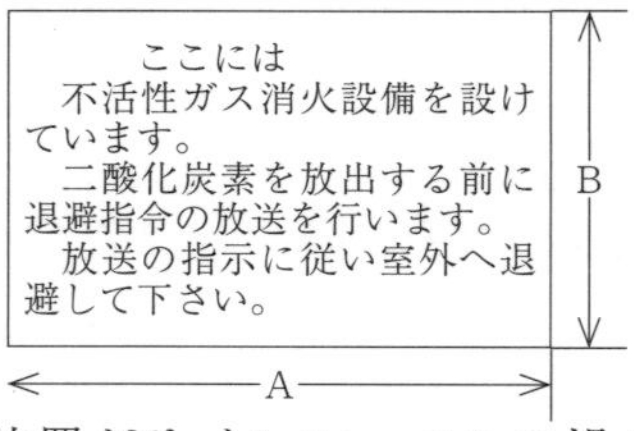 ⓐ　寸法Ａ：480㎜以上 Ｂ：270㎜以上 ⓑ　生地は黄色、文字は黒色であること。 ⓒ　字体は丸ゴシック体であること。 ⓑ　１文字25㎟以上 (2)　警報装置がサイレン、ベルの場合 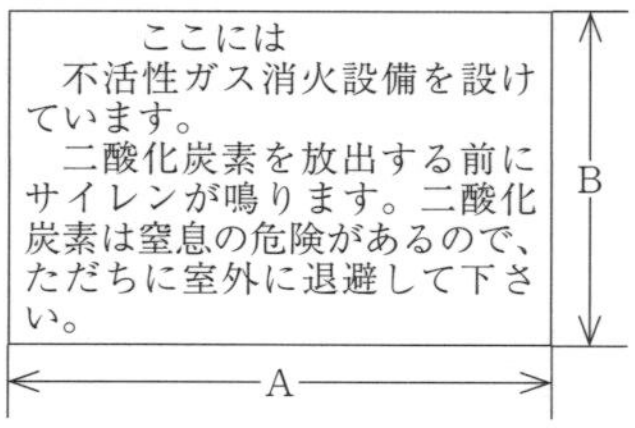 ⓐ　寸法、生地、文字、字体等は(1)に同じ。 ⓑ　音響警報装置がベルのときは、文中の「サイレン」を「ベル」と書き替えるものとする。	適・否
	④　音響・音声警報は正常に鳴動し、その音圧が適正で、音声警報は起動したときに注意音を発し、その後退避を呼びかける音声を発する。	適・否
制御盤	①　火災による被害を受けるおそれの少ない位置に設置され、周囲に使用上及び点検上の障害となるものがない。	適・否
	②　変形、損傷、著しい腐食等がない。	適・否
	③　スイッチ類等の名称等に汚損、不鮮明な部分がなく、適正である。	適・否
	④　電圧計は指示値が適正であること。また、電圧計のないものは、電源表示灯が点灯している。	適・否
	⑤　開閉器及びスイッチ類に変形、損傷、脱落、端子の緩み等がなく、開閉位置が正常で、開閉機能が正常である。	適・否
	⑥　表示灯は正常に点灯している。	適・否
	⑦　ヒューズ、電球等の予備品及び回路図取扱説明書等が備えてある。	適・否
配管等	①　損傷、著しい腐食等がなく、他のものの支え、吊り等に使用されていない。	適・否
	②　閉止弁（二酸化炭素を放射する不活性ガス消火設備に限る。）は変形、損傷、著しい腐食等がなく、開閉位置が正常で、開閉操作が容易にできる。	適・否
配管の安全装置等	①　安全装置の放出口のつまり等がない。	適・否
	②　破壊板は変形、損傷、脱落等がない。	適・否
消火剤等排出措置	①　変形、損傷等がなく、適正な位置に設けている。	適・否
	②　自然換気以外のものは、排気装置等が確実に作動し機能が正常である。	適・否
圧力上昇防止措置	適正な位置に設けられ、機能が正常である。	適・否
放出表示灯	適正な位置に設けられ、変形、損傷、脱落等がなく、正常に点灯又は点滅する。 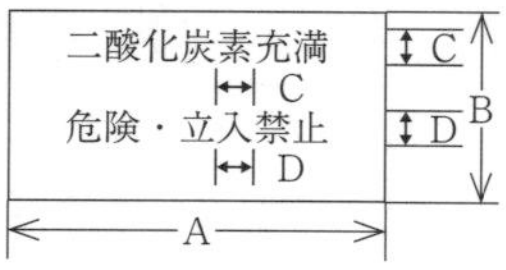 ⓐ　寸法Ａ：280㎜以上 Ｂ：80㎜以上 Ｃ：約35㎜ Ｄ：約20㎜ ⓑ　常時は生地、文字とも白色であること。 ⓒ　点灯時は生地が白色、文字が赤色で表示すること。 ⓓ　本体色調は赤色であること。	適・否
噴射ヘッド	①　防護区画の全域に拡散又は防護対象物を覆うように取り付けられ、取付け角度の著しい偏向等がない。	適・否
	②　周囲に放射障害となるものがない。	適・否
	③　変形、損傷、著しい腐食、つまり等がない。	適・否

防護区画	区画変更等	①　防護区画及び開口部面積の変更等がない。	適・否
		②　開口部が階段室、非常用エレベーターの昇降ロビーの場所に面して設けられていない。	適・否
		③　階高の３分の２以下の位置にある開口部で、消火効果を減ずるおそれのあるもの又は保安上の危険のあるものは自動閉鎖付となっている。	適・否
		④　自動閉鎖装置を設けない開口部（排気ダクト等を含む。）は、防護容積と開口面積の比率かを算出し、法で定められた範囲内で、消火剤の量が十分である。	適・否
	開口部の自動閉鎖装置	①　外形に変形、損傷、著しい腐食等がない。	適・否
		②　電気で作動するものは端子の緩み等がなく、機能が正常である。	適・否
		③　ガスで作動するものは機能が正常である。	適・否
防護区画に隣接する保安措置	対　象	二酸化炭素を放射する不活性ガス消火設備に限る。	有・無
	設定範囲	適正に定められている。	適・否
	消火剤排出措置	①　適正な位置に設けてある。	適・否
		②　自然換気以外のものは、排気装置等が確実に作動し、機能が正常である。	適・否
	放出表示灯	適正な位置に設けられ、変形、損傷、脱落、著しい腐食、不鮮明な文字部分等がなく、正常に点灯する。	適・否
	警報装置	①　外形に変形、損傷、脱落等がない。	適・否
		②　常時人のいない防火対象物又は局所放出方式以外は、音声による警報装置である。 ③　音響警報は、正常に鳴動し、その音圧が適正である。 ④　音声警報は、正常に鳴動し、その音圧が適正で、起動したときに必ずサイレン音等の注意音を発した後、音声を発する。	適・否
	注意銘板	適正な位置に設けられ、損傷、脱落、汚損等がない。	適・否
非常電源（内蔵型）		全域放出方式又は局所放出方式のものには、非常電源が附置されている。	適・否
非常電源		全域放出方式又は局所放出方式のものに附置する非常電源は、☞P279「24　非常電源」により査察します。	適・否
耐震措置		全域放出方式又は局所放出方式のものには、貯蔵容器、配管及び非常電源には耐震措置が適正にされている。	適・否
総合操作盤		①　総合操作盤を設けるものとする防火対象物（☞P287）に設置されている不活性ガス消火設備（移動式を除く。）には、総合操作盤が設けてある。（消則19条5項23号）	適・否
		②　総合操作盤については、☞P288「25.2　総合操作盤の設置及び維持」により査察します。	適・否

６．２　移動式不活性ガス消火設備の設置及び維持

移動式の不活性ガス消火設備の設置及び維持については、次により査察します。

査察項目	適　否　の　判　定　基　準	判　定
設置場所	①　火災のとき煙が著しく充満するおそれのある場所以外の場所に設置されている。（消則19条６項５号）	適・否
	②　道路の用に供される部分に設置する場合は、屋上部分に限り設置されている。（消則19条６項５号の２）	適・否
	③　周囲に使用上及び点検上の障害となるものがない。	適・否
格納箱	変形、損傷、著しい腐食等がなく、扉の開閉が容易にできる。	適・否
ホース	変形、損傷、老化、接続部の緩み等がなく、ホースの長さは、ホース接続口から水平距離が15mの範囲内の防護対象物の各部に有効に放射することができる長さのものである。	適・否
ホースリール	ホースの引き出し、格納等が容易にできる。	適・否
ノズル	著しい腐食、つまり等がなく、危害防止のための措置がされている。	適・否
ノズル開閉弁	開閉操作が容易にできる。	適・否
表示灯・標識	適正に設けられている。 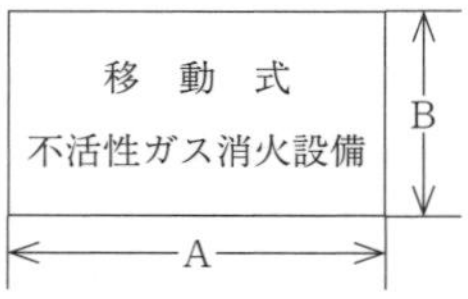 ⓐ　寸法Ａ：300㎜以上 ⓑ　生地は赤色であること。 ⓒ　文字は白色であること。	適・否

７　ハロゲン化物消火設備

７．１　全域放出方式又は局所放出方式ハロゲン化物消火設備の設置及び維持

全域放出方式又は局所放出方式のハロゲン化物消火設備の設置及び維持については、次により査察します。（⇒〔消令〕第17条、〔消則〕第20条、〔点検基準〕）

査察項目		適否の判定基準	結果
蓄圧式ハロゲン化物消火剤貯蔵容器等	消火剤貯蔵容器	①　防護区画以外の場所に設置されており、周囲の温度、湿度等が著しく高くなく、直射日光、雨水等がかかるおそれがない。 ②　外形に変形、損傷、著しい腐食等がなく、容器本体が取付枠に確実に固定されている。 ③　表示及び標識が適正に設けられている。 イ　貯蔵容器の設置場所には、「ハロン1301消火剤貯蔵容器置場」等の表示が適正にされている。 ロ　高圧ガス取締法により高圧ガス貯蔵所（高圧ガス300m^3＝3,000kg）に該当するものは、同法規に定められた標識等が正常に取り付けられている。	適・否 適・否 適・否
	容器弁	変形、損傷、著しい腐食等がない。	適・否
	容器弁開放装置	①　外形に変形、損傷、脱落等がない。 ②　電気式の容器弁開放装置は、端子の緩み、破開針の変形、損傷等がなく、確実に作動する。 ③　ガス圧式の容器弁開放装置は、ピストンロッド及び破開針に変形、損傷等がなく、確実に作動する。 ④　安全ピン、ロックピン等が装着され、封印されている。	適・否 適・否 適・否 適・否
	指示圧力計	変形、損傷等がなく、指示圧力値が適正で、正常に作動する。	適・否
	連結管・集合管	変形、損傷、著しい腐食等がなく、接続部の緩み等がない。	適・否
加圧式ハロゲン化物消火剤貯蔵容器等	消火剤貯蔵タンク	①　防護区画以外の場所に設置され、周囲の温度、湿度等が著しく高くなく、直射日光、雨水等がかかるおそれのない。 ②　外形は変形、損傷、著しい腐食等がなく、タンク本体は取付枠に確実に固定されている。 ③　表示及び標識は、適正に設けられている。（☞上欄　蓄圧式消火剤貯蔵容器の表示及び標識を参照） ④　安全装置の放出口のつまり等がない。	適・否 適・否 適・否 適・否
	放出弁	変形、損傷、締付部の緩み等がなく、機能が正常である。	適・否
	放出弁開放装置	①　外形に変形、損傷、脱落等がない。 ②　電気式の容器弁開放装置は、端子の緩み、破開針の変形、損傷等がなく、確実に作動する。 ③　ガス圧式の容器弁開放装置は、ピストンロッド及び破開針に変形、損傷等がなく、確実に作動する。	適・否 適・否 適・否
	バルブ類	変形、損傷等がなく、開閉位置が正常で、開閉操作が容易にできる。	適・否

	加圧用ガス容器等	加圧用ガス容器	①　防護区画以外の場所に設置され、周囲の温度、湿度等が著しく高くなく、直射日光、雨水等がかかるおそれがない。	適・否
			②　外形に変形、損傷、著しい腐食等がなく、容器本体は取付枠に確実に固定されている。	適・否
			③　表示は適正に設けられている。	適・否
		容器弁	変形、損傷、著しい腐食等がない。	適・否
		容器弁開放装置	①　外形に変形、損傷、脱落等がない。	適・否
			②　電気式の容器弁開放装置は、端子の緩み、破開針の変形、損傷等がなく、確実に作動する。	適・否
			③　ガス圧式の容器弁開放装置は、ピストンロッド及び破開針に変形、損傷等がなく、確実に作動する。	適・否
		圧力調整器	変形、損傷、脱落、ガス漏れ等がなく、機能が正常である。	適・否
	連結管・集合管		変形、損傷、著しい腐食等がなく、接続部の緩み等がない。	適・否
起動用ガス容器等	起動用ガス容器		①　変形、損傷、著しい腐食等がなく、容器収納箱に設けられているものは、扉の開閉が確実にできる。	適・否
			②　収納容器の表面には、当該防護区画名又は防護対象物名及び取扱方法を明記した説明板が、適正に設けられている。	適・否
	容　器　弁		変形、損傷、著しい腐食等がない。	適・否
	容器弁の開放装置		①　外形に変形、損傷、脱落等がない。	適・否
			②　電気式の容器弁開放装置は、端子の緩み、破開針の変形、損傷等がなく、確実に作動する。	適・否
			③　手動式の容器弁開放装置は、ピストンロッド及び破開針の変形、損傷等がなく、確実に作動する。	適・否
			④　安全ピン、ロックピン等が装着され、封印されている。	
選　択　弁	設置場所		防護区画以外の場所に設けられている。	適・否
	本　　体		①　外形に変形、損傷、締付部の緩み等がない。	適・否
			②　その直近に選択弁である旨及び当該防護区画名又は防火対象物名並びにその取扱方法を記載した標識、説明板等が適正に設けられている。	適・否
			③　開閉機能が正常である。	適・否
	開放装置		①　外形に変形、損傷、脱落等がない。	適・否
			②　電気式の開放装置は、端子の緩み等がなく、確実に作動する。	適・否
			③　ガス圧式の開放装置は、ピストンロッド等の変形、損傷等がなく、確実に作動する。	適・否
			④　手動操作部には、カバー、ロックピン等が装着され、封印か施されている。	適・否
操作管及び逆止弁			①　外形は変形、損傷、接続部の緩み等がなく、取付位置及び方向等が適正である。	適・否
			②　逆止弁の機能が正常である。	適・否
			①　操作箱の周囲に使用上及び点検上の障害となるものがない。	適・否
			②　操作箱は変形、損傷、著しい腐食等がなく、確実に固定され、扉の開閉が容易である。	適・否
			③　起動装置の直近の見やすい箇所に「手動起動装置」の表示は適正されている。	適・否

起動装置	手動式起動装置	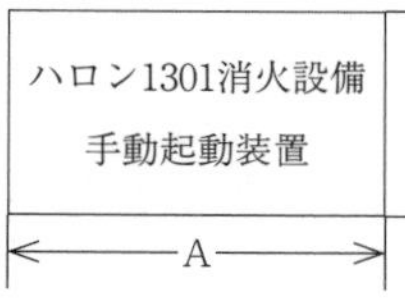 ⓐ　寸法Ａ：300㎜以上 　　　Ｂ：100㎜以上 ⓑ　生地は赤色であること。 ⓒ　文字は白色であること。 注）　文中、「ハロン1301」は消火薬剤の種別に応じて、「ハロン2402」又は「ハロン1211」とされていること。	
		④　起動装置又は直近に当該防護区画名又は防護対象物名及び取扱方法、保安上の注意事項等の表示が適正にされている。	適・否
		⑤　電源表示灯は正常に点灯している。	適・否
		⑥　音響警報起動用スイッチは、変形、損傷、端子の緩み、脱落等がなく、機能が正常である。	適・否
		⑦　放出用スイッチ及び非常停止用スイッチは、変形、損傷、端子の緩み、脱落等がなく、機能が正常である。	適・否
		⑧　表示灯は正常に点灯又は点滅する。	適・否
		⑨　保護カバーは有機ガラス等による保護措置に変形、損傷、脱落等がない。	適・否
	自動式起動装置	①　火災感知装置は、「自動火災報知設備の査察」の例に準じたものである。	適・否
		②　自動・手動切替装置は、変形、損傷、脱落等がなく、切替位置及び切替機能が正常である。	適・否
		③　自動・手動切替表示灯は、正常に点灯する。	適・否
警報装置	設置位置	各防護区画ごとに警報を有効に報知できるように設けてある。	適・否
	外形	変形、損傷、脱落等がない。	適・否
	音響又は音声警報	①　常時人がいない防火対象物又は局所放出方式以外は、音声による警報装置である。 次の例に示す標識が適正に設けられている。 (1)　警報装置が音声の場合 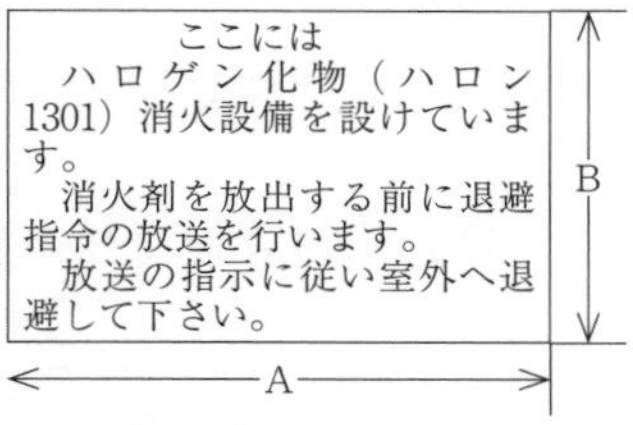 ⓐ　寸法Ａ：480㎜以上 　　　Ｂ：270㎜以上 ⓑ　生地は黄色、文字は黒色であること。 ⓒ　字体は丸ゴシック体であること。 ⓑ　１文字25㎟以上 (2)　警報装置がサイレン、ベル等の場合 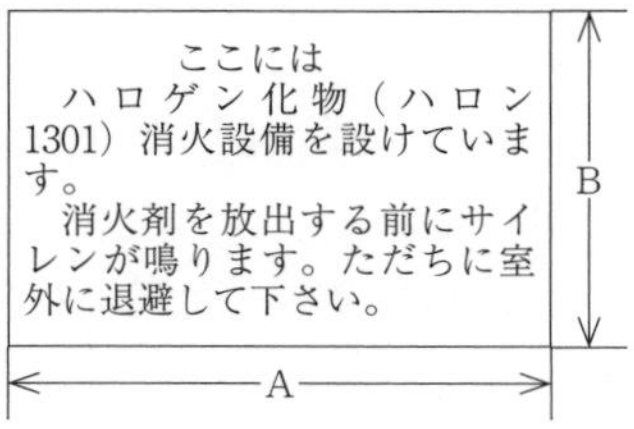 ⓐ　寸法、生地、文字、字体等は⑵に同じ。 ⓑ　音響警報装置がベルのときは、文中の「サイレン」を「ベル」と書き替えるものとする。 注）　文中「ハロン1301」は、消火薬剤の種別に応じ「ハロン1211」又は「ハロン2402」とされていること。	適・否
		③　音響警報は正常に鳴動し、その音圧が適正である。	適・否
		④　音声警報は正常に鳴動し、その音圧が適正で、起動したときに必ず注意音を発した後、音声を発する。	適・否
	周囲	周囲に使用上及び点検上の障害となるものがない。	適・否
	外形	変形、損傷、著しい腐食等がない。	適・否
	表示	スイッチ等の名称等に汚損、不鮮明な部分がない。	適・否

制御盤	電圧計	変形、損傷等がなく、指示値が適正であり、電圧計のないものは、電源表示灯が点灯している。	適・否
	開閉器等	開閉器及びスイッチ類は、変形、損傷、脱落、端子の緩み等がなく、開閉位置が正常で、開閉機能が正常である。	適・否
	表示灯	正常に点灯又は点滅する。	適・否
	予備品等	ヒューズ、電球等予備品、回路図、取扱説明書等が備えてある。	適・否
配管等		損傷、著しい腐食等がなく、他のものの支え、吊り等に利用されていない。	適・否
消火剤排出措置		①　変形、損傷等がなく、装置等が必要な位置に設けてある。 ②　自然換気以外のものは、排気装置が確実に作動し、機能が正常である。	適・否 適・否
放出表示灯		適正な位置に設けられ、変形、損傷、脱落等がなく、正常に点灯又は点滅する。 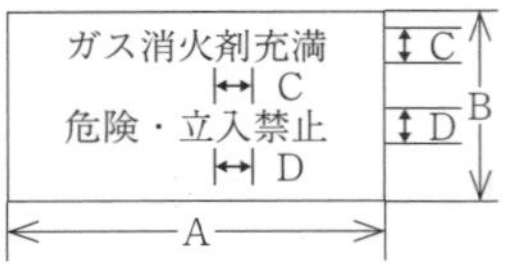 ⓐ　寸法Ａ：280mm以上 Ｂ：80mm以上 Ｃ：約35mm Ｄ：約20mm ⓑ　常時は生地、文字とも白色であること。 ⓒ　点灯時は生地が白色、文字が赤色で表示すること。 ⓓ　本体色調は赤色であること。	適・否
噴射ヘッド		①　変形、損傷、著しい腐食、つまり等がない。 ②　防火区画の全域に拡散又は防護対象物を覆うように取り付けられており、取付け角度の著しい偏向等がない。 ③　周囲に放射障害となるものがない。	適・否 適・否 適・否
防護区画	区画変更等	①　防護区画及び開口部面積の変更がない。 ②　階高の３分の2以下の位置にある開口部で、消火効果を減ずるおそれのあるもの又は保安上危険のあるものは自動閉鎖装置付となっている。 ④　自動閉鎖装置を設けない開口部（排気ダクト等を含む。）には、防護容積と開口面積の比率を算出し、法で定められた範囲内で、消火剤の量が十分である。	適・否 適・否 適・否
開口部の自動閉鎖装置		①　外形は変形、損傷、著しい腐食等がない。 ②　電気で作動するものは端子の緩み等がなく、機能が正常である。 ③　ガス圧で作動するものは機能が正常である。 ④　扉はストッパー、障害物等がなく、自動閉鎖装置を除き常時閉鎖の状態にある。	適・否 適・否 適・否 適・否
非常電源	設置	全域放出方式又は局所放出方式のハロゲン化物消火設備に附置する非常電源は、☞Ｐ279「24　非常電源」に査察します。	適・否
	内蔵型のもの	①　規定値の範囲内で、表示が適正である。 ②　常用電源を停電状態にしたときに自動的に非常電源に切り替わり、常用電源を復旧したときに自動的に常用電源に切り替わる。 ③　変形、損傷、著しい腐食等がなく、異常な発熱等がない。	適・否 適・否 適・否
耐震措置		全域放出方式又は局所放出方式のものは、貯蔵容器等、加圧ガス容器、配管及び非常電源には、耐震措置が適正にされている。	適・否
総合操作盤		①　総合操作盤を設けるものとする防火対象物（☞Ｐ287）に設置されているハロゲン化物消火設備（移動式を除く。）には、総合操作盤が設けてある。（消則20条４項17号） ②　総合操作盤については、☞Ｐ288「25．2　総合操作盤の設置及び維持」により査察します。	適・否 適・否

7．2　移動式ハロゲン化物消火設備の設置及び維持

移動式のハロゲン化物消火設備の設置及び維持については、次により査察します。

査察項目	適　否　の　判　定　基　準	判　定
設　置　場　所	①　移動式のものは、火災のとき煙が著しく充満するおそれのある場所以外の場所に設置されている。（消則20条５項）	適・否
	②　道路のように供される部分に設置する場合は、屋上部分に限り設置できる。（消則20条５項）	適・否
	③　周囲に使用上及び点検上の障害となるものがない。	適・否
格　納　箱	変形、損傷、著しい腐食等がなく、扉の開閉が容易にできる。	適・否
ホ　ー　ス	変形、損傷、老化、接続部の緩み等がなく、ホースの長さは、ホース接続口から水平距離が15mの範囲内の防護対象物の各部に有効に放射することができる長さのものである。	適・否
ホースリール	ホースの引き出し、格納等が円滑である。	適・否
ノ　ズ　ル	著しい腐食、つまり等がなく、握り部の危害防止のための措置がされている。	適・否
ノズル開閉弁	開閉操作が容易にできる。	適・否
表示灯・標識	適正に設けられている。 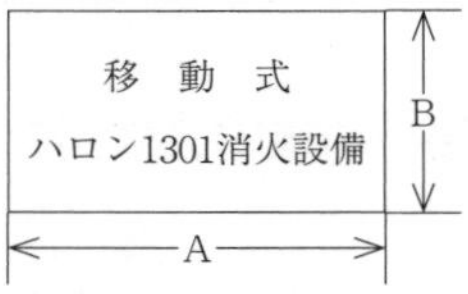 ⓐ　寸法Ａ：300㎜以上 　　　　Ｂ：100㎜以上 ⓑ　生地は赤色であること。 ⓒ　文字は白色であること。 注）　文中、「ハロン1301」は、消火薬剤の種別に応じて、「ハロン2402」又は「ハロン1211」とされていること。	適・否

８　粉末消火設備

８．１　全域放出方式又は局所放出方式粉末消火設備の設置及び維持

全域放出方式又は局所放出方式の粉末消火設備の設置及び維持については、次により査察します。（⇒〔消令〕第18条、〔点検基準〕）

査察項目		適否の判定基準	結果
蓄圧式粉末消火剤貯蔵容器等	消火剤貯蔵容器	①　防護区画以外の場所に設置され、周囲の温度、湿度等が著しく高くなく、直射日光、雨水等がかかるおそれのない。 ②　外形に変形、損傷、著しい腐食等がなく、容器本体は取付枠に確実に固定されている。 ③　表示及び標識が適正に設けられている。 イ　貯蔵容器の設置場所には「粉末消火剤貯蔵容器置場」等の表示が適正に設けられている。 ロ　高圧ガス保安法により、高圧ガス貯蔵所（高圧ガス300m^3＝3,000kg）に該当するものは、同法規に定められた標識等が正常に取り付けられている。	適・否 適・否 適・否
	容器弁・開放装置	①　外形に変形、損傷、脱落等がない。 ②　電気式の容器弁開放装置は、端子の緩み、破開針の変形、損傷等がなく、確実に作動する。 ③　ガス圧式の容器弁開放装置は、ピストンロッド及び破開針に変形、損傷等がなく、確実に作動する。 ④　安全ピン、ロックピン等が装着され、封印されている。	適・否 適・否 適・否 適・否
	指示圧力計	変形、損傷等がなく、指示圧力値が適正で、正常に作動する。	適・否
	バルブ類	変形、損傷等がなく、開閉位置が正常で、開閉操作が容易にできる。	適・否
	連結管・集合管	変形、損傷、著しい腐食等がなく、接続部の緩み等がない。	適・否
加圧式粉末消火剤貯蔵容器等	消火剤貯蔵タンク	①　防護区画以外の場所に設置され、周囲の温度、湿度等が著しく高くなく、直射日光、雨水等がかかるおそれがない。 ②　外形に変形、損傷、著しい腐食等がなく、タンク本体は取付枠に確実に固定されている。 ③　表示及び標識は適正に設けられている。（上欄の蓄圧式消火剤貯蔵容器の表示及び標識を参照） ④　安全装置の放出口のつまり等がない。	適・否 適・否 適・否 適・否
	放出弁	変形、損傷、締付部の緩み等がなく、機能が正常である。	適・否
	放出弁開放装置	①　外形に変形、損傷、脱落等がない。 ②　電気式の放出弁開放装置は、端子の緩み、損傷等がなく、確実に作動する。 ③　ガス圧式の放出弁開放装置は、ピストンロッド等の変形、損傷等がなく、確実に作動する。	適・否 適・否 適・否
	バルブ類	変形、損傷等がなく、開閉位置が正常で、開閉操作が容易にできる。	適・否

	加圧用ガス容器等	加圧用ガス容器	①　防護区画以外の場所に設置され、周囲の温度、湿度等が著しく高くなく、直射日光、雨水等がかかるおそれがない。 ②　外形に変形、損傷、著しい腐食等がなく、容器本体は取付枠に確実に固定されている。 ③　表示が適正に設けられている。	適・否 適・否 適・否
	加圧用ガス容器等	容器弁	変形、損傷、著しい腐食等がない。	適・否
	加圧用ガス容器等	容器弁開放装置	①　外形に変形、損傷、脱落等がない。 ②　電気式の容器弁開放装置は、端子の緩み、破開針の変形、損傷等がなく、確実に作動する。 ③　ガス圧式の容器弁開放装置は、ピストンロッド及び破開針に変形、損傷等がなく、確実に作動する。 ④　安全ピン、ロックピン等が装着され、封印されている。	適・否 適・否 適・否 適・否
	加圧用ガス容器等	圧力調整器	変形、損傷、脱落、ガス漏れ等がなく、容器弁等に確実に固定され、機能が正常である。	適・否
	連結管・集合管		変形、損傷、著しい腐食等がなく、接続部の緩み等がない。	適・否
	定圧作動装置		変形、損傷等がなく、機能が正常である。	適・否
起動用ガス容器等	起動用ガス容器		①　外形に変形、損傷、著しい腐食等がなく、容器格納箱に設けられているものは、扉の開閉が確実にできる。 ②　収納容器の表面には、当該防護区画又は防護対象物名及び取扱い方法を明記した説明板が適正設けられている。	適・否 適・否
起動用ガス容器等	容　器　弁		変形、損傷、著しい腐食等がない。	適・否
起動用ガス容器等	容器弁開放装置		①　外形は変形、損傷、脱落等がない。 ②　電気式の容器弁開放装置は、端子の緩み、破開針の変形、損傷等がなく、確実に作動する。 ③　手動式の容器弁開放装置は、ピストンロッド及び破開針の変形、損傷等がなく、確実に作動する。 ④　安全ピン、ロックピン等が装着され、封印されている。	適・否 適・否 適・否 適・否
選択弁	本　　体		①　外形は変形、損傷、締付部の緩み等がない。 ②　直近に選択弁である旨及び当該防護区画又は防護対象物名並び取扱い方法を記載した標識、説明板等が適正設けられている。	適・否 適・否
選択弁	開放装置		①　外形は変形、損傷、脱落等がない。 ②　電気式の開放装置は、端子の緩み等がなく、確実に作動する。 ③　ガス圧式の開放装置はピストンロッド等の変形、損傷等がなく、確実に作動する。 ④　手動操作部には、カバー、ロックピン等が装着され、封印が施されている。	適・否 適・否 適・否 適・否
操作管及び逆止弁			外形は変形、損傷、接続部の緩み等がなく、取付位置及び方向等が適正である。	適・否
			①　操作箱の周囲に使用上及び点検上の障害となるものがない。 ②　操作箱は変形、損傷、著しい腐食等がなく、確実に固定され、扉の開閉が容易にできる。	適・否 適・否

起動装置	手動式起動装置	③　起動装置の直近の見やすい箇所に「手動起動装置」の表示は適正されている。 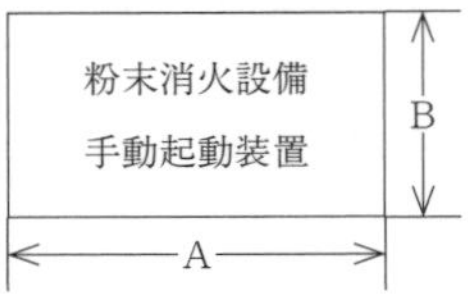 ⓐ　寸法Ａ：300㎜以上 　　　Ｂ：100㎜以上 ⓑ　生地は赤色であること。 ⓒ　文字は白色であること。	適・否
		④　起動装置又は直近に当該防護区画名又は防護対象物名及び取扱方法、保安上の注意事項等の表示が適正にされている。	適・否
		⑤　電源表示灯は、正常に点灯している。	適・否
		⑥　音響警報起動用スイッチは、変形、損傷、端子の緩み、脱落等がなく、機能が正常である。	適・否
		⑦　放出用スイッチ及び非常停止用スイッチは、変形、損傷、端子の緩み、脱落等がなく、機能が正常である。	適・否
		⑧　表示灯は正常に点灯又は点滅する。	適・否
		⑨　保護カバーは有機ガラス等による保護措置に変形、損傷、脱落等がない。	適・否
	自動式起動装置	①　火災感知装置は、「自動火災報知設備の査察」の例に準じている。	適・否
		②　自動・手動切替装置は、変形、損傷、脱落等がなく、切替位置及び切替機能が正常である。	適・否
		③　自動・手動切替表示灯は、正常に点灯する。	適・否
警報装置	外　　形	変形、損傷、脱落等がない。	適・否
	音響・音声警報	①　常時人がいない防火対象物又は局所放出方式以外は、音声による警報装置である。 　次の例に示す標識が適正に設けられている。 (1)　警報装置が音声の場合 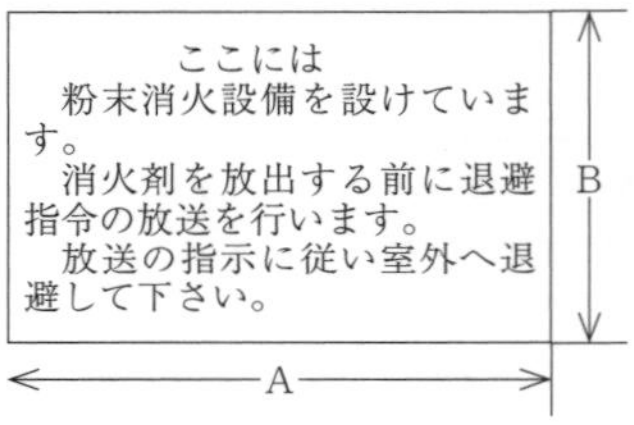 ⓐ　寸法Ａ：480㎜以上 　　　Ｂ：270㎜以上 ⓑ　生地は黄色、文字は黒色であること。 ⓒ　字体は丸ゴシック体であること。 ⓑ　１文字25㎟以上 (2)　警報装置がサイレン、ベル等の場合 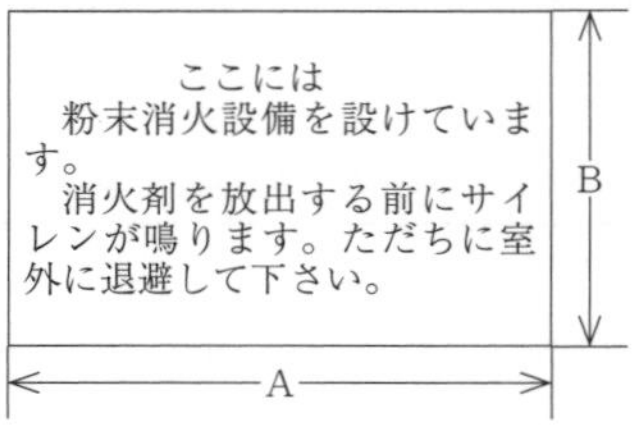 ⓐ　寸法、生地、文字、字体等は(1)に同じ。 ⓑ　音響警報装置がベルのときは、文中の「サイレン」を「ベル」と書き替えるものとする。	適・否
		③　音響警報は、正常に鳴動し、その音圧が適正である。	適・否
		④　音声警報は、正常に鳴動し、その音圧が適正で、起動したときに必ず注意音を発した後、音声を発する。	適・否
制御盤	周　　囲	周囲に使用上及び点検上の障害となるものがない。	適・否
	外　　形	変形、損傷、著しい腐食等がない。	適・否
	表　　示	スイッチ等の名称等に汚損、不鮮明な部分がない。	適・否
	電 圧 計	変形、損傷等がなく、指示値が適正である。	適・否
	開閉器等	開閉器及びスイッチ類は、変形、損傷、脱落、端子の緩み等がなく、開閉位置が正常で、開閉機能が正常である。	適・否
	表 示 灯	正常に点灯又は点滅する。	適・否

	予備品等	ヒューズ、電球等の予備品、回路図、取扱説明書等が備えてある。	適・否
配管等		損傷、著しい腐食等がなく、他のものの支え、吊り等に利用されていない。	適・否
放出表示灯		適正な位置に設けられ、変形、損傷、脱落、著しい腐食、不鮮明な文字部分等がなく、正常に点灯又は点滅する。 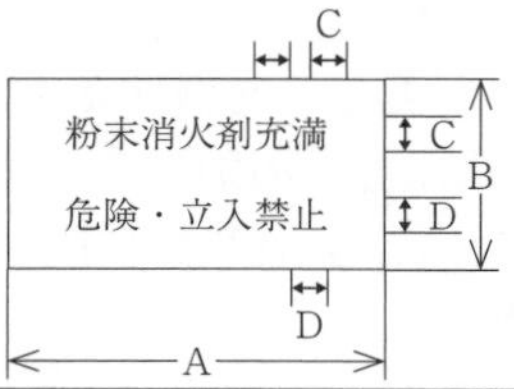 ⓐ　寸法Ａ：280㎜以上 Ｂ：80㎜以上 Ｃ：約35㎜ Ｄ：約20㎜ ⓑ　常時は生地、文字とも白色であること。 ⓒ　点灯時は生地が白色、文字が赤色で表示すること。 ⓓ　本体色調は赤色であること。	適・否
噴射ヘッド		①　全域放出方式又は局所放出方式の粉末消火設備の噴射ヘッドは、防護区画の全域に拡散又は防護対象物を覆うように取り付けられ、取付け角度の著しい偏向等がない。 ②　変形、損傷、著しい腐食、つまり等がない。 ③　ヘッドの周囲に放射障害となるものがない。	適・否 適・否 適・否
防護区画	区画変更等	①　防護区画及び開口部面積の変更がない。 ②　階高の３分の２以下の位置にある開口部で、消火効果を減ずるおそれのあるもの又は保安上危険のあるものは自動閉鎖装置付となっている。	適・否
	開口部の自動閉鎖装置	①　外形は変形、損傷、著しい腐食等がない。 ②　電気で作動するものは端子の緩み等がなく、機能が正常である。 ③　ガス圧で作動するものは機能が正常である。	適・否 適・否 適・否
非常電源	設置	全域放出方式又は局所放出方式の粉末消火設備に附置されている非常電源は、☞Ｐ279「第24　非常電源」により査察します。	適・否
	内臓型のもの	①　規定値の範囲内で、表示が適正である。 ②　常用電源を停電状態にしたときに自動的に非常電源に切り替わり、常用電源を復旧したときに自動的に常用電源に切り替わる。 ③　変形、損傷、著しい腐食等がなく、異常な発熱等がない。	適・否 適・否 適・否
耐震措置		全放出方式又は局所放出方式の貯蔵容器、加圧ガス容器、配管及び非常電源には、耐震の措置が適正にされている。	適・否
総合操作盤		①　総合操作盤を設けるものとする防火対象物（☞Ｐ287）に設置されている粉末消火設備（移動式を除く。）には、総合操作盤が設けてある。（消則21条14項19号） ②　総合操作盤については、☞Ｐ288「25．２　総合操作盤の設置及び維持」により査察します。	適・否 適・否

８．２　移動式粉末消火設備の設置及び維持

移動式の粉末消火設備の設置及び維持については、次の例により査察します。

査察項目	適　否　の　判　定　基　準	判　定
設置場所	①　移動式の粉末消火設備は、火災のとき煙が著しく充満するおそれのある場所以外の場所に設置されている。（消則21条５項柱書、消則19条６項５号例）	適・否
	②　道路の用に供される部分に設置する場合は、屋上部分に限り設置できる。（消則21条５項柱書、消則19条６項５号の２例）	適・否
	③　周囲に使用上及び点検上の障害となるものがない。	適・否
格納箱	変形、損傷、著しい腐食等がなく、扉の開閉が容易にできる。	適・否
ホース	変形、損傷、老化、接続部の緩み等がなく、ホースの長さは、ホース接続口から水平距離が15mの範囲内の防護対象物の各部に有効に放射することができる長さのものである。	適・否
ホースリール	ホースの引き出し、格納等が容易にできる。	適・否
ノズル	著しい腐食、つまり等がなく、握り部分の危害防止のための措置がされている。	適・否
ノズル開閉弁	開閉操作が容易にできる。	適・否
表示灯・標識	適正に設けられている。 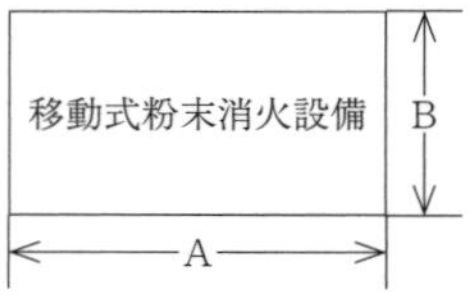 ⓐ　寸法Ａ：300㎜以上 　　　　Ｂ：100㎜以上 ⓑ　生地は赤色であること。 ⓒ　文字は白色であること。	適・否

９　屋外消火栓設備の査察

９．１　屋外消火栓設備のみなし規定及び設置減免

屋外消火栓設備のみなし規定及び設置減免については、次により査察します。(⇒〔消令〕第19条第２項、４項)

同一敷地内にある２以上の建築物の取扱い	同一敷地内にある２以上の(1)項から(15)項まで、(17)項及び(18)項に掲げる建築物（耐火建築物及び準耐火建築物を除く。）で、当該建築物相互の１階の外壁間の中心線からの水平距離が、１階は３ｍ以下、２階は５ｍ以下である部分を有するものは、設置の適用については、一つの建築物とみなすこと。(消令19条２項)	みなし規定適用の有・無
設置減免防火対象物の査察	屋外消火栓設備の設置を要する建築物にスプリンクラー設備、水噴霧消火設備、泡消火設備、不活性ガス消火設備、ハロゲン化物消火設備、粉末消火設備又は動力消防ポンプ設備が技術上の基準に従い、又は当該技術上の基準の例により設置されているときは、当該設備の有効範囲内の部分については、屋外消火栓設備を設置しないことができること。(消令19条４項)	設置減免の可・否

９．２　屋外消火栓設備の設置及び維持

屋外消火栓設備設置及び維持については、次により査察します。(⇒〔消令〕第19条、〔点検基準〕)

査察項目		適否の判定基準	結果
屋外消火栓設備の性能		屋外消火栓設備は、すべての屋外消火栓（設置個数が２を超えるときは、２個の屋外消火栓。）を同時に使用した場合に、それぞれのノズルの先端において、放水圧力が0.25Mpa以上、放水量が350ℓ／分以上の性能である。(消令19条３項３号)	適・否
水源の水量		水源の水量は、屋外消火栓の設置個数（設置個数が２を超えるときは、２）に７㎥を乗じて得た量以上の量である。(消令19条３項２号)	適・否
加圧送水装置		ポンプ式の加圧送水装置は、Ｐ199「（１）　加圧送水装置」により査察します。	適・否
配管		配管は、☞Ｐ200「（２）　配管」により査察します。	適・否
屋外消火栓	設置場所	①　屋外消火栓は、避難の際通路となる場所等屋外消火栓設備の操作が著しく阻害される箇所には設けていない。(消令19条３項４号) ②　屋外消火栓は、建築物の各部分から一のホース接続口までの水平距離が40ｍ以下となるように設けてある。(消令19条２項１号)	適・否
	周囲	周囲に使用上及び点検上の障害となるものがない。	適・否
	外形	変形、損傷、著しい腐食等がなく、地下式消火栓は格納ピットの蓋等の開閉が容易にできる。	適・否
	標識	直近の見やすい箇所に「消火栓」と表示した標識が適正に設けてある。(消則22条４号ロ)	適・否
	開閉弁	①　開閉弁は、地盤面からの高さが1.5ｍ以下の位置又は地盤面からの深さが0.6ｍ以内の位置に設けてあること。なお、地盤面下に設けられた屋外消火栓のホース	適・否

	接続口は、地盤面からの深さが0.3m以内の位置に設けてある。（消則22条１号） ②　開閉操作が容易にできる。	 適・否
屋外消火栓箱	①　屋外消火栓箱は、避難の際通路となる場所等屋外消火栓設備の操作が著しく阻害される箇所には設けていない。（⇒消令19条３項４号） ②　屋外消火栓箱は、屋外消火栓からの歩行距離が５m以内の箇所に設けてあること。ただし、屋外消火栓に面する建築物の外壁の見やすい箇所に設けてあるものは、この限りでない。（⇒消則22条２号） ③　周囲に使用上及び点検上の障害となるものがない。 ④　変形、損傷等がなく、扉の開閉が容易にできる。 ⑤　屋外消火栓箱には、その表面に「ホース格納箱」と表示してある。（消則22条４号イ）	適・否 適・否 適・否 適・否 適・否
ホース等	ホースの長さは、ホース接続口から水平距離が40mの範囲内の防護対象物の各部に有効に放射することができる必要な本数及びノズルが正常に収納され、変形、損傷、著しい腐食等がなく、接続部の着脱が容易にできる。	適・否
非常電源	屋外消火栓設備に附置されている非常電源は、☞P279「24　非常電源」により査察すること。	適・否
耐震措置	貯水槽、加圧送水措置、非常電源、配管等には地震による震動等に耐える有効な措置が講じられている。	適・否
総合操作盤	①　総合操作盤を設置するものとする防火対象物（☞P287）に設けられた屋外消火栓設備には、総合操作盤が設けてある。（消則22条11号） ②　総合操作盤については、☞P288「25．2　総合操作盤の設置及び維持」により査察します。	適・否 適・否

10　動力消防ポンプ設備

10. 1　動力消防ポンプ設備の設置減免

動力消防ポンプ設備の設置減免については、次により査察します。（⇒〔消令〕第20条第１項）

<table>
<tr><td>設置減免防火対象物又はその部分の査察</td><td>動力消防ポンプ設備の設置を要する防火対象物又はその部分に、次の各号に掲げる消火設備がそれぞれ当該各号に定めるところにより設置されているときは、当該設備の有効範囲内の部分について動力消防ポンプ設備を設置しないことができる。（消令20条５項柱書）
①　防火対象物又はその部分に屋外消火栓設備を技術上の基準に従い、又は当該技術上の基準の例により設置されているとき。（同１号）
②　屋内消火栓設備の設置を要する防火対象物又はその部分の１階又は２階に屋内消火栓設備、スプリンクラー設備、水噴霧消火設備、泡消火設備、不活性ガス消火設備、ハロゲン化物消火設備又は粉末消火設備が技術上の基準に従い、又は当該技術上の基準の例により設置されているとき。（同２号）
③　屋外消火栓設備の設置を要する防火対象物又はその部分の１階又は２階にスプリンクラー設備、水噴霧消火設備、泡消火設備、不活性ガス消火設備、ハロゲン化物消火設備又は粉末消火設備が技術上の基準に従い、又は当該技術上の基準の例により設置されているとき。（同３号）</td><td>設置減免の可・否</td></tr>
</table>

10. 2　動力消防ポンプ設備の維持及び維持

動力消防ポンプ設備の設置及び維持については、次により査察します。（⇒〔消令〕第20条、〔点検基準〕）

<table>
<tr><th colspan="2">査察項目</th><th>適　否　の　判　定　基　準</th><th>結　果</th></tr>
<tr><td colspan="2">設置されている動力消防ポンプ設備の規格放水量</td><td>動力消防ポンプ設備は、次の表の左欄に掲げる設置対象防火対象物又はその部分の区分に応じ、右欄に掲げる規格放水量のものが設置されている。（消令20条３項）<table><tr><th>設置対象防火対象物又はその部分の区分</th><th>規格放水量</th></tr><tr><td>屋内消火栓設備を設置するものとする防火対象物又はその部分は</td><td>0.2㎥以上のもの</td></tr><tr><td>屋外消火栓設備を設置するものとする建築物は</td><td>0.4㎥以上のもの</td></tr></table></td><td>適・否</td></tr>
<tr><td></td><td>設置箇所</td><td>水源は、防火対象物の各部分から一の水源までの水平距離が、次の表左欄に掲げる設置した動力消防ポンプの規格放水量に応じ、中欄に掲げる距離以下となる箇所に設けホースの長さは、右欄の範囲内の防火対象物の各部に有効に放水することができる長さである。（消令20条４項１号及び２号）<table><tr><th>動力消防ポンプの規格放水量</th><th>水平距離</th><th>ホースの長さ</th></tr><tr><td>0.5㎥毎分以上のもの</td><td>100m以下</td><td>100m</td></tr><tr><td>0.4㎥毎分以上0.5㎥毎分未満のもの</td><td>40m以下</td><td>40m</td></tr><tr><td>0.4㎥毎分未満のもの</td><td>25m以下</td><td>25m</td></tr></table></td><td>適・否</td></tr>
</table>

水源	水量	水量は、設置した動力消防ポンプを使用した場合に当該規格放水量で20分間放水することができる量（その量が20㎥以上となる場合は、20㎥）以上の量である。（消令20条４項２号）	適・否
水源	吸管投入孔及び採水口	①　吸管投入孔及び採水口の周囲には、使用上及び動力消防ポンプの接近に障害となるものがない。 ②　吸管投入孔の大きさ、蓋又は扉等に変形、損傷等がなく、開閉及び吸水が容易にできる。 ③　採水口に変形、損傷、漏水、つまり、パッキンの老化等がなく、吸管等の着脱が容易にできること。また、採水口の開閉弁に変形、損傷等がなく、開閉操作が容易にできる。 ④　吸管投入孔及び採水口の表示に損傷、脱落、汚損等がなく、適正に設けられている。	適・否 適・否 適・否 適・否
動力消防ポンプ設備の常置場所		①　動力消防ポンプ設備は、消防ポンプ自動車又は自動車に牽引されるものは水源からの歩行距離が１千ｍ以内の場所に、その他のものは水源の直近の場所に常置されている。（消令20条４項３号） ②　常置場所の周囲は、動力消防ポンプの使用上及び点検上の障害となるようなものがない。	適・否 適・否
内燃機関		①　燃料が十分に確保されている。 ②　変形、損傷などがなく、機能が正常である。	適・否 適・否
ポンプ		①　ポンプ及び接続管部分に変形、損傷などがなく、バルブ類の開閉操作が容易にできる。 ②　連成計、圧力計等に変形、損傷などがなく、正常に作動する。 ③　正常に作動する。	適・否 適・否 適・否
車台装置・搬送装置		車台装置及び搬送装置（消防ポンプ自動車を除く。）に変形、損傷、締付部の緩みなどがない。	適・否
積載器具		①　ホース、吸管、破壊器具等の積載器具が適正に装備されている。 ②　吸管及びストレーナーに変形、損傷、著しい腐食、つまり、パッキンの老化などがなく、吸水が確実に行える。 ③　ホース及びノズル等に変形、損傷、著しい腐食、つまりなどがなく、接続部の着脱が容易にできる。	適・否 適・否 適・否
動力消防ポンプの規格		動力消防ポンプは、〔動力消防ポンプの技術上の規格を定める省令〕（昭和61年10月15日自治省令第24号）に適合するものである。	適・否

11	自動火災報知設備

11．１	自動火災報知設備の設置減免

自動火災報知設備の設置減免については、次により査察します。（⇒〔消令〕第21条第１項）

設置減免対象の防火対象物又はその部分	自動火災報知設備を設置するものとする防火対象物又はその部分（次の①を除く。）にスプリンクラー設備、水噴霧消火設備又は泡消火設備（いずれも②に掲げる閉鎖型スプリンクラーヘッドを備えているものに限る。）が設置されているときは、当該設備の有効範囲内の部分については自動火災報知設備を設置しないことができること。（消令21条３項） ①　⑴項から⑷項まで、⑸項イ、⑹項、⑼項イ、⒃項イ、（16の２）項及び（16の３）項に掲げる防火対象物又はその部分並びに煙感知器又は炎感知器を設けなければならない場所（同３項、消則23条２項） ②　標示温度が75℃以下で種別が一種のもの（同３項、消則23条３項）	減免の可・否

11．２	自動火災報知設備の設置及び維持

■火災事例

・火災報知器のベルを停止していた。

昭和61年静岡県　ホテル大東館火災（死者24人）、昭和59年尾道市　青山病火災（死者６人、負傷１人）、昭和58年山形市　蔵王観光ホテル火災（死者11人、負傷２人）、昭和51年東京　国松ビル火災（サロン歌麿）（死者６人、負傷３人）、昭和45年水戸市　水戸中央ビル火災（死者６人、負傷３人）

・ベルの鳴動を非火災と思って無視したり、ベルを停止したため避難が遅れ惨事をまねいた。

昭和62年東京　特別養護老人ホーム松寿園火災（死者17人、負傷25人）、昭和55年栃木県　川治プリンスホテル火災（死者45人、負傷22人）、昭和53年愛知県　ビジネスホテル白馬火災（死者７人、負傷20人）、昭和44年東京　日本青年館（死者２人、負傷９人）

自動火災報知設備の設置及び維持については、次により査察します。（⇒〔消令〕第21条、〔試験基準〕、〔点検基準〕）

査察項目	適　否　の　判　定　基　準	結　果
警　戒　区　域	①　警戒区域は、防火対象物の２以上の階にわたっていない。ただし、一の警戒区域の面積が500㎡以下で、当該警戒区域が防火対象物の２の階にわたる場合又は階段、傾斜路、エレベーターの昇降路、リネンシュート、パイプダクトその他これらに類するものに煙感知器を設ける場合は、この限りでない。（消令21条２項１号、消則23条１項）	適・否
	②　一の警戒区域の面積は、600㎡以下で、その一辺の長さは、50ｍ以下（光電式分離型感知器を設置する場合は、100ｍ以下）、当該防火対象物の主要な出入口からその内部を見通すことができる場合は、その面積を１千㎡以下とすることができる。（消令21条２項２号）	適・否

受信機	設置場所	①　防災センター等に設けてある。 ②　周囲に使用上及び点検上の障害となるものがない。 ③　温度、湿気、衝撃、振動等により機器の機能に影響を受けるおそれのない場所である。 ④　機器が損傷を受けるおそれのない場所である。	適・否 適・否 適・否 適・否
	設置機器	①　検定品である。 ②　外形に変形、損傷等がない。 ③　表示は適正である。 ④　警戒区域の表示装置に汚損、不鮮明な部分等がない。	適・否 適・否 適・否 適・否
	設置状況	地震等により、倒れないよう堅固に設けてある。	適・否
	通話装置	受信機相互間及び発信機等との通話が明瞭に行える。	適・否
	附属装置	火災信号又は火災情報信号が正常に移信でき、相互に機能障害がない。	適・否
	予備品等	①　ヒューズ、電球等の予備品、回路図取扱説明書及び警戒区域一覧図その他必要なものが備えてある。 ②　表示温度等設定一覧図（アナログ式に限る。）、システムブロック図（自動試験機能を有するものに限る。）を備えている。	適・否 適・否
	機　能	受信機（表示機等を含む。）が正常に作動し、主音響装置及び地区音響装置の全部及び地区音響装置が鳴動する。	適・否
中継器	設置場所	①　温度、湿度、衝撃、振動等により機器の機能に影響を受けるおそれのない場所に設けてある。 ②　操作上又は点検上支障とならない位置で、操作等に必要な空間が保有されている。 ③　機器が損傷を受けるおそれのない場所である。	適・否 適・否 適・否
	設置機器	①　腐食性ガス等が滞留するおそれのある場所に設けたものには、防護措置が講じられている。 ②　可燃性ガス等が発生又は滞留するおそれのある場所に設けたものは、防爆構造のものである。 ③　雨水等の影響を受ける場所に設けたものは、防護措置が講じられている。	適・否 適・否 適・否
	構造・性能	①　検定品である。 ②　機器の各部に変形、損傷等がない。 ③　外部から人が容易に触れるおそれのある充電部は、保護してある。 ④　ヒューズ等は、容量が適正であり、容易にゆるまないよう取り付けてある。 ⑤　接地端子が設けられているものには、適正な設置が施されている。	適・否 適・否 適・否 適・否 適・否
	予備品等	①　所定の予備品、回路図等が備えてある。 ②　表示温度等設定一覧図（アナログ式に限る。）、システムブロック図（自動試験機能を有するものに限る。）を備えている。	適・否 適・否
予備電源・非常電源（内蔵	外　形	変形、損傷、著しい腐食等がない。	適・否
	表　示	適正である。	適・否
	端子電圧	規定値以上ある。	適・否
	切替装置	常用電源を停電状態にしたときに自動的に予備電源又は非常電源に切り替わり、常用電源を復旧したときに自動的に常用電源に切り替わる。（自動試験機能を有する自動火災報知設備を除く。）	適・否

式のものに限る。）	充電装置	変形、損傷、著しい腐食等がなく、異常な発熱等がない。（自動試験機能を有する自動火災報知設備を除く。）	適・否
	結線接続	断線、端子の緩み、脱落、損傷等がない。（自動試験機能を有する自動火災報知設備を除く。）	適・否
感知器	設置場所	感知器は、点検その他の維持管理ができる場所で天井又は壁の屋内に面する部分及び天井裏の部分（天井のない場合は、屋根又は壁の屋内に面する部分）に、有効に火災の発生を感知することができるように設けている。ただし、主要構造部を耐火構造とした建築物は、天井裏の部分に設けないことができる。（消令21条２項３号）	適・否
	設置種別	設置場所に適応した感知器が設けられている。	適・否
	外形	変形、損傷、脱落、著しい腐食等がない。	適・否
	警戒状況	間仕切り変更等による未警戒の部分がない。	適・否
	感知区域	設定が適正で、感知区域の面積及び取付面の高さに応じた感知器の種類、個数が設置されている。	適・否
	機能障害	感知部の機能障害となる塗装等がなく、熱気流又は煙の流動を妨げるものがない。	適・否
	機能	確実に作動し、警戒区域の表示が適正であること。	適・否
発信機	設置場所	①　各階ごとに、その階の各部分から一の発信機までの歩行距離が50ｍ以下となるように設けてある。（消則24条１項８の２イ） ②　多数の者の目にふれやすく、操作の容易な場所に設けてある。 ③　押しボタンのスイッチの位置は、床面から0.8ｍ以上1.5ｍ以下となるように設けてある。（消則24条１項８の２ロ） ④　周囲に使用上及び点検上の障害となるものがない。 ⑤　腐食性ガス等が滞留するおそれのある場所に設けたものには、防護措置が講じてある。 ⑥　可燃性ガス等が発生又は滞留するおそれのある場所に設けたものは、防爆構造のものである。 ⑦　雨水等の影響を受ける場所に設けたものは、防護措置が講じてある。	適・否 適・否 適・否 適・否 適・否 適・否 適・否
	設置機器	①　検定品である。 ②　外形に変形、損傷、脱落、著しい腐食、押しボタンの保護板の損傷等がない。 ③　消火栓ボックス等の扉の開閉にともなって可動する配線等は、開閉により機能に支障をきたさないように措置してある。	適・否 適・否 適・否
	外形	変形、脱落、著しい腐食、押しボタンの保護板の損傷等がない。	適・否
	表示	押しボタン等の名称等に汚損、不鮮明な部分がない。	適・否
	押ボタン・送受話器	押しボタン又は送受話器を操作した際、確実に作動すること。なお、確認灯のあるものにあっては、点灯する。	適・否
	表示灯	①　発信機の直近に表示灯が設けてある。（消則24条１項８の２ハ） ②　取付け面と15度以上の角度となる方向に沿って10ｍ離れたところから容易に識別できる。（消則24条１項８の２ニ）	適・否 適・否
		①　各階ごとに、その階の各部分から一の地区音響装置までの水平距離が25ｍ以下となるように設けてある。（消則24条１項５号ニ） ②　音響効果を妨げる障害物のない位置に設けてある。	適・否 適・否

地区音響装置	設置場所	③　腐食性ガス等が滞留するおそれのある場所に設けてあるものには、適当な防護措置が講じてある。	適・否
		④　可燃性ガス等が発生又は滞留するおそれのある場所に設けてあるものには、適当な防護措置が講じられている。	適・否
		⑤　雨水等の影響を受ける場所に設けたものは、適当な防護措置が講じられている。	適・否
	外　形	変形、損傷、著しい腐食等がない。	適・否
	取付状態	脱落等がなく、音響効果を妨げるものがない。	適・否
	音圧及び音色	①　音圧、音色及び音声が正常で、他の機械等の音と区別して聞き取れる。	適・否
		②　音圧は規定値以上である。 (1)　音声により警報を発するものの音圧は、92db以上。（消則24条１項５号の２イ(イ)） (2)　音声により警報を発するもの以外のものの音圧は、90db以上。（同５号イ(イ)）	適・否
		③　ダンスホール、カラオケボックスその他これらに類するもので、室内又は室外の音響が聞き取りにくい場所に設けた場合には、当該場所で他の警報音又は騒音と明らかに区別して聞き取ることができるように措置されている。（同５号イ(ロ)、５の２号イ(ロ)）	適・否
		④　(2)項ニ、(16)項イ、(16の２)項及び(16の３)項に掲げる防火対象物のうち、遊興のためにヘッドホン、イヤホンその他これに類する物品を客に利用させる役務の用に供する個室は、当該役務を提供している間においても、当該個室で警報音を確実に聞き取ることができるように措置されている。（同５号イ(ハ)、５の２号イ(ハ)）	適・否
	鳴　動	鳴動方式のとおりに地区音響装置が鳴動する。	適・否
蓄積機能		①　蓄積機能（蓄積機能を有する自動火災報知設備のうち、自動試験機能を有しないものに限る。）は、感知器が作動したときの火災表示までの時間が適正で、発信機を作動させたときの火災表示の状況が正常である。	適・否
		②　アナログ式の自動火災報知設備は、①に準じるほか、注意表示までの時間が適正で、発信機を作動させたときの火災表示の状況が正常である。	適・否
二信号機能		二信号機能（二信号機能を有する自動火災報知設備のうち、自動試験機能を有しないものに限る。）は、第１信号及び第２信号による火災表示が適正で、発信機を作動させたときの火災表示の状況が正常である。	適・否
自動試験機能		自動試験機能（自動試験機能を有する自動火災報知設備に限る。）は、次の事項に係る異常が記録装置に記録されていないこと。	
		①　予備電源及び非常電源（内臓型ものに限る。）	適・否
		②　受信機の火災表示	適・否
		③　受信機の注意表示（アナログ式の自動火災報知設備に限る。）	適・否
		④　受信機及び中継器の制御機能及び電路	適・否
		⑤　感知器	適・否
		⑥　感知器回路及びベル回路	適・否
電　源		①　蓄電池又は交流低圧屋内幹線から他の配線を分岐させずとられている。	適・否
		②　開閉器には、自動火災報知設備用のものである旨の表示がされている。	適・否
非常電源		自動火災報知設備に附置されている非常電源は、☞Ｐ279「24　非常電源」により査察します。	適・否

総合操作盤	①　総合操作盤を設置するものとする防火対象物（☞Ｐ287）に設けられた自動火災報知設備には、総合操作盤が設けられている。（消則24条９号） ②　総合操作盤については、☞Ｐ288「25．2　総合操作盤の設置及び維持」により査察します。	適・否

11．3　共同住宅用自動火災報知設備の設置及び維持

共同住宅用自動火災報知設備の設置及び維持については、次により査察します。（⇒〔特定共同住宅等省令〕第３条第２項第３号、〔平成18年告示第18号〕第３、〔点検基準〕）

査察項目	適否の判定基準	結果
一般留意事項	住戸内の部分は、外観上の項目について居住者の自主点検を持って足りるものとされています。この場合、次に掲げる事項が、居住者に対して周知徹底されていること。 ①　外観上の点検を実施する義務　　②　外観上の点検項目 ③　異常が発生した場合の措置　　④　その他の留意事項	適・否
電源	①「自動火災報知設備の査察」の「電源」の例により査察します。 ②　住戸、共用室又は管理人室の交流低圧屋内幹線の開閉器が遮断された場合に、当該住戸、共用室又は管理人室の感知器、戸外表示器、音声警報装置及び補助音響装置の機能に支障が生じないように措置がされている。（平成18年告示第18号第３・７項）	適・否 適・否
非常電源	①　非常電源の容量は、次の(1)及び(2)に定める容量と合算した容量である。（平成18年告示第18号第３・８項(1)） イ　監視状態を60分間継続することができる容量 ロ　次の(1)及び(2)に定める容量を合算した容量に系統数（30台以下の共同住宅用受信機を一の系統とし、当該系統数が５を超えるときは、５）を乗じた容量 (1)　一の住戸、共用室又は、管理人室に設けられている音声警報装置（補助音響装置を含む。）が10分間以上連続して鳴動することができる容量 (2)　一の作動表示灯が10分間以上連続して点滅することができる容量 ②　共同住宅用受信機の主電源が停止した場合に、受信機が設置された住戸、共用室及び管理人室の感知器、音声警報装置、補助音響装置及び戸外表示器の機能に支障を生じないように措置が講じられている場合は、受信機に非常電源を設けないことができる。（同告示第３・８項(2)）	適・否 適・否
周囲の状況	①　防災センター等又は管理人室に設けられていること。ただし、管理人室に常時人がいない場合は、火災表示を容易に確認できる場所に設けられている。 ②　使用上及び点検上必要な空間が確保されている。	適・否
外形	変形、損傷等がない。	適・否
表示	適正である。	適・否
警戒区域の表示装置	汚損、不鮮明な部分等がない。	適・否
電源表示灯	変形、損傷等がなく、正常に点灯している。	適・否
スイッチ類	端子の緩み等がなく、開閉位置が正常で、開閉機能が正常である。	適・否

住棟受信機及び中継器	表示灯	正常に点灯する。	適・否
	通話装置	住棟受信機相互間の通話が明瞭に行える。	適・否
	接地	著しい腐食、断線等がない。	適・否
	附属装置	火災信号が正常に移報でき、相互に機能障害がない。	適・否
	火災表示等	火災灯、地区表示装置の点灯及び主音響装置の鳴動並び自己保持機能が適正である。	適・否
	注意表示	注意灯及び地区表示装置の点灯並び音声警報の鳴動が正常な。	適・否
	回路導通	試験用計器の指示又は確認灯の点灯により導通する。（自動試験機能又は常時断線監視機能を有する共同住宅用自動火災報知設備を除く。）	適・否
	設定表示温度等	感知器の設定表示温度等が適正である。（アナログ式の共同住宅用自動火災報知設備に限る。）	適・否
	予備品等	予備品及び回路図等が備えてある。	適・否
共同住宅用受信機	周囲の状況	周囲に使用上及び点検上の障害となるものがない。	適・否
	外形	変形、損傷等がない。	適・否
	表示	適正である。	適・否
	電源表示灯	変形、損傷等がなく、正常に点灯している。	適・否
	スイッチ類	端子の緩み等がなく、開閉位置が正常で、開閉機能が正常である。	適・否
	表示灯	正常に点灯する。	適・否
	附属装置	火災信号が正常に移報でき、相互に機能障害がない。	適・否
感知器		「自動火災報知設備の査察」の「感知器」の例により査察します。	適・否
音声警報装置	外形	変形、損傷、著しい腐食等がない。	適・否
	取付状態	脱落等がなく、警報効果を妨げるものがない。	適・否
	音声警報等	音圧、音色及び音声が正常で、他の機械等の音と区別して聞き取れること。	適・否
	鳴動方式	警報範囲及びメッセージ内容が適正である。	適・否
蓄積機能		「自動火災報知設備の査察」の「蓄積機能」の例により査察します。	適・否
自動試験機能		次に事項に係る異常が記録装置に記録されていないこと。 ①　予備電源及び非常電源（内蔵型のものに限る。） ②　住棟受信機の火災表示 ③　住棟受信機の注意表示（アナログ式の共同住宅用自動火災報知設備に限る。） ④　住棟受信機及び中継器の制御機能及び電路 ⑤　感知器回路及び音声警報装置回路	 適・否 適・否 適・否 適・否 適・否
戸外表示器	外形	変形、損傷、脱落、著しい腐食等がない。	適・否
	作動表示灯	正常に点滅する。	適・否
	通電表示灯	正常に点灯している。	適・否
	音声警報装置	音声警報装置の音声警報が明瞭に聞き取れる。	適・否
関係者等への報知装置		福祉施設等で発生した火災を、当該施設等の関係者（所有者又は管理者）又は従業員に、自動的に、かつ有効に報知できる。	適・否

11. 4　住戸用自動火災報知設備の設置及び維持

住戸用自動火災報知設備の設置及び維持は、次により査察します。(⇒〔特定共同住宅等省令〕第３条第２項、〔平成18年告示第19号〕第３、〔点検基準〕)

査察項目		適否の判定基準	結果
一般留意事項		住戸内の部分は、外観上の項目について居住者の自主点検を持って足りるものとされています。この場合、次に掲げる事項が、居住者に対して周知徹底されていること。 ①　外観上の点検を実施する義務　②　外観上の点検項目 ③　異常が発生した場合の措置　④　その他の留意事項	適・否
電源		①「自動火災報知設備の査察」の「電源」の例により査察します。 ②　住戸等に設ける住戸用受信機の電源は、住戸等ごとに交流低圧屋内幹線から専用の分岐開閉器を介していること。	適・否
住戸用受信機・中継器	周囲の状況	周囲に使用上及び点検上の障害となるものがない。	適・否
	外形	変形、損傷等がない。	適・否
	表示	適正である。	適・否
	電源表示灯	変形、損傷等がなく、正常に点灯している。	適・否
	スイッチ類	端子の緩み等がなく、開閉位置が正常で、開閉機能が正常である。	適・否
	表示灯	正常に点灯する。	適・否
	附属装置	火災信号が正常に移報でき、相互に機能障害がない。	適・否
感知器		「自動火災報知設備の査察」の「感知器」の例により査察します。	適・否
音声警報装置等	外形	変形、損傷、著しい腐食等がない。	適・否
	取付状態	脱落等がなく、警報効果を妨げるものがない。	適・否
	音声警報等	音圧、音色及び音声が正常で、他の機械等の音と区別して聞き取れること。	適・否
	鳴動方式	警報範囲及び、メッセージ内容が適正である。	適・否
蓄積機能		感知器が作動したときの火災表示までの時間が適正である。(蓄積機能を有する住戸用自動火災報知設備のうち、自動試験機能を有しないものに限る。)	適・否
戸外表示器	外形	変形、損傷、脱落、著しい腐食等がない。	適・否
	作動表示灯	正常に点滅する。	適・否
	通電表示灯	正常に点灯している。	適・否
	音声警報装置	音声警報又は音響警報が明瞭に聞き取れる。	適・否
関係者等への報知装置		福祉施設等で発生した火災を、当該施設等の関係者（所有者又は管理者）又は従業員に、自動的に、かつ有効に報知できる。	適・否

12　ガス漏れ火災警報設備

12. 1　ガス漏れ火災警報設備の設置減免

ガス漏れ火災警報設備の設置減免については、次により査察します。(⇒〔消令〕第21条の２第１項)

設置減免防火対象物の査察	ガス漏れ火災警報設備の設置減免防火対象物は、次に掲げるもの以外のものであること。(消令21条の２・１項、消則24条の２の２・１項) ①　燃料用ガス(〔液石ガス法〕第２条第３項に規定する液化石油ガス販売事業によりその販売がされる液化石油ガスを除く。以下同じ。)が使用されるもの（同消則１号） ②　その内部に、温泉法施行規則に掲げる温泉施設のための設備が設置されているもの（同消則２号） ③　可燃性ガスが自然発生するおそれがあるとして消防(署)長が指定するもの（同消則３号）	**減　免** **可・否**

12. 2　ガス漏れ警報設備の設置及び維持

ガス漏れ火災警報設備の設置及び維持については、次により査察します。(⇒〔消令〕第21条の２、〔点検基準〕、〔試験基準〕)

査察項目		適　否　の　判　定　基　準	結　果
警　戒　区　域		①　警戒区域は、防火対象物の２以上の階にわたっていないこと。ただし、一の警戒区域の面積が500㎡以下で、当該警戒区域が防火対象物の２の階にわたる場合はこの限りでないこと。(消令21条の２・２項１号、消則24条の２の２・４項) ②　一の警戒区域の面積は、600㎡であること。ただし、一の警戒区域の面積が１千㎡以下で、当該警戒区域内のガス漏れ表示灯を通路の中央から容易に見通すことができる場合は、この限りでない。(消令21条の２・２項２号、消則24条の２の２・５項) ③　未警戒の区域がない。	**適・否** **適・否** **適・否**
受信機・中継器	**設置場所**	①　防災センター等常時人がいる場所（中継器を除く。）で、周囲に使用上及び点検上の障害となるものがない。 ②　温度、湿度、衝撃、振動等により機器の機能に影響を受けるおそれのない場所に設けてある。	**適・否** **適・否**
	外　形	変形、損傷、著しい腐食等がない。	**適・否**
	表　示	①　検定品である。 ②　銘板等に規定の表示があり、又ははがれていない。 ③　スイッチ等の名称等に汚損が、不鮮明な部分がない。	**適・否** **適・否** **適・否**
	表示装置	警戒区域の表示装置は､汚損、不鮮明な部分等がない。	**適・否**
	電圧計	変形、損傷等がなく、指示値が適正である。	**適・否**
	スイッチ類	端子の緩み等がなく、開閉位置が正常で、開閉機能が正常である。	**適・否**

<table>
<tr><td rowspan="7"></td><td>表示灯</td><td>正常に点灯する。</td><td>適・否</td></tr>
<tr><td>通話装置</td><td>受信機相互間の通話が明瞭に行える。</td><td>適・否</td></tr>
<tr><td>附属装置</td><td>ガス漏れ信号が正常に移信でき、相互に機能障害がない。</td><td>適・否</td></tr>
<tr><td>ガス漏れ表示</td><td>適正にされる。</td><td>適・否</td></tr>
<tr><td>回路導通</td><td>試験用計器の指示又は確認灯の点検により導通する。</td><td>適・否</td></tr>
<tr><td>故障表示</td><td>適正にされる。</td><td>適・否</td></tr>
<tr><td>予備品等</td><td>ヒューズ、電球等の予備品及び回路図、取扱説明書等が備えてある。</td><td>適・否</td></tr>
<tr><td colspan="2">予備電源・非常電源</td><td>①　外形は変形、損傷、著しい腐食等がない。
②　種別、定格容量、定格電圧等の表示は適正である。
③　端子電圧は規定値以上ある。
④　常用電源を停電状態にしたときに自動的に予備電源又は非常電源に切り替わり、常用電源を復旧したときに自動的に常用電源に切り替わること。</td><td>適・否
適・否
適・否
適・否</td></tr>
<tr><td rowspan="5">ガス漏れ検知器</td><td>設置場所</td><td>①　点検に便利な場所である。
②　次に掲げる場所に設けられていない。
イ　出入口の付近で外気の気流がひんぱんに流通する場所
ロ　排気口の空気吹き出し口から1.5m以内の場所
ハ　ガス燃焼機器の廃ガスに触れやすい場所
ニ　その他ガス漏れの発生を有効に検知することができない場所</td><td>適・否
適・否</td></tr>
<tr><td>ガスの性状による機器の設置位置</td><td>検知ガスの性状に適応したガス漏れ検知器が設けてあること。<table><tr><td>ガスの比重が１未満の場合</td><td>①　燃焼器又は貫通部から水平距離８m以内に設けてあること。ただし、天井面等が0.6m以上突出したはり等により区画されている場合は、当該はり等より燃焼器又は貫通部側に設けられていること。
②　温泉の採取のための設備の周囲の長さ10mにつき１個以上、当該温泉の採取のための設備の付近でガスを有効に検知できる場所（天井面等が0.6m以上突出したはり等によって区画されている場合は、当該はり等より温泉の採取のための設備側に限る。）に設けるとともに、ガスの濃度を指示するための装置を設けること。この場合、当該装置は、防災センター等に設けられている。
③　燃焼器等が使用されて、又は貫通部が存する室の天井等の附近に吸気口がある場合には、当該燃焼器との間の天井面等が0.6m以上突出したはり等によって区画されていない吸気口のうち、燃焼器から又は貫通部最も近いものの付近に設けてあること。
④　検知器の下端は、天井面等の下方0.3m以内の位置に設けてあること。</td></tr><tr><td>ガスの比重が１を超える場合</td><td>①　燃焼器又は貫通部から水平距離で４m以内に設けてあること。
②　上欄②の（　）中を除くに、設けられていること。
③　検知器の上端は、床面の上方0.3m以内のなるべく低い位置に設けてあること。</td></tr></table></td><td>適・否</td></tr>
<tr><td>外形</td><td>変形、損傷、脱落、著しい腐食等がない。</td><td>適・否</td></tr>
<tr><td>警戒状況</td><td>①　間仕切り変更、ガス燃焼機器の設置場所の変更等による未警戒の部分がない。
②　機能障害となる覆い等がない。</td><td>適・否
適・否</td></tr>
<tr><td>作動等</td><td>確実に作動し、警戒区域の表示が適正である。</td><td>適・否</td></tr>
</table>

警報装置	音声警報装置	①　外形に変形、損傷、著しい腐食等がない。 ②　取付け状態は脱落等がなく、音響効果を妨げるものがない。 ③　増幅器、操作部の機能が正常である。 ④　音圧、音色及び音声が正常で、他の機械等の音と区別して聞き取れる。	適・否 適・否 適・否 適・否
	ガス漏れ表示灯	①　変形、損傷、脱落等がなく、正常に点灯し、容易に識別できる。 ②　作動した検知器に設けられている区域等が容易に識別できる。	適・否 適・否
	検知区域警報装置	①　外形に変形、損傷、著しい腐食等がない。 ②　取付は、脱落等がなく、音響効果を妨げるものがない。 ③　音圧は70db以上であり、音色が他の機械等の音と区別して聞き取れる。 ④　鳴動区域は適正であること。	適・否 適・否 適・否 適・否
総合操作盤		①　総合操作盤を設置するものとする防火対象物（☞Ｐ287）に設けられたガス漏れ火災警報設備には、総合操作盤が設けられている。（消則24条の２の３・10号） ②　総合操作盤については、☞Ｐ288「25. 2　総合操作盤の設置及び維持」により査察します。	適・否 適・否

13　漏電火災警報器の設置及び維持

漏電火災警報器の設置及び維持については、次により査察します。（⇒〔消令〕第22条第２項、〔点検基準〕）

査察項目		適否の判定基準	結果
漏電火災警報器の設置		漏電火災警報器は、建築物の屋内電気配線に係る火災を有効に感知することができるように設置されている。（消令22条２項）	適・否
受信機	周囲の状況	周囲に使用上及び点検上の障害となるものがない。	適・否
	外形	変形、損傷、著しい腐食等がない。	適・否
	表示	①　自主表示マークが付されている。 ②　スイッチ等の名称等に汚損、不鮮明な部分がない。 ③　銘板等がはがれていない。 ④　２以上の受信機が設けられている場合は、警戒電路の種別（例えば電灯用と動力用等）の表示が設けられている。	適・否 適・否 適・否 適・否
	電源表示灯	電源表示灯が設けられているものは、正常に点灯している。	適・否
	スイッチ類	開閉位置及び開閉機能が正常である。	適・否
	試験装置	機能が適正である。	適・否
	表示灯	正常に点灯する。	適・否
	接地	著しい腐食、断線等がない。	適・否
	感度調整装置	設定値が適正である。	適・否
	予備品等	ヒューズ、電球等の予備品、回路図、取扱説明書等が備えてある。	適・否
変流器	外形	変形、損傷、著しい腐食等がない。	適・否
	表示	①　自主表示マークが付されている。 ②　表示に汚損、不鮮明な部分がない。 ③　銘板等がはがれていない。	適・否 適・否 適・否
	未警戒	未警戒の電路がない。	適・否
	容量	警戒電路の定格電流以上の電流値のものであること。Ｂ種接地線に設けられているものは、当該接地線に流れることが予想される電流以上の電流値のものである。（消則24条の３・１項１号）	適・否
音響装置	外形	変形、損傷、著しい腐食等がない。	適・否
	取付状態	①　脱落等がなく、音響効果を妨げるものがない。 ②　防災センター等に設けられている。	適・否 適・否
	音圧等	音圧及び音色が他の機械等の音と区別して聞き取れる。	適・否
遮断機構	周囲の状況	周囲に可燃性蒸気、可燃性粉じん等が滞留していない。	適・否
	外形	変形、損傷、著しい腐食等がない。また、これらのおそれのある場所に設ける場合は、その作動と連動して、電流の遮断を行う装置を、これらの場所以外の安全な場所に設けられている。	適・否
	定格電流容量	警戒電路の定格電流以上の電流値のものである。	適・否
	作動状況	遮断機能が正常で、確実に行われる。	適・否

14　消防機関へ通報する火災報知設備

14．1　消防機関へ通報する火災報知設備の設置減免

消防機関へ通報する火災報知設備の設置減免については、次により査察します。(⇒〔消令〕第23条第１項柱書)

設置減免対象防火対象物	消防機関へ通報する火災報知設備の設置を要する防火対象物のうち、次に掲げるものには、消防機関へ通報する火災報知設備を設置しないことができる。(⇒消令23条１項ただし書) ①　次に定める場所（消則25条１項） (イ)　(6)項イ(1)及び(2)、(16)項イ及び(16の２)項並びに(16の３)項（(16)項イ、(16の２)項及び(16の３)項は(6)項イ(1)又は(2)の用途に供される部分が存するもの）消防機関が存する建築物内 (ロ)　(イ)以外は、消防機関からの歩行距離が500m以下である場所 ②　消防機関へ常時通報することができる電話を設置した防火対象物（(5)項イ並び(6)項イ、ロ及びハを除く。)（同３項）	**減免の可・否**

14．2　火災通報装置の設置及び維持

火災通報装置の設置及び維持については、次により査察します。(⇒〔消令〕第23条、〔消則〕第25条、〔点検基準〕)

査察項目	適　否　の　判　定　基　準	結　果
設置場所	①　防災センター等に設けられている。(消則25条２項１号)	適・否
	②　温度、湿度、衝撃、振動等により機器の機能に影響を受けるおそれのない場所に設けてある。	適・否
	③　機器が損傷を受けるおそれのない場所に設けてある。	適・否
	④　操作上又は点検上支障とならない位置で、かつ、操作等に必要な空間が保有されている。	適・否
設置機器	①　火災通報装置は、「火災通報装置の基準」（平成８年消告第１号）に適合するものであること。(消則25条３項１号)	適・否
	②　(6)項イ(1)及び(2)並びにロ、(16)項イ、(16の２)項、(16の３)項（(6)項イ(1)若しくは(2)又はロ用途に供される部分が存するもの）に設ける火災通報装置は、自動火災報知設備の感知器と連動して起動すること。ただし、自動火災報知設備の受信機及び火災通報装置が防災センター（常時人がいる）に設置するものは、この限りでない。(同条４項)	適・否
	③　手動起動装置には、誤動作を防止するための措置が講じられている。	適・否
	④　機器の各部に変形、損傷等がない。	適・否
	⑤　電源監視装置は正常である。	適・否
	⑥　電話回線等の接続は確実である。	適・否
	⑦　接地端子が設けられているものは、適切な接地が施されている。	適・否

取扱い表示	①　取扱方法の概要及び注意事項等が見やすい箇所に容易に消えないように表示されている。 ②　操作部分は、名称及び操作内容が、当該部分又はその周辺部に容易に消えないように表示されている。 ③　特定火災通報装置は、特定火災通報装置である旨が見やすい箇所に容易に消えないように表示されている。	適・否 適・否 適・否
起動機能	火災通報装置が作動したことが、可視表示又は可聴音で確認できる。	適・否
優先通報機能	接続されている電話回線が使用中でも、起動により、強制的に発信可能な状態になる。	適・否
蓄積音声情報等	①　蓄積音声情報の内容が適切である。 ②　選択信号の信号音及び蓄積音声情報の内容をモニター用スピーカーで確認できる。 ③　消防機関側が通話中、自動的に再呼び出しする。	適・否 適・否 適・否
通話機能等	①　消防機関側からの呼返し信号、又は手動操作により通話することができる。 ②　特定火災通報装置は、蓄積音声情報を送出した後に、自動的にハンズフリー通話、又は手動操作によりハンズフリー通話ができる。 ③　蓄積音声情報送出中でも、手動操作により、ハンズフリー通話機能による通話ができる。	適・否 適・否 適・否
設置方法	①　火災通報装置は、屋内の電話回線のうち交換機等と電話局の間となる部分に接続されている。（⇒消則25条３項２号） ②　機能に影響を及ぼさないように設置されている。	適・否 適・否
電源	①　電源は、蓄電池又は交流低圧屋内幹線から他の配線を分岐させずにとっていること。ただし、(6)項イ(1)から(3)まで及びロで、延べ面積が500㎡未満のものに設けられた装置の電源が、分電盤との間に開閉器が設けられていない配線からとられている場合は、この限りでない。（消則25条３項３号イ） ②　電源の開閉器には、火災通報装置用のものである旨が表示されている。（消則25条３項３号ロ）	適・否 適・否
予備電源	①　密閉型蓄電池である。 ②　常用電源を停電状態にしたときに自動的に予備電源に切り替わり、常用電源が復旧したときに自動的に常用電源に切り替わる。 ③　充電装置等に異常な発熱等がない。	適・否 適・否 適・否
予備品等	所定の予備品、回路図等が備えてある。	適・否

14. ３　消防機関へ通報する火災報知設備の設置及び維持

消防機関へ通報する火災報知設備（火災通報装置を除く。）の設置及び維持については、次により査察します。（⇒〔消令〕第23条、〔消則〕第25条）

査察項目	適否の判定基準	結果
発信機	①　発信機は、多数の者の目にふれやすく、火災に際しすみやかに操作することができる箇所及び防災センター等に設けられている。（消則25条２項２号）	適・否
	②　発信機の押しボタンは、床面又は地盤面から0.8m以上1.5m以下の位置に設けられ、見やすい箇所に標識を設けてある。（消則25条４項２号）	適・否
	③　外形に、変形、損傷、脱落、著しく腐食、押しボタンの保護板の損傷等がない。	適・否
機能	①　発信機からの信号が消防機関に正常に送信される。	適・否
	②　結線接続に断線、端子の緩み、損傷等がない。	適・否
標識	①　発信機の直近には、標識板が設けてある。	適・否
	②　発信機の付近に常夜灯が設けられていないときは、標識灯とし、発信機の直近に設けてある。	適・否
	③　常夜灯又は標識灯は、正常に点灯している。	適・否
予備品等	所定の予備品、回路図等が備えてある。	適・否

15	非常警報器具・設備

15. 1	非常警報器具・設備の設置減免

非常警報器具及び警報設備の設置減免については次により査察します。（⇒〔消令〕第24条第１項）

非常警報器具の設置減免の査察	非常警報器具の設置を要する防火対象物に、自動火災報知設備又は非常警報設備が技術上の基準に従い、又は当該技術上の基準の例により設置されているときは、当該設備の有効範囲内の部分については、設置しないことができること。（消令24条１項ただし書）	**設置減免の可・否**
非常ベル又は自動式サイレンの設置免除	非常ベル及び放送設備又は自動式サイレン及び放送設備の設置を要する防火対象物のうち、自動火災報知設備又は非常ベル若しくは自動式サイレンと同等以上の音響を発生する装置を附加した放送設備が設置されているものについては、当該設備の有効範囲内の部分について非常ベル又は自動式サイレンを設置しないことができる。（消令24条５項、消則25条の２・１項）	

15. 2	非常警報器具の設置及び維持

非常警報器具の設置及び維持については、次により査察します。（⇒〔消令〕第24条第１項及び第４項）

査察項目	適　否　の　判　定　基　準	判　定
設　置　箇　所	①　多数の者の目にふれやすく、火災に際しすみやかに操作することができる箇所に設けてある。（⇒消令24条４項２号） ②　周囲には、使用上及び点検上の障害となるものがない。	**適・否** **適・否**
設　　　置	①　非常警報器具は、当該防火対象物の全区域に火災の発生を有効に、すみやかに報知することができるように設けてある。（消令24条４項１号） ②　設置されている非常警報器具は、変形や損傷がなく、機能が正常である。	**適・否** **適・否**

15. 3	非常ベル又は自動式サイレンの設置及び維持

非常ベル又は自動式サイレンの設置及び維持については、次により査察します。（⇒〔消令〕第24条第４項第２号）

査察項目	適　否　の　判　定　基　準	判　定
設　置　方　法	非常ベル又は自動式サイレンは、当該防火対象物の全区域に火災の発生を有効に、かつ、すみやかに報知することができるように設けてある。（消令24条４項１号）	**適・否**
設　置　機　器	非常ベル及び自動式サイレンは、「非常警報設備の基準」（昭和48年消告第６号）に適合するものであること。（消則25条の２・３項）	**適・否**
	①　非常ベル及び自動式サイレンの起動装置は、多数の者の目にふれやすく、火災	**適・否**

<table>
<tr><td rowspan="2">起動装置</td><td>設置場所</td><td>に際しすみやかに操作することができる箇所に設けてある。（消令24条４項２号）
②　各階ごとに、その階の各部分から一の起動装置までの歩行距離が50m以下となるように設けてある。（消則25条の２・２項２号の２イ）
③　起動装置は、床面からの高さが0.8m以上1.5m以下の箇所に設けてある。（消則25条の２・２項２号の２ロ）
④　周囲に使用上及び点検上の障害となるものがない。</td><td>適・否
適・否
適・否</td></tr>
<tr><td>表示灯</td><td>①　起動装置の直近の箇所に表示灯が設けてある。（消則25条の２・２項２号の２ハ）
②　表示灯は、赤色の灯火で、取付け面と15度以上の角度となる方向に沿って10m離れた所から点灯していることが容易に識別できる。（消則25条の２・２項２号の２ニ）</td><td>適・否
適・否</td></tr>
<tr><td colspan="2">ベル又はサイレンの音圧又は音色</td><td>①　取り付けられたベル又はサイレンの中心から１m離れた位置で90db以上である。（消則25条の２・２項１号イ(イ)）
②　ダンスホール、カラオケボックスその他これらに類するもので、室内又は室外の音響が聞き取りにくい場所は、当該場所で他の警報音又は騒音と明らかに区別して聞き取ることができる。（消則25条の２・２項１号イ(ロ)）
③　(2)項ニ、(16)項イ、（16の２）項及び（16の３）項に掲げる防火対象物のうち、遊興のためにヘッドホン、イヤホンその他これに類する物品を客に利用させる役務の用に供する個室は、当該役務を提供している間においても、当該個室で警報音を確実に聞き取ることができるように措置されている。（同３号イ(ハ)）
④　音圧及び音色が他の機械等の音と区別して明瞭に聞き取れる。
⑤　ベル又はサイレンは、各階ごとに、その階の各部分から一の音響装置までの水平距離が25m以下となるように設けられている。（消則25条の２・２項１号ハ）
⑥　脱落、緩み等がなく、音響効果を妨げるものがないこと。</td><td>適・否
適・否
適・否
適・否
適・否</td></tr>
<tr><td colspan="2">鳴　　動</td><td>地階を除く階数が５以上で延べ面積が３千㎡を超える防火対象物は、次の表の左欄に掲げる出火階に応じ、同表右欄に掲げる警報を発する階に限って警報を発することができるものであること。なお、一定の時間が経過した場合又は新たな火災信号を受信した場合には、ベル又はサイレンを設置した防火対象物又はその部分の全区域に自動的に警報を発するように措置されている。（消則25条の２・２項１号ロ）
<table>
<tr><th>出火階の区分</th><th>警報を発する階</th></tr>
<tr><td>２階以上の階の場合</td><td>出火階及びその直上階</td></tr>
<tr><td>１階の場合</td><td>出火階、その直上階及び地階</td></tr>
<tr><td>地階の場合</td><td>出火階、その直上階及びその他の地階</td></tr>
</table></td><td>適・否</td></tr>
<tr><td colspan="2">配　　線</td><td>①　電気工作物に係る法令の規定により設けてある。（消則25条の２・２項４号柱書）
②　電源回路と大地との間及び電源回路の配線相互の間の絶縁抵抗は、直流250Ｖの絶縁抵抗計で計った値が、電源回路の対地電圧が150Ｖ以下のものは0.1MΩ以上、電源回路の対地電圧が150Ｖを超えるものは0.2MΩ以上である。（消則25条の２・２項４号イ）
③　配線に使用する電線とその他の電線とは同一の管、ダクト若しくは線ぴ又はプルボックス等の中に設けていないこと。ただし、いずれも60Ｖ以下の弱電流回路に使用する電線であるときは、この限りでない。（消則25条の２・２項４号ロ）
④　起動装置から音響装置までの配線は、次のとおりとされている。（消則25条の２・２項４号ニ）
(1)　600Ｖ２種ビニル絶縁電線又はこれと同等以上の耐熱性を有する電線を使用</td><td>適・否
適・否
適・否
適・否</td></tr>
</table>

	している。(⇒消則12条１項５号イ準用) ⑵　金属管工事、可とう電線管工事、金属ダクト工事又はケーブル工事（不燃性のダクトに布設するものに限る。）により設けてあること。ただし、消防庁長官が定める〔耐熱電線の基準〕に適合する電線を使用している場合は、この限りでない。(消則12条１項５号ロ準用)	
電　　源	①　電源は、蓄電池又は交流低圧屋内幹線から他の配線を分岐させずにとっている。(消則25条の２・２項４号ホ、消則12条１項３号イ例) ②　電源の開閉器には、非常警報設備（非常ベル又は自動式サイレン）用である旨が表示されている。(消則25条の２・２項４号ホ、消則12条１項３号ロ例)	適・否 適・否
非常電源	非常ベル及び自動式サイレンに附置する非常電源は、☞P278「24　非常電源」により査察します。	適・否

15. 4　放送設備の設置及び維持の査察

放送設備設置及び維持については、次により査察します。(⇒〔消令〕第24条第４項第２号)

査察項目	適否の判定基準	判定
放送設備の設置	①　放送設備は、当該防火対象物の全区域に火災の発生を有効に、すみやかに報知することができるように設けてある。(消令24条４項１号) ②　他の設備と共用するものは、火災の際非常警報以外の放送を遮断できる機構を有しているものである。(消則25条の２・２項３号リ) ③　他の電気回路によって誘導障害が生じないように設けられている。(⇒消則25条の２・２項３号ヌ)	適・否 適・否 適・否
設置機器	放送設備は、「非常警報設備の基準」(昭和48年消告第６号) に適合するものであること。(消則25条の２・３項)	適・否
起動装置	①　放送設備の起動装置は、多数の者の目にふれやすく、火災に際しすみやかに操作することができる箇所に設けてある。(消令24条４項２号) ②　各階ごとに、その階の各部分から一の起動装置までの歩行距離が50m以下となるように設けてある。(⇒消則25条の２・２項２号の２イ) ③　起動装置は、床面からの高さが0.8m以上1.5m以下の箇所に設けてある。(消則25条の２・２項２号の２ロ) ④　周囲に使用上及び点検上の障害となるものがない。 ⑤　起動装置の直近の箇所に表示灯が設けてある。(消則25条の２・２項２号の２ハ) ⑥　表示灯は、赤色の灯火で、取付け面と15度以上の角度となる方向に沿って10m離れた所から点灯していることが容易に識別できる。(消則25条の２・２項２号の２ニ)	適・否 適・否 適・否 適・否 適・否 適・否
音圧又は音色	①　音圧及び音色が他の機械等の音と区別して聞き取れる。 ②　ダンスホール、カラオケボックスその他これらに類するもので、室内又は室外の音響が聞き取りにくい場所は、当該場所で他の警報音又は騒音と明らかに区別して聞き取れるよう措置されている。(消則21条の２・２項３号イ(ロ)) ③　⑵項ニ、⒃項イ、(16の２)項及び(16の３)項に掲げる防火対象物のうち、遊興のためにヘッドホン、イヤホンその他これに類する物品を客に利用させる役務の用に供する個室は、当該役務を提供している間においても、当該個室で警報音を	適・否 適・否

<table>
<tr><td rowspan="3">スピーカー</td><td></td><td>確実に聞き取ることができるように措置されている。(同３号イ(ハ))</td><td></td></tr>
<tr><td>放送区域</td><td>①　階段又は傾斜路以外の場所に設置する場合
(1)　100㎡を超えるものＬ級
(2)　50㎡を超え100㎡以下ものＬ級又はＭ級
(3)　50㎡以下ものＬ級、Ｍ級又はＳ級
②　各部から一のスピーカまでの水平距離10m以下
③　階段又は傾斜路に設置する場合、垂直距離15mにつきＬ級のものである。</td><td>適・否

適・否
適・否</td></tr>
<tr><td>鳴　　動</td><td>次の表の左欄に掲げる出火階に応じ、同表右欄に掲げる警報を発する階に限って警報を発することができるものであること。なお、一定の時間が経過した場合又は新たな火災信号を受信した場合には、放送設備を設置した防火対象物又はその部分の全区域に自動的に警報を発するように措置されている。(消則25条の２・２項３号チ)<table><tr><th>出火階の区分</th><th>警報を発する階</th></tr><tr><td>２階以上の階の場合</td><td>出火階及びその直上階</td></tr><tr><td>１階の場合</td><td>出火階、その直上階及び地階</td></tr><tr><td>地階の場合</td><td>出火階、その直上階及びその他の地階</td></tr></table></td><td>適・否</td></tr>
<tr><td colspan="2">音量調整器</td><td>①　音量調整器を設けているものは、３線式配線である。(消則25条の２・２項３号ニ)
②　音量調整器の調整位置にかかわらず、非常用放送が有効に行われる。</td><td>適・否

適・否</td></tr>
<tr><td colspan="2">操作部・遠隔操作器</td><td>①　操作部及び遠隔操作器は、起動装置又は自動火災報知設備の作動と連動して、当該起動装置又は自動火災報知設備の作動した階又は区域を表示できる。(消則25条の２・２項３号ヘ)
②　操作部及び遠隔操作器は点検に便利で、かつ、防火上有効な措置を講じた位置に設けてある。(消則25条の２・２項３号ト)
③　操作部及び遠隔操作器の操作スイッチは、床面からの高さが0.8m（いすに座って操作するものは0.6m）以上1.5m以下の箇所に設けてある。(消則25条の２・２項３号ホ)
④　操作部又は遠隔操作器のうち一のものは、防災センター等に設けてあること。ただし、総合操作盤が設けられている場合は、この限りでない。(消則25条の２・２項３号ル)
⑤　一の防火対象物に２以上の操作部又は遠隔操作器が設けられているときは、操作部又は遠隔操作器のある場所相互間で同時に通話することができる設備が設けられ、いずれの操作部又は遠隔操作器からも全区域に火災を報知できるものである。(消則25条の２・２項３号ヲ)</td><td>適・否

適・否

適・否

適・否

適・否</td></tr>
<tr><td colspan="2">配　　線</td><td>①　電気工作物に係る法令の規定により設けてある。(消則25条の２・２項４号柱書)
②　電源回路と大地との間及び電源回路の配線相互の間の絶縁抵抗は、直流250Ｖの絶縁抵抗計で計った値が、電源回路の対地電圧が150Ｖ以下のものは0.1MΩ以上、電源回路の対地電圧が150Ｖを超えるものは0.2MΩ以上である。(消則25条の２・２項４号イ)
③　配線に使用する電線とその他の電線とは同一の管、ダクト若しくは線ぴ又はプルボックス等の中に設けていない。ただし、いずれも60Ｖ以下の弱電流回路に使用する電線であるときは、この限りでないこと。(消則25条の２・２項４号ロ)
④　操作部からスピーカーまで又は増幅器若しくは操作部から遠隔操作器までの配線は、次のとおりとされている。(消則25条の２・２項４号ニ)</td><td>適・否

適・否

適・否

適・否</td></tr>
</table>

	イ　600Ｖ２種ビニル絶縁電線又はこれと同等以上の耐熱性を有する電線を使用している。（消則12条１項５号イ準用） ロ　金属管工事、可とう電線管工事、金属ダクト工事又はケーブル工事（不燃性のダクトに布設するものに限る。）により設けてある。ただし、消防庁長官が定める〔耐熱電線の基準〕に適合する電線を使用している場合は、この限りでないこと。（消則12条１項５号ロ準用）	
電　　源	①　電源は、蓄電池又は交流低圧屋内幹線から他の配線を分岐させずにとっている。（消則25条の２・２項４号ホ、消則12条１項３号イ例） ②　電源の開閉器には、非常警報設備（非常ベル又は自動式サイレン）用である旨が表示されている。（消則25条の２・２項４号ホ、消則12条１項３号ロ例）	適・否 適・否
非常電源	放送設備に附置されている非常電源は、☞Ｐ278「24　非常電源」により査察します。	適・否
総合操作盤	①　総合操作盤を設けるものとする防火対象物（☞Ｐ287）に設けられた放送設備には、総合操作盤が設けられている。（⇒消則25条の２・２項６号） ②　総合操作盤については、☞Ｐ288「25．2　総合操作盤の設置及び維持」により査察します。	適・否

15．5　共同住宅用非常警報設備の設置及び維持

共同住宅用非常警報設備設置及び維持については、次により査察します。（⇒〔特定共同住宅等省令〕第３条第２項第４号、〔平成18年告示第19号〕第４、〔点検基準〕）

査察項目		適否の判定基準	結果
一般留意事項		住戸内の部分は、外観上の項目について居住者の自主点検を持って足りるものとされています。この場合、次に掲げる事項が、居住者に対して周知徹底されていること。 ①　外観上の点検を実施する義務　　②　外観上の点検項目 ③　異常が発生した場合の措置　　④　その他の留意事項	適・否
非常電源（内蔵型のものに限る。）	外形	変形、損傷、著しい腐食等がない。	適・否
	表示	適正である。	適・否
	端子電圧	規定値以上である。	適・否
	切替装置	常用電源を停電状態にしたときに自動的に予備電源又は非常電源に切り替わり、常用電源が復旧したときに自動的に常用電源に切り替わる。	適・否
	充電装置	変形、損傷、著しい腐食等がなく、異常な発熱等がない。	適・否
	結線接続	断線、端子の緩み、脱落、損傷等がない。	適・否
起動装置	周囲の状況	使用上及び点検上の障害となるものがない。	適・否
	外形	変形、損傷、著しい腐食、押しボタンの保護板の損傷等がない。	適・否
	表示	表示は適正である。	適・否
	機能	押しボタン等を操作した際、確実に作動し、音響装置が鳴動する。	適・否
	外形	変形、損傷、著しい腐食等がない。	適・否

非常ベル・自動式サイレン	操作部及び複合装置	表示	適正である。	適・否
		電源表示灯	変形、損傷等がなく、正常に点灯している。	適・否
		スイッチ類	端子の緩み等がなく、開閉位置が正常で、開閉機能が正常である。	適・否
		表示灯	正常に点灯している。	適・否
		接　地	著しい腐食、断線等がない。	適・否
		予備品等	予備品及び回路図等が備えてある。	適・否
	音響装置	外　形	変形、損傷、著しい腐食等がない。	適・否
		取付状態	脱落等がなく、警報効果を妨げるものがない。	適・否
		音響警報等	①　音圧は、１ｍ離れた位置で90db以上である。 ②　音色は他の機械等の音と区別して聞き取れる。	適・否 適・否
		鳴動方式	鳴動方式どおり鳴動する。	適・否
	表　示　灯		①　変形、損傷、脱落、球切れ等がなく、正常に点灯している。 ②　赤色の灯火で、取付け面と15度以上の角度となる方向に沿って10m離れた所から点灯していることが容易に識別できる。	適・否 適・否

16　避難器具

16. 1　避難器具の設置個数及び減免

避難器具の設置個数の減免については、次により査察します。（⇒〔消令〕第25条第２項第１号）

<table>
<tr><th>査察項目</th><th>査　察　及　び　確　認　事　項</th><th>結　果</th></tr>
<tr><td>設置個数の査察</td><td>
避難器具を設置するものとする階には、次表の左欄に掲げる防火対象物の階に応じて☞P258「16. 2　避難器具の適応性」に適応するものとされる避難器具のいずれかを同表右欄に掲げる設置個数が設置されていること。ただし、当該防火対象物の位置、構造又は設備の状況により避難上支障がないと認められものは、その設置個数を減少し、又は避難器具を設置しないことができる。
<table>
<tr><th colspan="2">用途別の区分</th><th>防火対象物の階別</th><th>算定基準人数</th></tr>
<tr><td rowspan="2">❶</td><td rowspan="2">⑹項</td><td>２階以上の階又は地階</td><td rowspan="2">100人まで１個以上100人増すごとに１個を加えた個数以上</td></tr>
<tr><td>下階に⑴項～⑷項、⑼項、⑿項イ、⒀項イ、⒁項又は⒂項が存在するもの</td></tr>
<tr><td rowspan="2">❷</td><td rowspan="2">⑸項</td><td>２階以上の階又は地階</td><td rowspan="2">100人まで１個以上100人増すごとに１個を加えた個数以上</td></tr>
<tr><td>下階に⑴項～⑷項、⑼項、⑿項イ、⒀項イ、⒁項又は⒂項が存在するもの</td></tr>
<tr><td>❸</td><td>⑴項～⑷項及び⑺項～⑾項</td><td>２階以上の階（主要構造部を耐火構造とした２階を除く。）又は地階</td><td>200人まで１個以上100人増すごとに１個を加えた個数以上</td></tr>
<tr><td rowspan="2">❹</td><td rowspan="2">⑿項及び⒂項</td><td>３階以上の階（無窓階を除く。）</td><td rowspan="2">300人まで１個以上300人増すごとに１個を加えた個数以上</td></tr>
<tr><td>３階以上の無窓階又は地階</td></tr>
<tr><td>❺</td><td>上記各欄以外のもの</td><td>３階以上の階のうち、(⑵項、⑶項並びに⒃項イで２階に⑵項又は⑶項の存在するものにあっては、２階）以上の階のうち、当該階（避難上有効な開口部を有しない部分）から避難階又は地上に直通する階段が２以上設けられていない階</td><td>100人まで１個以上100人増すごとに１個を加えた個数以上</td></tr>
</table>
【倍読】　表左欄に掲げる防火対象物の階が次イ又はロに該当するときは、当該右欄に掲げる収容人員「100人」を「200人」に、「200人」を「400人」に、「300人」を「600人」と読み替えて設置個数を算出。（消則26条１項）
イ　主要構造部を耐火構造としたものである。（消則26条１項１号）
ロ　避難階又は地上に通じる直通階段（傾斜路を含む。）で、避難階段又は特別避難階段が２以上設けられている。（消則26条１項２号）
</td><td>適・否</td></tr>
<tr><td></td><td>
①　避難器具の設置対象防火対象物の階に〔建基令〕第120条、第121条及び第122条の規定により必要とされる直通階段（傾斜路を含む。）で、同令第123条及び第124条に規定する避難階段（屋外に設けるもの及び屋内に設けるもので「屋内避難階段等の部分を定める件」（平成14年消告第７号）部分を有するものに限る。）又は特別避難階段が設けられている場合は、当該階に設置する避難器具の個数は、上欄により算出した個数から当該避難階段又は特別避難階段の数を引いた数以上とすることができること。この場合、当該引いた数が１に満たないときは、当該階に避難器具を設置しないことができる。（消則26条２項）
</td><td>減免の可・否</td></tr>
</table>

設置個数の減免の査察	②　避難器具の設置対象防火対象物で主要構造部を耐火構造としたものに、次に該当する**渡り廊下**が設けられている場合は、当該渡り廊下が設けられている階に設置する避難器具の個数は、上欄により算出した個数から当該渡り廊下の数に２を乗じた数を引いた数以上とすることができること。この場合、当該引いた数が１に満たないときは、当該階に避難器具を設置しないことができる。（消則26条３項） イ　耐火構造又は鉄骨造である。（同１号） ロ　渡り廊下の両端出入口に自動閉鎖装置付きの特定防火設備である防火戸（防火シャッターを除く。）が設けられている。（同２号） ハ　避難、通行及び運搬以外の用途に供していない。（同３号）	可・否
	③　避難器具の設置対象防火対象物で主要構造部を耐火構造としたものに**避難橋**を、次に該当する屋上広場に設けたものは、当該直下階から当該屋上広場に通じる避難階段又は特別避難階段が２以上設けられているときは、当該直下階に設置する避難器具の個数は、上欄により算出した個数から当該避難橋の数に２を乗じた数を引いた数以上とすることができること。この場合、当該引いた数が１に満たないときは、当該階に避難器具を設置しないことができる。（消則26条４項） イ　避難橋が設置されている屋上広場の有効面積は、100㎡以上である。（同１号） ロ　屋上広場に面する窓及び出入口に防火戸が設けられているもので、当該出入口から避難橋に至る経路は、避難上支障がないものである。（同２号） ハ　避難橋に至る経路に設けられている扉等は、避難のとき容易に開閉できるものである。（同３号）	可・否
	④　避難器具の設置対象防火対象物の階が、〔消令〕別表第１⑴項～⑻項までに掲げる防火対象物で、次のすべてに該当するときは、当該階に避難器具を設置しないことができること。（消則26条５項１号） イ　主要構造部を耐火構造としたものである。 ロ　開口部は防火戸を設ける耐火構造の壁・床で区画されている。 ハ　ロの区画された部分の収容人員が、〔消令〕25条１項各号の区分に応じ、それぞれ当該各号の収容人員の数値未満である。 ニ　壁・天井（天井のない場合は屋根）の室内に面する部分（回り縁、窓台その他これらに類するものを除く。）の仕上げを準不燃材料でし、又はスプリンクラー設備が、当該階の主たる用途に供するすべての部分に、技術上の基準に従い、若しくは技術上の基準の例により設けられている。 ホ　直通階段（傾斜路を含む）は避難階段又は特別避難階段としたものである。 ヘ　バルコニー等が避難上有効に設けられているか、又は２以上の直通階段（傾斜路を含む）が相互に隔った位置に設けられ、当該階のあらゆる部分から２以上の異なった経路によりこれらの直通階段（傾斜路を含む）のうちの２以上のものに到達しうるよう設けられている。	可・否
	⑤　避難器具の設置対象防火対象物の階が、〔消令〕別表第１⑼項～⑾項までに掲げる防火対象物で、④のイ、ニ、ホ及びヘすべてに該当するときは、当該階に避難器具を設置しないことができる。（⇒消則26条５項１号）	可・否
	⑥　避難器具の設置対象防火対象物の階が、〔消令〕別表第１⑿項及び⒂項に掲げる防火対象物で、④のイ、ホ及びヘすべてに該当するときは、当該階に避難器具を設置しないことができる。（⇒消則26条５項１号）	可・否
	⑦　避難器具の設置対象防火対象物の階が、次のすべてに該当するときは、当該階に避難器具を設置しないことができる。（⇒消則26条５項及び５項２号） イ　主要構造部を耐火構造としたものである。 ロ　居室の外気に面する部分にバルコニー等（⑸項、⑹項はバルコニーに限る。）が避難上有効に設けられており、当該バルコニー等から地上に通ずる階段その他の避難のための設備（⑸項、⑹項は階段に限る。）若しくは器具が設けられ、又は他の建築物	可・否

設置個数の減免の査察	に通ずる設備若しくは器具が設けられている。	
	⑧　避難器具の設置対象防火対象物の階が、次のイからロまでに該当するときは、当該階に避難器具を設置しないことができる。(⇒消則26条５項３号) イ　主要構造部を耐火構造としたものである。 ロ　居室又は住戸から直通階段に直接通じており、当該居室又は住戸の当該直通階段に面する開口部には、特定防火設備である防火戸（防火シャッターは除く。）で、随時開くことができる自動閉鎖装置付のもの、又は次の(1)、(2)に定める構造のものを設けたものである。 (1)　随時閉鎖でき、かつ、煙感知器と連動して閉鎖する。 (2)　直接手で開けられ、かつ、自動的に閉鎖部分を有し、その部分の幅は75cm以上、高さは1.8m以上、下端の床面からの高さは15cm以下である。 ハ　直通階段が建基令123条（１項６号、２項２号、３項10号を除く。）に定める構造（建基令123条１項に定める構造のものは消防庁長官が定める構造のもの）である。 ニ　収容人員は、30人未満である。	可・否
	⑨　小規模特定用途複合防火対象物に存在する消令別表第１(5)項及び(6)項の防火対象物の階が、次の各号（当該階が２階であり、２階に(2)項及び(3)項の用途に供される部分が存しない場合は、イ及びハ）に該当するときは、当該階に避難器具を設置しないことができる。(消則26条６項) イ　下階に(1)項から(2)項ハまで、(3)項、(4)項、(9)項、(12)項イ、(14)項及び(15)項の用途に供される部分が存しない。 ロ　当該階（当該階に避難上有効な開口部を有しない壁で区画されている部分が存する場合は、その区画された部分）から避難階又は地上に直通する階段が２以上設けられている。 ハ　収容人員は、(6)項の防火対象物の階は20人未満、(5)項の防火対象物の階は30人未満であること。	適・否
	⑩　避難器具を設置すべき階（消令25条１項３号及び４号）に掲げる防火対象物の階（(1)項及び(4)項の階を除く。）が、主要構造部を耐火構造とした建築物の次の各号に該当する屋上広場の直下階であり、当該階から当該屋上広場に通ずる避難階段又は特別避難階段が２以上設けられている場合には、その階には避難器具を設置しないことができる。(消則26条７項) イ　屋上広場の面積が1,500㎡以上である。 ロ　屋上広場に面する窓及び出入口に、防火戸が設けられている。 ハ　屋上広場から避難階段又は地上に通ずる直通階段（傾斜路を含む。）で建基令123条に規定する避難階段（屋外に設けるもの及び屋内に設けるもので消防庁長官が定める部分を有するものに限る。）又は特別避難階段としたものその他避難のための設備又は器具が設けられている。	可・否

16．２　避難器具の適応性

避難器具を設置する階に応じた避難器具の適応性については、次のとおりとされています。（⇒〔消令〕第25条第２項第１号）

階 防火対象物	地階	２階	３階	４階又は５階	６階以上の階
設置対象(6)項の防火対象物	避難はしご、避難用タラップ	滑り台、避難はしご、救助袋、緩降機、避難橋、避難用タラップ	滑り台、救助袋、緩降機、避難橋	滑り台、救助袋、緩降機、避難橋	滑り台、救助袋、避難橋
設置対象(5)項及び(1)項から(4)項まで並びに(7)項から(11)項までの防火対象物	避難はしご、避難用タラップ	滑り台、避難はしご、救助袋、緩降機、避難橋、滑り棒、避難ロープ、避難用タラップ	滑り台、避難はしご、救助袋、緩降機、避難橋、避難用タラップ	滑り台、避難はしご、救助袋、緩降機、避難橋	滑り台、避難はしご、救助袋、緩降機、避難橋
設置対象(12)項及び(15)項の防火対象物	避難はしご、避難用タラップ		滑り台、避難はしご、救助袋、緩降機、避難橋、避難用タラップ	滑り台、避難はしご、救助袋、緩降機、避難橋	滑り台、避難はしご、救助袋、緩降機、避難橋
設置対象上欄以外の防火対象物		滑り台、避難はしご、救助袋、緩降機、避難橋、滑り棒、避難ロープ、避難用タラップ	滑り台、避難はしご、救助袋、緩降機、避難橋、避難用タラップ	滑り台、避難はしご、救助袋、緩降機、避難橋	滑り台、避難はしご、救助袋、緩降機、避難橋

16. ３　避難器具の設置及び維持

避難器具の設置及び維持については、次により査察します。（⇒〔消令〕第25条）

査察項目		適否の判定基準	判定
適応性		設置されている避難器具は、避難器具を設置する防火対象物の区分に応じ、それぞれの階に適応するものが設置されていること。（消令25条２項１号）	適・否
設置器具		特定一階段等防火対象物又はその部分に設けるものは、次の①から③までのいずれかに適合するものであること。（消則27条１項１号） ①　安全かつ容易に避難することができる構造のバルコニー等に設けられている ②　常時、容易かつ確実に使用できる状態で設置されている ③　一動作（開口部を開口する動作及び保安装置を解除する動作を除く。）で、容易かつ確実に使用できるもの	適・否
設置個数		①　設置個数は、適正な数であること。（消令25条２項１号） ②　設置個数は、☞Ｐ255「16. １　設置個数及び減免」を見てください。	適・否 （　個）
設置場所		①　避難器具は、避難に際して容易に避難することができ、階段、避難口その他の避難施設から適当な距離にあり、当該器具を使用するについて安全な構造を有する開口部に設置されている。（消令25条２項２号） ②　避難器具（すべり棒、避難ロープ、避難橋及び避難用タラップを除く。）を設置する開口部は、相互に同一垂直線上にない位置にあること。ただし、避難上支障のないものについては、この限りでない。（消則27条１項２号）	適・否 適・否
設置状況		避難器具は、避難器具を設置する開口部に常時取り付けてあるか、又は必要に応じて速やかに当該開口部に取付けることができるような状態にしてある。（消令25条２項３号）	適・否
避難器具設置等場所		①　特定一階段等防火対象物における避難器具を設置し、又は格納する場所（以下「避難器具設置等場所」という。）の出入口には、当該出入口の上部又はその直近に、避難器具設置等場所であることが容易に識別できるような措置が講じられている。（消則27条１項３号イ） ②　避難器具設置等場所には、見やすい箇所に避難器具である旨及びその使用方法を表示する標識が設けてある。（消則27条１項３号ロ） ③　特定一階段等防火対象物における避難器具設置等場所がある階のエレベーターホール又は階段室（附室が設けられている場合は、当該附室）の出入口付近の見やすい箇所に避難器具設置等場所を明示した標識が設けてある。（消則27条１項３号ハ）	適・否 適・否 適・否
周囲の状況	操作面	①　操作上支障となる障害物がなく、器具に応じた操作面積☞次頁**（表１）**が確保されている。 ②　操作面内に軽量で移動が容易なものを除き、障害となるものが置かれていないこと。 ③　格納箱の上に操作に支障となるような物品等が置かれていない。	適・否 適・否 適・否
	開口部	①　開口部に避難の障害となるものが取り付けられ、又は置かれていない。 ②　ストッパー、戸車等が錆び付いてなく、開口部が容易に開閉できる。 ③　扉、蓋等を開けた場合のストッパーは確実にかかり、振動、衝撃等ではずれない。 ④　床から開口部下端までの高さは、120cm以下である。 ⑤　避難上支障のおそれのある高さの開口部には、適正な固定式又は半固定式の踏	適・否 適・否 適・否 適・否 適・否

		み台等がある。 ⑥　踏み台等は使用不能な状態になっていない。 ⑦　開口部は、器具に応じた大きさ☞次頁（**表２**）である。	 適・否 適・否
	降下空間	①　降下空間は、器具に応じた大きさ☞P262（**表３**）である。 ②　看板等の新設や樹木の成長等で障害となっていない。 ③　電線等がある場合は、降下空間から1.2m以上の間隔を有していること。ただし、当該架空電線部分に絶縁措置が講じられていて安全と認められる場合は、この限りではない。	適・否 適・否 適・否
	避難空地	①　避難空地は、器具に応じた大きさ☞P263（**表４**）である。 ②　避難空地に障害物がない。 ③　器具に応じた幅員以上の避難上有効な通路で広場、道路等に通じている。	適・否 適・否 適・否
標識		①　標識は、次表に適合するものである。 ②　変形、損傷、脱落、汚損等がない。 ③　他の物品等で見えなくなっていない。	適・否 適・否 適・否

標識の種類	設置場所	大きさ等	色	備考
避難器具の位置を示す標識	避難器具直近の見やすい箇所 避難器具の設置箇所に至る廊下、通路等	縦　12cm以上 横　36cm以上 「避難器具」又は「避難」若しくは「救助」の文字を有すること。容易にわかるシンボルマークを表示した場合はこの限りでない。	地色と文字の色は相対比色とする。	避難器具の設置場所が容易にわかる場合はこの限りではない。
使用方法を表示する標識	避難器具直近の見やすい箇所	図及び文字を用いてわかりやすく表示する。		使用方法の簡単なものは設置しないことができる。

表１　操作面積の査察

避難器具の種類	操作面積	結果
救助袋 （避難器具用ハッチに格納したものを除く。）	幅1.5m、奥行1.5m（器具の設置部分を含む。）である。 ただし、操作に支障のない範囲（2.25㎡）内で形状を変えることができる。 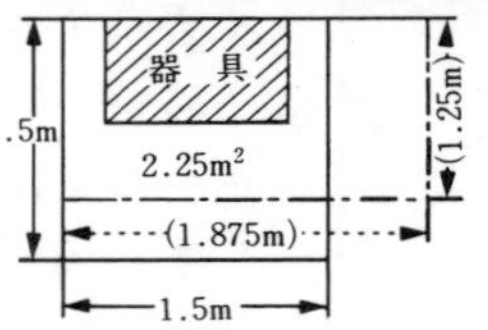	適・否
緩降機 救助袋 （避難器具用ハッチに格納したもの） 避難はしご 避難ロープ すべり棒	0.5㎡以上（当該器具の水平投影面積を除く。）、一辺の長さはそれぞれ60cm以上であり当該器具の操作に支障のないものである。 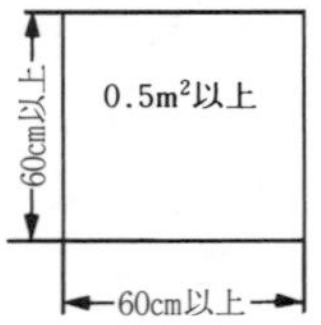	適・否
すべり台 避難用タラップ 避難橋	それぞれの器具を使用するのに必要な広さを有している。	適・否

表２　開口部の大きさの査察

避難器具の種類	開口部の大きさ	結果
救助袋 （避難器具用ハッチに格納したものを除く。）	高さ60cm以上及び幅60cm以上で、入口金具を容易に操作できる大きさで、使用の際、袋の展張状態を近くの開口部等（当該開口部を含む。）から確認できるものである。 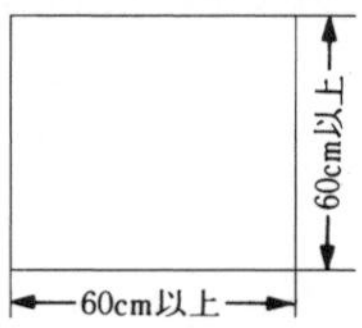	適・否
緩降機 避難はしご （避難器具用ハッチに格納したものを除く。） 避難ロープ すべり棒	○取付部の開口部を壁面の部分に設ける場合 高さ　80cm以上 幅　50cm以上 又は 高さ　100cm以上 幅　45cm以上 ○取付部の開口部を床面の部分に設ける場合 直径50cm以上の円が内接できるもの。 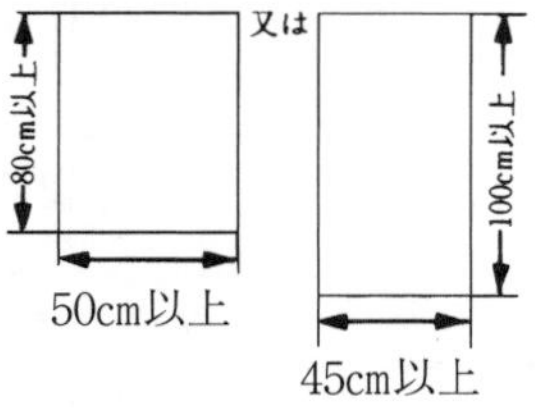	適・否
すべり台	高さ　80cm以上である。 幅　すべり台の滑り面部分の最大幅以上である。 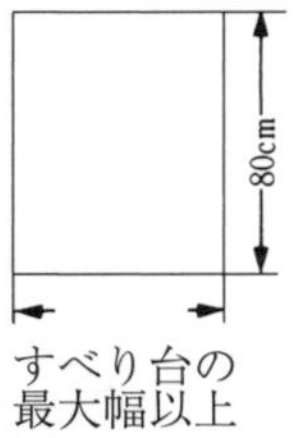	適・否
避難用タラップ 避難橋	高さ　180cm以上である。 幅　避難橋又は避難タラップの最大幅以上である。 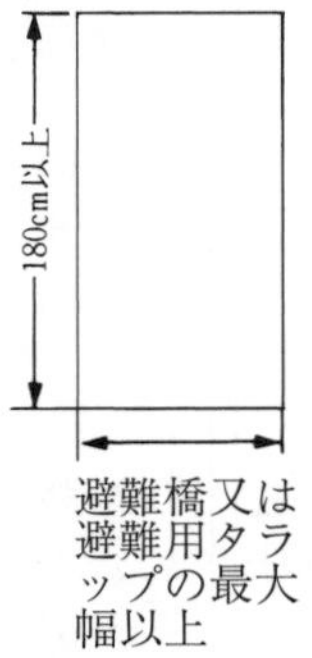	適・否

表３　降下空間の査察

避難器具の種類	降下空間の大きさ	結果
救助袋 （斜降式）	救助袋の下方及び側面の方向に対し、上部は25°、下部は35°の右図による範囲内。ただし、防火対象物の側面に沿って降下する場合の救助袋と壁面との間隔（最上部を除く。）は、30cm（ひさし等の突起物のある場合は突起物の先端から50cm（突起物が入口金具から下方３m以内の場合は30cm）以上。 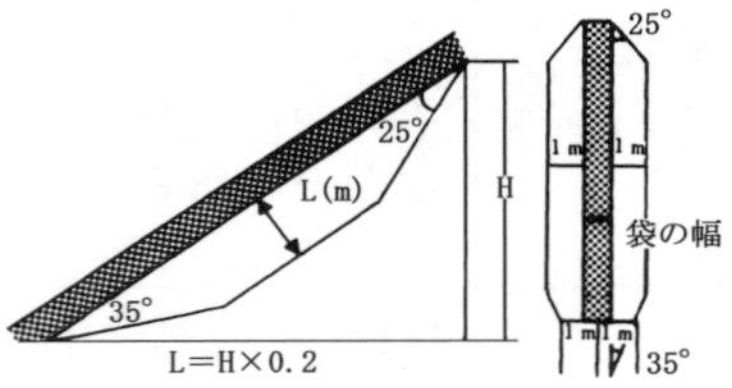 	適・否
救助袋 （垂直式）	救助袋の中心から半径１mの円形柱の範囲。ただし、救助袋と壁との間隔は、30cm（ひさし等の突起物のある場合は救助袋と間隔は50cm（突起物が入口金具から下方３m以内の場合は30cm））以上。 ※　降下空間及び避難空地を他の垂直式救助袋と共用する場合は器具相互の外面を１mまで接近させることができる。 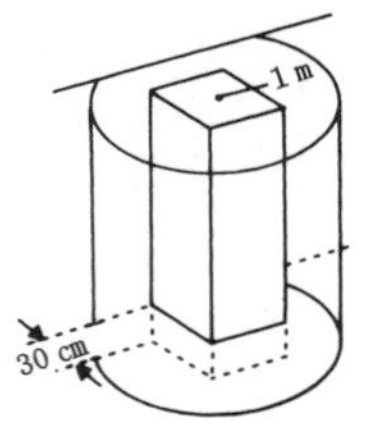 	適・否
緩降機	器具を中心とした半径50cmの円柱形の包含される範囲以上。ただし、10cm以内の避難上支障のない場合若しくは10cmを超える場合でもロープを損傷しない措置を講じた場合は突起物を降下空間内に設けることができる。 ※　降下空間及び避難空地を他の緩降機と共用する場合は器具相互の中心を50cmまで近接させることができる。 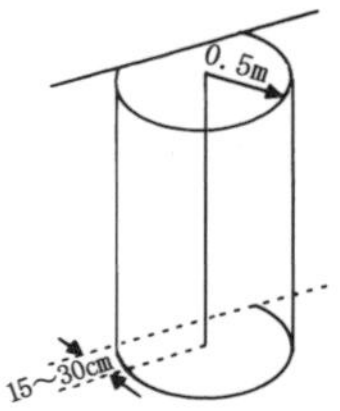 	適・否
避難はしご （避難器具用ハッチに格納したものを除く。）	縦棒の中心線からそれぞれ外方向（縦棒の数が１本のものは、横さんの端からそれぞれ外方向）に20cm以上及び器具の前面から奥行65cm以上の角柱形の範囲。 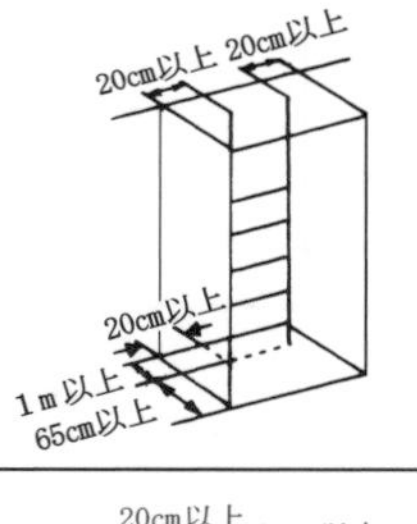 	適・否
すべり台	すべり面から上方に１m以上及びすべり台の両端から外方向に20cm以上の範囲内。 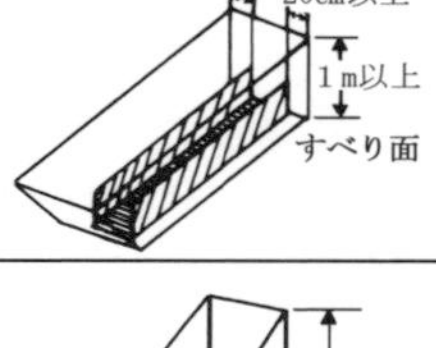 	適・否
避難用タラップ 避難橋	避難橋又は避難用タラップの踏面から上方２m以上及び当該器具の最大幅以上。 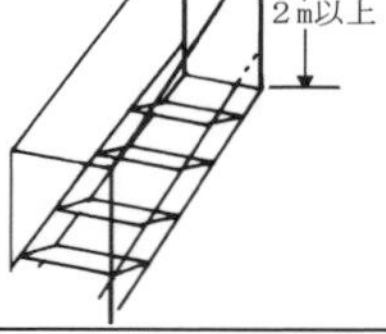 	適・否
避難ロープ すべり棒	器具を中心とした半径50cmの円柱形の範囲内。ただし、避難ロープは、壁面に沿って降下する場合の側面側に対しては、この限りでない。 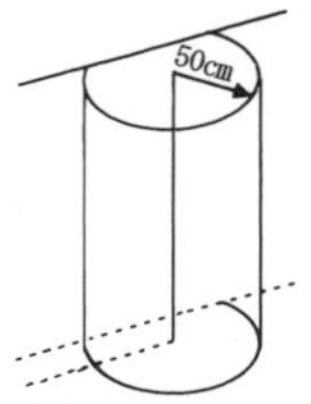 	適・否

避難はしご（避難器具用ハッチに格納したもの） 救助袋（避難器具用ハッチに格納したもの）	ハッチの開口部から降着面等まで当該ハッチの開口部の面積以上を有する角柱形の範囲	適・否

表４　避難空地の査察

避難器具の種類	避難空地の大きさ	結果
救助袋 （斜降式）	展張した袋本体の下端から前方2.5m及び袋の中心線から左右それぞれ１m以上の幅 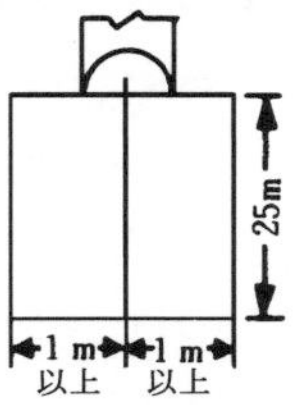 	適・否
救助袋 （垂直式） 救助袋（避難器具用ハッチに格納したもの） 緩降機 避難はしご	降下空間の水平投影面積以上の面積 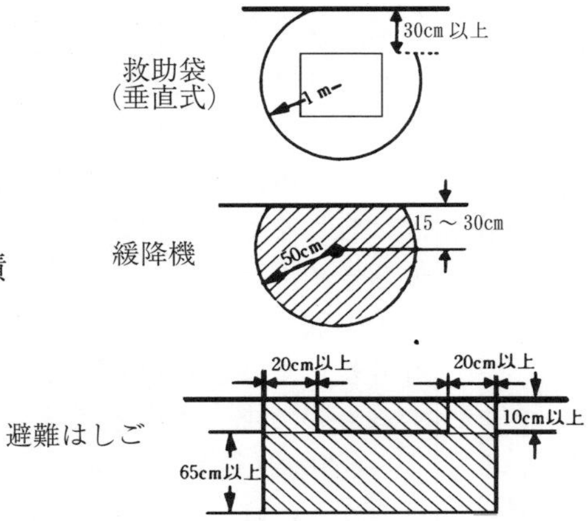 	適・否
すべり台	すべり台の下部先端から前方1.5m以上及び中心線の左右それぞれ50cm以上の範囲 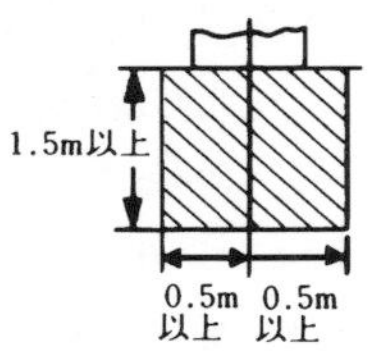 	適・否
避難用タラップ 避難橋 避難ロープ すべり棒	避難上支障のない広さである。	適・否

16.４　器具ごとの設置及び維持

設置されている避難器具ごとの設置及び維持については、次により査察します。（⇒〔消則〕第27条第１項第４号～第11号）

査察項目	査察基準	判定
設置器具	①　金属製の避難はしご、緩降機は検定品である。（消令37条12号、13号） ②　器具は、「避難器具の基準」（昭和53年消告第１号）に適合するものであること。（消則27条１項11号）	適・否 適・否

避難はしご	固定はしごの査察	①　防火対象物の柱、はりその他構造上堅固な部分又は堅固に補強された部分に取り付けてある。（消則27条１項４号イ）	適・否
		②　ボルト締め、埋込み、溶接その他の方法で堅固に取り付けてある。（消則27条１項４号ロ）	適・否
		③　横さんは、防火対象物から10cm以上の距離を保有するように設けてある。（消則27条１項４号ハ）	適・否
		④　降下口の大きさは、直径50cmの円が内接する大きさである。（消則27条１項４号ニ）	適・否
	４階以上の階に設けてある固定はしごの査察	４階以上の階に設けてある固定はしごは、上欄に掲げるほか、次の①から③までのとおりとされている。（消則27条１項４号ホ柱書）	適・否
		①　金属製のものである。（同号ホ(イ)）	適・否
		②　安全かつ容易に避難することができる構造のバルコニー等に設けてある。ただし、当該固定はしごを使用する際の落下を防止するための措置が講じられているものは、この限りでない。（同号ホ(ロ)）	適・否
		③　降下口は、直下階の降下口と相互に同一垂直線上にない位置に設けてある。ただし、避難上及び安全上支障のないものは、この限りでない。（同号ホ(ハ)）	適・否
	つり下げはしごの査察	①　つり下げはしごの取付け具は、防火対象物の柱、床、はりその他構造上堅固な部分又は堅固に補強された部分につり下げはしごを容易に取り付けることができるように設けてある。ただし、堅固な窓台その他これに類するものに直接つり下げはしごをつり下げるものは、取付け具を設けないことができる。（消則27条１項５号イ）	適・否
		②　①の取付け具（避難器具用ハッチを除く。）に用いる材料は、日本産業規格Ｇ3101若しくはＧ3444に適合するもの又はこれらと同等以上の強度及び耐久性を有するものであり、耐食性を有しない材質のものは、耐食加工を施したものである。（消則27条１項５号ロ）	適・否
		③　つり下げはしごの横さんは、使用の際、防火対象物から10cm以上の距離を保有するように設けてある。（消則27条１項５号ハ）	適・否
		④　４階以上の階に設けられているつり下はしごは、①から③までによるほか、次のイからハまでのとおりである。（同号ニ柱書） イ　つり下はしごは、金属製である。（同号ニ(イ)） ロ　安全かつ容易に避難することができる構造のバルコニー等に設けられ、取付け具は避難器具用ハッチである。ただし、当該つり下げはしごを使用する際の落下を防止するための措置が講じられているものは、この限りでない。（同号ニ(ロ)） ハ　つり下げはしごの降下口は、直下階の降下口と相互に同一垂直線上にない位置に設けている。ただし、避難上及び安全上支障のないものは、この限りでない。（同号ニ(ハ)）	適・否
緩降機	緩降機の査察	①　降下の際、ロープが防火対象物と接触して損傷しないように設けてある。（消則27条１項６号イ）	適・否
		②　ロープの長さは、取り付け位置から地盤面その他の降着面までの長さである。（消則27条１項６号ロ）	適・否
	取付け具	①　取付け具は、防火対象物の柱、床、はりその他構造上堅固な部分又は堅固に補強された部分に緩降機を容易に取り付けることができるように設けてある。（消則27条１項６号ハ(イ)）	適・否
		②　取付け具は、ボルト締め、溶接その他の方法で堅固に取り付けてある。（消則27条１項６号ハ(ロ)）	適・否

		③　取付け具の材料は、日本産業規格Ｇ3101若しくはＧ3444に適合するもの又はこれらと同等以上の強度及び耐久性を有するものであり、耐食性を有しない材質のものは、耐食加工を施したものである。（消則27条１項６号ハ(ハ)）	適・否
すべり台		①　防火対象物の柱、床、はりその他構造上堅固な部分又は堅固に補強された部分に取り付けてある。（消則27条１項７号イ） ②　ボルト締め、埋め込み、溶接その他の方法で堅固に取り付けてある。（消則27条１項７号ロ） ③　避難上支障がなく、安全な降下速度を保つことができるように設けてある。（消則27条１項７号ハ） ④　転落を防止するための適当な措置が講じられたものである。（消則27条１項７号ニ）	適・否 適・否 適・否 適・否
すべり棒	長さ	棒の長さは、取付け位置から地盤面その他の降着面までの長さである。（消則27条１項８号イ）	適・否
	固定	棒は、その上部及び下部を取付け具で固定できるものである。（消則27条１項８号ロ）	適・否
	取付け具	棒の取付け具は、つり下げはしごの取付け具の例により設けられている。（消則27条１項８号ハ）	適・否
避難ロープ	長さ	ロープの長さは、取付け位置から地盤面その他の降着面までの長さである。（消則27条１項８号イ）	適・否
	取付け具	ロープの取付け具は、つり下げはしごの取付け具の例により設けられている。（消則27条１項８号ハ）	適・否
避難橋		①　防火対象物の柱、床、はりその他構造上堅固な部分又は堅固に補強された部分に取り付けてある。（消則27条１項９号イ） ②　一端をボルト締め、溶接その他の方法で堅固に取り付けてある。（消則27条１項９号ロ）	適・否 適・否
避難用タラップ		①　防火対象物の柱、床、はりその他構造上堅固な部分又は堅固に補強された部分に取り付けてある。（消則27条１項９号イ） ②　一端をボルト締め、溶接その他の方法で堅固に取り付けてある。（消則27条１項９号ロ）	適・否 適・否
救助袋	長さ	袋の長さは、避難上支障がなく、安全な降下速度を保つことができる長さである。（消則27条１項10号イ）	適・否
	取付け	防火対象物の柱、床、はりその他構造上堅固な部分又は堅固に補強された部分に取り付けてある。（消則27条１項10号ロ）	適・否
	取付け具	①　取付け具は、ボルト締め、溶接その他の方法で堅固に取り付けてある。（消則27条１項10号ハ） ②　取付け具の材料は、日本産業規格Ｇ3101若しくはＧ3444に適合するもの又はこれらと同等以上の強度及び耐久性を有するものであり、耐食性を有しない材質のものは、耐食加工を施したものである。（消則27条１項10号ニ）	適・否 適・否

17　誘導灯及び誘導標識

17．１　誘導標識の設置減免

誘導灯及び誘導標識の設置減免及び設置を要しない防火対象物又はその部分については、次により査察します。（⇒〔消令〕第26条第１項）

誘導標識の設置減免	誘導標識の設置を要する防火対象物又はその部分に避難口誘導灯又は通路誘導灯が技術上の基準に従い、又は技術上の基準の例により設置されているときは、これらの誘導灯の有効範囲内の部分について誘導標識を設置しないことができる。（消令26条３項）	**減免の可・否**

17．２　誘導灯の設置を要しない防火対象物又はその部分

避難口誘導灯及び通路誘導灯の設置対象の防火対象物又はその部分で、設置を要しない防火対象物又はその部分は次のとおりです。（⇒〔消令〕26条１項、〔消則〕28条の２）

査察項目		**査　察　事　項**	**結　果**
避難口誘導灯	**歩行距離によるもの**	設置する防火対象物の階のうち、居室の各部分から主要な避難口を容易に見とおし、識別することができる階で、当該避難口に至る歩行距離が次に掲げるもの（規則28条の２第１項１号） イ　避難階（無窓階を除く。）20m以下 ロ　避難階以外の階（地階、無窓階を除く）10m以下	**該当の有・無**
	劇場等	⑴項の防火対象物の避難階（床面積が500㎡以下で、客席の床面積が150㎡以下のものに限る。）で次のイからハまでに該当するもの（同条１項２号） イ　客席に面する避難口を２以上有している。 ロ　客席の各部分から客席避難口を容易に見とおし、識別することができ、客席の各部分から当該避難口に至る歩行距離が20m以下 ハ　すべての客席避難口に、火災時に当該客席避難口を識別することができるように照明装置（自動火災報知設備の感知器の作動と連動して点灯し、かつ、手動により点灯することができるもので、非常電源が附置されているものに限る。）が設けられている	**該当の有・無**
	避難階にある居室	避難階にある居室で、次のイからハまでに該当するもの（同条１項３号） イ　屋内から直接地上に通ずる避難口（主として当該居室に存する者が利用するものに限る。）を有する。 ロ　屋内の各部分から、避難口を容易に見とおし、識別ができ、屋内の各部分から当該避難口に至る歩行距離が30m以下 ハ　燐光等により光を発する誘導標識が、告示（平成11年告示２号）の定めにより設けられている。	**該当の有無**
		⒃項イの防火対象物のうち、⑸項ロ並びに⑹項ロ及びハの用途以外の用途に供する部分が存せず、次に定めるところにより、10階以下の階に存する⑹項ロ及びハに供される部分に設置される区画を有するもの⑹項ロ及びハの用途に供される部分が	**該当の有・無**

避難口誘導灯	Ａ欄　⒃項イのうち、⑸項ロ並びに⑹項ロ及びハの用途以外の用途に供する部分が存せず	存する階以外階（地階、無窓階及び11階以上の階を除く。）（同条１項４号） ①　居室を、準耐火構造の壁及び床（３階以上の階に存する場合は、耐火構造の壁及び床）で区画（同４号イ） ②　壁及び天井（天井のない場合は、屋根）の室内に面する部分（回り縁、窓台その他これに類する部分を除く。）の仕上げを地上に通じる主たる廊下その他の通路にあっては準不燃材料で、その他の部分は、難燃材料でしたもの（同４号ロ） ③　区画する壁及び床の開口部の面積の合計が８㎡以下で、一つの開口部の面積が４㎡以下（同４号ハ） ④　③の開口部には、防火戸（３階以上の階に存する場合は、特定防火設備である防火戸）、（廊下と階段とを区画する部分以外の部分の開口部は、防火シャッターを除く。）で、随時開くことができる自動閉鎖装置付きのもの若しくは次に定める構造のもの又は防火戸（防火シャッター以外のもので、２以上の異なった経路により避難できる部分の出入口以外の開口部で、直接外気に開放されている廊下、階段その他の通路に面し、その面積の合計が４㎡以内のものに設けたものに限る。）を設けたもの（同４号ニ） イ　随時閉鎖することができ、煙感知器の作動と連動して閉鎖するもの ロ　居室から地上に通ずる主たる廊下、階段その他の通路に設けるものは、直接手で開くことができ、自動的に閉鎖する部分を有し、その部分の幅、高さ及び下端の床面からの高さが、75cm以上、1.8m以上、15cm以下 ⑤　⑹項ロ及びハに供される主たる出入口が、直接外気に開放され、当該部分における火災時に生じる煙を有効に排出することができる廊下、階段その他通路に面している（同４号ホ）	
	Ｂ欄　⒃項イのうち、⑸項イ及びロ並びに⑹項ロ及びハの用途以外の用途に供される部分が存せず	⒃項イの防火対象物のうち、⑸項イ及びロ並びに⑹項ロ及びハの用途以外の用途に供される部分が存せず、次イからホまでに定めるところにより、10階以下の階に設置され区画を有するものの⑸項イ並びに⑹項ロ及びハの用途に供される部分が存する階以外の階（地階、無窓階及び11階以上の階を除く。）（同条１項４号の２） ①　居室を、耐火構造の壁及び床で区画（同４号の２イ） ②　前Ａ欄の②から④の規定の例によるもの（同４号の２ロからニ） ③　⑸項イ並びに⑹項ロ及びハに供される主たる出入口が、直接外気に開放され、当該部分における火災時に生じる煙を有効に排出することができる廊下、階段その他通路に面している（同４号の２ホ）	該当の有・無
	Ｃ欄　小規模特定用途複合防火対象物	小規模特定用途複合防火対象物（☞Ｐ206参照）（⑴項から⑷項まで、⑸項イ、⑹項又は⑼項の用途以外の用途に供される部分が存しないものを除く。）の地階、無窓階又は11階以上の部分以外の部分（同条１項５号）	該当の有・無
通路誘導灯	歩行距離によるもの	居室の各部分から主要な避難口又はこれに設けられている避難口誘導灯を容易に見とおし、識別できる階で、当該避難口に至る歩行距離が（同条２項１号） ①　避難階は40ｍ以下 ②　避難階以外の階は30ｍ以下	該当の有・無
	避難階にある居室	防火対象物の避難階にある居室で、次のイ及びロに該当するもの（同条２項２号） イ　屋内から直接地上に通ずる避難口を有する。 ロ　室内の各部から避難口又はこれらに設ける避難口誘導灯若しくは蓄光式誘導標識を容易に見とおし、識別でき、室内の各部から当該避難口に至る歩行距離が30ｍ以下である。	
		⒃項イの防火対象物のうち、⑸項ロ並びに⑹項ロ及びハの用途以外の用途に供す	該当の

通路誘導灯	Ｄ欄　⒃項イのうち、⑸項ロ並びに⑹項ロ及びハの用途以外の用途に供する部分が存せず	る部分が存せず、次に定めるところにより、10階以下の階に存する⑹項ロ及びハに供される部分に設置される区画を有するもの⑹項ロ及びハの用途に供される部分が存する階以外階（地階、無窓階及び11階以上の階を除く。）（⇒同条２項３号） ①　居室を、準耐火構造の壁及び床（３階以上の階に存する場合は、耐火構造の壁及び床）で区画（３号イ） ②　壁及び天井（天井のない場合は、屋根）の室内に面する部分（回り縁、窓台その他これに類する部分を除く。）の仕上げを地上に通じる主たる廊下その他の通路にあっては準不燃材料で、その他の部分は、難燃材料でしたもの（３号ロ） ③　区画する壁及び床の開口部の面積の合計が８㎡以下で、一つの開口部の面積が４㎡以下（３号ハ） ④　③の開口部には、防火戸（３階以上の階に存する場合は、特定防火設備である防火戸）、（廊下と階段とを区画する部分以外の部分の開口部は、防火シャッターを除く。）で、随時開くことができる自動閉鎖装置付きのもの若しくは次に定める構造のもの又は防火戸（防火シャッター以外のもので、２以上の異なった経路により避難できる部分の出入口以外の開口部で、直接外気に開放されている廊下、階段その他の通路に面し、その面積の合計が４㎡以内のものに設けたものに限る。）を設けたもの（３号ニ） イ　随時閉鎖することができ、煙感知器の作動と連動して閉鎖するもの ロ　居室から地上に通ずる主たる廊下、階段その他の通路に設けるものは、直接手で開くことができ、自動的に閉鎖する部分を有し、その部分の幅、高さ及び下端の床面からの高さが、75cm以上、1.8m以上、15cm以下 ⑤　⑹項ロ及びハに供される主たる出入口が、直接外気に開放され、当該部分における火災時に生じる煙を有効に排出することができる廊下、階段その他通路に面している（３号ホ）	**有・無**
	Ｅ欄　⒃項イのうち、⑸項イ及びロ並びに⑹項ロ及びハの用途以外の用途に供される部分が存せず	⒃項イの防火対象物のうち、⑸項イ及びロ並びに⑹項ロ及びハの用途以外の用途に供される部分が存せず、次イからホまでに定めるところにより10階以下の階に設置され区画を有するものの⑸項イ並びに⑹項ロ及びハの用途に供される部分が存する階以外の階（地階、無窓階及び11階以上の階を除く。）（⇒同条２項３号の２） ①　居室を、耐火構造の壁及び床で区画（３号の２イ） ②　前Ｅ欄の②から④の規定の例によるもの（３号の２ロからニ） ③　⑸項イ並びに⑹項ロ及びハに供される主たる出入口が、直接外気に開放され、当該部分における火災時に生じる煙を有効に排出することができる廊下、階段その他通路に面している（３号の２ホ）	**該当の有・無**
	Ｃ欄　小規模特定用途複合防火対象物	小規模特定用途複合防火対象物（☞Ｐ219参照）（⑴項から⑷項まで、⑸項イ、⑹項又は⑼項の用途以外の用途に供される部分が存しないものを除く。）の地階、無窓階又は11階以上の部分以外の部分（⇒同条２項４号）	**該当の有・無**

17.３　誘導灯の設置及び維持の査察

誘導灯の設置及び維持については、次により査察します。（⇒〔消令〕第26条、〔消則〕第28条の３）

査察項目		適否の判定基準	結果
誘導灯設置箇所		①　誘導灯は、通行の障害とならないよう設けられていること。（消則28条の３・４項１号） ②　常時、規定の明るさで点灯していること。ただし、防火対象物が無人の場合又は当該場所の利用形態に応じ点灯などの措置がされているときは、この限りでない。（同２号） ③　誘導灯と紛らわしい又は誘導灯をさえぎる灯火、広告物、掲示等が設けられてない。（同８号）	適・否
種類		用途、設置場所により所定の種類のものが適正に設置されている。	適・否
外箱・表示面		①　所定の位置に設置され、間仕切り、広告物、装飾等による視認障害がない。 ②　改装等により、設置位置が不適正になり、設置個数に不足が生じていない。 ③　変形、損傷、著しい汚損等がなく、表面の変色により色彩が変っていない。 ④　「誘導灯及び誘導標識の基準」（平成11年消告２号）で定める表示方法である。 ⑤　避難方向を示す誘導灯は、避難方向が適切である。	適・否 適・否 適・否 適・否 適・否
光源		汚損、劣化、ちらつき、影等がなく、正常に点灯している。	適・否
点検スイッチ		変形、損傷、脱落等がなく、切替え機能が正常である。	適・否
信号装置等	対象	信号装置等とは、消灯機能、点滅機能、誘導音機能、減光機能等を作動させるための移報装置をいう。	該当の 有・無
	外形	変形、損傷、著しい腐食、端子の緩み等がない。	適・否
	結線接続	断線、端子の緩み、脱落、損傷等がない。	適・否
	機能	①　正常に点滅する。 ②　正常な音声等が鳴動する。 ③　正常に点灯する。（消灯型又は減光型に限る。）	適・否 適・否 適・否
電源		①　誘導灯の電源は、蓄電池又は交流低圧屋内幹線から他の配線を分岐せずにとっている。（消則28条の３・４項９号、消則24条３号イ例） ②　電源の開閉器には、誘導灯用のものである旨が表示されている。（消則28条の３・４項９号、消則24条３号ロ例）	適・否 適・否
非常電源		①　誘導灯には非常電源が附置されている。（消令26条２項４号） ②　非常電源は、直交変換装置を有しない蓄電池によるものとし、その容量を誘導灯を有効に20分間以上作動できるものである。 ③　次のいずれかに該当するものの避難口、避難階の避難口に通じる廊下及び通路並びに直通階段に設けるものにあっては、60分間作動できる容量（20分間を超える時間における作動に係る容量は、直交変換装置を有する蓄電池設備、自家発電設備又は燃料電池設備によるものを含む。）以上であること。（消則28条の３第４項10号） イ　延べ面積５万㎡以上 ロ　地階を除く階数が15以上で、かつ、延べ面積３万㎡以上 ハ　（16の２）項で、延べ面積1,000㎡以上 ニ　⑽項又は⒃項（⒃項は、⑽項の用途に供する部分があるもの）で、乗降場が地階にあり、かつ、消防（署）長が指定したもの	適・否 適・否 適・否

	④　誘導灯に附置された非常電源は、☞P279「24　非常電源」により査察します。	
（内蔵型）外　形	変形、損傷、著しい腐食、亀裂等がない。	適・否
（内蔵型）表　示	所定の電圧値及び容量の表示がされている。	適・否
（内蔵型）機　能	①　不点灯、ちらつき等がない。 ②　定格の時間、非常点灯する。	適・否 適・否
総合操作盤	①　総合操作盤を設けるものとする防火対象物（☞P287）に設けられた誘導灯（自動火災報知設備等から発せられた信号を受信し、あらかじめ設定された動作をするものに限る。）には、総合操作盤が設けられている。（⇒消則28条の３・４項12号） ②　総合操作盤については、☞P288「25．２　総合操作盤の設置及び維持」により査察します。	適・否 適・否

17．４　誘導標識の設置及び維持の査察

誘導標識の設置及び維持については、次により査察します。（⇒〔消令〕第26条、〔消則〕第28条の３）

査察項目	適　否　の　判　定　基　準	結　果
設置標識	①　誘導標識は、避難口である旨又は避難の方向を明示した緑色の標識である。（消令26条２項５号） ②　誘導標識は、「誘導灯及び誘導標識の基準」（平成11年消告２号）に適合するものである。（消則28条の３・６項） ③　変形、損傷、著しい汚損、脱落、はく離等がなく、識別が容易にできること。	適・否 適・否 適・否
設置箇所	①　誘導標識は、多数の者の目に触れやすい箇所に設けてある。（消令26条２項５号） ②　誘導標識は、避難口又は階段に設けるものを除き、各階ごとに、その廊下及び通路の各部分から一の誘導標識までの歩行距離が7.5m以下となる箇所及び曲がり角に設けてある。（消則28条の３・５項１号） ③　誘導標識は、採光が識別上十分である箇所に設けてある。（消則28条の３・５項２号）	適・否 適・否 適・否
外　形	変形、損傷、脱落、著しい汚損等がない。	適・否
視認障害等	①　所定の位置に設置されている。 ②　周囲には、誘導標識と紛らわしい又は誘導標識をさえぎる広告物、提示物等がない。（消則28条の３・５項３号）	適・否 適・否
採　光	識別に十分な明るさがある	適・否
表示面の輝度	高輝度蓄光式誘導標識の表示面の輝度は、劣化による輝度の減衰がない。	適・否
設置場所の照度	高輝度蓄光式誘導標識の設置場所は、十分な照度を確保している。	適・否

18　消防用水

18．1　消防用水の設置及び維持

消防用水の設置及び維持については、次により査察します。(⇒〔消令〕第27条、〔点検基準〕)

査察項目	適　否　の　判　定　基　準	結　果
同一敷地内に２以上の防火対象物がある場合の取扱い	同一敷地内に⑴項から⒂項まで、⒄項及び⒅項に掲げる建築物（高さが31ｍを超え、延べ面積が２万５千㎡以上の建築物を除く。以下この欄において同じ。）が２以上ある場合において、これらの建築物が、当該建築物相互の１階の外壁間の中心線からの水平距離が、１階は３ｍ以下、２階は５ｍ以下である部分を有するもので、これらの建築物の床面積を、耐火建築物は１万５千㎡、準耐火建築物は１万㎡、その他の建築物は５千㎡でそれぞれ除した商の和が１以上となるものであるときは、これらの建築物は、一の建築物とみなすこと。(消令27条２項)	みなし規定適用の可・否
消防用水の設置箇所	①　消防用水は、建築物の各部分から一の消防用水までの水平距離が100ｍ以下となるように設けてある。(消令27条３項２号) ②　消防用水は、消防ポンプ自動車が２ｍ以内に接近できるように設けてある。(消令27条３項４号) ③　消防用水の周囲には、使用上及び消防ポンプ自動車の接近に障害となるものがない。	適・否 適・否 適・否
水源　貯水槽	変形、損傷、漏水、著しい腐食等がない。	適・否
水源　水量	①　有効水量20㎥（流水は0.8㎥／分）以上である。 ②　規定量が確保され著しい腐敗、浮遊物、沈殿物等がない。	適・否 適・否
水源　給水装置	変形、損傷、著しい腐食等がなく、機能が正常である。	適・否
吸管投入孔・採水口　周囲	周囲に使用上及び消防ポンプ自動車の接近に障害となるものがない。	適・否
吸管投入孔・採水口　吸管投入孔	変形、損傷などがなく、吸管投入孔の蓋又は扉の開閉が容易にできる。	適・否
吸管投入孔・採水口　採水口　本体	変形、損傷、漏水、つまり、パッキンの老化等がなく、吸管等の着脱が容易にできる。	適・否
吸管投入孔・採水口　採水口　開閉弁	変形、損傷等がなく、開閉操作が容易にできる。	適・否
吸管投入孔・採水口　標識	適正に設けられ、損傷、脱落、汚損などがない。	適・否

18．2　指定消防水利

指定消防水利については、次により査察します。(⇒〔消法〕第21条)

査察項目	適　否　の　判　定　基　準	判　定
使用状態	指定消防水利は、使用可能状態である。 □　変更、撤去又は使用不能状態にする場合には、あらかじめ消防（署）長に届け出が必要です。	適・否
標識	指定消防水利には標識が適正に掲げられている。	適・否

19　排煙設備

19．1　排煙設備の設置減免

排煙設備の設置減免については、次により査察します。(⇒〔消令〕第28条第１項)

設置減免防火対象物又はその部分の査察	排煙設備の設置を要する防火対象物又はその部分のうち、排煙上有効な窓等の開口部が設けられている部分その他の消火活動上支障がないものとして次に掲げる部分には、排煙設備を設置しないことができる。(消令28条３項、消則29条)	設置減免の
	①　次のイ及びロに定めるところにより直接外気に開放されている部分（同規則１号） イ　〔消則〕第30条第1号イからハまでの規定の例により直接外気に接する開口部（常時開放されているものに限る。ロにおいて同じ。）が設けられていること。（同規則１号イ） ロ　直接外気に接する開口部の面積の合計は、〔消則〕第30条第６号ロの規定の例によるものである。(同規則１号ロ)	可・否
	②〔消令〕別表第１に掲げる防火対象物又はその部分（主として当該防火対象物の関係者及び関係者に雇用されている者の使用に供する部分等に限る。）のうち、「22　水噴霧消火設備等の設置基準」(☞Ｐ190）の表の左欄に掲げる部分、室等の用途に応じ、当該右欄に掲げる消火設備（移動式のものを除く。）が設置されている部分（同規則２号）	可・否
	③　①及び②に掲げるもののほか、防火対象物又はその部分の位置、構造及び設備の状況並びに使用状況から判断して、煙の熱及び成分により消防隊の消火活動上支障を生ずるおそれのないものとして消防庁長官が定める部分（同規則３号） 〔解説〕消防庁長官が定める部分については、未制定です。	可・否

19．2　排煙設備の設置及び維持

排煙設備の設置及び維持については、次により査察します。(⇒〔消令〕第28条、〔点検基準〕)

査察項目		適否の判定基準	結果
防煙区画壁	固定壁	変形、損傷等がなく、間仕切りの変更等により撤去されていない。	適・否
	可動壁	①　周囲に可動障害となるものがない。 ②　外形は変形、損傷等がない。 ③　機能は正常で、確実に作動する。	適・否 適・否 適・否
排煙口・給気口		①　周囲に排煙上障害となるものがない。 ②　外形は変形、損傷等がない。 ③　排煙ダンパーの取付部に損傷、緩み等がなく、正常に作動する。	適・否 適・否 適・否
風道	周囲の状況	可燃物が接触していない。	適・否
	外形	変形、損傷、断熱材等の脱落等がない。	適・否
	支持部	緩み等がなく、堅固に固定されている。	適・否

	防火ダンパー	取付部に緩み、脱落等がなく、開閉機能が正常である。	適・否
	接続部	パッキン等の損傷、脱落等がなく、接続部の緩み及びがたっきがない。	適・否
電動機の制御装置	制御盤	①　周囲に使用上及び点検上の障害となるものがない。 ②　外形は変形、損傷、著しい腐食等がない。	適・否 適・否
	表示	適正にされている。	適・否
	電圧計等	電圧計及び電流計は変形、損傷等がなく、指示値が適正である。	適・否
	開閉器等	開閉器及びスイッチ類は、端子の緩み等がなく、開閉位置が正常で、開閉機能が正常である。	適・否
	表示灯	正常に点灯する。	適・否
	接地	著しい腐食、断線等がない。	適・否
	予備品等	予備品及び回路図等が備えてある。	適・否
起動装置	自動式起動装置	感知器は、自動火災報知設備の基準に適合している。	適・否
	手動式起動装置	①　手動操作箱は、次のとおりである。 (1)　周囲に使用上及び点検上の障害となるものがない。 (2)　外形に変形、損傷等がない。 (3)　表示は適正にされている。 ②　ハンドル及びレバー等に損傷、脱落等がなく、操作が容易にできる。	適・否 適・否
排煙機・給気機	外形	回転羽根及び電動機に変形、損傷、著しい腐食等がない。	適・否
	電動機	①　回転軸の回転が円滑である。 ②　軸受部の潤滑油に著しい汚れ、変質等がなく、必要量が満たされている。 ③　動力伝達装置に変形、損傷等がなく、プーリ、Ｖベルトの機能が正常である。 ④　機能が正常である。	適・否 適・否 適・否 適・否
	回転羽根	①　回転軸の回転が円滑である。 ②　軸受部の潤滑油に著しい汚れ、変質等がなく、必要量が満たされている。	適・否 適・否
排煙出口		周囲に排煙上障害となる物がない。	適・否
非常電源		排煙設備に附置された非常電源は、☞Ｐ279「24　非常電源」により査察します。	適・否
耐震装置		風道、排煙機、給気機及び非常電源等には地震による震動等に耐える有効な措置が講じられている。	適・否
総合操作盤		①　総合操作盤を設けるものとする防火対象物（☞Ｐ287）に設けられた排煙設備には、総合操作盤が設けられている。（⇒消則30条10号） ②　総合操作盤については、☞Ｐ288「25．2　総合操作盤の設置及び維持」により査察します。	適・否

20　連結散水設備

20. 1　連結散水設備の設置減免

連結散水設備の設置減免については、次により査察します。(⇒〔消令〕第28条の２第１項)

設置を要しない防火対象物の部分の査察	① 連結散水設備の設置を要する防火対象物に送水口を附置したスプリンクラー設備、水噴霧消火設備、泡消火設備、不活性ガス消火設備、ハロゲン化物消火設備、又は粉末消火設備が技術上の基準に従い、又は当該技術上の基準の例により設置されているときは、当該設備の有効範囲内の部分について連結散水設備を設置しないことができる。(消令28条の２・３項) ② 連結散水設備の設置を要する防火対象物に連結送水管が技術上の基準に従い、又は当該技術上の基準の例により設置されているときは、消火活動上支障がないものとして、次に掲げる防火対象物の部分には、連結散水設備を設置しないことができる。(消令28条の２・４項、消則30条の２の２) イ　排煙設備を技術上の基準に従い、又は当該技術上の基準の例により設置した部分（同消則１号） ロ　排煙設備の設置を要しない防火対象物の部分（同消則２号）		**減免の** **可・否** **可・否**
	参照	排煙設備の設置を要しない部分は、P 272「19. 1　排煙設備の設置減免」により査察します。	

20. 2　連結散水設備の設置及び維持

連結散水設備の設置及び維持については、次の例により査察します。(⇒〔消令〕第28条の２、〔消則〕第30条の３、〔点検基準〕)

査察項目	適　否　の　判　定　基　準	結　果
送　水　口	① 周囲に使用上及び消防ポンプ自動車の接近に障害となるものがない。 ② 漏れ、変形、損傷等がなく、異物が入っていない。 ③ パッキンの老化等がなく、ホース等が容易に着脱できる。 ④ 標識及び系統図が適正に設けられている。	**適・否** **適・否** **適・否** **適・否**
選　択　弁	① 周囲に使用上及び点検上の障害となるものがない。 ② 開閉方向及び選択弁である旨の表示が適正である。 ③ 変形、損傷等がない。	**適・否** **適・否** **適・否**
一 斉 開 放 弁	① 火炎による被害を受けるおそれのない場所であるか又は耐熱処置が適切に講じられている。 ② 漏れ、変形、損傷、著しい腐食、電磁弁等の端子の緩み、脱落等がない。	**適・否** **適・否**
配　管　等	① 漏れ、変形、損傷等がなく、他のものの支え、吊り等に利用されていない。 ② 耐熱措置が適正に講じられている。(配管の接続にフランジ継手を用いるものに限る。) ③ バルブ類は、漏れ、変形、損傷等がなく、開閉位置が正常で、開閉操作が容易にできる。	**適・否** **適・否** **適・否**

散水ヘッド	①　変形、損傷等がなく、他のものの支え、吊り等に利用されていない。 ②　閉鎖型スプリンクラーヘッドは、漏水がない。 ③　ヘッドに散水分布に障害となる塗装、異物の付着等がなく、周囲に散水分布を妨げるものがない。 ④　閉鎖型スプリンクラーヘッドを使用するものは、ヘッドの周囲に感熱を妨げるものがない。 ⑤　間仕切り、たれ壁等の変更、増設・新設等による未警戒部分がない。	適・否 適・否 適・否 適・否 適・否
総合操作盤	①　総合操作盤を設けるものとする防火対象物（☞Ｐ287）に設けられた連結散水設備（選択弁を設けるものに限る。）には、総合操作盤が設けられていること。（⇒消則30条の３・５号） ②　総合操作盤については、☞Ｐ288「25．2　総合操作盤の設置及び維持」により査察します。	適・否 適・否

21　連結送水管（共同住宅用連結送水管を含む。）の設備及び維持

連結送水管（共同住宅用連結送水管）の設置及び維持については、次により査察します。（⇒〔消令〕第29条、〔点検基準〕）

査察項目	適否の判定基準	結果
送水口	①　周囲に使用上及び消防ポンプ自動車の接近の障害となるものがない。 ②　漏れ、変形、損傷等がなく、異物が入っていない。 ③　パッキンの老化等がなく、ホース等が容易に着脱できる。 ④　標識が適正に設けられている。	適・否 適・否 適・否 適・否
放水口	①　放水口は、階段室等又は非常用エレベータの乗降ロビーその他これらに類する場所ごとに、消防隊が有効に消火活動を行うことができる位置に設けられている。（消令29条２項１号、特定共同住宅等設備省令５条２項１号） イ　⒅項の防火対象物は一の放水口に至る歩行距離25ｍ以下 ロ　防火対象物で道路の用に供される部分は一の放水口に至る歩行距離25ｍ以下 ハ　特定共同住宅等は、３階及び当該階から上方に数えた階数３以内ごとに、各部から一の放水口に至る歩行距離50ｍ以下となるように設けられている。（同省令５条２項１号ロ） ニ　その他の防火対象物は、３階以上の階、（16の２）項は、地階の各部から一の放水口に至る歩行距離50ｍ以下 ②　周囲に使用上及び点検上の障害となるものがない。 ③　漏れ、変形、損傷等がない。 ④　標識が適正に設けられている。 ⑤　開閉弁の開閉操作が容易にできる。	適・否 適・否 適・否 適・否 適・否
放水用器具格納箱等　格納箱	①　周囲に使用上及び点検上の障害となるものがない。 ②　変形、損傷等がなく、扉の開閉が容易にできる。 ③　標識が適正に設けられている。	適・否 適・否 適・否
放水用器具格納箱等　ホース等	必要本数が所定の位置に正常に収納され、変形、損傷、著しい腐食等がなく、接続部の着脱が容易にできる。	適・否

配管等	管・管継手	①　外形に漏れ、変形、損傷等がなく、他のものの支え、吊り等に利用されていないこと。	適・否
		②　配管の耐圧性能（配管を設置した日から10年を経過した日以降に点検を行う場合に限る。ただし、配管の耐圧性能に関する点検を行ってから３年を経過していない場合及び屋内消火栓設備と配管を共用している部分を除く。）の確認として所定の水圧をかけた場合に、変形、漏水がないこと。	適・否
		③　バルブ類は、漏れ、変形、損傷等がなく、開閉位置が正常で、開閉操作が容易にできる。	適・否

①　高さ70ｍを超える建築物は、連結送水管を湿式とし、かつ、次のとおり加圧送水装置等が設けてあること。（⇒消則31条６号イ）

②　加圧送水装置の査察は、次によるものとします。

加圧送水装置	ポンプ式の加圧送水装置は、☞Ｐ199「（１）　加圧送水装置」により査察します。	適・否
配管	配管は、Ｐ200「（２）　配管」により査察します。	適・否
中間水槽等	①　変形、損傷、著しい腐食等がない。	適・否
	②　給水装置は、機能が正常である。	適・否
	③　水位計は、指示値が適正で、正常に作動する。	適・否
	④　バルブ類、開閉位置が正常で、開閉操作が容易にできる。	適・否
非常電源	加圧送水装置には、非常電源が附置されている非常電源は、☞Ｐ279「24　非常電源」により査察すること。	適・否
耐震装置	貯水槽等には地震による震動等に耐える有効な措置が講じられている。	適・否
総合操作盤	①　総合操作盤を設けるものとする防火対象物（☞Ｐ287）に設けられた連結送水管（加圧送水装置を設けたものに限る。）には、総合操作盤が設けられている。（消則31条９号）	適・否
	②　総合操作盤については、☞Ｐ288「25．2　総合操作盤の設置及び維持」により査察します。	適・否

22　非常コンセント設備（共同住宅用非常コンセント設備を含む。）設置及び維持

非常コンセント設備（共同住宅用非常コンセント設備）の設置及び維持については、次により査察します。(⇒〔消令〕第29条の２、〔点検基準〕)

査察項目	適　否　の　判　定　基　準	判　定
設置場所	①　階段室等又は非常用エレベータの乗降ロビーその他これらに類する場所ごとに、消防隊が有効に消火活動を行うことができる位置に設けられている。(消令29条の２・２項)	適・否
	②　非常コンセントは、非常コンセント設備を設置する防火対象物の11階以上の階又は地階ごとに、その階の各部分から一の非常コンセントまでの水平距離が50m以下となるように設けてある。(消令29条の２・２項１号)	適・否
	③　特定共同住宅に設ける非常用コンセント設備は、11階及び当該階から上方に数えた階数３以内ごとに、かつ、特定共同住宅等の各部から一の非常コンセントに至る歩行距離50m以下となるように設けられている。(特定共同住宅等設備省令５条２項２号ロ)	適・否
保護箱	①　周囲に使用上及び点検上の障害となるものがない。	適・否
	②　変形、損傷等がなく、扉の開閉が確実である。	適・否
	③　「非常コンセント」の表示が適正である。	適・否
	④　保護箱の上部に赤色の灯火が設けてある。	適・否
	⑤　表示灯は、壁等に堅固に固定され、変形、損傷、脱落、球切れ等がなく、正常に点灯している。	適・否
さし込み接続器	変形、損傷、著しい腐食、異物のつまり等がなく、プラグの着脱が容易にできる。	適・否
開閉器	変形、損傷等がなく、開閉位置が適正で、開閉機能が正常である。	適・否
端子電圧	常用電源及び非常電源の端子電圧が規定値である。	適・否
相回転	適正である。(定格電圧200Ｖの機器を接続する非常コンセント設備に限る。)	適・否
非常電源	非常用コンセント設備に附置されている非常電源は、☞Ｐ279「24　非常電源」により査察します。	適・否
総合操作盤	①　総合操作盤を設置するものとする防火対象物（☞Ｐ287）に設けられた非常コンセント設備には、総合操作盤が設けてある。(⇒消則31条の２・10号)	適・否
	②　総合操作盤については、☞Ｐ288「25. 2　総合操作盤の設置及び維持」により査察します。	適・否

23　無線通信補助設備の設備及び維持

無線通信補助設備の設置及び維持については、次により査察します。(⇒〔消令〕第29条の３、〔消則〕第31条の２の２、〔点検基準〕)

査察項目	適否の判定基準	判定
保護箱	①　周囲に使用上及び点検上の障害となるものがない。 ②　変形、損傷、塵及び水の浸入等がなく、扉の開閉が容易にできる。 ③　箱の表面に「無線機接続端子」である旨並びに箱内の見やすい位置に「最大許容入力」、「使用可能周波数帯」及び「注意事項」の表示が適正である。	適・否 適・否 適・否
無線機接続端子	①　外形に変形、損傷等がない。 ②　無反射終端抵抗器又はキャップがある。 ③　コネクターの着脱が容易にできる。	適・否 適・否 適・否
増幅器	防火上有効な措置がされている場所に設置されている。	適・否
分配器等	防水措置に異常がない。	適・否
空中線	変形、損傷、著しい腐食等がなく、通行上及び避難上障害にならない。	適・否
漏洩同軸ケーブル	①　堅固に支持されている。 ②　接続部分の防湿措置は適正である。 ③　耐熱保護に損傷、脱落等がない。 ④　接栓用同軸ケーブルは、可とう性を有している。	適・否 適・否 適・否 適・否
結線接続	断線、端子の緩み、脱落、損傷等がない。	適・否
非常電源	増幅器を設けるものには、非常電源が附置されていること。非常電源については、☞次頁「24　非常電源」により査察すること。	適・否
総合操作盤	①　総合操作盤を設置するものとする防火対象物（☞Ｐ287）に設けられた無線通信補助設備には、総合操作盤が設けてある。(⇒消則31条の２の２・９号) ②　総合操作盤については、☞Ｐ288「25. ２　総合操作盤の設置及び維持」により査察します。	適・否 適・否

24　非常電源

24. 1　消防用設備等に附置する非常電源の種類

消防用設備等に附置する非常電源の種類についての査察は、次のとおりとされています。

非常電源を附置する消防用設備等	設置できる非常電源の種類		容　量
	特定防火対象物で延べ面積が１千㎡以上	左欄に掲げる防火対象物以外のもの	
屋内消火栓設備 スプリンクラー設備 共同住宅用スプリンクラー設備 水噴霧消火設備 泡消火設備 屋外消火栓設備 非常コンセント設備 共同住宅用非常コンセント設備	自家発電設備、蓄電池設備又は燃料電池設備（小規模特定用途複合防火対象物を除く。）	非常電源専用受電設備、自家発電設備、蓄電池設備又は燃料電池設備	30分間
不活性ガス消火設備 ハロゲン化物消火設備 粉末消火設備	自家発電設備、蓄電池設備又は燃料電池設備	—	１時間
自動火災報知設備 非常警報設備 ガス漏れ警報設備 共同住宅用非常警報設備	蓄電池設備（交直変換装置を有するものを除く。）	非常電源専用受電設備又は蓄電池設備	10分間
排煙設備 無線通信補助設備（増幅器を設けるもの）			30分間
連結送水管（加圧送水装置を設けるもの） 共同住宅用連結送水管（加圧送水装置を設けるもの）	自家発電設備、蓄電池設備又は燃料電池設備	非常電源専用受電設備、自家発電設備、蓄電池設備又は燃料電池設備	２時間

24. 2　非常電源専用受電設備

非常電源専用受電設備設置及び維持については、次により査察します。（⇒〔消則〕第12条第１項第４号イ、〔点検基準〕）

査察項目	適　否　の　判　定　基　準	判　定
設　置　状　況	①　周囲に使用上及び点検上の障害となるものがない。 ②　不燃専用室の区画、防火戸等又はキュービクル式非常電源専用受電設備の外箱、扉、換気口等に変形、損傷等がない。 ③　水が浸透していない。 ④　換気が適正に行え、使用上及び点検上必要な照明設備が正常に点灯する。 ⑤　「変電設備」等の標識が適正に設けられている。	適・否 適・否 適・否 適・否 適・否
高圧受電盤・配分電盤	①　変形、損傷、著しい腐食等がない。 ②　表示は、適正である。 ③　計器類は、変形、損傷等がなく、正常に作動するとともに、指示値が適正であ	適・否 適・否 適・否

	る。 ④　開閉器及び遮断器（低圧のものに限る。）は、変形、損傷、端子の緩み等がなく、開閉機能及び開閉位置が正常で、容量は負荷に対して適正である。 ⑤　表示灯は、正常に点灯する。 ⑥　継電器（低圧のものに限る。）は、脱落、端子の緩み、接点の焼損、ほこりの付着等がなく、機能が正常である。	 適・否 適・否 適・否
変圧器	変形、損傷、漏油等がなく、モールド形の変圧器の場合は、モールド部の損傷、汚損がない。	適・否
コンデンサー	変形、損傷、漏油、異臭等がない。	適・否
開閉器・遮断器	変形、損傷、端子の緩み等がなく、開閉機能及び開閉位置が正常で、容量は負荷に対して適正である。	適・否
接地	著しい腐食、断線等がない。	適・否
耐震措置	アンカーボルト等に変形、損傷、著しい腐食等がなく、耐震措置が適正に行われている。	適・否
予備品等	予備品及び回路図等が備えてある。（低圧のものに限る。）	適・否

24.３　自家発電設備

自家発電設備設置及び維持については、次により査察します。（⇒〔消則〕第12条第１項第４号ロ、〔点検基準〕）

査察項目	適否の判定基準	判定
設置状況	①　周囲に使用上及び点検上の障害となるものがない。 ②　不燃専用室の区画、防火戸等又はキュービクル式自家発電設備の外箱、扉、換気口等に変形、損傷等がない。 ③　水が浸透していない。 ④　換気が適正に行え、使用上及び点検上必要な照明設備が正常に点灯する。 ⑤　「発電設備」等の標識が適正に設けられている。	適・否 適・否 適・否 適・否 適・否
表示	自家発電設備の基準に示された表示が適正である。	適・否
自家発電設備	①　原動機及び付属の機器類に変形、損傷、脱落、腐食等がない。 ②　ラジェータ、配管等に変形、損傷、漏れ、冷却水の著しい汚れ又は腐敗等がなく、冷却ファンは機能が正常である。 ③　潤滑油類に、著しい汚れ、変質、漏れ等がなく、必要量が満たされている。	適・否 適・否 適・否
始動装置	①　始動用蓄電池設備は「蓄電池設備」に準じた事項に適合している。 ②　外形は変形、損傷、著しい腐食がない。 ③　空気だめの空気圧力が適正である。 ④　空気圧縮機の潤滑油類に著しい汚れ、変質等がなく、必要量が満たされている。 ⑤　始動用燃料（ガスを圧縮して原動機に供給するものに限る。）の燃料容器に変形、損傷、著しい腐食がなく、必要量が保有されている。	適・否 適・否 適・否 適・否 適・否
	①　周囲に使用上及び点検上の障害となるものがない。 ②　変形、損傷、端子の緩み、著しい腐食等がない。	適・否 適・否

制御装置	③　電源表示灯が正常に点灯し、その他の表示灯の状態表示が適正である。 ④　開閉器・遮断器の開閉機能及び開閉位置が正常であり、容量は負荷に対して適正である。	適・否 適・否
保護装置	作動、表示が適正である。	適・否
計器類	変形、損傷等がなく、正常に作動するとともに指示値が適正である。	適・否
燃料容器等	①　外形は変形、損傷、漏れ等がない。 ②　燃料貯蔵量は、規定の量が確保されている。	適・否 適・否
冷却水タンク	①　外形は変形、損傷、漏れ等がない。 ②　水量は、規定の量が確保されている。	適・否 適・否
排気筒	①　周囲に可燃物が置かれていない。 ②　変形、損傷、指示金具の緩み等がなく、貫通部の遮熱保護部の断熱材等に脱落等がない。	適・否 適・否
配管	変形、損傷、漏れ等がない。	適・否
結線接続	断線、端子の緩み、脱落、損傷等がない。	適・否
接地	著しい腐食、断線等がない。	適・否
始動性能	確実に始動し、始動時間が適正で、電圧確立が正常である。（電力を常時連続供給するものを除く。）	適・否
運転性能	漏油、異臭、不規則音、異常な振動等がなく、運転が正常である。	適・否
停止性能	①　手動停止装置により確実に停止し、停止動作等に異常がない。 ②　自動停止できる自家発電設備は確実に停止し、停止動作等に異常がない。	適・否 適・否
耐震措置	アンカーボルト、可とう管継手等に変形、損傷、著しい腐食等がなく、耐震措置が適正に行われている。	適・否
予備品等	予備品、回路図等が備えてある。	適・否

24. 4　蓄電池設備

蓄電池設備の設置及び維持については、次により査察します。（⇒〔消則〕第12条第１項第４号ハ、〔点検基準〕）

査察項目	適否の判定基準	判定
設置状況	①　周囲に使用上及び点検上の障害となるものがない。 ②　不燃専用室の区画、防火戸等又はキュービクル式蓄電池設備の外箱、扉、換気口等に変形、損傷等がない。 ③　水が浸透していない。 ④　換気が適正に行え、使用上及び点検上必要な照明設備が正常に点灯する。 ⑤　「蓄電池設備」の標識が適正に設けられている。	適・否 適・否 適・否 適・否 適・否
蓄電池	①　変形、損傷、著しい腐食、漏液等がない。 ②　蓄電池設備の基準に示された表示が適正である。 ③　電解液比重及び液温が適正で、規定量が満たされている。 ④　減液警報用電極は、変形、損傷、腐食、断線等がない。 ⑤　液漏れ警報用電極（レドックスフロー電極に限る。）は、変形、損傷、腐食、	適・否 適・否 適・否 適・否

<table>
<tr><td colspan="2"></td><td>断線等がない。
⑥　電圧等が適正である。</td><td>
適・否</td></tr>
<tr><td colspan="2">充電装置
（ナトリウム・硫黄電池及びレドックスフロー電池を除く。）</td><td>①　外形に変形、損傷、著しい腐食等がない。
②　蓄電池設備の基準に示された表示が適正である。
③　開閉器・遮断器は変形、損傷、端子の緩み等がなく、開閉機能及び開閉位置が正常であり、容量は負荷に対して適正である。
④　交流電圧は、適正である。
⑤　トリクル充電電圧及び浮動充電電圧は、適正である。
⑥　均等充電電圧は、適正である。
⑦　その他電圧、電流値等が適正である。
⑧　自動的に充電し、充電終了後トリクル充電又は浮動充電に自動的に切り替わる。
⑨　接地は、著しい腐食、断線等がない。</td><td>適・否
適・否
適・否

適・否
適・否
適・否
適・否
適・否

適・否</td></tr>
<tr><td colspan="2">逆変換装置
（ナトリウム・硫黄電池及びレドックスフロー電池を除く。）</td><td>①　外形に変形、損傷、著しい腐食等がない。
②　蓄電池設備の基準に示された表示が適正である。
③　開閉器及び遮断器は変形、損傷、端子の緩み等がなく、開閉機能及び開閉位置が正常で、容量は負荷に対して適正である。
④　交流出力電圧・電流・周波数が適正である。
⑤　接地は、著しい腐食、断線等がない。</td><td>適・否
適・否
適・否

適・否
適・否</td></tr>
<tr><td colspan="2">直交変換装置交変換装置
（ナトリウム・硫黄電池及びレドックスフロー電池に限る。）</td><td>①　外形に変形、損傷、著しい腐食等がない。
②　蓄電池設備の基準に示された表示が適正である。
③　開閉器・遮断器は変形、損傷、端子の緩み等がなく、開閉機能及び開閉位置が正常で、容量は負荷に対して適正である。
④　交流の入出力電圧、充電電圧等が適正である。
⑤　接地は、著しい腐食、断線等がない。</td><td>適・否
適・否
適・否

適・否
適・否</td></tr>
<tr><td colspan="2">結線接続</td><td>断線、端子の緩み、脱落、損傷、著しい腐食等がない。</td><td>適・否</td></tr>
<tr><td rowspan="2">レックスフロー</td><td>ポンプ</td><td>各部品等に著しい異臭、異音、変色、汚損、損傷、加熱、電解液の漏洩及び腐食等がない。</td><td>適・否</td></tr>
<tr><td>タンク・配管等</td><td>①　変形、損傷、著しい腐食、汚損等がない。
②　各部品等に著しい異臭、異音、変色、汚損、損傷、加熱、腐食等がない。
③　支持か適正であること及び電解液の漏洩がない。</td><td>適・否
適・否
適・否</td></tr>
<tr><td colspan="2">制御装置</td><td>変形、損傷等がなく、適正に制御できるものである。</td><td>適・否</td></tr>
<tr><td colspan="2">耐震措置</td><td>アンカーボルト等に変形、損傷、著しい腐食等がなく、耐震措置が適正に行われている。</td><td>適・否</td></tr>
<tr><td colspan="2">予備品等</td><td>電球、ヒューズ等の予備品、電圧計、比重計、ビーカー等の保守用具、設計図書、取扱説明書等が備えてある。</td><td>適・否</td></tr>
</table>

（１）　内蔵型予備電源

内臓型の予備電源及び非常電源については、次により査察します。(⇒〔点検基準〕)

査察項目	適否の判定基準	判定
外形	変形、損傷、著しい腐食等がない。	適・否
表示	適正である。	適・否
端子電圧	規定値以上である。	適・否
切替装置	常用電源を停電状態にしたときに自動的に予備電源又は非常電源に切り替わり、常用電源を復旧したときに自動的に常用電源に切り替わる。	適・否
充電装置	変形、損傷､著しい腐食等がなく、異常な発熱等がない。	適・否
結線接続	断線、端子の緩み、脱落、損傷等がない。	適・否

24．5　燃料電池設備

燃料電池設備の設置及び維持については、次により査察します。(⇒〔消則〕第12条第１項第４号ニ、〔点検基準〕)

査察項目	適否の判定基準	判定
設置状況	①　周囲に使用上及び点検上の障害となるものがない。 ②　不燃専用室の区画、防火戸等又はキュービクル式燃料電池設備の外箱、扉、換気口等に変形、損傷等がない。 ③　水が浸透していない。 ④　適正に行え、使用上及び点検上必要な照明設備が正常に点灯する。 ⑤　「発電設備」の標識が適正に設けられている。	適・否 適・否 適・否 適・否 適・否
表示	燃料電池設備の基準に示された表示が適正である。	適・否
燃料電池設備	①　ラジエター、配管等は変形、損傷、漏れ、冷却水の著しい汚れ又は腐敗等がなく、冷却ファンは機能が正常である。 ②　付属機器類に変形、損傷、脱落、漏れ、腐食等がない。	適・否 適・否
制御装置	①　周囲に使用上及び点検上の障害となるものがない。 ②　電気盤本体及び内部配線に変形、損傷、端子の緩み、著しい腐食等がない。 ③　電源表示灯が正常に点灯し、その他の表示灯の状態表示が適正である。 ④　開閉器・遮断器は変形、損傷、端子の緩み等がなく、開閉機能及び開閉位置が正常であり、容量は負荷に対して適正である。	適・否 適・否 適・否 適・否
改質器	損傷、異音、異臭等がなく、機能が正常である。	適・否
計器類	変形、損傷等がなく、正常に作動するとともに指示値が適正である。	適・否
燃料容器等	①　外形は変形、損傷、漏れ等がない。 ②　燃料貯蔵量は規定の量が確保されている。	適・否 適・否
排気筒	①　周囲に可燃物がおかれていない。 ②　変形、損傷、支持金具の緩み等がなく、遮熱保護部の断熱材等に脱落等がない。	適・否 適・否
配管	変形、損傷、漏れ等がない。	適・否
結線接続	断線、端子の緩み、脱落、損傷等がない。	適・否

接　　　　地	著しい腐食、断線等がない。	適・否
運 転 性 能	異臭、不規則音、異常な振動等がなく、運転が正常である。	適・否
耐 震 措 置	アンカーボルト、可とう管継手等に変形、損傷、著しい腐食等がなく、耐震措置が適正に行われている。	適・否
予 備 品 等	ヒューズ、電球等の予備品及び回路図、取扱説明書等が備えてある。	適・否

24. 6　配　　線

消防用設備等の配線については、次により査察します。(⇒〔点検基準〕)

査察項目	適　否　の　判　定　基　準	判　定
専 用 回 路	消防用設備等専用である旨の表示があり、消防用設備等への配線の途中で他の負荷のための配線を分岐させていない。	適・否
開閉器・遮断器	損傷、過熱、接続部の緩み、変色等がない。	適・否
ヒ ュ ー ズ 類	損傷、溶断等がなく、所定の種類・容量のものが使用されている。	適・否
絶 縁 抵 抗	回路の絶縁抵抗値が適正である。	適・否
耐 熱 保 護	耐熱保護部分は、損傷、脱落等がない。	適・否

24. 7　非常電源の配線

消防用設備等の非常電源の配線については、次により査察します。(⇒〔消則〕第12条第１項第４号ホ)

査察項目	適　否　の　判　定　基　準	判　定
非常電源の配線	非常電源の配線は、電気工作物に係る法令の規定によるほか、他の回路による障害を受けることのないような措置が講じられていること。(消則12条１項４号ホ柱書)	適・否
専 用 回 路	①　消防用設備等への配線の途中で他の負荷のための配線を分岐させていない。 ②　開閉器には、消防用設備等専用であることの表示がされている。	適・否 適・否
使 用 電 線	600Ｖ２種ビニル絶縁電線又はこれと同等以上の耐熱性を有する電線を使用している。(同４号ホ(イ))	適・否
耐 熱 保 護	①　電線は、耐火構造とした主要構造部に埋設することその他これと同等以上の耐熱効果のある方法により保護されている。ただし、ＭＩケーブル又は「耐火電線の基準」(平成９年消告10号) に適合する場合は、この限りでない。(同４号ホ(ロ)) ②　開閉器、過電流保護器その他の配線機器は、耐熱効果のある方法で保護されている。(同４号ホ(ハ)) ③　耐熱保護の範囲については、次頁の「非常電源の耐火・耐熱保護範囲の査察」により査察してください。	適・否 適・否 適・否
耐 震 措 置	非常電源の配線には、地震による震動等に耐えるための有効な措置が講じられている。(消則12条１項９号)	適・否
絶 縁 抵 抗	絶縁抵抗値は適正である。	適・否

24. 8　非常電源の配線の耐火・耐熱保護の範囲

消防用設備等の非常電源の配線の耐火・耐熱保護範囲については、次により査察します。（⇒〔消則〕第12条第１項第４号ホ）

（注）　▬は耐火配線　▨は耐熱配線　――は一般配線　---------は水管又はガス管

<table>
<tr><th>区　分</th><th>耐　火　・　耐　熱　保　護　の　範　囲</th><th>判　定</th></tr>
<tr><td>屋内消火栓設備</td><td>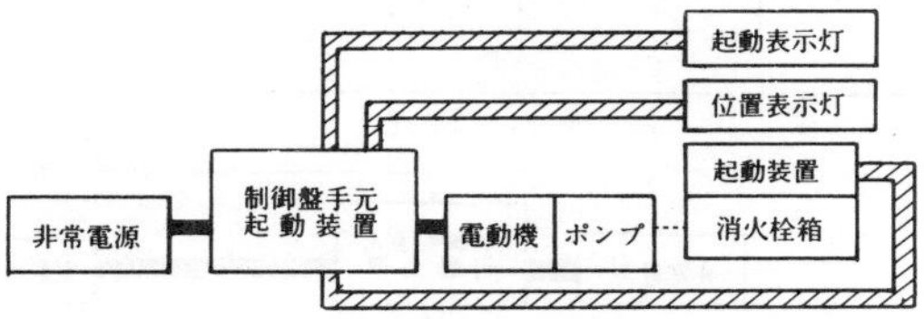
</td><td>適・否</td></tr>
<tr><td>スプリンクラー設備、水噴霧消火設備、泡消火設備</td><td>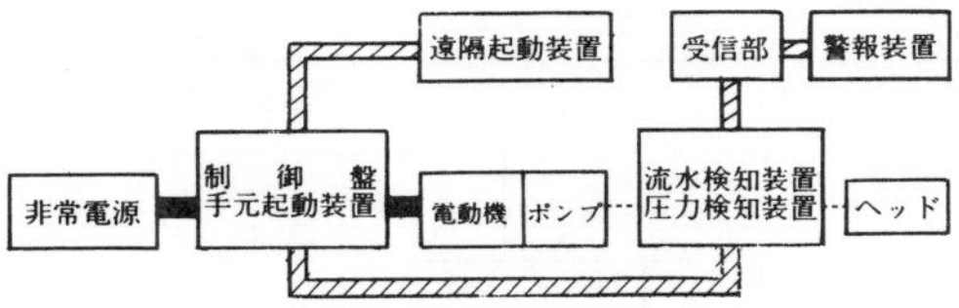
</td><td>適・否</td></tr>
<tr><td>不活性ガス消火設備、ハロゲン化物消火設備、粉末消火設備</td><td>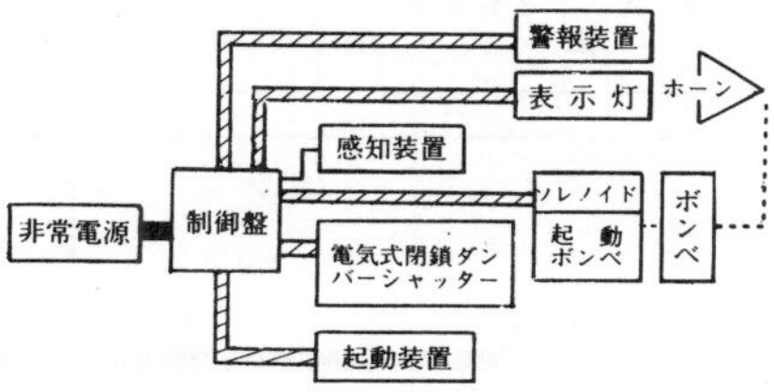
</td><td>適・否</td></tr>
<tr><td>屋外消火栓設備</td><td>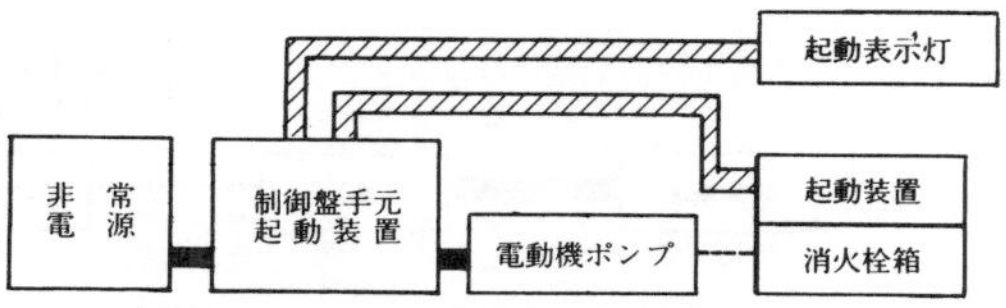
</td><td>適・否</td></tr>
<tr><td>自動火災報知設備</td><td>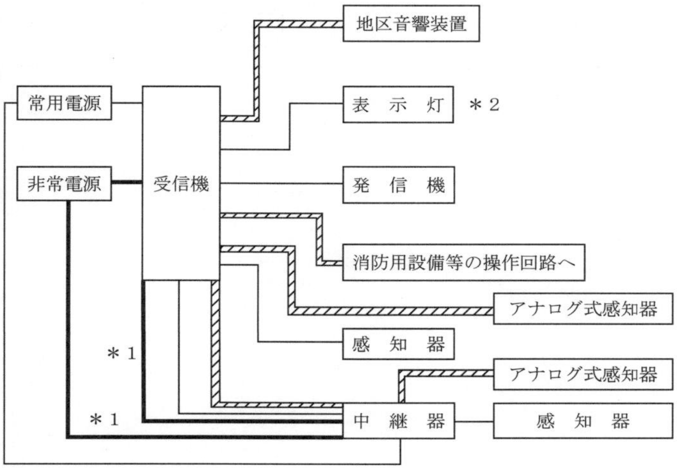

注）＊1　中継器の非常電源回路（中継器が予備電源を内蔵している場合は一般配線でよい。）
＊2　発信機を他の消防用設備等の起動装置と兼用する場合、発信機上部表示灯の回路は、非常電源付の耐熱配線とすること。</td><td>適・否</td></tr>
<tr><td>非常ベル及び自動式サイレン</td><td>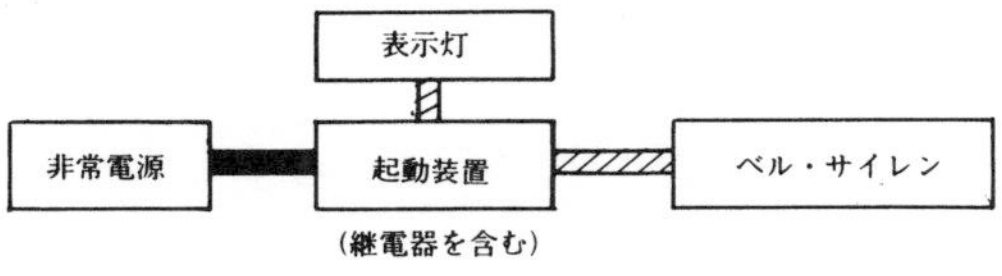
</td><td>適・否</td></tr>
</table>

放送設備	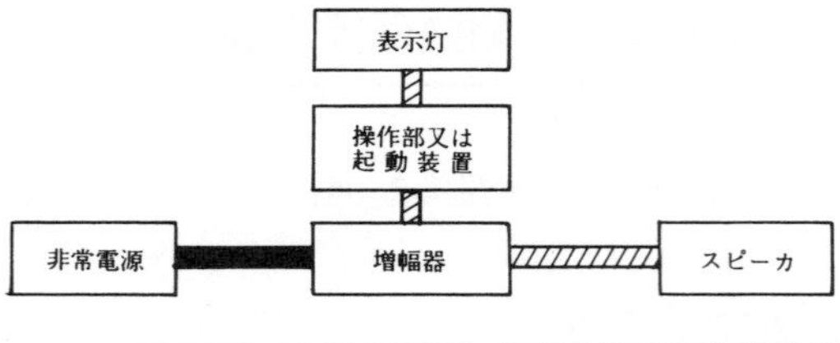	適・否
誘導灯		適・否
排煙設備	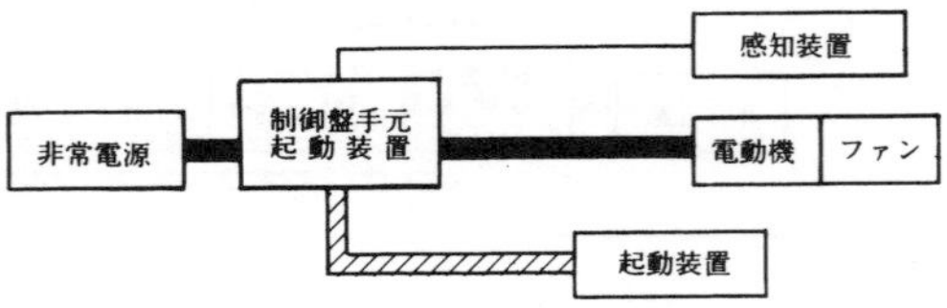	適・否
連結送水管	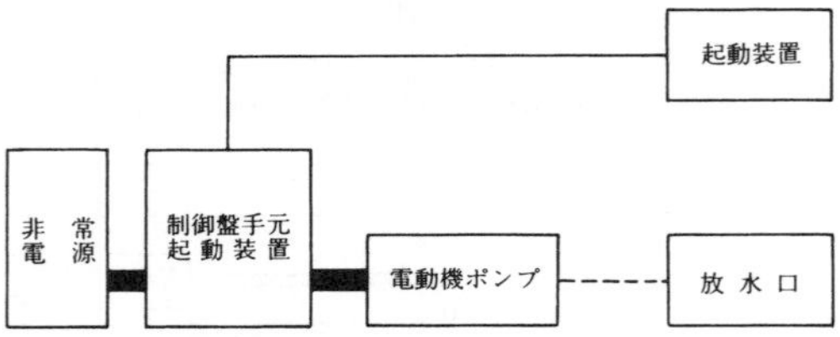	適・否
非常コンセント設備		適・否
無線通信補助設備	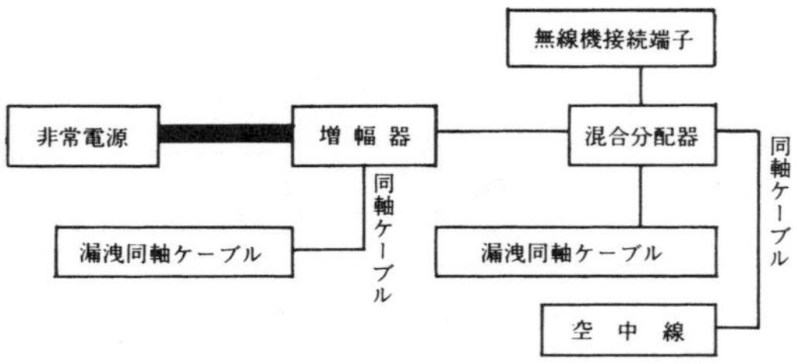	適・否

25　総合操作盤

25. 1　総合操作盤の設置対象の防火対象物及び消防用設備等

総合操作盤の設置対象防火対象物及び消防用設備等については、次により査察します。（⇒〔消則〕第12条第１項第８号）

査察項目	査察および確認事項	結果
総合操作盤の設置対象の防火対象物	総合操作盤を設置する防火対象物は、次に掲げるものとされています。（消則12条１項８号柱書）	設置対象の
	①　高層建築物（同８号柱書）	要・否
	②　令別表第１⑴から⒃項までに掲げる防火対象物で、次のいずれかに該当するもの（同８号イ柱書） イ　延べ面積が５万㎡以上の防火対象物（同８号イ(イ)） ロ　地階を除く階数が15以上で、かつ、延べ面積が３万㎡以上の防火対象物（同８号イ(ロ)）	
	③　延べ面積が１千㎡以上の地下街（同８号ロ）	要・否
	④　次に掲げる防火対象物（②又は③に該当するものを除く。）のうち、消防（署）長が火災予防上必要があると認めて指定するもの（同８号ハ柱書） イ　地階を除く階数が11以上で、かつ、延べ面積が１万㎡以上の防火対象物（同８号ハ(イ)） ロ　地階を除く階数が５以上で、かつ、延べ面積が２万㎡以上の特定防火対象物（同８号ハ(ロ)） ハ　地階の床面積の合計が５千㎡以上の防火対象物（同８号ハ(ハ)）	要・否
総合操作盤の設置対象の消防用設備等の種類	総合操作盤を設置する消防用設備等は、次に掲げるものとされています。	
	①　屋内消火栓設備（消則12条１項８号柱書）	有・無
	②　スプリンクラー設備（消則14条１項12号）	有・無
	③　水噴霧消火設備（消則16条３項６号）	有・無
	④　泡消火設備（移動式のものを除く。）（消則18条４項15号）	有・無
	⑤　不活性ガス消火設備（移動式のものを除く。）（消則19条５項23号）	有・無
	⑥　ハロゲン化物消火設備（移動式のものを除く。）（消則20条４項17号）	有・無
	⑦　粉末消火設備（移動式のものを除く。）（消則21条４項19号）	有・無
	⑧　屋外消火栓設備（消則22条１項11号）	有・無
	⑨　自動火災報知設備（消則24条１項９号）	有・無
	⑩　ガス漏れ火災警報設備（消則24条の２の３・１項10号）	有・無
	⑪　非常警報設備（放送設備に限る。）（消則25条の２・２項６号）	有・無
	⑫　誘導灯（自動火災報知設備等から発せられた信号を受信し、あらかじめ設定された動作をするものに限る。）（消則28条の３・４項12号）	有・無
	⑬　排煙設備（消則30条の２・１項10号）	有・無
	⑭　連結散水設備（選択弁を設けるものに限る。）（消則30条の３・１項５号）	有・無
	⑮　連結送水管（加圧送水装置を設けるものに限る。）（消則31条１項９号）	有・無
	⑮の２　共同住宅用連結送水管（加圧送水装置を設けるものに限る。）（特定共同住宅設備省令5条、消則31条１項９号の例）	有・無
	⑯　非常コンセント設備（消則31条の２・１項10号）	有・無
	⑰　無線通信補助設備（増幅器を設けるものに限る。）（消則31条の２の２・１項9号）	有・無

25. 2　総合操作盤の設備及び維持

総合操作盤の設置及び維持については、次により査察します。（⇒〔消則〕第12条第１項第８号、〔点検基準〕）

査察項目		適否の判定基準	結果
設置機器		設置されている総合操作盤は、「総合操作盤の基準」（平成16年消告第７号）に適合しているものである。（消則12条１項８号柱書）	適・否
設置場所		①　総合操作盤は、防災センター等（常時人がいる場所に限る。）に設けられている。（消則12条１項８号柱書） ②　総合操作盤は、周囲には使用上及び点検上の障害となるものがない。 ③　温度、湿度、衝撃、振動等により機器の機能に影響を受けるおそれのない場所に設けてある。 ④　機器が損傷を受けるおそれのない場所に設けてある。	適・否 適・否 適・否 適・否
設置方法		総合操作盤は、「総合操作盤の設置方法」（平成16年消告第８号）に適合しているものである。（消則12条１項８号柱書）	適・否
予備電源	外形	変形、損傷、著しい腐食等がない。	適・否
	表示	適正である。	適・否
	端子電圧	規定値以上である。	適・否
	切替装置	常用電源を停電状態にしたときに自動的に予備電源又は非常電源に切り替わり、常用電源を復旧したときに自動的に常用電源に切り替わる。	適・否
	充電装置	変形、損傷、著しい腐食等がなく、異常な発熱等がない。	適・否
	結線接続	断線、端子の緩み、脱落、損傷等がない。	適・否
本体	外形	変形、損傷等がない。	適・否
	表示	適正である。	適・否
	表示部	汚損、不鮮明な部分等がなく、適正に表示される。	適・否
	操作部	変形、損傷等がなく、円滑に操作することができる。	適・否
	相互通話装置	相互間で同時通話が正常にできる。	適・否
	電圧計	変形、損傷等がなく指示値が適正である。	適・否
	スイッチ類	端子の緩み等がなく、開閉位置が正常で、開閉機能が正常である。	適・否
	ヒューズ類	損傷、溶断等がなく、所定の種類及び容量のものが使用されている。	適・否
	表示灯	正常に点灯する。	適・否
	結線接続	断線、端子の緩み、脱落、損傷等がない。	適・否
	接地	著しい腐食、断線等がない。	適・否
	表示機能	適正に表示される。	適・否
	警報機能	適正に警報される。	適・否
	操作機能	①　警報停止機能は、警報が適正に停止される。 ②　連動移報切替機能は、適正に切り替えられる。 ③　表示切替機能は、適正に切り替えられる。 ④　復旧機能は、適正に復旧する。 ⑤　遠隔起動機能は、消防用設備等が正常に起動する。	適・否 適・否 適・否 適・否 適・否

	情報伝達機能	適正に作動する。	適・否
	制御機能	システムを構成する部分の異常又は故障が全体機能の障害につながらない。	適・否
	記録機能	火災情報等が適正に記録される。	適・否
	消防活動支援機能	消防設備等の作動状況が適正に表示される。	適・否
	運用管理支援機能	①　シミュレーション機能は、正常である。 ②　ガイダンス機能は、正常である。 ③　履歴機能は、正常である。 ④　自己診断機能は、正常である。	適・否 適・否 適・否 適・否
	予備品等	予備品及び回路図等が備えてある。	適・否

第８章　立入検査・違反処理

第１　立入検査等

１　資料の提出命令又は報告徴収

資料の提出命令及び報告徴収については、次のとおりとされています。（⇒〔消法〕第４条第１項）

資料の提出命令	消防(署)長は、火災の予防のために必要があるときは、関係者に対して資料の提出を命じることができる。(消法４条１項)
報告の徴収	消防(署)長は、火災の予防のために必要があるときは、関係者に対して報告を求めることができる。(消法４条１項)
資料又は報告対象資料	提出の対象となる資料は、火災予防上必要とされる消防対象物の実態を把握するために役立つ一切の文書図画が含まれます。 具体的には、消防対象物の位置、構造、設備、用途、管理又は周囲の状況、取扱い又は内包物の種類や状況、収容又は従業員数、消防計画、消防用設備等の設置及び維持の状況に関する書類、建築の許可、認可、確認書、各種の届出書、委託契約書など **報告徴収資料例** 危険物の１日の使用量、未確認増築部分の図画や面積積算結果、 管理権原者の職・氏名
罰則	消防(署)長から資料提出命令若しくは報告を求められて、資料を提出せず、虚偽の資料を提出し、報告をせず又は虚偽の報告を提出した者は、30万円以下の罰金又は拘留。(消法44条２号)

【資料の提出命令書の作成例①】

第〇〇〇〇号
〇年〇月〇日

住　所
氏　名

〇〇市〇〇消防署長　印

資　料　提　出　命　令　書

火災予防のため必要があると認めるので、消防法第４条１項の規定に基づき、下記資料を〇〇年〇〇月〇〇日までに、〇〇市〇〇消防署へ提出するよう命令します。

記

〇〇〇の組織系等に関する資料

以上

※　この命令に不服のある場合は、命令があったことを知った日の翌日から起算して、60日以内に消防長に対して審査請求をすることができます。

※　理由なく資料の提出をせず、又は虚偽の資料の提出をした場合は、消防法第44条によって処罰されます。

【資料の提出命令書の作成例②】

第〇〇〇〇号
〇年〇月〇日

住　所
氏　名

〇〇市〇〇消防署長　印

資　料　提　出　命　令　書

火災予防のため必要があると認めるので、下記資料を〇〇年〇〇月〇〇日までに、〇〇市〇〇消防署へ提出するよう消防法第〇条に基づき、命令します。

記

〇〇〇に貯蔵されている危険物の品名及び数量

２　消防対象物に対する立入検査及び質問

消防対象物に対する立入検査又は質問は、次のとおりです。(⇒〔消法〕第４条第１項、第４条の２第１項)

立入検査とは	① 〔消法〕第４条第１項の規定に基づき消防対象物に立ち入り、その位置、構造、設備及び管理の状況について、検査及び質問を行い、火災予防上の欠陥事項について関係者に指摘し、その改善を促すことをいいます。 ② 〔消法〕第16条の５第１項の規定により、指定数量(〔消法〕第９条の３の規定に基づき〔危令〕で定める数量をいう。)以上の危険物を貯蔵し、又は取り扱っていると認められるすべての場所に立ち入り、その位置、構造、設備及び管理の状況並びに危険物の貯蔵及び取扱いの状況について、検査及び質問を行い、違反事項(法令その他の火災予防に関する基準に違反する事項をいう。)について関係者に指摘し、その改善を促すことをいいます。
実施命令者	消防(署)長(火災予防のために必要があるとき)(消法４条１項)
実　施　者	立入検査又は質問ができるものは、次のとおりです。 ①　消防職員(消防本部を置かない市町村では、消防の事務に従事する職員又は常勤の消防団員)(消法４条１項) ②　消防対象物及び期日又は期間を指定し、消防団員(消防本部を置かない市町村は、非常勤の消防団員に限る。)(消法４条の２・１項)
実施方法	あらゆる仕事場、工場若しくは公衆の出入りする場所その他関係のある場所に立ち入って、消防対象物の位置、構造、設備及び管理の状況を検査し、若しくは関係のある者に質問することができます。ただし、個人の住居は、関係者の承諾を得た場合又は火災発生のおそれが著しく大きく、特に必要がある場合でなければ、立ち入ることはできません。(消法４条１項) □「関係のある者」〔消法〕第２条第４項の「関係者」に限らず広く、その防火対象物の居住者、勤務者などを含めて、その防火対象物の位置、構造、設備又は管理の状況について知っていると思われるものをいう、とされています。(昭和38年自消乙予防第10号) □「個人の住居」 共同住宅等の居室も含まれます。
厳守事項	立入検査又は質問にあたって、消防職員及び消防団員の厳守事項は、次のとおりです。 ①　関係のある場所に立ち入る場合においては、市町村長の定める証票を携帯し、関係のある者の請求があるときは、これを示さなければなりません。(消法４条２項) ②　関係のある場所に立ち入る場合においては、関係者の業務をみだりに妨害しないこと。(⇒消法４条３項) ③　関係のある場所に立ち入って検査又は質問を行った場合に知り得た関係者の秘密をみだりに他に漏らさないこと。(消法４条４項)
罰　　則	消防職員及び消防団員の立入り、検査若しくは収去を拒み、妨げ、若しくは忌避した者は、30万円以下の罰金又は拘留に処せられます。(消法44条１項２号)

【立入検査結果通知書の例】

第○○○○号
○年○月○日

○○○株式会社　　　　　　　　　　様
所在地
名　称

○○市○○消防署○○課・出張所
職・氏名　　　　　　　　　　　　印

立　入　検　査　結　果　通　知　書

平成○○年○○月○○日あなたの（所有・管理・占有）している上記の消防対象物について、（消防法第４条、第16条の５）の規定により立入検査を行った結果、下記に掲げる法令違反等火災予防上支障があると認められる事項がありましたので、すみやかに改善するよう通知します。

不　　備　　事　　項	
連絡先 ○○市○○消防署○○係・出張所 TEF（○○）○○－○○○○	立会者職・氏名 印

【指摘事項例】

1．防火管理者をして消防計画を作成させ、届け出ること。（消防法第８条第１項、消防法施行令第４条、消防法施行規則第３条）
2．消防計画に基づき、消火訓練及び避難訓練を実施すること。（消防法第８条第１項、消防法施行令第４条、消防法施行規則第３条）
3．○○階の粉末消火器は、型式失効に伴う特例期間が過ぎているので、交換すること。
4．○○階の屋内消火栓のホースが、著しく腐食しているため、新しいものと交換すること。
5．スプリンクラー設備の○○階の○○部分が、スプリンクラーヘッドが未警戒となっているので、設置すること。
6．不活性ガス消火設備の防護区画の表示灯の電球が球切れのため交換すること。
7．○○部分が、自動火災報知設備の感知器が未警戒となっているので、設置すること。（消防法施行令第21条第２項第３号）
8．○階の階段室の防火戸が撤去されているので、平成○年○月○日までに、設置、改修すること。（建築基準法第35条、建築基準法施行規則第112条第９項）
9．○○機器の燃料供給用配管の継手から燃料がにじみ出しているので改修すること。
10．炉の周囲は、常に整理及び清掃に努め、可燃性の○○を放置しないこと。（条例第３条第２項第１号）
11．厨房設備のグリス除去装置は、定期的に清掃し、火災予防上有効に保持すること。（条例第３条第２項第１号）
12．○階の○側避難階段付近に避難の障害となる○○を置かないこと。（消防法第８条２の４、条例第40条第１項第１号）

【改善計画書の例】

○年○月○日

○○市○○消防署長　殿

名　称
所在地
代表者　　　　　　　　印

平成○○年○○月○○日付け、○○第○○号の立入検査結果通知書に基づく指摘事項の改善計画について、次のとおり報告します。

指摘事項	改善の内容	改善完了予定日
※受付	※内容審査 担当：　　　　係・出張所　　　　印	

備考：１　※欄は記入しないでください。
　　　２　この用紙に書ききれない場合は、罫紙等を利用してください。

第2　違反処理

1　防火対象物に対する火災予防措置命令

防火対象物に対する火災予防措置命令については、次のとおりとされています。(〔消法〕第5条、第5条の4、第6条)

項　　目	措　置　事　項
命令できる場合	防火対象物の位置、構造、設備又は管理の状況から、次のいずれかと認められる場合は、火災予防上必要な措置を命じることができます。(消法5条1項) ①　火災予防に危険であると認める場合 ②　消火、避難その他の消防の活動に支障になると認める場合 ③　火災が発生したならば人命に危険であると認める場合 ④　その他火災の予防上必要があると認める場合
命　令　者	消防(署)長
命令の相手方	権原を有する関係者（特に緊急の必要があると認める場合においては、関係者及び工事の請負人又は現場管理者）
命令の内容	当該防火対象物の改修、移転、除去、工事の停止又は中止その他の必要な措置をなすべきことを命じることができる。ただし、建築物その他の工作物で、それが他の法令により建築、増築、改築又は移転の許可又は認可を受け、その後事情の変化していないものについては、この限りではありません。(消法5条1項) 【解説】　工事の請負人又は現場監督者に対しては、その権限の性質上、通常工事の停止又は中止が命令の内容となるものであるとされています。(昭和40年5月自消防甲予発第46号)
代　執　行	消防(署)長は、必要な措置を命じた場合において、その措置を命ぜられたものがその措置を履行しないとき、履行しても十分でないとき、又はその措置の履行について期限がついている場合にあっては履行しても当該期限までに完了する見込みがないときは、行政代執行法（昭和23年法律第43号）の定めるところに従い、当該消防職員又は第三者にその措置をとらせることができる。(消法5条2項、消法3条4項準用)
公　　告	消防(署)長は、命令をした場合においては、標識の設置、公報への掲載その他市町村長が定める方法により、その旨を公示しなければならない。(消法5条3項、消則1条)
標識の設置	標識は、命令に係る防火対象物又は当該防火対象物のある場所に設置することができます。この場合においては、命令に係る防火対象物又は当該防火対象物のある場所の所有者、管理者又は占有者は、当該標識の設置を拒み、又は妨げてはならない。(消法5条4項)
不服申立期間	この命令についての審査請求に関する行政不服審査法（平成26年法律第68号）第18条第1項本文の期間は、当該命令を受けた翌日から起算して30日とされています。(消法5条の4)
訴えの提起	この命令又は命令についての審査請求に対する裁決の取消しの訴えは、その命令又は裁決若しくは決定をうけた日から30日以内に提起しなければならない。ただし、正当な理由があるときは、このかぎりでない（消法6条1項）

損失補償	この命令についての損失補償については、次のとおりとされています。 ①　この命令を取り消す旨の判決があった場合においては、この命令によって生じた損失に対しては、時価によりこれを補償するものとする、とされています。（消法６条２項） ②　防火対象物の位置、構造、設備又は管理の状況が〔消法〕若しくは〔消法〕に基づく命令又はその他の法令に違反していないときは、判決にかかわらず、この命令によって生じた損失に対しては、時価によりこれを補償するものとする、とされています。（消法６条３項） ③　①及び②の補償に要する費用は、その市町村の負担とする、とされています。（消法６条４項）
罰　則	この命令に違反した者は２年以下の懲役又は200万円以下の罰金（消法39条の３の２・１項）。なお、情状により懲役及び罰金が併科されます（消法39条の３の２・２項）。両罰１億円以下の罰金（消法45条１項１号）

２　防火対象物の使用の禁止・停止又は制限の命令

防火対象物の使用の禁止、停止又は制限の命令については、次のとおりとされています。（消法第５条の２、第５条の４、第６条）

防火対象物の使用禁止等の命令	防火対象物の位置、構造、設備又は管理の状況について次のいずれかに該当する場合には、権原を有する関係者に対し、当該防火対象物の使用の禁止、停止又は制限を命ずることができます。（消法５条の２・１項） ①　次に掲げる必要な措置が命ぜられたにもかかわらず、その措置が履行されず、履行されても十分でなく、又はその措置について期限が付されている場合にあっては履行されて期限までに完了する見込みがないため、引き続き、火災の予防に危険であると認める場合、消火、避難その他の消防の活動に支障になると認める場合又は火災が発生したならば人命に危険であると認める場合（消法５条の２・１号） ⑴　防火対象物の火災予防措置命令（消防５条１項） ⑵　消防吏員による防火対象物における火災の予防又は消防活動の障害除去の措置命令（消法５条の３・１項） ⑶　防火管理者選任命令（消法８条３項） ⑷　防火管理業務適正執行命令（消法８条４項） ⑸　共同防火管理事項協議命令（消法８条の２・３項） ⑹　自衛消防組織設置命令（消防８条の２の５・３項） ⑺　消防用設備等の設置維持命令（消法17条の４・１項又は２項） ⑻　防災管理者選任命令（消法36条、８条３項準用） ⑼　防災管理業務適正執行命令（消法３条、８条４項準用） ②　⑴から⑼までに掲げる命令によっては、火災の予防の危険、消火、避難その他の消防の活動の支障又は火災が発生した場合における人命の危険を除去することができないと認める場合（消法５条の２・２号）
命　令　者	消防（署）長
命令の相手側	権原を有する関係者
公　示	消防（署）長は、命令をした場合においては、標識の設置、公報への掲載その他市町村長が定める方法により、その旨を公示しなければなりません。（消法５条の２・２項、５条３項準用、消則１条）

標識の設置	標識は、命令に係る防火対象物又は当該防火対象物のある場所に設置することができます。この場合においては、命令に係る防火対象物又は当該防火対象物のある場所の所有者、管理者又は占有者は、当該標識の設置を拒み、又は妨げてはならない。（消法５条の２・２項、５条４項準用）
不服の申立期間	この命令についての審査請求に関する行政不服審査法（平成26年法律第68号）第18条第１項本文の期間は、当該命令を受けた日の翌日から起算して30日とされています。（消法５条の４）
訴えの提起	この命令又は命令についての審査請求に対する裁決の取消しの訴えは、その命令又は裁決若しくは決定を受けた日から30日以内を提起しなければならない。ただし、正当な理由があるときは、この限りでない。（消法６条の４）
損失補償	この命令についての損失補償については、次のとおりとされています。 ①　この命令を取り消す旨の判決があった場合においては、この命令によって生じた損失に対しては、時価によりこれを補償するものとする、とされています。（消法６条２項） ②　防火対象物の位置、構造、設備又は管理の状況が〔消法〕若しくは〔消法〕に基づく命令又はその他の法令に違反していないときは、判決にかかわらず、この命令によって生じた損失に対しては、時価によりこれを補償するものとする、とされています。（消法６条３項） ③　①及び②の補償に要する費用は、その市町村の負担とする、とされています。（消法６条４項）
罰　則	この命令に違反した者は３年以下の懲役又は300万円以下の罰金（消法39条の２の２・１項)。なお、情状により懲役及び罰金が併科されます（消法39条の２の２・２項)。両罰１億円以下の罰金（消法45条１項１号）

３　消防吏員による火災の予防又は消防活動の障害除去のための措置命令

消防吏員による防火対象物における火災の予防又は消防活動の障害除去のための措置命令については、次のとおりとされています。（消法第５条の３、第５条の４、第６条）

防火対象物における措置命令	防火対象物において火災の予防に危険であると認める行為者又は火災の予防に危険であると認める物件若しくは消火、避難その他の消防の活動に支障になると認める物件の所有者、管理者若しくは占有者で権原を有する者（特に緊急の必要があると認められる場合においては、当該物件の所有者、管理者若しくは占有者又は当該防火対象物の関係者。）に対して、次に掲げる必要な措置をとるべきことを命ずることができます。（消法５条の３・１項） ①　火遊び、喫煙、たき火、火を使用する設備若しくは器具（物件に限る。）又はその使用に際し火災の発生のおそれのある設備若しくは器具（物件に限る。）の使用その他これらに類する行為を行う場合の消火準備 ②　残火、取灰又は火粉の始末 ③　危険物又は放置され、若しくはみだりに置かれた燃焼のおそれのある物件の除去その他の処理 ④　放置され、又はみだりに存置された物件（③の物件を除く。）の整理又は除去
命令者	消防(署)長、その他の消防吏員
命令の相手	権原を有する関係者（特に緊急の必要があると認める場合においては、当該物件の所有者、管理者若しくは占有者又は当該防火対象物の関係者）

命令の相手が確知できない場合の措置	消防(署)長は、火災の予防に危険であると認める物件又は消火、避難その他の消防の活動に支障になると認める物件の所有者、管理者又は占有者で権原を有するものを確知することができないため、これらの者に対し、必要な措置をとるべきことを命ずることができないときは、それらの者の負担において、当該消防職員（消防本部を置かない市町村においては、消防団員）に、当該物件について、措置命令事項の又はに掲げる措置をとらせることができます。この場合においては、相当の期間を定めて、その措置を行うべき旨及びその期限までにその措置を行わないときは、当該消防職員（消防本部を置かない市町村においては、消防団員）がその措置を行うべき旨をあらかじめ公告しなければなりません。ただし、緊急の必要があると認めるときはこの限りではありません。(消法５条の３・２項)
物件の保管	消防(署)長は、命令の相手が確知できない場合の措置をとった場合において、物件を除去させたときは、当該物件を保管しなければなりません。(消法５条の３・３項)
応急公用負担等	応急公用負担等については、次のとおりとされています。(消法５条の３・４項、災対法64条３項から６項まで準用) ①　消防(署)長は、物件を保管したときは、当該物件等の占有者等に対し当該物件を返還するため、公示をすること。(災対法64条３項準用) 【解説】「占有者等」とは、物件の占有者、所有者その他当該物件について権原を有する者をいいます。(災対法64条３項準用) ②　消防(署)長は、保管した物件が滅失し、若しくは破損するおそれがあるとき、又はその保管に不相当な費用若しくは手数を要するときは、当該物件を売却し、その売却した代金を保管することができる。(災対法64条４項準用) ③　物件の保管、売却、公示等に要した費用は、当該物件の返還を受けるべき占有者等の負担とし、その費用の徴収については、〔行政代執行法〕第５条及び第６条の規定を準用すること。(災対法64条４項準用) ④　公示の日から起算して６月を経過してもなお保管した物件（売却した場合の売却した代金を含む。以下このでは同じ）を返還することができないときは、当該物件の所有権は、当該消防(署)長の属する市町村に帰属します。(災対法64条５項準用)
代執行	消防(署)長は、必要な措置を命じた場合において、その措置を命ぜられた者がその措置を履行しないとき、履行しても十分でないとき、又はその措置の履行について期限が付されている場合にあっては履行しても当該期限までに完了する見込みがないときは、〔行政代執行法〕の定めるところに従い、当該消防職員又は第三者にその措置をとらせることができます。(消法第３条第４項準用)
措置命令の公示	措置命令の公示については、次のとおりとされています。(消法５条の３・５項) ①　消防(署)長は、命令をした場合においては、標識の設置、公報への掲載その他市町村長が定める方法により、その旨を公示しなければなりません。(消法５条３項準用、消則１条) ②　標識は、命令に係る防火対象物又は当該防火対象物のある場所に設置することができます。この場合においては、命令に係る防火対象物又は当該防火対象物のある場所の所有者、管理者又は占有者は、当該標識の設置を拒み、又は妨げてはならない。(消法５条４項準用)
不服の申立期間	この命令についての審査請求に関する行政不服審査法（平成26年法律第68号）第18条第１項本文の期間は、当該命令を受けた日の翌日から起算して30日とされています。(消法５条の４)
訴えの提起	この命令又は命令についての審査請求に対する裁決の取消しの訴えは、その命令又は裁決若しくは決定を受けた日から30日以内に、提起しなければならない。ただし、正当な理由があるときは、この限りでないとされています。(消法６条１項)
罰則	この命令に違反した者は１年以下の懲役又は100万円以下の罰金に処せられます（消法41条１項１号）。なお、情状により懲役及び罰金が併科されます（消法41条２項）。両罰規定罰金(消法第44条第１号)

４　命令書の作成例

（作成例）「防火対象物の改修命令」（消法５条１項）

○ ○ 第 ○ ○ 号
平成○年○月○日

○○県○○市○○町○丁目○番○号
○○○○　株式会社
代表取締役　○ ○ ○ ○　殿

○○市消防本部
○○消防署長　○ ○ ○ ○　印

命　　令　　書

所在地　　○○県○○市○○町○丁目○番○号
名　称　　△△△ビル
用　途　　○○○

上記防火対象物は、火災予防に危険であると認めるので、消防法第５条第１項の規定により下記のとおり命令する。
なお、本命令に従わない場合は、消防法第39条の３の２第１項の規定により処罰されることがある。

記

１　命令事項
平成○年○月○日までに、地下１階、１階から４階までの各階の○○側屋内階段に面する防火戸に、自動閉鎖装置を設置すること。（建築基準法第36条、建築基準法施行令第112条第○項）
２　命令の理由
地下１階、１階から４階までの各階の○○側屋内階段に面する防火戸の自動閉鎖装置が撤去され、火災予防に危険であると認めること。

教　示
この命令に不服のある場合は、命令を受けた日の翌日から起算し30日以内に○○市消防長に対して審査請求をすることができる。

（作成例）「防火対象物全体の使用停止命令」（消法５条の２・１項２号）

○ ○ 第 ○ ○ 号
平成○年○月○日

○○県○○市○○町○丁目○番○号
○○○○　株式会社
代表取締役　○ ○ ○ ○　殿

○○市消防本部
○○消防署長　○ ○ ○ ○　印

命　令　書

所在地　　○○県○○市○○町○丁目○番○号
名　称　　△△△ビル
用　途　　複合用途（飲食店・事務所）

上記防火対象物は、火災が発生したならば人命に危険であると認めるので、消防法第５条の２第１項第２号の規定により下記のとおり命令する。
なお、本命令に従わない場合は、消防法第39条の２の２第１項の規定により処罰されることがある。

記

1　命令事項
平成○年○月○日以降、次に掲げる事項を履行するまでの間、当該防火対象物を使用しないこと。
(1)　南側屋内階段地下１、２階、地上３、４、５、６、７階部分の防火戸が撤去されているので、有効な防火区画となるよう改修すること。（建築基準法第35条、第36条、建築基準法施行令第112条第○項）
(2)　建築物全体にスプリンクラー設備を設置すること。（消法第17条第1項、消防法施行令第12条第○項第○号、消防法施行規則第14条第○項第○号）
(3)　５階から７階までの各階に避難器具を設置すること。（消防法第17条第１項、消防施行令第25条第○項第○号、消防法施行規則第27条第○項第○号）
2　命令の理由
(1)から(3)までの法令違反が併存し、火災が発生したならば人命に危険であると認めること。
教　示
この命令に不服のある場合は、命令を受けた日の翌日から起算し30日以内に○○市消防長に対して審査請求をすることができる。

（作成例）「防火対象物の部分的使用禁止命令」（消法５条の２・１項２号）

○ ○ 第 ○ ○ 号
平成○年○月○日

○○県○○市○○町○丁目○番○号
○○○○　株式会社
代表取締役　○ ○ ○ ○　殿

○○市消防本部
○○消防署長　○ ○ ○ ○　印

命　令　書

所在地　○○県○○市○○町○丁目○番○号
名　称　△△△ホテル
用　途　ホテル
上記防火対象物は、火災が発生したならば人命に危険であると認めるので、消防法第５条の２第１項第２号の規定により下記のとおり命令する。
なお、本命令に従わない場合は、消防法第39条の２の２第１項の規定により処罰されることがある。

記

1　命令事項
上記の対象物について、平成○年○月○日以降、次に掲げる事項を履行するまでの間、当該防火対象物の５階部分の使用を禁止すること。
(1)　５階に避難器具を設置すること。
(2)　すべての階の階段と居室の間に防火戸を設置すること。
(3)　５階部分に開口部を設置すること。
(4)　４階から５階にかけての踊り場から５階までの階段に存置しているビールケース10箱、化繊製衣裳30着、プラスチック系ごみ７袋（70リットル入り）、木製下駄箱（60×35×90センチメートル）を除去すること。
2　命令の理由
(1)から(4)までの法令違反が併存し、火災が発生したならば人命に危険であると認めること。
教　示
この命令に不服のある場合は、命令を受けた日の翌日から起算し30日以内に○○市消防長に対して審査請求をすることができる。

七訂版　一目でわかる防火対象物用途別
消防査察実務

定価3,300円
（本体3,000円＋税10％）

著　者　消防実務研究会

発　行　平成14年２月22日（初　版）
令和３年９月28日（七訂版）

発行者　株式会社　近　代　消　防　社
三　井　栄　志

発行所

株式会社　近　代　消　防　社

〒105―0021　東京都港区東新橋１丁目１番19号
（ヤクルト本社ビル）
TEL　東京（０３）５９６２―８８３１（代）
FAX　東京（０３）５９６２―８８３５
URL　http://www.ff-inc.co.jp

〈振替　東京００１８０―６―４６１　００１８０―５―１１８５〉

ＩＳＢＮ978-4-421-00957-6　〈乱丁・落丁の場合は取替えます。〉2021©